Werner D'hein · Rolf Tanski · Marcus Leifeld
Karl-Heinz Erdmann · Stefan Wunsch
Barbara Frommann
Andreas Stephainski (Hg.)

ZEIT

REISE

2000 Jahre
Leben in
Bonn

EDITION ZEIT REISE

Herzlich willkommen auf den Seiten dieser ZEIT REISE!

„…mein Vaterland, die schöne Gegend, in der ich das Licht der Welt erblickte, ist mir noch immer so schön und deutlich vor Augen, als da ich euch verließ, kurz, ich werde diese Zeit als eine der glücklichsten Begebenheiten meines Lebens betrachten, wo ich euch wieder sehen und unseren Vater Rhein begrüßen kann…" (Ludwig van Beethoven, 1801)

Guten Tag in Bonn! Fast 320.000 Bonnerinnen und Bonner heißen jährlich über zwei Millionen Gäste aus aller Welt willkommen. Sie alle lernen eine Stadt kennen, deren Lebensrhythmus von rheinischer Leichtigkeit und Toleranz und der Musik Ludwig van Beethovens bestimmt ist. Nicht von ungefähr heißt die Dachmarke der Stadt - inspiriert von Schillers „Ode an die Freude" und vertont in Beethovens Neunter Symphonie – „Freude. Joy. Joie. Bonn."

Wenn ich morgens mit der Fähre über den Rhein setze, habe ich fast alles vor mir, was Bonn heute ausmacht: UNO- und Post-Tower, Konferenzzentrum im Plenarsaal, Villa Hammerschmidt, den Alten Zoll („Das achte Weltwunder" nannte Wilhelm von Humboldt ihn), die Türme der Universität, die Oper und die Beethovenhalle. Für Bonn bringt der Rhein Identität als Stadt am Strom, er ist ihre Lebensader.

Ich heiße Sie herzlich willkommen am Rhein, in Bonn - und auf den Seiten dieser ZEIT REISE!

Herzlichst Ihr

Jürgen Nimptsch
Oberbürgermeister
der Stadt Bonn

Das historische Bonner Rathaus, städtebauliches Juwel und Amtssitz von Oberbürgermeister Jürgen Nimptsch, hat ebenfalls eine „Zeitreise" absolviert. Während der aufwendigen Restaurierungsarbeiten zeigte dessen verhüllte Fassade im Lauf der Jahreszeiten fünf spektakuläre Motive (unten von links nach rechts): Bühne der Basketballer, Fußballstadion mit fahnenschwenkenden Fans, Renovierungs-Puzzle („Langsam nimmt es Formen an"), weihnachtliches Lebkuchenhaus und schließlich närrische Nase mit „Bonn Alaaf!".

Mythos Rhein

Keine Landschaft in Deutschland so mythen- und symbolbeladen, ist der Rhein seit mehr als 2.000 Jahren ein zentraler Schauplatz europäischer Geschichte und Kultur. Ist der Strom, seine historischen Stätten und Naturlandschaften am Wasser einerseits jährlich das Ziel von Millionen Touristen, so stellt er andererseits auch - ganz nüchtern betrachtet - die verkehrsreichste Wasserstraße Europas dar: Bei einer Gesamtlänge von ungefähr 1.230 Kilometern durchfließt er, gesäumt von zahllosen Burgruinen und Kirchen, Kraftwerken und Industrieanlagen, sechs Staaten und ganz unterschiedliche Regionen.

Angefangen vom Rheinfall bei Schaffhausen schlängelt er sich durch die tiefen Schluchten des Mittelrheins, durch die Köln-Bonner Bucht und durch die flachen Ebenen des Niederrheingebietes. So vielseitig die Bauten und Landschaften erscheinen, so vielseitig und verschieden waren stets auch die Anwohner seiner Uferregionen. Als „Rheinländer" verstanden sich die Menschen am großen Strom über viele Jahrhunderte hinweg jedoch keineswegs, und als solche wurden sie auch nicht bezeichnet. Bis 1815, als große Gebiete am Rhein im Zug des

1911 am Rheinufer bei Bonn gefunden (oben links): Darstellung des Rhenus auf einem römischen Relief. Unten: Blick über die Kommende Ramersdorf nach Oberkassel und das Rheintal (um 1820).

Wiener Kongresses preußisch wurden, sprechen die Historiker daher lieber von *den* „Rheinlanden". Und es ist schon eine eigentümliche Ironie der Geschichte, dass ausgerechnet die lange Zeit am Rhein ungeliebten Preußen die Begriffe des „Rheinlandes" und der „Rheinländer" letztlich prägten und im Lauf des 19. Jahrhunderts zumindest einem Teil der Menschen am Rhein eine neue Identität gaben: die preußische „Rheinprovinz", die von Saarbrücken im Süden bis Kleve im Norden reichte, und deren Name sich ab 1830 durchsetzte.

Der Mythos Rhein wurzelt allerdings viel tiefer. Schon die Römer hatten die ursprünglich keltische Bezeichnung „Rhenos" übernommen. Sie nannten den Rhein „Rhenus". In seinem „Gallischen Krieg" beschreibt Gaius Julius Cäsar mit dem Blick des Eroberers (und mit zum Teil großer Fantasie) die gewaltigen Wassermassen, den bedrohlichen, reißenden Strom oder die an seinen Ufern siedelnden Menschen. Bildete der Rhein in der Römerzeit lange eine hochgerüstete Grenze mit Kastellen und Niedergermanischem Limes, Rheinarmee und Rheinflotte, so blieb das Rheinland doch stets eine Zone des kulturellen Austauschs. Die Römer nutzten den Strom bereits intensiv als Wasserstraße, und sie verehrten den Rhein auch als Flussgott - als „Rhenus Bicornis" oder „Rhenus Pater" (Vater Rhein), meist dargestellt mit zotteligem Haupt und zwei Hörnern, die auf die Mündungsarmee im Rhein-Maas-Delta verweisen.

Schon im Mittelalter nahm die Landschaft am Rhein ihr heute weltweit vertrautes, charakteristisches Gesicht an, mit seinen Klöstern und Stiften, Burgen, Adelsherrschaften und Dörfern, Kirchen und Domen - und nicht zuletzt mit einer der ältesten und dichtesten *Städtelandschaften Europas, zu der auch Bonn zählt.* Dies hat auch die Mentalität der Menschen am Rhein geprägt. Durch den intensiven Handel auf dem Strom - nicht zuletzt mit dem hier angebauten Wein

Fantasiereiche Komposition: Bonn von Norden. Kolorierter Kupferstich als seitenverkehrtes Guckkastenbild von Balthasar Friedrich Leizel um 1790. Unten: Blick vom Rolandsbogen auf das abendliche Rheintal und Siebengebirge.

Herrscher über Wein und Rhein: Darstellung des Rhenus (um 1750).

- trat die Region weit in die europäische Welt hinaus, und die europäische Welt entdeckte die Städte des Rheinlandes. Denn der Fluss transportierte nicht nur Handelsgüter, sondern auch Informationen, Denkweisen und Kultur. Gerade dies förderte - ebenso wie die dichte Bebauung und Besiedlung - die intensive Kommunikation der Menschen am Rhein nicht nur untereinander, sondern auch mit anderen Völkern: Liegt hier die Wurzel für die Offenheit und Kontaktfreudigkeit „der Rheinländer"?

In den Städtchen und Städten am Rhein etablierte sich außerdem ein zunehmend selbstbewusstes Bürgertum, und der Ruf nach politischer Freiheit entwickelte sich zu einem Leitmotiv der rheinischen Geschichte.

Und: Auf der Ebene der europäischen Politik entstand seit der Frühen Neuzeit ein zunehmend bedeutendes Konfliktfeld am Rhein - die Frage, ob der Strom die Grenze zwischen „den deutschen Landen" und Frankreich bilden oder ein „deutscher" Fluss sein sollte. Jahrhundertelange Konflikte um den Zankapfel Rhein waren die Folge - bis hin zur Vorstellung, dass er die „natürliche Grenze" Frankreichs darstelle. Nachdem Frankreich das linke Rheinufer von 1794 bis 1813/14 okkupiert hatte, stieg der Strom im Zuge des entstehenden Nationalis-

mus gar zu einer europäischen Konfliktzone auf: So führte die „Rheinkrise" von 1840/41 Deutschland und Frankreich an den Rand eines europäischen Krieges, Nikolaus Beckers aggressiv-nationalistisches Lied „Der deutsche Rhein" und Max Schneckenburgers „Wacht am Rhein", aber auch das „Lied der Deutschen" von Hoffmann von Fallersleben zeugen bis heute ebenso davon wie die emotionsgeladenen Konflikte des 20. Jahrhunderts in der Folge des Ersten Weltkriegs.

Seit dem Ende des 18. Jahrhunderts geriet der Rhein zugleich zu einem gesamteuropäischen Faszinosum: Reisen und Reisebeschreibungen der Aufklärung widmeten sich dem Mittelrhein und die deutsche Romantik „entdeckte" ihn als Objekt der Kunst; zahlreiche Märchen, Gedichte, Lieder und Bilder künden davon und schufen mehr und mehr

einen verklärten Blick auf das Mittelalter. War der Rhein zuvor als Erwerbsquelle und auch als Bedrohung, vor allem durch die Hochwasser, wahrgenommen worden, so veränderten Dichter wie Lord Byron und Maler wie William Turner den Blick auf den Strom. Sie verbreiteten die Kunde von der einzigartigen schaurig-schönen Rheinlandschaft. Als Tourismusziel entdeckten ihn dann alsbald die Engländer, besonders den „romantischen" Mittelrhein mit seinen Höhenburgen und Städtchen. Nach den Adligen auf ihrer Grand Tour reisten nun auch immer mehr Bürgerliche an den Rheinstrom. Jeder Engländer, der etwas auf sich hielt, musste ihn einmal im Leben gesehen haben. Der organisierte Tourismus, der hier seinen Ursprung hatte, nahm solche Ausmaße an, dass sich bereits im 19. Jahrhundert zumindest vereinzelt auch Kritik regte - von einer

unberührten Landschaft war schon kaum mehr zu sprechen.

In der zweiten Hälfte des 19. Jahrhunderts erzwang die Hochindustrialisierung den massiven Ausbau des Stromes: Begradigungen, Häfen, Eisenbahntrassen (»eiserner Rhein«) und Straßen machten das Rheintal zur europäischen Verkehrsachse und zum Standort zahlreicher Industrien und Kraftwerke.

Trotz dieser intensiven wirtschaftlichen Nutzung und der Verstädterung an seinen Ufern hat der Rhein bis heute nichts von seiner Anziehungskraft verloren. Nicht ohne Grund zählt das Tal des oberen Mittelrheines seit 2002 zum UNESCO-Kulturerbe.

Bonn von Süden (um 1790). Kolorierter Kupferstich von C. Lincke.

Neolithische Revolution: Jäger und Sammler jetzt sesshaft - und von Anfang an mit Hund

Zwei mittelpaläolithische Jäger durchstreifen die Landschaft.

Das Bonner Stadtgebiet weist zahlreiche Zeugnisse frühen menschlichen Lebens aus vor- und frühgeschichtlichen Zeiten auf - in einer Fülle, wie sie in kaum einer anderen rheinischen Stadt zu finden sind. Ur- und Frühhistoriker sind der Auffassung, dass die topografische Lage, das Klima und die guten Böden in der Rheinischen Bucht die fernen Vorfahren der heutigen Menschen immer wieder angezogen haben. Hauptsächlich Artefakte aus Stein dokumentieren die Spuren aus den ältesten schriftlosen Zeiten. Anders als Hölzer,

Knochen oder Reste von Pflanzen sind sie unvergänglich und daher für die heutige Forschung von großer Bedeutung. Faustkeile aus dem Paläolithikum (Altsteinzeit vor gut 50.000 Jahren) verweisen oft als einzige Spuren auf damalige Siedlungsplätze. Diese zum Beispiel in Muffendorf entdeckten Werkzeuge dienten den ersten Menschen der Region als Waffen: Sie lebten als Jäger und Sammler, folgten den Wildtierherden (Rentier, Ur und Wisent) und ernährten sich zudem von Früchten und anderen wilden Pflanzen. Die ersten Bewohner des Rheinlands gründeten keine dauerhaften Siedlungen, sondern nutzten für begrenzte Zeit Lagerplätze. Natürliche Höhlen, Erdlöcher oder einfache Unterkünfte aus Tierhäuten und Grassoden boten den Sippen Schutz vor der Witterung. Altsteinzeitliche Funde aus Bonn verdeutlichen die Lebensweise dieser Menschen. So stellten sie in der Zeit des Neandertalers um 70.000 vor Christus ihre Waffen und Werkzeuge aus den Absplitterungen von Steinen her. Zahlreiche beim Gut Marienforst in Bad Godesberg angefertigte Faustkeile, Steingeräte sowie Abfallprodukte, bezeichnet als „Abschlagmaterial", zeugen noch davon. 40.000 Jahre später produzierten die Menschen in dieser Steinbearbeitungswerkstatt in großer Zahl Gebrauchsgegenstände aus dem Mineral Chalcedon: Klingen, Stichel, Bohrer oder Kratzer.

Als im Februar 1914 Arbeiter im Basaltsteinbruch an der Rabenlay in Oberkassel zwei menschliche Skelette entdeckten, ahnten sie kaum, um welch sensationellen Fund es sich handelte: Neben dem weltbekannten Skelett des Neandertalers aus dem Kreis Mettmann, das Johann Carl Fuhlrott bereits 1856 entdeckt hatte, stellt ihre Entdeckung eine der wichtigsten Quellen des späten Eiszeitalters dar. Der etwa 50-jährige, kräftige Mann und die rund 30 Jahre jüngere, zierliche Frau waren um 14.000 vor Christus verstorben, in Lehm gehüllt, mit flachen Basaltsteinen bedeckt und in einem rot ausgekleideten

Die beiden späteiszeitlichen Skelette aus dem Doppelgrab von Oberkassel unterscheiden sich anatomisch nicht vom modernen Menschen. Sie sind heute im Rheinischen LandesMuseum Bonn ausgestellt.

Doppelgrab feierlich bestattet worden. Zu den Grabbeigaben der Großwildjäger zählten eine geschnitzte Tierfigur aus Knochen oder Geweih, offenbar ein Hirsch, und ein verzierter Knochenstab. Eine neue Untersuchung der Funde von Oberkassel erbrachte dann die nächste Sensation: Schon damals hatte der Hund seine Rolle als Begleiter des Menschen inne. Der „Hund von Oberkassel" gilt seitdem als eines der ältesten Haustiere der Menschheit. An der Fundstelle geborgene Tierknochen verweisen auf die vielseitige Tierwelt in dieser Zeit: Braunbär, Luchs, Reh, Rothirsch, Ur und

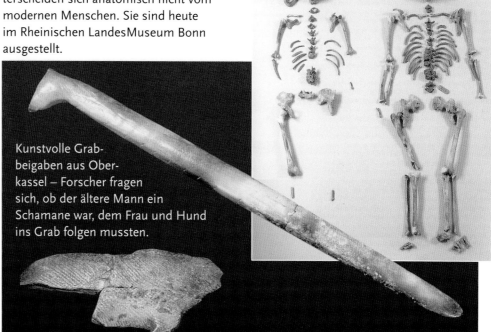

Kunstvolle Grabbeigaben aus Oberkassel – Forscher fragen sich, ob der ältere Mann ein Schamane war, dem Frau und Hund ins Grab folgen mussten.

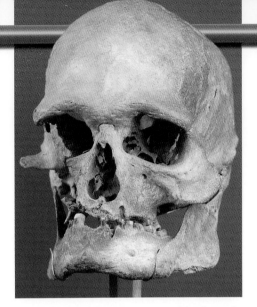

Der Schädel des Mannes von Oberkassel.

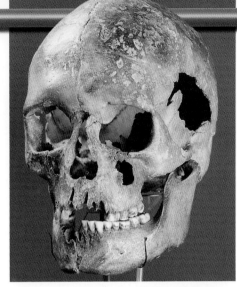

Der Schädel der Frau von Oberkassel.

Wisent lebten in den lichten Wäldern, die in der ersten nacheiszeitlichen Wärmephase entstanden waren.

Um 5.300 veränderte sich die Lebensweise derart tiefgreifend, dass die Wissenschaft heute von der „neolithischen Revolution" spricht: Die Menschen wurden sesshaft, die bäuerliche Wirtschaftsweise mit Ackerbau und Viehzucht eroberte die Region. Dauerhaftere Bauweisen und neuartige, zunehmend verbesserte Bearbeitungstechniken von Werkzeug und Gerät waren die Folge, Land wurde nun auch dauerhaft bewirtschaftet.

Der Jüngeren Steinzeit, dem Neolithikum, entstammen Breitkeile aus Oberkassel (4.200 v. Chr.) und Beile und Walzenbeile (4.000 v. Chr.), die teilweise aus dem heutigen Belgien oder dem Aachener Raum importiert wurden. Auch das Frauengrab aus Lessenich (2.300 v. Chr.) beweist Kontakte über weite Entfernungen: In ihm lag ein reich verziertes Gefäß, das in den Zusammenhang der in Mittel-

europa verbreiteten Becherkultur gehört. Um 4.080 errichteten die Menschen die bemerkenswerte Befestigung nahe der Casselsruhe auf dem Venusberg, die als Teil der Michelsberger Kultur gilt: Ein von Ost nach West verlaufender Abschnittswall mit einem 15 Meter breiten und zwei Meter tiefen Graben schützte einen sich nördlich anschließenden Bergsporn von etwa sechs Hektar Fläche. Der Wall, ursprünglich 12 Meter breit und mit Palisaden versehen, ist heute noch 1,50 Meter hoch und auf einer Länge von 140 Metern erhalten. Es ist ungeklärt, ob es sich „nur" um eine Fluchtburg der Michelsberger Vieh- und Ackerbauern handelte, oder eine der ältesten Siedlungen Deutschlands…

Der Übergangszeit zwischen Stein- und Bronzezeit entstammen geflügelte Pfeilspitzen (1.700 v. Chr.), Beile und Äxte sowie ein eindrucksvolles Prunkflachbeil. Dieses fand Jahrhunderte später, im Mittelalter oder in der Frühen Neuzeit,

als „Donnerkeil" im Dachgebälk eines Klostergebäudes eine neue Verwendung - der Brauch diente damals zur Blitzabwehr. Der Bronzezeit entstammen ein in Beuel-Pützchen gefundener Dolch sowie eine Reihe von Hügelgräbern.

In der jüngeren Bronzezeit verbreitete sich ab 1.200 vor Christus ein neuer Bestattungsbrauch in Europa, die Totenverbrennung: Nicht mehr die Körper, sondern die Asche der Verstorbenen wurde nun in Urnengräbern beigesetzt. Aus dieser Zeit datieren ein Brandgrab aus dem Bereich des späteren Römerlagers und ein bronzenes Lappenbeil aus Mehlem. Siedlungen der Hallstattzeit (siebentes Jahrhundert vor Christus) entdeckten die Archäologen zusammen mit bronzenen Halsringen, Armbändern und Ringen, Glasperlen und einer Bronzepfeilspitze im Bereich des Bonn-Centers sowie auch in Mehlem, Kessenich und Auerberg (Brandgräber aus dem sechsten Jahrhundert). Die Fundstellen aus der Eisenzeit

ab 750 vor Christus sind sehr zahlreich: Offenbar siedelten sich gerade in der Latènezeit (fünftes bis erstes Jahrhundert) die Menschen verstärkt im Bonner Raum an. Sie hinterließen Hals- und Armringe sowie eine Fibel (Reuterstraße) und auch Keramik, die Kontakte zum Mittelrhein und ins Rhein-Mosel-Gebiet bezeugen, und schließlich eine bedeutende, befestigte Hofanlage in Muffendorf, die in der späteren Latènezeit bewohnt war.

In der Späten Eisenzeit existierte in Vilich-Müldorf eine weilerartige Siedlung von vermutlich acht Höfen mit mindestens 20 Gebäuden. Auch Vorratsgruben wurden entdeckt. Besonders bemerkenswert ist jedoch der wehrhafte Charakter der Siedlung, der an römische Militärarchitektur erinnert. Siedelten um die Zeitenwende im Rechtsrheinischen die germanischen Sugambrer, so lebten im Linksrheinischen die keltischen Eburonen, deren Namen erst die Römer überlieferten.

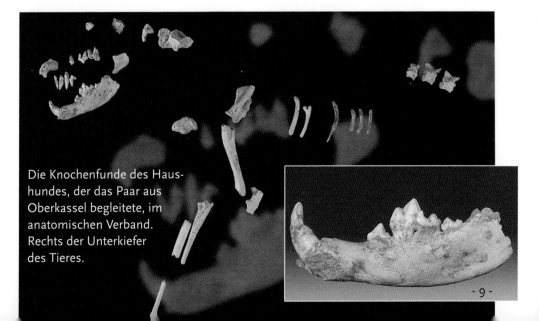

Die Knochenfunde des Haushundes, der das Paar aus Oberkassel begleitete, im anatomischen Verband. Rechts der Unterkiefer des Tieres.

„Bonna": Stützpunkt für Kundschafter, Reiter und Infanterie

Gaius Julis Caesar ging mit brutaler Härte gegen die Eburonen vor.

In den Jahren 58 bis 50 vor Christus besetzten die Truppen von Gaius Julius Cäsar, dem späteren Alleinherrscher, ganz Gallien. Die Römer verstanden den Rhein als östliche Grenze Galliens. Rechts des Stromes begann das germanische Gebiet, dessen Eroberung Rom anstrebte. Das Rheinland westlich des Stroms wurde schließlich für ein halbes Jahrtausend Teil des Römischen Reichs. Während der Kämpfe Cäsars hatten die Römer die linksrheinischen Eburonen und deren Doppelkönige Ambiorix und Catuvolcus nach heftigem Widerstand besiegt. Die in rechtsrheinischen Gebieten lebenden germanischen Ubier unterwarfen sich im Gallischen Krieg den Römern. Agrippa, 39/38 und 20 bis 18 vor Christus Statthalter in Gallien, siedelte sie ins Linksrheinische um. Erst ab diesem Zeitraum war Bonn kontinuierlich bewohnt: Seit ungefähr 40/30 bis 20 vor Christus bestand mitten in der heutigen Stadt eine ubische Siedlung. Sie wies eine Größe von etwa 18 Hektar auf, und ihre einzelnen Gehöfte mit Wohn-, Stall- und Vorratsgebäuden lagen hochwassergeschützt auf einer Halbinsel im Rhein. Die Fläche dieses vorrömischen Bonns wird in etwa durch das heutige Münster, die Universität und die Oper markiert. Zum Rhein hin schützte eine Palisade das ubische Bonn. Der ubische Name »Bonna« wird schriftlich erstmals vom römischen Schriftsteller Julius Florus in seinen „Epitoma" für den Zeitraum 12 bis 9 vor Christus erwähnt. In diesem Geschichtswerk schilderte er um 15 nach Christus die Feldzüge, die der römische Feldherr Drusus, ein Schwiegersohn von Kaiser Augustus, in den Jahren 12 bis 7 vor Christus im Inneren Germaniens geführt hatte. Während dieser Feldzüge verlegten die Römer erstmals Truppen in das ubische Bonn. Die Ubier, deren

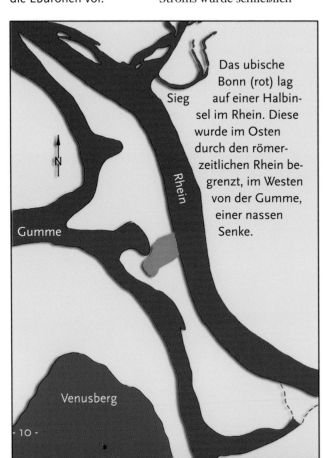

Das ubische Bonn (rot) lag auf einer Halbinsel im Rhein. Diese wurde im Osten durch den römerzeitlichen Rhein begrenzt, im Westen von der Gumme, einer nassen Senke.

Der römische Feldherr Drusus. Seine Feldzüge in Germanien ab 12 v. Chr., die der römische Schriftsteller Florus erwähnt, waren 1989 Anlass für Bonn, ein Stadtjubiläum zu feiern.

Hauptort bald schon das »oppidum Ubiorum«, das spätere Köln wurde, dienten der römischen Militärmacht als Kundschafter. Nach der Katastrophe der Varusschlacht nutzten die Römer in der ersten Hälfte des 1. Jahrhunderts nach Christus Bonn intensiver als Militärstützpunkt als zuvor. Wohl um das Jahr 17, unter Kaiser Tiberius (17 bis 37 nach Christus), errichteten sie ein Militärlager. Es diente vor allem der Sicherung des Rheins, der für die römischen Truppen eine wichtige Versorgungslinie darstellte und ungeplant wieder die Grenze zum »freien Germanien« bildete. Das Lager in Holz-Erde-Bauweise errichteten die Römer in der ubischen Siedlung zwischen Stockenstraße, Markt und Wenzelgasse sowie dem Rhein. Es diente als Standort für Hilfstruppen der römischen Armee, jeweils etwa 500 Mann stark: eine Reitereinheit, ausgehoben im heutigen Belgien, und eine Infanterieeinheit, rekrutiert im fernen Thrakien. Westlich und nördlich des Lagers bildete sich ein Lagerdorf. Südlich des Lagers entstand unter dem heutigen Hotel Königshof und dem Collegium Albertinum in den 20er-Jahren des 1. Jahrhunderts nach Christus eine militärische Verwaltungsstelle, in der auch Legionäre aus Xanten dienten. Forscher nehmen an, dass dieser Gebäudekomplex als „Finanzverwaltung" genutzt wurde. Das römische Bonn war durch die Trier-Kölner-Straße (heute Heerstraße / Immenburgstraße und Steinweg) sowie durch die Kölnstraße an das römische Straßennetz angeschlossen. Mit den Römern kam die lateinische Sprache an den Rhein - und der „Import" kultureller Gewohnheiten und Gewächse aus dem Mittelmeerraum. Zahlreiche Gallier, Italiker und Griechen wanderten ein, in den ländlichen Gebieten siedelte sich bäuerliche Bevölkerung an.

Rekonstruktion eines römischen Töpferofen, um 12 v. Chr.

„Legio I": Kein Ruhmesblatt

Rom baute den Militärstandort Bonn Ende der ersten Hälfte des 1. Jahrhunderts aus. Unter Kaiser Claudius (41–54 n Chr.) gaben die Römer das alte Lager auf und errichteten im Bonner Norden ein neues Legionsquartier: 27 Hektar groß, von fast quadratischem Grundriss. Wie heute noch im Straßenbild zu erahnen, wies es vier Tore auf und lag hochwassergeschützt zwischen Augustusring, Rosental, Graurheindorfer Straße und dem Rhein im Osten: Eine Festung, umgeben von einer Holz-Erde-Mauer. Die Kasernengebäude waren als Fachwerkbauten ausgeführt, wohl nur Verwaltung und Kommandantur aus Stein errichtet.

Diese „Castra Bonnensia", die der römische Historiker und Senator P. Cornelius Tacitus mehrfach in seinen „Historien" erwähnt, wurde Standort der Legio I Germanica. Die Rekruten stammten vor allem aus der Stadt Rom. 6.000 Mann stark, war die Legion in zehn Kohorten gegliedert. Zusätzlich lagen im Bonner Lager zwei Hilfstruppen, beide jeweils 500 Mann stark. Südlich des Lagers entwickelte sich bis in den Bereich der heuti-

Jetzt wird es brenzlig für die Legion: Die Bataver zücken ihre Schwerter und verschwören sich in ihrer „heiligen Höhle" gegen die verhassten Römer, nachempfunden von Rembrandt höchstpersönlich. Der Meister stützte sich dabei auf die Beschreibungen von Tacitus (rechts).

gen Universität entlang der Römerstraße nach Koblenz eine Lagervorstadt, und an der östlichen Lagerfront errichteten die Römer am Rheinufer Hafenanlagen, die nicht nur militärischen Zwecken, sondern auch der Versorgung dienten.

Bei Tacitus kam die Bonner Legion nicht gut weg. 69 begann der Aufstandes der Bataver - und die Legio I Germanica erwies sich nicht gerade als Ruhmesblatt römischer Kriegskunst: Germanische Angreifer fügten der Bonner Legion herbe Verluste zu, die „Finanzverwaltung" und die Vorstadt wurden zerstört, und das Lager ging schließlich in Flammen auf. Überdies liefen die Bonner Legionäre während des Aufstandes auch noch zu den Gegnern über. Konsequent löste Rom die Legion auf. Bonn wurde für kurze Zeit Standort der kaisertreuen Legio XXI rapax („die Räuberische").

Zwischen 70 und 79 bauten die Römer das Lager aus Stein neu auf. Die vier Tore waren nun durch wehrhafte Doppeltürme geschützt, 44 Kasernen entstanden, dazu Dienstwohnungen für die Offiziere. Im Süden der wiederaufgebauten Lagervorstadt (unter der heutigen Universität) deckte eine Legionsziegelei bis in die 1. Hälfte des 3. Jahrhunderts einen Teil des großen Bedarfs an Ziegelsteinen, wozu Zigtausende Dachziegel sowie die Fußbodenziegel der Kanalisation zählten. In der Nähe des Rheinufers entstanden große Getreidespeicher. Am „Bonner Berg" im Norden des Lagers entstanden zwischen 110 und 140 eine Militärwerkstatt, im Bereich des ersten kleinen Lagers aus den Jahren vor der Zeitenwende nach 200 weitere Militärwerkstätten. Die Römer bauten auch die „Finanzverwaltung" wieder auf. Schließlich rückte im Jahr 83

Modell des Bonner Legionslagers, oben. Die Römer hinterließen in Bonn zahlreiche Spuren: Stiefelabdruck eines römischen Soldaten, der offenbar bei Kanalbauarbeiten in den 70er-Jahren des 1. Jahrhunderts entstand (links).

die neu gebildete Legio I Minervia in Bonn ein. Für zwei Jahrhunderte blieb das Bonner Lager ihr Standort. Für ihre „Manöver" nutze sie auch Übungslager außerhalb, etwa im Kottenforst, auf dem Hardtberg oder im Rechtsrheinischen bei Hangelar. Die Legion kämpfte in Dakien und im Partherkrieg des Jahres 161.

Die Römer kümmerten sich auch um die Infrastruktur. Bonns Anbindung an die Handelswege verbesserten sie durch den Ausbau der römischen Fernstraße nach Mainz (Rheintalstraße, heutige B 9). Die Limesstraße am Rhein verlief mitten durch das Lager. Im Süden Bonns entstand im 3. / 4. Jahrhundert ein Wachtturm, auf dessen Fundamenten später wohl der Bergfried der Godesburg ruhte.

In der Bonner Legionsziegelei gegen Ende des 1. Jahrhunderts hergestellte Hypokaustziegel für das Kommandantenbad (am Collegioum Albertinum) mit dem Stempel LIM = legio I Minervia.

Hightech, Multikulti und Matronen

Der Garnisonsort Bonn lebte vom Militär. Länger als zweieinhalb Jahrhunderte waren gut 7.000 Berufssoldaten der römischen Armee hier stationiert. Mancher liebte eine Ubierin, andere brachten ihre Freundin aus entfernten Gebieten des Römischen Reiches mit. Während die Legionäre im Lager kaserniert waren, bevölkerten ihre Lebensgefährtinnen und Kinder die Lagervorstadt.

In der Vorstadt, den „canabae legionis", lebten auch Sklaven und Bedienstete der Offiziere, Handwerker und ihre Familien, Kaufleute und Wirte. Neben Wohnhäusern gab es dort Verkaufsbuden, Herbergen, Gaststätten und Wirtshäuser. Ihre größte Ausdehnung erreichte die nach der Zerstörung durch die Bataver neu aufgebaute Lagervorstadt in der zweiten Hälfte des 2. Jahrhunderts.

Im Bereich des ehemaligen Regierungsviertels entlang der Adenauerallee entwickelte sich eine hochwassergeschützte Gewerbesiedlung, die vor allem aus lang gestreckten Streifenhäusern bestand. In diesem „Zivilvicus" siedelten die Römer Töpfereien, Ziegeleien sowie Handwerksbetriebe, Kneipen und Rasthäuser an. In der Blütezeit Ende des 2. Jahrhunderts lebten neben den Soldaten vermutlich 10.000 Zivilisten in „Bonna". Das Bonn dieser Zeit war mit etwa 80 Hektar größer als das mittelalterliche - und vor allem modern: mit dem dichten Straßen- und Wegenetz und der Wasserleitung die vom Hardberghang herab über Aquädukte direkt ins Lager. Auf die Klimaverschlechterung ab Mitte des 2. Jahrhunderts reagierten die römischen Architekten mit Hightech: Nun erwärmten Fußbodenheizungen die Landsitze und Wohnungen der Offiziere. Bäder? Selbstverständlich. Zahlreiche römische Gutshöfe („villae rusticae") im Umland produzierten für die Versorgung. Über das passable Straßennetz gelangten Obst und Gemüse zu den Abnehmern in Bonn und Köln, etwa aus dem Vorgebirge, der Wein zum Teil vom Drachenfels oder der Mosel.

Stammten die ersten Legionäre der Minervia aus Oberitalien und der Provence, so kamen sie später vom Niederrhein, aus der „civitas Ubiorum" Viele ausgediente Veteranen blieben in der Region am Rhein, aus der sie stammten. Die Bevölkerung war kulturell „romanisiert" - aus germanischen und keltischen Bevölkerungsanteilen; ein kräftiger mediterraner Einschlag kam hinzu. Für die zivilen Siedlungsbereiche fungierte das römische Köln, die CCAA, als Verwaltungssitz. Die Legionäre brachten die römischen Götter mit an den Rhein, die auch in Bonn verehrt wurden. Da die Römer fremde Religionen oder Gottheiten nicht unterdrückten, verschmolzen germanische und ubische Kulte mit römischen. So verehrten die Rheinländer jener Zeit beson-

Altar für die aufanischen Matronen, im Jahr 164 gestiftet von Q. Vettius Severus.

ders die Matronen, ursprünglich germanische Fruchtbarkeitsgöttinnen. In der ersten Hälfte des 2. Jahrhunderts entstand nahe des heutigen Münsters das zentrale Heiligtum der „aufanischen Matronen". Der Tempel wurde zum Anziehungspunkt für Menschen aus dem gesamten Rheinland, die dort den Matronen opferten. Bestatteten die Armeeangehörigen ihre Toten vor allem an der Ausfallstraße nach Köln (heute Kölnstraße), so finden sich die Gräberfelder der Zivilisten in an der Straße nach Koblenz, der heutigen Adenauerallee.

Fehlt nur noch das obligatorische Amphitheater - in Bonn ist es bislang nicht lokalisiert worden. Immerhin fing der Bonner Zenturio (Hauptmann) Tarquitius Restitutus für das Kölner Amphitheater in kurzer Zeit 50 Bären, wohl Braunbären aus dem Bergischen Land und der Eifel. In Köln dankte er der Jagdgöttin Diana mit einem Weihestein, in Bonn der Siegesgöttin Victoria.

Bei den Grabungen auf dem Gelände des World Conference Center Bonn (WCCB) wurde auch eine große öffentliche Badeanlage freigelegt.

Auch Jupiter Optimus Maximus, der wichtigste Gott des römischen Staates, wurde in Bonn verehrt: Oberer erhaltener Teil eines Jupiterpfeilers mit dem thronenden Gott.

So könnte es an der Ausfallstraße nach Koblenz ausgesehen haben: Modell einer Gräberstraße mit Grabmaltypen des 1. bis 3. Jahrhunderts.

Die Franken kommen: „Kühne" Germanen beenden die Ära Roms

Nach einer langen Friedensphase von gut 200 Jahren verschlechterten sich die Zeiten: Eine Wirtschaftskrise erschütterte das Römische Reich ab Ende des 2. Jahrhunderts. Bonn und sein Umland spürten die Folgen der Rezession deutlich: Handwerker und Landwirte gaben ihre Betriebe auf, die Steuerlast drückte, Lagervorstadt und Vicus entvölkerten sich zunehmend und im Legionslager waren weniger Soldaten stationiert als zuvor. Wahrscheinlich lebte die Bevölkerung um die Mitte des 3. Jahrhunderts bereits innerhalb der schützenden Steinmauern des Lagers. Schon jetzt war das Ende absehbar - doch erst um 450 versiegte der immer dünnere Strom der Belege für römisches Leben in Bonn.

Anfang des 3. Jahrhunderts rückte die „Germanengefahr" näher; erste Gefechte konnten Soldaten der Bonner Legion mit ihren Hilfstruppen noch für sich entscheiden. Ab Mitte dieses Jahrhunderts stießen germanische Alemannen und Franken über den Rhein erfolgreich auf römisches Gebiet vor. Bei den Franken - dieser Name bedeutete die „Kühnen" oder die „Freien" - handelte es sich um einen Stammesverband, zu dem sich mehrere westgermanische Teilstämme zusammengeschlossen hatten. Bonn war 274 von ihren Vorstößen schwerwiegend betroffen, als die fränkischen Angreifer die gesamte Lagervorstadt, die Tempelbezirke, den Vicus sowie zahlreiche Landsitze zerstörten. Nur das Lager überstand diesen Angriff; am Ende des 3. Jahrhunderts war es nur noch in Teilen bewohnt. In den 90er-Jahren des 3. Jahrhunderts gelang es römischen Truppen zwar, die von Franken besetzten

rheinischen Gebiete zurückzuerobern, doch der Niedergang waren nicht mehr zu übersehen: Die Bonner Legio I Minervia zählte in dieser Phase vermutlich nur noch 1.000 Mann, zunehmend aus elbgermanischen Söldnern und Milizen in den Diensten Roms. Die letzte bekannte Weih-Einschrift der alten Bonner Legion stammt aus dem Jahr 295. In dieser Zeit diente die ehemalige Lagervorstadt bereits als Friedhof.

Im 4. Jahrhundert nahm die Siedlungsdichte außerhalb des Lagers weiter ab, die einst hochmoderne Wasserleitung verfiel endgültig. Die Forschung geht davon aus, dass nun nur noch 3.000 bis 4.000 Menschen in der Fes-

Ziegelofen aus dem Bonner Vicus, entdeckt bei den Grabungen auf dem Gelände des World Conference Center Bonn (WCCB).

Kochplattform mit eingebautem Vorratsgefäß, freigelegt 1988 beim Collegium Albertinum.

tung Bonn lebten. Freiflächen innerhalb des Lagers dienten als Gartenland. In der Bevölkerung überwog nun der germanische Anteil, der mit den in Bonn lebenden Romanen zu einer einheitlichen romanischen Bevölkerung verschmolz.

In den Jahren 353 bis 360 eroberten die Franken die germanischen Provinzen am Rhein: Köln, Xanten und auch das Bonner Lager nahmen sie dabei ein. Von der Legio I findet sich seitdem keine Spur mehr, die Franken haben sie vermutlich vernichtet. Unter Kaiser Julian gelang es den römischen Truppen zwischen 357 und 360 nochmals, die Franken zurückzudrängen: Seit 359 wurde das Bonner Lager wieder aufgebaut, gleichzeitig entstanden neue Speicherbauten. Beim Wiederaufbau des Lagers dienten den Truppen auch Grabsteine und Architekturteile als Material. Sie errichteten das Lager in seinen ursprünglichen Ausmaßen neu und sicherten die Festung mit Steintürmen und Steinschleudern, belegten sie jedoch nur noch mit Miliztruppen. Das Lager übernahm nun verstärkt die Funktion einer Fluchtburg für die Einzelhöfe der Umgebung.

Um das Jahr 450 ging Köln vermutlich kampflos an die fränkischen Kleinkönige über. Ähnliches ist für Bonn anzunehmen: Die Ära Rom war beendet.

Kommandantenbad mit Sauna (links) sowie Kaltwasserbecken, freigelegt 1988 beim Collegium Albertinum. Rechtes Bild: Glasform aus Kalkstein für vierkantige geblasene Gläser vom Ende des 1. Jahrhunderts n. Chr.

Eine „Basilica" - für die Märtyrer Cassius und Florentius

Wenn der römische Kaiser Julian (355–363) auch versuchte, die alten römischen Rituale wieder zur Staatsreligion zu erheben, so wandte sich die romanisierte Mischbevölkerung der Rheinlande ab der zweiten Hälfte des 4. Jahrhunderts endgültig dem Christentum zu. Nach dem Ende der Römerherrschaft hatten schließlich auch die fränkischen Eroberer das Christentum angenommen. Der merowingische Frankenkönig Chlodwig ließ sich um 500 taufen, nachdem er in der Schlacht bei Zülpich die Alamannen besiegt hatte. Eindeutige archäologische Spuren aus der Zeit um 350 belegen die Ausbreitung des christlichen Glaubens in Bonn, insbesondere das Grab eines germanischen Offiziers in Diensten der Römer aus der Kesselgasse. Etwa in dieser Zeit entstand in einem spätantiken Gräberfeld auch eine römische „cella memoriae" - eine „Totenmemorie" unter der Krypta des Bonner Münsters. Dieser Fund galt lange Zeit als ältestes Zeugnis des Christentums in Niedergermanien: eine spätantike Totenkultstätte, 3,35 Meter mal 2,55 Meter groß, ausgestattet mit zwei blockartigen Tischen und einer dreiseitigen Sitzbank, auf der zehn Personen beim Totenmahl Platz nehmen konnten. Der Raum war an drei Seiten von Fachwerkwänden umgeben und durch ein Holzdach geschützt. Nach jüngeren Erkenntnissen ist die Kultstätte jedoch weder römisch-heidnischen noch christlichen Bräuchen zuzuordnen, obwohl die Forschung heute zur heidnischen Variante tendiert. Bereits gegen Ende des 4. Jahrhunderts wurde die Totenmemorie abgerissen und einplaniert.

Das rund 150 Jahre später über der planierten Totenmemorie errichtete kleine Saalgebäude, dessen Reste heute ebenfalls unter dem Bonner Münster liegen, war dagegen eindeutig christlich: eine merowingische Grab-

oder Memorialstätte. In den Estrich des Grabsaals fügten die Erbauer ein Kreuz aus Marmorbruchstücken ein, und in den Fundamenten installierten die frühmittelalterlichen Menschen als Bauteile früherer Epochen auch Altäre („Spolien"), beispielsweise den „aufanischen Matronen" sowie anderen heidnischen Göttern gewidmet. Im Grabsaal bestattete die christianisierte fränkische Oberschicht Bonns ihre Toten.

Dieser Bau wird schriftlich erstmals im Jahr 691 in einer Urkunde als „Basilica" erwähnt. Geweiht war er den christlichen Märtyrern Cassius und Florentius sowie ihren Gefährten. Sie zählten später wie St. Gereon in Köln oder St. Viktor in Xanten zu den insbesondere am Rhein verehrten Blutzeugen der legendären „Thebäischen Legion" - den römischen Soldaten, die der Legende nach bei einer Christenverfolgung im 3. Jahrhundert den Märtyrertod gefunden hatten.

Das Martyrium von Cassius, Florentius und Mallusius, die sich weigern, einem Götzen zu opfern (Darstellung aus dem 19. Jahrhundert).

Modell der „cella memoriae" unter dem Bonner Münster, Rheinisches Landesmuseum Bonn.

Kreuz aus Marmorbruchstücken im Estrich des Saalbaus unter dem Bonner Münster.

Grabfund aus der Bonner Jakobstraße, 4. Jahrhundert: Spätrömische Zwiebelknopffibel mit Christogramm; Rangabzeichen eines germanischen Offiziers in römischen Diensten.

Dass nach der Mitte des 8. Jahrhunderts in der „Basilica" Beisetzungen ausblieben und das Gebäude erweitert und umgebaut wurde, verweist auf einen Funktionswechsel: die Memorialstätte wandelte sich im 8. Jahrhundert in eine karolingische Kirche; ab 787 als „ecclesia sanctorum Cassii et Florentii" bezeichnet.

Als die „Basilica" 691 mit Grundbesitz ausgestattet wurde, hatte sich hier vermutlich bereits eine Klerikergemeinschaft versammelt, aus der sich schließlich das für die Geschichte Bonns so bedeutende Cassius-Stift entwickelte. Möglich, dass Hildebold von Köln (787–795 Bischof von Köln, 795–818 erster Kölner Erzbischof) oder sein Vorgänger das Stift gründete, zumal der Kölner Erzbischof als „abbas" formal bis Mitte des 9. Jahrhunderts die Leitung des Kanonikerstiftes innehatte. Der Propst des Cassiusstifts übernahm als Chorbischof und Archidiakon wichtige Aufgaben im südlichen Erzbistum. Nach dem Kölner Domstift beanspruchte St. Cassius den zweiten Rang im Erzbistum. Durch zahlreiche Zuwendungen und Stiftungen, den Wirtschaftsfaktor Wallfahrt und die Landwirtschaft klingelte die

Kasse: Das Cassius-Stift entwickelte sich zu einer der reichsten Grundherrschaften am unteren Rhein, die Zahl der Kleriker wuchs beträchtlich. 942 traten 22 Bischöfe zu einer Synode in Bonn zusammen, möglicherweise gab sich Otto der Große dabei die Ehre.

Eine Stiftsschule bestand wohl seit dem 10. Jahrhundert, vor dem 12. Jahrhundert ein Hospital. Um 1050/70 ließen die Kanoniker dann eine neue, monumentale dreischiffige Basilika errichten - das Bonner Münster.

Lange Zeit betrachtete die Wissenschaft auch ein Gebäude in der Südwestecke der römischen Festung als spätantike Saalkirche. Die Funktion dieses Gebäudes, über dem später die Dietkirche entstand, gilt heute als ungeklärt. Es handelt sich um einen rechteckigen Saalbau von zehn mal 20 Metern, dessen Errichtung Forscher heute in die Spätantike oder in das Frühmittelalter einordnen. Seine Außenwände sind in der Technik des „opus Africanum" ausgeführt, einer in den Rheinlanden unbekannten Technik des 4. Jahrhunderts aus Nordafrika, bei der die Baumeister zwischen senkrecht aufgestellten, großen, länglichen Steinen kleine Quader und Platten schichteten und so die Fachwerkbauweise in Stein nachahmten.

Nach dem Frankeneinfall von 353 neu errichtet, scheint dieser Bau trotz

Spätantike Schliffglasschalen aus Bonn, eine davon mit christlichen Szenen.

Das fünftürmige Bonner Münster, Kirche des ehemaligen Cassius-Stifts, seit 1804 Pfarrkirche St. Martin.

fehlender christlicher Funde und Ausrichtung in Nord-Süd-Richtung im merowingerzeitlichen Frühmittelalter als Kirche gedient zu haben; jedenfalls gilt er als Vorläuferbau der Dietkirche. Hier fand im 6. Jahrhundert eine fränkische Dame mit reichen Grabbeigaben ihre letzte Ruhestätte. Ob es sich jedoch um eine Taufkirche handelte, wird von der Forschung unterschiedlich beurteilt. 795 ist eine Petrus geweihte Kirche für diese Siedlung erstmals schriftlich bezeugt, das Patronat des Heiligen spricht für eine lange Tradition des Gotteshauses. Schließlich ist noch eine weitere frühe kirchliche Institution auf dem heutigen Stadtgebiet bekannt - im rechtsrheinischen Ort Vilich, der um einen fränkischen Hof herum entstand. Der Adelige Megingoz (920–998/99) und seine Frau Gerberga, die aus der ottonischen Kaiserfamilie stammte, gründeten hier zwischen 977 und 987 ein Frauenstift - Vilich zählt somit zu den alten Kanonissenstiften im Rheinland.

König Otto III. privilegierte es 987 als ottonisches Reichstift - mit der jüngsten Tochter der Stifter, Adelheid (970–1015/18), als erster Äbtissin. Sie wandelte das Stift nach 1003 in ein Benediktinerinnenkloster um, 1040 begann der Bau einer neuen Kirche und im 12. Jahrhundert wandelte es sich wieder zum Stift. Adelheid wurde bald als Heilige verehrt und zahlreiche Wallfahrer pilgerten an ihr Grab.

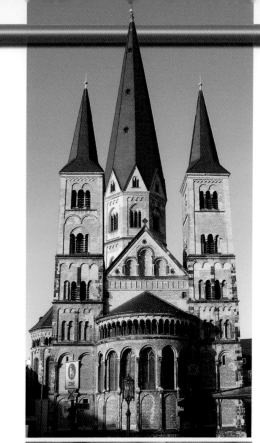

Adelheid von Vilich, Reliquienbüste, St. Peter.

Gipfeltreffen und Aufschwung

Das mittelalterliche Bonn ging aus zwei Siedlungskernen hervor: der spätantiken Siedlung innerhalb der Mauern des alten Römerlagers und der karolingischen Siedlung - „villa Basilica" - im Umfeld des Cassiusstifts, die zum Mittelpunkt der mittelalterlichen Stadt aufstieg. In merowingischer Zeit trug die Siedlung im alten Legionslager den römischen Ortsnamen Bonn weiter, sie hieß Bonnburg oder „castra Bonnensia". Das Lager, nun im fränkischen Königsbesitz, beheimatete lange Zeit vermutlich den Verwaltungssitz der Grafen des Bonngaus und des Ahrgaus, eine Münzstätte, einen Markt und das religiöse Zentrum - die Dietkirche (Volkskirche). 753 hielt sich König

Pippin hier auf. Bis zum Sieg Karls des Großen über die Sachsen blieb das „castrum Bonnense" Grenzbefestigung, auch wenn die alten römischen Mauern verfielen. In den „Normannenstürmen" des 9. Jahrhunderts boten sie kaum noch Schutz. 921 war Bonnburg - oder vielmehr der Rhein davor - Schauplatz eines Gipfeltreffens: Mitten auf dem neutralen Strom trafen sich der westfränkische karolingische König Karl der Einfältige und der ostfränkisch-sächsische König Heinrich I. auf einem Schiff, um im „Vertrag von Bonn" ihre Freundschaft zu beschwören (wobei Karl seinem Namen alle Ehre machte, denn Heinrich scherte es kaum, als sein Vertrags-

„Freund" in Not geriet). Als zweiter Siedlungskern gilt die 804 bezeugte „villa Basilica", zunächst nur ein kleines, unbefestigtes Kirchdorf um das Cassiusstift. Hier lebten Handwerker und andere Dienstleister des Stifts. Bis Mitte des 10. Jahrhunderts Vorstadt der Bonnburg, waren aber seit Ende des 8. Jahrhunderts zahlreiche Wallfahrer zu den Märtyrerkirchen St. Cassius und Florentius gepilgert. In der Karolingerzeit wuchs das Kirchdorf: 799 ist eine neue Martinskirche bezeugt und neben der Märtyrerkirche entstand vermutlich im 10. Jahrhundert die Pfarrkirche St. Gangolf. Bei der „villa Basilica" konnten sich ab 795 ermattete Pilger im „vicus" nahe der Kirche

Bewaffnung eines fränkischen Fürsten der Merowingerzeit (Germanisches Nationalmuseum Nürnberg).

St. Remigius mit Wein erfrischen, den vermutlich Fernhändler anboten. Die Normannen zerstörten diesen „vicus" 881 und 892. Das Cassiusstift blieb erhalten. Bis zur Jahrtausendwende erlebte die „villa Basilica" einen Aufschwung, dass sie die Bonnburg überflügelte und die Verhältnisse sich umkehrten. Nun geriet das Marktdorf Dietkirchen im alten Legionslager zur Vorstadt der Münstersiedlung beim Cassiusstift: Die Stiftssiedlung - oder auch Stiftsburg - war der Mittelpunkt der bedeutenden geistlichen Grundherrschaft des Cassiusstifts.

Sie entwickelte sich zum religiösen und wirtschaftlichen Schwerpunkt, sodass die Menschen um 1000 mit dem Namen „Bonn" die Münstersiedlung bezeichneten - der alte Name „Bonna" war auf das neue Zentrum übergegangen, der ältere Siedlungskern im ehemaligen Römerlager zum kleinen Marktflecken außerhalb der entstehenden Stadt abgestiegen. Die zunehmende Bedeutung der damals rund zehn Hektar großen und nun mit einer Mauer befestigten Stiftsburg zeigte sich auch darin, dass sie in Anlehnung an die Antike als „civitas Verona" bezeichnet wurde - „civitas" ist ein alter römischer Begriff für „Stadt". Vor ihren Mauern wuchs eine bürgerliche Siedlung heran. Bonn galt als „ehrwürdiger Ort seines Erzstiftes", wie der Mönch Ruotger in seiner Biografie über den Kölner Erzbischof Brun schrieb.

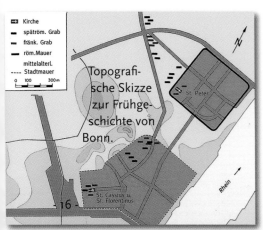

Topografische Skizze zur Frühgeschichte von Bonn.

Legende:
- Kirche
- spätröm. Grab
- fränk. Grab
- röm. Mauer
- mittelalterl. Stadtmauer

0 100 300m

St. Peter

St. Cassius u. St. Florentinus

Rhein

16

Rechts: Die Rekonstruktion der Mauern zeigt die Umrisse der mittelalterlichen Dietkirche sowie Mauern römischer Kasernen.

„Vollendet steht der Bogen und spiegelt sich im Rhein ..."

Das Ende für den Rolandsbogen schlägt in der Sturmnacht zum 29. Dezember 1839: Das Bauwerks-Fragment stürzt ein. Das Ende? Nicht für Dichter und Freimaurer Ferdinand Freiligrath (oben). Er veröffentlicht am 12. Januar 1840 in der Kölnischen Zeitung einen 20 Strophen langen Spendenaufruf - mit großem Erfolg. In seiner Rede zum Richtfest reimt der Dichter dann: „Umsonst nicht kam geflogen so mancher gute Stein. Vollendet steht der Bogen und spiegelt sich im Rhein."

Roland, Neffe und Paladin von Karl dem Großen, verlobte sich einst mit Hildegunde, der Tochter des Ritters vom Drachenfels. Als Roland mit seinem Onkel in Spanien gegen die Mauren kämpfte, fiel er (angeblich) trotz tapferer Gegenwehr. Nachdem Hildegunde die Nachricht von seinem Tod erreichte, trat sie in das Kloster Nonnenwerth ein. Doch der Totgeglaubte kehrte zurück und ließ, um seiner Verlobten nahe zu sein, oberhalb des Klosters die Burg Rolandseck errichten, wo er ihr bis zu seinem Tod treu blieb.

Entgegen der schönen alten Sage vom liebenden Ritter berichten Historiker, dass laut Totenbuch des Klosters Rolandswerth und der Koelhoffschen Chronik der Stadt Köln Erzbischof Friedrich I. von Köln um 1122 den Bau der Burg angeordnet hatte. Rolandseck diente neben der 1118 im Siebengebirge errichteten Wolkenburg der Sicherung der Südgrenze des Erzbistums sowie als Schutzburg des 1126 errichteten Klosters Nonnenwerth.

Während seiner wechselvollen Geschichte verfiel das Gebäude immer mehr, sodass Ende des 17. Jahrhunderts nur noch ein einziger Fensterbogen stand, der allerdings zum Sinnbild der deutschen Rheinromantik avancierte. Schon damals galt der „Rolandsbogen" als beliebtes Ausflugsziel. Für das sagenumwobene Areal beantragte Peter-Josef Lenz 1894 die Konzession zum Ausschank von Wein und Spirituosen. Über seine schöne Tochter Sophie schrieb Heimatdichter Jörg Ritzel 1912 das Gedicht von der „Base vom Bogen".

Familienausflug mit Panorama-Blick

Der Rolandsbogen öffnet weit die Türen für Ausflügler, die sich zur Vesper niederlassen möchten und Muße Suchende, die einen besonderen Tag gerne mit einem schönen Essen krönen. Bei sonnigem Wetter lockt die Rheinblick-Terrasse mit einem unkomplizierten Angebot an Köstlichkeiten vom Grill oder hausgemachten frischen Kuchen. Wer ein feines Süppchen genießen möchte, ein Risotto oder ein fantasievolles Dessert, ist hier richtig. Auch tagsüber heißt das Restaurant Gäste willkommen. Für den Familien-Ausflug empfiehlt sich der Rolandsbogen in bester Weise - nicht nur, aber besonders am Sonntag zum Familien-Brunch. Während die Eltern beim ausgedehnten Tafeln Vitalität für die neue Woche tanken, können die Kinder ihre überschüssigen Energien beim fantasievollen Spiel in der sagenumwobenen Burg-Umgebung ausleben.

www.rolandsbogen.de

Geschäftstüchtiger Propst sorgt für Seelenheil und Wirtschaftsblüte

Ganz im Mittelpunkt der Entwicklung des mittelalterlichen Ortes: das Cassius-Stift mit den Gebeinen der drei Bonner Märtyrer Cassius, Florentius und Malusius. Ihnen ist die erste Blütephase Bonns zu verdanken. Aber nicht nur ihnen, sondern auch dem geschäftstüchtigen und umtriebigen Propst Gerhard von Are, der die geistlichen und weltlichen Geschicke des Stiftes von 1124 bis 1169 leitete. Bereits seine beiden Vorgänger hatten das Stift erfolgreich geführt und im 11. Jahrhundert einen Neubau des Münsters errichten lassen, der bereits damals in etwa die Ausmaße des heutigen Baus aufwies. Unter ihrem Nachfolger Gerhard von Are blühte das Stift auf - und mit ihm Bonn. Der Propst schuf für den Besitz des Stiftes eine neue Rechtsgrundlage, schenkte dem Stift Grund und Boden und erwarb neuen Besitz in Endenich, bei Euskirchen und 1149 auch die Burg Drachenfels, die er mit großem Aufwand ausbaute. Zudem ließ er das Stiftsgebäude des Münsters mit einem einzigartigen Kreuzgang und auch die Schauseite der Kirche im Osten neu gestalten.

Vor allem aber ist es wohl in erster Linie seinem Wirken zu verdanken, dass die Gebeine der Bonner Märtyrer feierlich erhoben wurden. Dies hatte weitreichende Folgen für Bonn. Denn zu dieser Zeit war die Erbebung von Gebeinen in vielen Orten zu beobachten. Die Menschen suchten die Nähe zu den Heiligen und versprachen

Schrein der Heiligen Drei Könige in Köln: ein „Muss" für fromme Pilger.

sich davon irdisches Glück und himmlische Vergebung. Ähnlich der islamischen Pilgerfahrt nach Mekka wanderten viele Christen regelmäßig zu den Wallfahrtsorten. Und mit den Pilgern wanderte Kaufkraft. Prominentestes Beispiel: die Überführung der Gebeine der Heiligen Drei Könige aus Mailand nach Köln durch den mächtigen Berater Kaiser Friedrich Barbarossas und Kölner Erzbischof Rainald von Dassel im Jahr 1164. Ein weiteres Beispiel ist die feierliche Aufbahrung der Gebeine Karls d. Großen im Aachener Dom nur ein Jahr später.

Diesen beiden Vorbildern strebte Propst Gerhard erfolgreich nach. Am 2. Mai 1166 öffnete er im Bonner Münster zusammen mit Erzbischof Rainald von Dassel „in Anwesenheit einer unzähligen Menge andächtiger Geistlicher und des Volkes", wie es in der Kölner Königschronik heißt, die antiken Steinsarkophage mit den Gebeinen der Heiligen Cassius, Florentius und Malusius. „Und obgleich 973 Jahre ihres Märtyrertodes vergangen waren, fand man eindeutig ihr trockenes Blut". Die Gebeine

Statue des Rainald von Dassel am Kölner Rathausturm. Er sorgte für die Erhöhung der Bonner Märtyrer.

wurden in kostbare Schreine gebettet und im Hauptaltar aufgestellt. Zur feierlichen Erhebung hatte der Propst eigens das alte Langchor mit Krypta vergrößern lassen. Zwar strömten in der Folge längst nicht so viele Pilger zum neuen Heiligtum wie nach Köln oder Aachen. Doch war die Verehrung der Stadtpatrone durchaus mit einem wirtschaftlichen Kalkül verbunden: Nicht ohne Hintergedanken erhielt das Cassius-Stift mit der Erhebung das Privileg eines abgabefreien Marktes auf dem Platz vor der Stiftsbasilika. Der erste Schritt auf dem Weg zur vollwertigen mittelalterlichen Stadt war getan.

Die beiden Bonner Märtyrer Cassius und Florentius als Skulpturen vor dem Bonner Münster.

Godesburg um 1500 auf einem Kirchenfenster.

DRACHENFELS

Die Godesburg im Jahr 2005.

Burg Drachenfels, neben der Godesburg wichtiger Aussichtspunkt zur Überwachung des Rheintals, oben.

Wütender Erzengel machtlos gegen Godesburg

Überall entlang des Rheins erheben sich im 11. und 12. Jahrhundert mächtige Burgen. Sie signalisieren den Menschen des Mittelalters unmissverständlich, wer im Lande das Sagen hat. Vor allem die Kölner Erzbischöfe nutzen sie als Zeichen der Macht und auch als Mittel zur Herrschaftssicherung und -ausdehnung. Sehr erfolgreich binden sie immer mehr kriegstüchtige Vasallen an sich und entwickeln sich so zu den stärksten ordnungsstiftenden Herrschern am Rhein, was auch vom ersten Stauferkönig Konrad III. mit der Übertragung der Herzogsgewalt 1151 anerkannt wurde.

Zur Sicherung der Macht ließ schon Erzbischof Friedrich I. von Köln (1100-1131) Rolandseck und die Wolkenburg errichten. Erzbischof Dietrich I. von Hengebach (1208-1212/15) folgte mit der Godesburg. In der lateinischen Gründungsinschrift der mächtigen Burg ist zu lesen: „Im Jahre des Herrn 1210 ist Godesberg begründet worden von Bischof Dietrich am Tag der maurischen Märtyrer" - damit war der 15. Oktober gemeint, der Tag

der Heiligen Cassius und Florentius. Schon die Römer hatten den strategischen Wert der Lage erkannt und dort im 2. bis 4. Jahrhundert ein Militärbauwerk errichtet. Bereits im Frühmittelalter war hier ein christlicher Kultbau dem heiligen Michael geweiht.

Auf dieser ursprünglich „Wotansberg" genannten Anhöhe erbaute Erzbischof Dietrich 1210 die Godesburg. Zur Finanzierung zog er das Vermögen der Juden unter dem Vorwurf des unerlaubten Wuchers ein und nutzte es bis zu seiner Absetzung eineinhalb Jahre später für erste Baumaßnahmen. Seine Nachfolger, vor allem die Erzbischöfe Konrad von Hochstaden im 13. und Erzbischof Walram im 14. Jahrhundert, vollendeten und erweiterten den Bau. Er bestand aus der Hauptburg mit einem gewaltigen Mittelturm auf dem Gipfel und der Vorburg nordwestlich unterhalb davon. Ganz reibungslos verlief der Bau der Godesburg durch die Erzbischöfe allerdings nicht. Gegen den Standort erhob sich Protest, weil eine Kapelle zur Verehrung des Erzengels Michael verlegt werden musste.

Der Erzengel sei aus Wut über den Bau höchstpersönlich erschienen und hätte seine Reliquien auf den gegenüberliegenden heutigen Petersberg gebracht, berichtete Mönch Caesarius von Heisterbach Anfang des 13. Jahrhunderts.

Die Godesburg bot den aus Köln vertriebenen Erzbischöfen sichere Unterkunft. Von hier aus regierten sie das Land. Daher lagerten sie an diesem sicheren Ort die für die Regierungsgeschäfte notwenigen Urkunden des erzbischöflichen Archivs und auch die Registratur bis Mitte des 15. Jahrhunderts ein.

Acht Jahrhunderte nach ihrer Gründung bietet die Godesburg die spektakuläre Kulisse für die Premiere dieser ZEIT REISE; hier stellt sich unsere moderne Stadtbiografie erstmals dem Urteil der Leser. Wie das Buch, so der Event des Stadtmarketings Bad Godesberg unter dem Motto „Zeitreise": Die Besucher ließen sich auf eine Reise vom Mittelalter auf der Godesburg in die Neuzeit der Innenstadt oder auch umgekehrt entführen. Auf der Godesburg versetzte ein großes mittelalterliches Fest mit buntem Markttreiben und Ritterlager (unten) die Besucher in jene Zeit zurück. Und in der Innenstadt stellten Autohäuser der Region ihre neuen Modelle und Trends vor, auch die Geschäfte öffneten sonntags ihre Türen und luden zum Shoppen ein.

ZEIT REISE
2000 Jahre Leben in Bonn

Oppidum Bonnense: Klerikales Marketing lockt kaufkräftige Pilger

Bereits im Jahr 1042 und damit lange, bevor Bonn rechtlich als Stadt bezeichnet werden kann, waren hier Kaufleute um den Marktplatz ansässig. Erzbischof Hermann II. (1036 bis 1056) war es vermutlich, der Händlern und Handwerkern Grundstücke zur Verfügung gestellt hatte. Damit stand Bonn in dieser Zeit nicht allein. Denn die Entwicklung von Märkten mit umliegenden Häusern boomte im Rheinland. Auch bei den rheinischen Abteien Essen, Werden und Siegburg setzten um 1050 Marktsiedlungen ein. In Bonn ist die Lage des ursprünglich rechteckigen Marktplatzes bis heute unverändert - damals direkt an der Straßengabelung der Bonngasse (Bunegazze) nach Köln, der Stockenstraße (de Stokke) nach Koblenz und der Eichgasse (Eichgazzen) zum Rhein. Direkt an den Platz grenzten schmale rechteckige und gleichgroße Parzellen. Hier lebten die Bonner Handwerker und Kaufleute. Als Klein- Unternehmer betrieben sie fest installierte Verkaufsstände auf dem Markt, mussten hierfür aber genauso wie für die beweglichen Bänke und Tische Abgaben an den Erzbischof leisten. Von hier aus versorgten sie die Bewohner des Ahr- und Bonngaus mit Waren aus Köln.

Schon damals schaute die Obrigkeit den Kaufleuten genau auf die Finger. Wie in anderen Städten auch, mussten sie peinlich genau darauf achten, dass Maße, Gewichte und Qualitätsanforderungen an die Waren mit den Vorschriften übereinstimmten. Darüber wachte zunächst das erzbischöfliche Schöffengericht als „Marktgericht". Erst um 1371 übernahm der Bonner Bürgermeister die Aufsicht über die Marktordnung.

Markt und Warenfluss zeugten allerdings nicht gerade von merkantiler Dynamik. Das besserte sich ein wenig in der zweiten Hälfte des 12. Jahrhunderts. Der Kölner Erzbischof Rainald von Dassel hatte damals mit den Reliquien der Heiligen Drei Könige in Köln und 1166 auch mit den Reliquien von Cassius, Florentius und Mallusius in Bonn für klerikales Marketing gesorgt. Und er hatte dem Münsterstift das Recht eingeräumt, zum jährlichen Fest dieser Kirchenpatrone im Mai einen dreitägigen Markt auf dem Münsterplatz zu organisieren. Der Clou: Bei diesem Anlass waren die Händler von Abgaben befreit. Die Idee ließ kaufkräftige Pilger nach Bonn eilen - wenn auch nicht in den Maßen wie nach Köln mit seinen „prominenteren" Reliquien.

Von Cassius und Co. profitierten auch die Kaufleute des 1211 erstmals bezeugten *oppidum Bonnense*. Und der Markt wuchs. Bereits ab der ersten Hälfte des 14. Jahrhunderts gestattete der Kölner Erzbischof Walram den Bonner Kaufleuten einen Wochenmarkt und alle vier Wochen auch einen Pferdemarkt. 1450 kam dann ein neuer Jahrmarkt am 25. November, dem Tage der St. Katharina, und um 1577 schließlich die zwei „Petersmärkte" hinzu, am 22. Februar auf Petri Stuhlfeier und am 1. August auf Petri Kettenfeier.

Der Bonner Marktplatz im Jahr 1646.

Feilschen erlaubt: Ein Händler bietet seine Waren an.

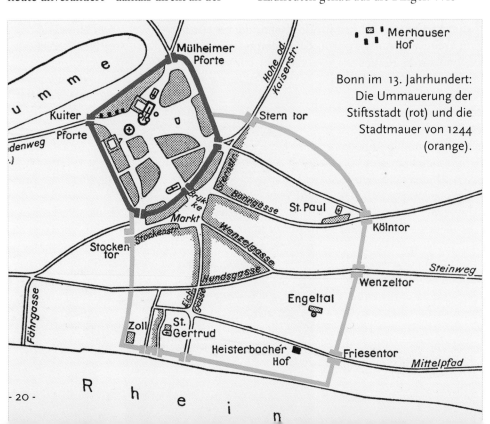

Bonn im 13. Jahrhundert: Die Ummauerung der Stiftsstadt (rot) und die Stadtmauer von 1244 (orange).

Rainald von Dassel - Porträt auf dem Reliquienschrein im Kölner Dom.

Bereits 1826 abgerissen: das Kölntor.

Die Nordseite der Stadt mit der mittelalterlichen Befestigung in der ersten Häfte des 19. Jahrhunderts.

Endlich Sicherheit für malträtierte Bürger

1114, 1198, 1239. Immer wieder wurde Bonn von feindlichen Herren gebrandschatzt. Neidisch blickten die gequälten Bürger auf das stark befestigte Köln und auch nach Aachen. Denn im Gegensatz zu diesen Städten war zwar die Bonner Stiftsstadt seit der Jahrtausendwende, nicht aber die übrige Siedlung von einer schützenden Mauer umgeben. Daher hatten die Bonner besonders stark unter der Politik des Kölner Erzbischofs Konrad von Hochstaden zu leiden, der seine Macht immer weiter ausbauen wollte, was ihm die Gegnerschaft des Stauferkaisers Friedrich II., der Stadt Köln und auch der rheinischen und westfälischen Territorialherren einbrachte. Denn von den damit verbundenen Reibereien war Bonn ständig bedroht, so noch im Februar 1239 durch die Soldaten des Grafen Heinrich von Sayn und dann wieder im Juni durch Herzog Heinrich von Brabant. Er verwüstete mit 8.000 Mann das Erzstift und steckte auch Bonn in Brand. Überglücklich müssen die Bonner gewesen sein, als Konrad nicht nur Städten wie Neuss, Rees, Xanten, Rheinberg, Andernach und Ahrweiler Stadtrechte verlieh, um sie als Stützpunkte zu nutzen, sondern am 13. März 1244 auch den Rittern, Schöffen und dem Volk von Bonn das „Mauerprivileg" gewährte. Er befahl darin den Bürgern, die Bonner Marktsiedlung mit Gräben und einer Mauer zu umgeben. Als Gegenleistung für diesen Dienst bestätigte Konrad ihnen alle „Freiheiten, Rechte und guten Gewohnheiten" sowie die Fixierung der „Herbstbede", der landesherrlichen Steuern.
Da der Mauerbau für einen Ort wie Bonn eine immense Anstrengung bedeutete, beteiligte sich der Erzbischof darüber hinaus wohl auch

Stadtmauer mit den angebauten Elendsquartieren im Norden der Stadt (um 1870).

an den Kosten. „Glühend vor Eifer, die Stadt und die errungene Freiheit zu bewahren", so die Annalen von St. Pantaleon zu Köln, „erbauten die Bürger einen hölzernen Palisadenzaun auf dem Wall über dem Graben und führten die neuen Tore als stattliche Steinbauten auf". Jeder einzelne Bürger musste mühselig mit Hand anlegen. Wohl noch Ende des 13. Jahrhunderts wurde der Palisadenzaun durch eine etwa einen Meter dicke und bis zu sieben Meter hohe Mauer aus Stein ersetzt. Zur Befestigung gehörten die drei landseitigen, sehr prächtigen Tore Sterntor, Kölntor und Stockentor, mindestens weitere drei Tore und 35 im Abstand von etwa 50 Metern errichtete zumeist halbrunde Türme. Nicht in den Schutz der Stadtmauer lagen das Kloster und Dorf Dietkirchen, der Hof Merhausen sowie die ländlichen Orte Graurheindorf und Dransdorf. Insgesamt umschrieb die Mauer eine Grundfläche von 44 Hektar mit einer recht engen Bebauung im alten Stadtteil und mit großen Freiflächen im Nordosten, die vor allem zum Weinbau genutzt wurden. Zumindest bis ins 17. Jahrhundert hinein bot der Mauergürtel der Bevölkerung reichlich Platz. Die Anstrengungen der Bonner, die auch für die Instandhaltung und für die Bewachung der Mauer zu sorgen hatten, haben sich sicherlich gelohnt. Denn die Stadtmauer bot nicht nur Schutz, sondern zeugte auch von Größe und Bedeutung. Das Privileg - ein Meilenstein in Bonn auf dem Weg zur vollwertigen Stadt.

Ansicht des Sterntors, kurz vor dessen Abriss im Jahr 1898.

Viel ist heute von der mittelalterlichen Befestigung nicht mehr erhalten. Das Stockentor musste 1717 dem Schlossneubau - mit dem gleichnamigen, in das Gebäude integriertem Tor - weichen, das Kölntor wurde 1826, das Sterntor 1898 abgebrochen. Nur vom Sterntor finden sich noch an anderer Stelle Reste.

Erzbischof Siegfried kürt BVNNENSIS zur Stadt

Anders als bei vielen anderen Städten des Hoch- und des Spätmittelalter belegt keine Urkunde die Gründung der Stadt Bonn. Die Entwicklung zur Stadt zog sich über mehrere Jahrzehnte hin. Als ein wichtiger Schritt gilt sicherlich der Mauerbau ab 1244 - nicht ohne Grund nahm die Bevölkerung der nunmehr befestigten Stadt täglich zu. Und mit Einführung der Ratsverfassung am 28. März 1286 durch den Kölner Erzbischof Siegfried gilt dieser Prozess als abgeschlossen. Bis dahin hatte allein das erzbischöfliche Schöffenkolleg die Geschicke der Stadt gelenkt. Anstelle dieses Gremiums, nun mehr oder weniger auf die Rechtspflege beschränkt, hatten die „majores" das Sagen: wohlhabende und angesehene Gewerbetreibende, Kaufleute und andere Bürger mit Haus- oder Landbesitz wählten jetzt zwölf Bonner in einen Rat. Und der begriff sich als Vertretung der gesamten Bürgerschaft.

Ein Bannstein von 1723 markierte an der Ecke Adenauerallee/ Rheinweg das Ende des Geltungsbereiches des Stadtrechts.

Einen Bonner Bürgermeister erwähnen die Chronisten von 1286 nicht, sondern erst 1331. Zu den Aufgaben des Rates zählten die allgemeine Verwaltung, die Aufsicht über das Marktgeschehen und das Gewerbe, die Regelung aller Schuld- und Zivilsachen. Die Macht des Rates, der „Stadtbann", reichte nicht nur bis zur Stadtmauer, sondern umfasste auch die Landgüter der Bonner Einwohner außerhalb des umwehrten Areals. Doch frei agieren konnte der Rat zum Ärger vieler Bürger nicht: Ein Drittel des Grund und Bodens stand im Besitz der Kirche. Allein das Cassiusstift besaß Rechte an 174 Häusern - hier konnte sich der Rat kaum durchsetzen. Der Ärger war vorprogrammiert: Immer wieder heftige Auseinandersetzungen um Abgaben- und Steuerfreiheit der Stiftsgeistlichen, um die Aufsicht über Maß und Gewicht und auch um die Kosten für Bewachung und Unterhaltung der Stadtmauer im Bereich des Cassiusstiftes. Der Klerus agierte nicht zimperlich: Mehrfach belegte er die aufmüpfigen Bonner Bürger wegen der Streitigkeiten mit Kirchenbann - erst

Der Bonner Löwe symbolisierte die landesherrliche Gerichtsbarkeit in der Stadt.

vom Erzbischof und später sogar vom Papst. Und die Ratsverfassung von 1286 hatte noch einen „Knackpunkt". Zwar erlangten die Bonner Selbstverwaltung, nicht aber Autonomie. Denn die Ratsherren mussten dem Erzbischof den Treueid schwören. Zudem hatte der Erzbischof auch die Vollstreckungsgewalt der Ratsbeschlüsse. Weiterhin stellte das erzbischöfliche Schöffenkolleg das Stadtgericht. Und auch Einkünfte aus dem Marktzoll behielt sich der Erzbischof vor. Der Einfluss des Erzbischofs hatte allerdings auch durchaus Vorteile, immerhin wurde Bonn Sitz eines kurkölnischen Amtes und Oberamtes und sein Gericht Oberhof für die umliegenden Gerichte. Seit dem 14. Jahrhundert lag auch die kurfürstlichen Finanzverwaltung in Bonn. Schließlich wurde die Stadt Zoll- und Münzstätte. So blieb Bonn bis 1794 eine kurkölnische Landesstadt mit

Schöffenurkunde von 1345: Der Kölner Erzbischof ernannte das Schöffenkollegium, das nach Einrichtung des Rates 1286 auf Rechtspflege beschränkt wurde.

allen Vor- und Nachteilen. Die Bonner Bürger dokumentierten jedenfalls stolz ihre errungene Selbstständigkeit durch das Große Stadtsiegel: „SIGILLUM ANTIQUE VERONE NVNC OPIDI BVNNENSIS". Das erstmals 1279 belegte Siegel (oben links) zeigt die Figur des heiligen Cassius über der zinnengekrönten Bonner Mauer und vor der fünftürmigen Cassiuskirche.

Bonns Rathaus auf einem Plan von 1646.

Mit dem Ruf „Heya, romrike Berge (Hoch, ruhmreiches Berg)!" führt Laienbruder Walter Dodde hoch zu Pferd die bergischen Bauern in den Kampf (Gemälde von Peter Janssen). Darstellung der Schlacht von Worringen in der berühmten Manesse-Handschrift aus dem 14. Jahrhundert.

„Ich wird Euch berichten, wie sie mit ihren Knüppeln, die mit Eisenspitzen versehen waren, hinzu kamen und zu Werke gingen, die kühnen Bauern von Berg", schreibt der Chronist Jan van Heelu. *„Sie zogen in Schlachtordnung tapfer ins Gefecht, munter rufend: Heya, romrike Berge (ruhmreiches Berg)!"*

Nach der blutigen Schlacht: Machtloser Siegfried sucht neues Domizil

Zehn Stunden dauerte das Gemetzel. Am Abend lagen 5.000 Gefallene und mehr als 6.000 tote Pferde auf der Fühlinger Heide nördlich von Köln. Und der Erzbischof hatte seine Macht über die aufsteigenden Territorien endgültig eingebüßt. In der größten und blutigsten Ritterschlacht auf rheinischem Boden kämpfte an jenem 5. Juni 1288 ein großes Heer unter Herzog Johann I. von Brabant, unter den Grafen von Jülich und Berg, von Looz und von der Mark und die Kölner Bürger. Auf der anderen Seite standen der Kölner Erzbischof Siegfried von Wester-

Herzog Johann I. von Brabant

burg sowie die Männer der Grafen von Geldern und Luxemburg.

Die Erzbischöfe hatten im Laufe des 11. und 12. Jahrhundert beharrlich ihr Territorium, das Erzstift, ausgebaut und mithilfe der staufischen Könige die Lehnshoheit über die nieder- und mittelrheinischen Grafengeschlechter errungen und sich zu den mächtigsten Herrschern zwischen Maas und Weser entwickelt. Dies sollte sich nun nach der Schlacht von Worringen ändern. In einer klugen Umfassungsstrategie besiegten die Kölner Bürger und die bergischen Bauern den Erzbischof; Graf von Berg geriet in Gefangenschaft.

Mit der Schlacht von Worringen wurden die Kölner Erzbischöfe faktisch endgültig vertrieben und mussten sich einen neuen Residenzort suchen. Bereits im 11. Jahrhundert waren sie wegen Auseinandersetzungen mit ihren selbstbewussten Kölner Bürgern gezwungen gewesen, außerhalb der Stadt unterzukommen - in der Burg Lechenich, auf dem Godesberg, in der Wasserburg Poppelsdorf in Brühl oder auch in Bonn. Erstmals war Bonn von Erzbischof Konrad von Hochstaden (1238-61) und von Erzbischof Engelbert II. von Falkenburg (1261-74) aufge-

sucht worden. 1268 hatte Engelbert II. *„in Bunne in capella palacii archiepiscopi Coloniensis"* eine Urkunde unterschrieben. Hier wird zum ersten Mal ein erzbischöflicher Palast in Bonn erwähnt: ein turmartiger Baublock mit Kapelle und Saal an der Stelle der heutigen Universität. Er war verbunden mit dem erzbischöflichen Hof. Hier kamen die Kölner Erzbischöfe unter, aber auch in verschiedenen Kanonikerhäusern des Cassiusstiftes und vom Ende des 14. bis ins 16. Jahrhundert im Zollhaus am Rhein.

Von Bonn aus führten die Erzbischöfe ihre Regierung, entschieden über Krieg oder Frieden, hier installierten sie die kurfürstliche Finanzverwaltung und andere Behörden. Im Münster krönten die Kölner Erzbischöfe immerhin zwei deutsche Könige. Die besondere Verbundenheit zu Bonn zeigte sich auch darin, dass mit Engelbert von Falkenburg, Siegfried von Westerburg, Heinrich II. von Virneburg und Ruprecht von der Pfalz gleich vier Kölner Erzbischöfe des Spätmittelalters im Bonner Münster beigesetzt sind.

Schließlich erlebte Bonn durch die Residenz der Erzbischöfe den Besuch vieler hochgestellter Berühmtheiten. Dabei ging es allerdings nicht immer gesittet zu. So kam es beim Besuch des englischen Königs Eduard III. im Spätsommer 1338 zu Tumulten. Seine Leute lieferten sich heftige Streitigkeiten mit den Bonner Bürgern, die erst nach Tagen wieder beigelegt werden konnten. Als Entschädigung musste der hohe englische Gast das 15-fache des Übernachtungsgeldes bezahlen - insgesamt sieben Kilo Silber.

Teurer Besuch: Sieben Kilo Silber kostete dem englischen König Eduard III. die Übernachtung in Bonn im Spätsommer 1338.

„Schöner Friedrich": Krönung im Wasserfass oder im Münster vor edlem Publikum?

Residenz, günstige Verkehrslage am Rhein und die Nähe zu Köln und Aachen - das prädestinierte Bonn zur „Event-Stadt". Gleich zweimal erlebten die Bürger Highlights: Königskrönungen im Bonner Münster. Doch schon die erste Krönung war von Streit überschattet. Im Sommer 1313 war der römisch-deutsche König und Kaiser Heinrich VII. unerwartet verstorben. Die Kontroversen zwischen den Häusern Habsburg und Luxemburg führten zum Streit - und im Oktober 1314 zur Doppelwahl des deutschen Königs. Auf der einen Seite stand Ludwig IV. („der Bayer") aus dem Hause Wittelsbach, vom Mainzer Erzbischof am 25. November 1314 in Aachen gekrönt. Der Gegenspieler: Friedrich der Schöne von Österreich, dem der Kölner Erzbischof Heinrich von Virneburg am gleichen Tag im Bonner Münster die Krone aufsetzte. Zwar war Bonn kein rechtmäßiger Krönungsort, immerhin zelebrierte der rechtmäßige Coronator der deutschen Könige die Zeremonie. Bayerische Quellen lästerten damals, zur Krönung hätten sich kaum 30 Gäste versammelt - und zwar

Festbankett: Der in Bonn gekrönte Karl IV. wird von Karl V. von Frankreich empfangen.

In einem feierlichen Festzug vor Bonner Schaulustigen zog Friedrich der Schöne nach seiner Wahl am 25. November 1314 vom Bonner Münster in die Brüdergasse.

auf freiem Feld. Der gekrönte Friedrich hätte dabei auf einem Fass gestanden und sei dann auch prompt in dieses hineingefallen. Dieser saftigen Falschmeldung stehen allerdings nur spärliche Überlieferungen entgegen, aber immerhin: danach salbte und krönte der Erzbischof den „schönen Friedrich" in der Münsterkirche vor erlesenem Publikum aus etlichen Bischöfen und Adligen. Anschließend zog Friedrich in einem Festzug zur Brüdergasse, wo die Herrschaften vermutlich in der Minoritenkirche, dem heutigen St. Remigius, zum Königsmahl baten.

Nach dem Tod Friedrich des Schönen 1330 wiederholte sich das Schauspiel in Bonn. Diesmal trat Markgraf Karl von Mähren aus dem Hause Luxemburg als Gegenkönig contra Ludwig IV. an. Wiederum sperrte sich Aachen als legitimer Krönungsort dem Begehren Karls. Und wiederum sprang Bonn ein. Am 26. November 1346 krönte Erzbischof Walram von Jülich Karl zu König Karl IV. Das genaue Geschehen rund um die Krönung ist nicht überliefert, doch lässt die Teilnehmerliste wieder auf ein Fest besonderer Prägung schließen. Hier in Bonn nahm damit das Wirken eines der bedeutendsten Könige und Kaiser des Mittelalters seinen Anfang. Allerdings ließ sich Karl nach dem Tod Ludwig des Bayern in Frankfurt erneut wählen und in Aachen - dreimal hält besser - 1349 noch einmal salben und krönen. Und in der Goldenen Bulle 1356, dem Grundgesetz des Heiligen Römischen Reichs Deutscher Nati-

Friedrich der Schöne bat am 25. November 1314 zum Königsmahl; vermutlich in der Minoritenkirche (heute Remigiuskirche).

on, erkannte er dann auch den Anspruch Aachens als rechtmäßigen Krönungsort endgültig an. Innerhalb einer Generation erlebte Bonn gleich zwei Großereignisse der besonderen Art. Sie brachten nicht nur Glanz und prominente Gäste in die Stadt. Denn die gekrönten Häupter bedankten sich beim Erzbischof wie bei den Bonner Bürgern durch die Bestätigung alter und die Verleihung neuer Privilegien. So übertrug König Friedrich der Schönen dem Erzbischof die Rechte über die Rheinzölle zu Andernach, Bonn und auch Neuß. Und am 5. Dezember 1314 konnten sich die Bonner Bürger über die „Weinzapfgerechtigkeit" freuen - sie durften einen Anteil aus den Einnahmen des Weinausschanks für sich nutzen. Auch König Karl IV. erwies sich dankbar. Er verlieh dem Erzbischof verschiedene Münzprivilegien. Gleichzeitig bestätigte er den Bonner Bürgern alle bisher von deutschen Königen und den Kölner Erzbischöfen verliehenen Privilegien. Fazit: Für Bonn hatten sich diese beiden Krönungen gelohnt.

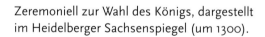

Zeremoniell zur Wahl des Königs, dargestellt im Heidelberger Sachsenspiegel (um 1300).

Umsatzsteuer am Stadttor wurmt Händler

Nach Gold haben die Bonner sicherlich niemals geschürft. Dennoch vergleichen einige Historiker das mittelalterliche Bonn mit einer Goldgräbersiedlung: Staubige Wege im Sommer, Morast überall im Winter. Mist, Fäkalien und Abfälle, überall in der Stadt verteilt, verbreiteten einen erbärmlichen Gestank, der durch Ausdünstungen von Fleisch, Fischen und anderen Nahrungsmitteln auf dem Marktplatz noch gesteigert wurde. Die Versorgung der Bevölkerung mit Frischwasser war problematisch.

Fernhändler kamen und zogen dann nach ein paar Tagen wieder weiter. Erst allmählich wurden ihre mobilen Marktbuden durch feste Holz- und Fachwerkhäuser ersetzt. Nun ließen sich zunehmend neben den bäuerlichen Abhängigen auch Kaufleute und Handwerker nieder - das verschaffte Bonn ein städtisches Erscheinungsbild mit Marktplatz, Stadtmauer, Stiftsbezirk, Kirchen und einer recht engen Bebauung im südlichen Bereich der Stadt. Im 13. Jahrhundert ließen sich Bäcker, Fleischhauer, Brauer, Fischer und auch Goldschmiede in der Stadt nieder, ein Jahrhundert später auch Weber, Schmiede, Zimmerleute und Maurer, Steinmetzen und andere Handwerker. Die Kaufleute bezogen ihre Läden vor allem in der Verlängerung der heutigen Remigiusstraße zum Rhein hin. Hier landeten

Schiffe die Waren zum Verkauf an dem Markt an. Die Händler, die insbesondere Getreide und Wein aus dem Umland auf dem Bonner Markt anbieten wollten, wurden ab 1318 zur Kasse gebeten. Am 22. Februar dieses Jahres hatte Erzbischof Heinrich der Stadt erlaubt, eine Akzise auf diese Produkte an den Stadttoren zu erheben. Diese Umsatzsteuer, deren Ertrag für den Bau und die Unterhaltung der Stadtmauer verwendet werden sollte, erwies sich als eine wichtige Einnahmequelle für den Fiskus der Stadt.

Sehr erfreut darüber, die Bonner Stadtmauer mitfinanzieren zu müssen, waren die Bewohner des ländlichen Umfeldes sicherlich nicht. Die meisten von ihnen lebten vom Wein. Daneben bauten sie ein wenig Obst, Gemüse und auch Roggen an. Da das Rheintal mit seinen fruchtbaren Böden recht gute Vorraussetzungen bot, konnten sie sich im Vergleich zu den Menschen in anderen Regionen gut versorgen. Neben den Bauern hatte sich in Kessenich, Friesdorf, Endenich und in anderen kleinen Ortschaften bei Bonn meist ein Müller und ein Schmied niedergelassen, die den alltäglichen Bedarf der Dorfbewohner deckten. Sie wohnten ent-

lang einer Straße auf kleinen Höfen mit Wohnbereich, Scheunen und Ställen. Am Anfang und am Ende der Dorfstraße war ein Gatter installiert, das in der Nacht geschlossen wurde. Wichtigster Bezugspunkt im Dorf war aber stets die Kirche: Fluchtburg in Kriegen und bei Unwettern, Standort für die Rechtssprechung, aber auch für die kleinen Freuden des Alltags: Kirmes, Schützenfest. Alles, was der Klerus von der Kanzel predigte, war für die Menschen des Mittelalters Gesetz. Und die Kirche gab auch den Rhythmus des Lebens vor. Die Heiligenfesttage strukturierten das ganze Jahr, das Glockengeläut signalisierte die an den Gebetszeiten orientierte Einteilung der Tageszeiten - nicht nur in den Dörfern, sondern auch in Bonn.

Bauern liefern ihre Abgaben an den Grundherrn ab.

Bäuerliches Leben im Rheinland um 1770 (Hintergrundbild).

Kessenich im Jahr 1569

Landwirtschaft, dargestellt im Stundenbuch des Duc de Berry um 1410.

„Verstoert, verdreven und verjaget" - Pogrome gegen Juden

Sie waren die Sündenböcke schlechthin. Und als Bonn 1348 unter der großen Pest zu leiden begann, waren die Schuldigen schnell gefunden: Immer wieder hatten die Juden unter Pogromen zu leiden. Das Leben der Bonner Juden war über viele Jahrhunderte gekennzeichnet von Vertreibung und Zerstörung auf der einen sowie von Wiederaufbau und Blütezeiten auf der anderen Seite.

Immer wieder wurden Juden für die Kreuzigung Christi verantwortlich gemacht, sie galten als Urheber für Pest, als „Knabenmörder" und als Brunnenvergifter. Der Antisemitismus in Bonn überdauerte Jahrhunderte.

Bereits während des ersten Kreuzzugs waren die religiösen Gegensätze zwi-

An den spitzen Hüten zu erkennen: Mittelalterliche Juden-Darstellung.

schen Christen und Juden derart aufgebrochen, dass marodierende Kreuzfahrer 1096 über mehrere Monate in vielen Städten Juden ausgeplündert oder umgebracht hatten. Die Not der Bonner Juden war so groß, dass viele lieber den Freitod wählten, als den Banden in die Hände zu fallen. Trotz dieser Erlebnisse bildete sich bald nach Ende des Kreuzzuges eine blühende jüdische Gemeinde mit einem Zentrum des Talmud-Studiums. Von überall erreichten Rechts- und andere Fragen die überregional bekannten jüdischen Gelehrten in Bonn.

Im Jahr 1287 kam es erneut zu einem Pogrom gegen Bonner Juden, dem 105 Menschen zum Opfer fielen. Unter dem Schutz des Kölner Erzbischofs entwickelte sich danach wieder eine große jüdische Gemeinde. Lebenszentrum der Bonner Juden war das Gebiet zwischen der Bonn- und Wenzelgasse. Hier - im

„Judenviertel" - besuchten sie regelmäßig ihre Synagoge, erstmals 1320 urkundlich erwähnt. Und hier nahmen sie auch ihre rituellen Bäder in der Mikwe.

Die meisten Juden lebten vom Geldverleih - die Ausübung anderer Berufe war ihnen weitestgehend verboten. Während der Pestpogrome 1348/49 wurden die jüdische Gemeinde und das Judenviertel zerstört. Erst 1381 siedelten sich wieder Juden an. 1421/22 sind lediglich elf jüdische Steuerzahler nachgewiesen, doch kamen zu dieser Zeit viele Juden nach ihrer Vertreibung aus Köln nach Bonn. Ihre rechtliche und auch soziale Situation blieb allerdings schwierig - nur wenige wohlhabende Familien durften sich für einen bestimmten Zeitraum ansiedeln, sodass zwischen 1608 und 1625 lediglich

Gedenkstätte mit Steinen der am 10. November 1938 zerstörten Bonner Synagoge.

sechs jüdische Familien in Bonn lebten. Nachdem das mittelalterliche „Judengetto" im Zuge der Bombardierung Bonns 1689 zerstört worden war, verfügte Kurfürst Joseph Clemens 1715 die Anlage einer neuen „Judengasse" direkt am Rhein südlich der unteren Josephstraße. Zwischen 1754 und 1758 wurde dort die neue Synagoge für etwa 44 Männer und 29 Frauen errichtet. Außerdem standen dort Mikwe, Gemeinde- und Rabbinerhaus. Die Straßen wurde abends durch zwei hölzerne Tore verschlossen.

Erst ab 1733 durften Juden sich auch außerhalb des Gettos in der Stadt ansiedeln. Zumindest einigen Bonner Juden bot sich nun die Chance, als kurfürstliche Hoflieferanten und -faktoren wirtschaftlich und auch sozial aufzusteigen. Einer von ihnen, Jonas Cahn, gründete 1772 sein Bankhaus am Viereckplatz. Zu dieser Zeit bestand die Bonner Judengasse aus 19 Häusern.

Böse Legende vom Ritualmord: Juden schlachten christliche Knaben und backen deren Blut in ihr Passahbrot ein, um damit Unheil auf die Christen herabzubeschwören (Darstellung aus dem 15. Jahrhundert).

Kreuzritter erschlagen Juden.

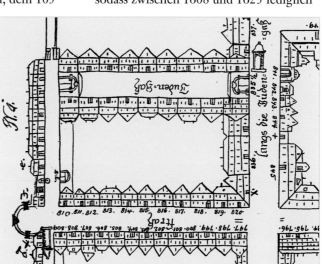

Die Judengasse direkt am Rhein im Jahre 1715. An den beiden Enden der Gasse sind verschließbare Tore errichtet.

Der „Schwarze Tod" klopft an

Woher die Pest kam, das wussten die Bonner nicht. Plötzlich klagten die Menschen über schwarze Flecken und eitrige Beulen am ganzen Körper, heftiges Fieber, Lähmungserscheinungen und starke Kopf- und Gliederschmerzen. Andere litten unter Atemnot und Husten mit blutigem Auswurf. Innerhalb weniger Tage folgte meist der Tod. Immer wieder wurden die Bürger Bonns seit 1349 vom „Schwarzen Tod" gepeinigt. Er wütete bis ins 17. Jahrhundert hinein. Angst und Schrecken gingen um. Denn jeder Bürger, ob jung oder alt, Frau oder Mann, arm oder reich, konnte sich anstecken. Wie in anderen Städten werden auch die Menschen in Bonn ihren Unrat und Fäkalien auf die Gassen geworfen haben. Schweine, Gänse, Enten und anderes Vieh liefen durch die Stadt, die Wege und auch die Stuben waren unreinlich und stanken bestialisch. Für die Ratten ein ideales Biotop: sie übertrugen bakterielle Infektionskrankheiten auf Flöhe und schließlich auf die Menschen.

Von den Ursachen und der Verbreitung der Beulen- oder der Lungenpest wussten die Menschen des Mittelalters nichts. Während der ersten Pestwelle von 1347 bis 1353 beschuldigten sie die Juden, Brunnen vergiftet und damit die Pest ausgelöst zu haben. In Bonn führte dies 1349 zur Ermordung und Vertreibung vieler Juden. Viele sahen in der Pest auch eine

Strafe Gottes. Und fast 250 Jahre später hielt der Kölner Koadjutor Ferdinand die „schlechte Luft" für die Ursache. Wie alle anderen Menschen stand auch er der Pestwelle 1597 hilflos gegenüber. Im August musste er das Handtuch streichen und rettete sich nach Kaiserswerth - hier schien ihm die Luft reiner. Wer konnte, entfloh aus Bonn. Die wenigsten waren dazu aber in der Lage. Sie versuchten sich durch Tücher vor dem Gesicht zu schützen oder reinigten die Luft durch das Verbrennen von Wacholderzweigen. Schließlich suchten die Menschen Rettung im Gebet oder durch Prozessionen zum Kreuzberg.

Hilflosigkeit beherrschte die Behandlung der Infizierten: Mediziner ließen die Kranken zur Ader, verabreichten ihnen Brechmittel und Einläufe oder schnitten ihnen die Pestbeulen auf. Ein probates Mittel erschien zunehmend die Isolierung der Pestkranken. Ihre befallenen Häuser wurden mit einem Kreuz gekennzeichnet, sie selber in den Hospitälern oder Pesthäusern untergebracht - im vom Kurfürsten errichteten Pesthaus An der Mahr, in einem Haus in der Bonngasse, das der Rat den Minoriten zur Betreuung der Kranken 1638 zur Verfügung gestellt hatte, oder im Haus „Der Overstolz" bei der Paulskapelle an der Köln-

straße, das zumindest 1665 als Pesthaus diente. All diese Maßnahmen hatten kaum Erfolg. Bürger, Pfarrer, Klosterinsassen und Angehörige des kurfürstlichen Hofes wurden dahingerafft. Nach dem Verzeichnis des Totengeläuts der Remigiuspfarre waren es 1636 mehr als 100 Todesfälle, 1637 und 1638 rund 50, 1639 und 1640 30 bis 40 Tote. Genauer untersucht sind die Auswirkungen der großen Pestwelle von September 1665 bis 1669 mit dem absoluten Pestjahr 1666 für das ländliche Graurheindorf. Hier breitete sich die Epidemie im Frühjahr und im Sommer 1666 vor allem an den Umschlagplätzen des Ortes aus - an der Zollstelle, an der Umspannstelle der Leinschifffahrt, in den drei Wirtshäusern und auch an den Straßenkreuzungen. 27 Frauen, 27 Männer, 78 Kinder und Jugendliche, zusammen 132 Personen oder 30,4 Prozent der Einwohner starben. Erst 1669 konnten Graurheindorf und ganz Bonn aufatmen, der „Schwarze Tod" hatte sich endgültig verabschiedet.

Das „Pestkreuz" in Poppelsdorf, errichtet im Jahre 1667 vom Hofgärtner Augustin Lenné als Dank für seine Rettung vor der Pest.

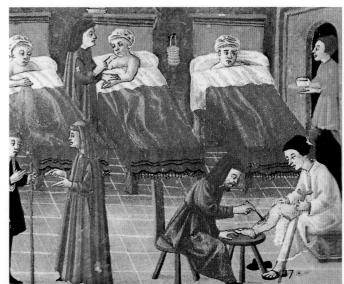

Behandlung der Pest in einer Krankenstube.

Himmlischer Beistand füllt die Kassen

Das Seelenheil muss den Bonner Einwohnern gewiss gewesen sein. Überall in der Stadt erhoben sich im Mittelalter Kirchtürme. Gebetet wurde in dieser so religiös geprägten Zeit vor allem in der alten Remigiuskirche, über viele Jahrhunderte die Hauptpfarrkirche der Stadt, und auch in der Pfarrkirche St. Martin nahe des Bonner Münsters, Gotteshaus der Christen am Münster- und Martinsplatz. In Endenich, Muffendorf, Lessenich und anderen umliegenden Orten waren bereits seit dem Frühmittelalter Pfarrkirchen entstanden. Neben den Pfarrkirchen sorgten auch auch das vor 1015 gegründete Kloster Dietkirchen und noch früher die Märtyrerkirche St. Cassius für die Gläubigen. Denn die Nähe zu Heiligen versprach besonderen himmlischen Beistand gegen die Unbilden des Lebens.

Durchaus irdisch konnten die Bürger aber reagieren, wenn sich die Kirche zu sehr in ihr Leben einmischte: 1363 nahmen sie einen Vikar gefangen und verpassten ihm mangels himmlischen Beistandes eine saftige Tracht Prügel. Die Strafe: Ausschluss von den Sakramenten - und damit Angst ums Seelenheil. Dann schon lieber Spiritualität… Den Bedarf deckten die schon weit vor der Stadtgründung bezeugten Kirchen offensichtlich nicht. Daher kamen im Hoch- und Spätmittelalter nach und nach geistliche Institute sowie Höfe und Häuser auswärtiger Klöster hinzu - an einem idealen Standort: Die Stadtmauer bot Schutz im Kriegsfall und vor umherziehenden Banden, außerdem schützte sie die Kassen des Klerus mit den opulenten Erträgen aus den umliegenden Weinbergen. Von Bonn aus verwalteten die durch Schenkungen und Kauf reichlich begüterten geistlichen Grundherren diese Besitzungen. Außerdem sicherten die Märkte ihre Versorgung. Vor allem aber werden die häufigen Aufenthalte der Kölner Erzbischöfe in Bonn dazu geführt haben, dass Klöster aus Köln, aus der Eifel, aus dem Bergischen Land und aus anderen Gebieten des Reiches Höfe oder Häuser in der Stadt unterhielten. Gerade der damals noch dünn besiedelte Nordteil der Stadt bot dafür ausreichend Raum. Hier ließen sich Nonnen des Klosters Engelt(h)al Anfang des 14. Jahrhunderts nieder. Nicht weit davon entfernt, in der äußersten Nordostecke der Stadt, lag schon vor 1320 eine große Hofanlage der Zisterzienserabtei Heisterbach. Noch heute erinnert die Heisterbacherhofstraße an diesen Hof. In unmittelbarer Nähe siedelten sich später auch Klarissen aus Neuß an. Weiter südlich davon, in der Franziskanerstraße zwischen Belderberg und Stockentor, besaß die Kölner Kartause seit dem 15. Jahrhundert einen großen Hof. Sehr viel früher hatte sich bereits das Eifeler Zisterzienserkloster Himmerode mit einem Besitz in der Wenzelgasse niedergelassen. Und auch das bergische Kloster Altenberg hatte sich schon sehr früh in der Remigiusstraße niedergelassen - in der Nähe der Kölner Johanniterkommende und der Kölner Karmeliter. Auch in der mittelalterlichen Liliengasse, südlich des Heisterbacher

Die Pfarrkirche St. Remigius am heutigen Remigiusplatz. Wohl bereits im 8. Jahrhundert wurde die Pfarrei begründet.

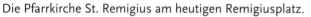

Pfarrkirche St. Martin, erbaut im 11. Jahrhundert in unmittelbarer Nähe zum Bonner Münster.

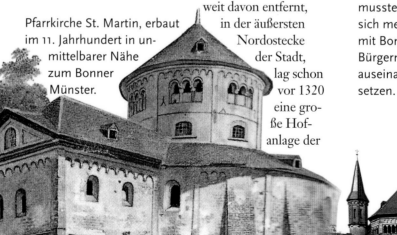

Das mächtige Cassius-Stift war das geistige Zentrum in Bonn. Für den Kölner Erzbischof von Bonner Pröpsten geleitet, musste es sich mehrfach mit Bonner Bürgern heftig auseinandersetzen.

Die Straßen Heisterbacherhof und Engeltal in der Nähe der Beethovenhalle verweisen noch heute auf mittelalterliche geistliche Häuser und Höfe.

Hofes, gab es ab Mitte des 14. Jahrhunderts mit den Kölner Klarenkloster und dem Kölner Dominikaner gleich zwei benachbarte klösterliche Besitzungen. Größeren Besitz in Bonn hatte dann schließlich der Deutsche Orden erworben, der sich an den Kreuzzügen ins Heilige Land militärisch wie missionarisch betätigt und ab dem 13. Jahrhundert an der deutschen Ostkolonisation teilgenommen hatte. Dieser Gemeinschaft gehörten neben der Muffendorfer und der Ramersdorfer Kommende mehrere Häuser direkt in Bonn, darunter ein Haus in der Straßburger Gasse und ein Deutschherrenhof in der heutigen Josefstraße.

All diese Kirchen, Klöster, Kapellen und andere geistliche Institute waren Teil des Bonner Alltagslebens. Die Orden wirkten je nach ihren religiösen Idealen in die Stadt hinein, beispielsweise durch intensive Predigttätigkeit und das Spenden der Sakramente, was besonders die Minoriten oder Minderbrüder vom Bettelorden des heiligen Franz von Assisi intensiv verfolgten. Sie waren 1274 von Erzbischof Engelbert van Falkenburg von Köln nach Bonn berufen worden. Ihnen wurde in der Brüdergasse eine Kirche - die heutige Remigiuskirche - erbaut. Die Kirchen engagierten sich aber auch

Die alte Dottendorfer Pfarrkirche auf einem Aquarell von 1831.

sozial - wie durch Betrieb von Hospitälern für Kranke und bedürftige Menschen (beispielsweise das Cassiusstift, neu gegründet 1112 an der Ecke Münsterplatz/Remigiusstraße). Die frommen Bonner Einwohner dankten es ihnen mit zahlreichen kostbaren Schenkungen und Stiftungen - insbesondere dann, wenn sie ihre unverheirateten Töchter praktischerweise dort unterbringen konnten.

Trotzdem war das einträchtige Glück von Bonner Bürgern und Geistlichkeit nicht vollkommen. Denn die mittelalterlichen Klöster und Stifte verstanden es, ihr Kapital nicht gerade uneigennützig arbeiten zu lassen. Abteien wie Heisterbach besaßen zahlreiche Grundstücke und Stadthäuser in der Stadt (allein das mächtige Cassius-Stift 174 Häuser). Insgesamt lag ein Drittel des Grundbesitzes in der Hand des Klerus. Die einzelnen Höfe und Besitzungen genossen dabei viele Sonderrechte, waren abgabe- und steuerfrei und auch von vielen Pflichten entbunden. Außerdem hatten die hier tätigen Handwerker besondere Vergünstigungen und traten zum Ärger vieler Bonner in Konkurrenz zu den städtischen Arbeitsleuten. Kein Wunder also, dass es immer wieder zu Konflikten kam. Bereits Anfang der 1360er-Jahre hatten Bonner Bürger wegen Auseinandersetzungen mit dem Cassius-Stift eine vom Kölner Erzbischof verhängte saftige Geldstrafe bezahlen müssen. 1363 hatten sie dann gar den Vikar Johannes de St.

Die Doppelkirche in Schwarzrheindorf, rechts, zählt zu den frühen Kirchenbauten im heutigen Stadtgebiet. Mitte des 12. Jahrhunderts erbaut, ist sie wegen ihrer Wandmalereien eine der bedeutenden romanischen Kirchen im Rheinland.

Urbano verprügelt und gefangen genommen, worauf Erzbischof Adolf II. von der Mark den Interdikt verhängte: Die Bonner Bürger waren damit für mehrere Monate von den Sakramenten ausgeschlossen und mussten um ihr Seelenheil bangen.

Zum langfristigen Bruch führte dann aber ein Streit um die Bewachung und die kostspielige Unterhaltung der Bonner Stadtmauer. Die Stiftsherren von St. Cassius beteiligten sich damals - anders als die Bürger - nicht an den Kosten für den Unterhalt der Mauer und für den Wachdienst. Als sie dennoch ihre alten Sonderrechte an der Stiftsmauer, die in die Stadtmauer mit einbezogen war, geltend machen wollten, kam es zum Eklat: Junge Bürger rissen die Treppen zu den Wehrtürmen ab und versperrten den Zugang zur Mauer. Gleichzeitig zerstörten sie alle Bauten des Stifts, die bei der Verteidigung der Stadt ein Hindernis darstellen konnten. Reaktion auf die Verletzung der Stiftsimmunität: ein erneuter Interdikt am 12. April 1367 zusammen mit einer saftigen Geldstrafe. Selbst der Erzbischof und Landesherr war nicht in der Lage, zwischen den beiden Parteien zu vermitteln. So blieb das Verhältnis zwischen den Bonner Bürgern und dem mächtigen Cassius-Stift für lange Zeit zerrüttet.

Die gotische Madonna aus der ehemaligen Dietkirche vermittelt einen Eindruck der mittelalterlichen Frömmigkeit.

Was Münchnern ihr Oktoberfest, ist Rheinländern ihr Pützchens Markt. Während des zweiten September-Wochenendes feiert die Region im rechtsrheinischen Pützchen einen der umsatzstärksten Jahrmärkte Deutschlands. Jedoch nur wenige der bis zu 1,5 Millionen Gäste bemerken das Einzigartige am Rande des Marktes: Immer wieder steigen hier ältere wie jüngere Gläubige einige Stufen zu einem kleinen Brunnen (unten) hinab, benetzen ihre Augen oder füllen Wasser für zu Hause ab. Hier an dieser Quelle (rheinisch *Pütz* oder *Pützchen*) soll die Äbtissin Adelheid (rechts) aus dem benachbarten Benediktinerinnen-Stift in Vilich vor ihrem Tod (1015) ein Quellwunder bewirkt haben: Der Legende nach soll Adelheid im Verlauf einer Bittprozession ihren Äbtissinnenstab ins Erdreich gestoßen

haben, wodurch eine Quelle entsprang und genügend Wasser für Mensch und Vieh zur Verfügung stand - zur Linderung der großen Dürre Anfang des 11. Jahrhunderts. Nicht nur das. Bereits am 30. Tage nach Adelheids Tod soll sich die erste Heilung eines Blinden zugetragen haben, gefolgt von weiteren Wunderheilungen, von Zeitgenossen eifrig dokumentiert (Bildreihe unten). Dies hatte eine alljährlich wachsende Zahl an Pilgern zur Folge. Da diese von den Ortsansässigen nicht mehr ausreichend verpflegt werden konnten, fanden sich während der Wallfahrt immer mehr Wirts- und Kaufleute ein. Und deren Geschäfte blühten. Händler boten ihre Waren an, Gaukler unterhielten das Publikum, sodass neben der erstmals um 1367 urkundlich erwähnten Wallfahrt ein mittelalterlicher Markt entstand.

Religiöse Erbauung und weltliche Freuden fanden die Menschen in Pützchen zunächst am 5. Februar, Adelheids Todestag. Kurz vor der Wende zum 18. Jahrhundert wurde dann der Wallfahrtstermin wegen der günstigeren Wetterbedingungen in den September verlegt. Zunächst beschränkte sich der Markt auf den Handel mit Plunder (rheinisch *Pluute*), Stoffen, Lederwaren, Kleidungsstücken und Haushaltswaren, für den sich der Begriff *„Pluutenmarkt"* eingebürgert hat. Zunächst spielte die Belustigung der Pilger nur eine Nebenrolle, trotzdem waren schon Musikanten und Gaukler vertreten. Und 1776 kam ein großer Viehmarkt hinzu. Im Lauf der Jahrzehnte entwickelte sich Pützchens Markt für Sinti und Roma sowie viele Komödiantenfamilien zu einem wich-

tigen Treffpunkt. Sie trafen schon vor Pützchens Markt ein und ließen Bären tanzen - bis die Nazis in der Zeit ihrer braunen Schreckensherrschaft den Sinti und Roma das Kommen verboten. Nach dem Zweiten Weltkrieg ließen sie ihre alte Tradition wieder aufleben: Noch in den 1950er-Jahren hatten sie nahe des „Pluutenmarktes" ihre kleinen Zelte und

Wundersames am Pützchen lässt...

Freiluftarenen aufgebaut. Nach Ausklang des Marktes beschlossen Sinti und Roma ihr Wiedersehen bis in die 1980er-Jahre mit *„Zigeuner- und Komödiantenbällen"*. Bis in die Gegenwart hat Beuel für Sinti und Roma eine überragende Bedeutung. Auf dem Friedhof Am Platanenweg besuchen sie die prunkvolle Grabanlage ihres „Roma-Königs" Ferko Czori und die Ruhestätten zahlreicher weiterer Sinti und Roma.

Sensationelle Heil-Erfolge lösen den Run auf die Wunderquelle aus. Von allen „Medici incurabel" geschätzt, verließ Catahrina ihr Leiden, „nachdem sie zehn Tag lang den heiligen Bronnen besucht" (ganz links). Pützchen-Wasser half auch bei „Lamigkeit des Geistes" (Mitte) und bei Fußbeschwerden (rechts): Zeitgenössische Erinnerungen an das posthume Genesungswerk der Äbtissin Adelheid.

H. Ioes Heiser ist eine tochter Catarina von einer kranckheit so alle Medici incurabel geschätzt und verlasen naedem sie zehen tag lang den Heiligen Bronnen besucht geholfen

Magdalena von Hettorff genant geller wonhafft in S Ioristras im H. Geist ist von gleicher lamigkeit bey dem Heiligen bronnen geholfen worden.

Catharina Roth, wonhasst in Bonn ist ihrer lamheit an beyden füssen bey d. H. Bronnen geholfen worden daß sie anitzo mit s stock gehen können

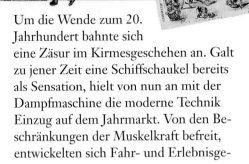

Um die Wende zum 20. Jahrhundert bahnte sich eine Zäsur im Kirmesgeschehen an. Galt zu jener Zeit eine Schiffschaukel bereits als Sensation, hielt von nun an mit der Dampfmaschine die moderne Technik Einzug auf dem Jahrmarkt. Von den Beschränkungen der Muskelkraft befreit, entwickelten sich Fahr- und Erlebnisge-

...den Karneval „vorglühen"

schäfte in neue Dimensionen. Mit immer spektakuläreren Attraktionen schaffte es Pützchens Markt, Jahr für Jahr die Zahl der Vergnügungssuchenden zu steigern. Gäste von Pützchens Markt erwartet

Nicht nur feiern. Der „Freundeskreis Pützchens Markt" hat sich die Aufgabe gestellt, die lange Tradition des Festes zu pflegen und das Heimatbewusstsein der Bevölkerung zu fördern. Auf unserem Foto von links: Vereinswirt Enzo Della Porta und seine Ehefrau Sigrid, Manfred Krahe (2. Vorsitzender), Franz Krupka (stolzes 100. Mitglied), Geschäftsführerin Brigit Landsberg und Vorsitzender Günter Dederichs.

heute eine bewährte Mischung traditioneller Karussells, modernster Kirmestechnik und nostalgischer Geschäfte. An die frühen Jahre von Pützchens Markt erinnert immer noch der „Pluutenmarkt". Hier breiten rund 150 Händler an ihren Ständen ihre „Schätze" aus: Haushaltswaren, Oberbekleidung und Unterwäsche, aber auch Puppen, Schuhe, Bürsten, Trockenblumen und Gewürze aus aller Welt.

Warten andere Volksfeste vor allem mit gigantischen Festhallen auf, so verwandelt sich Pützchen zur Jahrmarktszeit in ein „dorfumfassendes Gasthaus". Besonders gefragt sind die Straußwirtschaften. Ob Hauseingang, Hofeinfahrt oder Vorgarten: Viele Pützchener betätigen sich während der Markttage als Schankwirte. Das Besondere daran: Der Betreiber muss seine Wirtschaft zwar anmelden, als Gewerbe wird sie aber nicht betrachtet. Dieses unbürokratische Konzept gilt seit jeher für Pützchens Markt und als Garant für dessen ganz besonderes Flair. Diejenigen, denen der Betrieb einer eigenen Straußwirtschaft zu mühsam ist, vermieten ihre Flächen, beispielsweise an Vereine.

Inzwischen haben auch Karnevalsgesellschaften Pützchens Markt als Aktionsfeld entdeckt. Neben der „Ehrengarde der Stadt Bonn e. V." sind u. a. auch das Beueler Stadtsoldaten-Corps ‚Rot-Blau' 1936 e. V." und das „Bonner Stadtsoldaten-Corps von 1872 e. V." mit Ständen auf Pützchens Markt präsent. Für viele Aktive des Bonner Karnevals bietet der Jahrmarkt in Pützchen Gelegenheit, sich auf die jedes Jahr am 11. November beginnende neue Session mental einzustimmen. „Karnevalistisches Vorglühen" heißt das dann... Dabei steht die Prominenz nicht zurück. Schon Kurfürst Clemens August war häufiger Gast des Jahrmarktes. Zu Zeiten der Bonner Republik mischten sich hier die führenden Politiker Deutschlands unters Volk - wie Kanzlergattin Hannelore Kohl, die 1990 mit Schwung die Pauke bearbeitete (Foto). Legendär ist ein Wahlkampf-Auftritt von Bundeskanzler Willy Brandt, der im Bayernzelt eine bayerische Blaskapelle dirigierte und an-

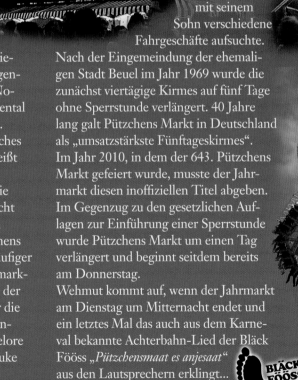

schließend mit seinem Sohn verschiedene Fahrgeschäfte aufsuchte.

Nach der Eingemeindung der ehemaligen Stadt Beuel im Jahr 1969 wurde die zunächst viertägige Kirmes auf fünf Tage ohne Sperrstunde verlängert. 40 Jahre lang galt Pützchens Markt in Deutschland als „umsatzstärkste Fünftageskirmes". Im Jahr 2010, in dem der 643. Pützchens Markt gefeiert wurde, musste der Jahrmarkt diesen inoffiziellen Titel abgeben. Im Gegenzug zu den gesetzlichen Auflagen zur Einführung einer Sperrstunde wurde Pützchens Markt um einen Tag verlängert und beginnt seitdem bereits am Donnerstag.

Wehmut kommt auf, wenn der Jahrmarkt am Dienstag um Mitternacht endet und ein letztes Mal das auch aus dem Karneval bekannte Achterbahn-Lied der Bläck Fööss *Pützchensmaat es anjesaat* aus den Lautsprechern erklingt...

Rheinischer Gulden: Leitwährung des Mittelalters

Heute erinnern nur noch wenige erhaltene Münzen daran: an die Finanzhochburg Bonn, in der mehrere Jahrhunderte lang Geld mit großer Wirkungskraft geprägt wurde. Vermutlich schon die merowingischen Könige hatten hier ihre Zahlungsmittel herstellen lassen. Auch die Karolinger und schließlich die deutschen Könige nutzten die Stadt am Rhein als Münzstätte. Als königliches Regal war ihnen das Recht der Münzherstellung vorgehalten, doch gaben sie dieses Recht an die Kölner Erzbischöfe weiter, die seit 1024 als Bonner Münzherren bezeugt sind. Dies bedeutete für sie Macht und hohe Gewinne. Eine ihrer Betriebe zur Herstellung von Münzen lag im Mittelalter in der heutigen Kapuzinerstrasse, spätere Prägestätten sind auch in der heutigen Gudenaugasse und im Residenzschloss nachgewiesen. Von hier aus brachten die Erzbischöfe die Münzen unters Volk - natürlich mit Gewinn. Insbesondere die Bonner Rheinzollstation nutzten sie dazu, eigene Münzen gegen die Fremdwährungen der Zollpflichtigen gewinnbringend einzutauschen. Als einzige Münzstätte im Erzstift Köln dürfte Bonn schon im 14. Jahrhundert für rege Geschäfte gesorgt haben. Dies lassen zumindest die „Kawerschen" vermuten, Geldwechsler und Bankiers, die sich in Bonn niederließen. Und das Judenviertel war auf Geldgeschäfte spezialisiert. Allerdings plagte ein lästiges Problem die Kölner Erzbischöfe lange Zeit: Da gesetzlich nicht geregelt, prägten viele Münzherren bei hohem Geldbedarf „Währung nach Belieben". Die schleichende Inflation war vorprogrammiert.

Dies sollte durch den Zusammenschluss der Kurfürsten von Trier, Köln, Mainz und Pfalz zum ersten Kurrheinischen Münzverein 1385 endgültig verhindert werden. Ähnlich den internationalen Konferenzen der Notenbankpräsidenten unserer Zeit einigten sich die Kurfürsten

In Bonn geprägter Goldgulden des Erzbischofs Dietrich von Moers aus dem Jahr 1428.

auf die Ausgabe einer Münze, die nach einem gemeinsamen „Fuß" (von gleichem Gewicht und derselben Legierung) geprägt werden sollte. Dies zeigte sich auch durch das einheitliche Bild auf der Vorderseite der rheinischen Gulden, das den Heiligen Johannes zeigte. Nur die Namen der Fürsten, die Anordnung der Wappen und die Nennung der Prägeorte wiesen auf die genaue Herkunft des Goldgulden hin. Hinzu kamen Weißpfennige und weitere kleinere Münzen.

Der Vertrag hatte jedenfalls weitreichende Folgen: Er schuf fast 300 Jahre lang ein geschlossenes Währungsgebiet, das von Landau im Süden bis Krefeld im Norden reichte. Auch die Reichsstadt Köln und das Herzogtum Jülich-Geldern traten Anfang des 15. Jahrhunderts dem Münzvertrag bei. Nach und nach entwickelte sich der rheinische Gulden so zu einer spätmittelalterlichen Leitwährung für weite Teile des Reiches. Zum Erfolg trugen Münzmeister bei, die regelmäßig Gewichte und Prägemengen kontrollierten, um eine Abwertung der Münzen zu verhindern.

Mit dem Durchbruch der Silberwährung im Lauf des 16. Jahrhunderts verlor der rheinische Gulden immer mehr an Bedeutung. 1566 wurde schließlich der Reichstaler verbindliche Währungsmünze. Auch wenn die Kölner Kurfürsten weiterhin bis Ende des 18. Jahrhunderts Münzen prägten, ging damit die große Zeit der Bonner Guldenprägung zu Ende.

Es ging um viel Geld - zwei Kaufleute schließen einen Vertrag.

Das 1580 erweiterte Zollhaus am Rhein. Hier wurden landesherrliche Münzen gegen Fremdwährungen eingetauscht.

Handelsschiff landet in Bonn an.

Schon der Frankenkönig Theudebert I. lässt im 6. Jahrhundert Münzen wie den Solidus in Bonn prägen (rechts). Auf der Rückseite ist der Prägeort Bonn vermerkt.

Heeresordnung von 1473 mit den Wappen der von Herzog Karl dem Kühnen beherrschten Gebiete. Durch die Darstellung sollte die Macht des Herzogs überhöht werden.

Unten: Grabmal des Kölner Erzbischofs Ruprecht von der Pfalz im Bonner Münster. Sein Bündnis mit Herzog Karl dem Kühnen von Burgund führte zur ernsthaften Bedrohung Bonns.

Verräterischer Glasbläser ohne Glück
Kühner Karl beißt sich die Zähne aus

Nur um Haaresbreite schrammte Bonn an einen blutigen Kampf vorbei. Der mächtigste Kriegsherr, Herzog Karl der Kühne von Burgund, belagerte mit einem riesigen Heer die Stadt Neuss und drohte, anschließend auch Köln und Bonn zu erobern. 1474 hatte sich der Kölner Erzbischof Ruprecht von der Pfalz mit Herzog Karl dem Kühnen einen Bündnispartner gesucht, um gegen das mächtige Kölner Domkapitel bestehen zu können. Bereits bei seiner Wahl zum Erzbischof hatte Ruprecht dem Domkapitel und den Ständen insgesamt Zugeständnisse machen müssen. Die als Wahlkapitulation 1463 aufgesetzte Erblandesvereinigung (später das „Grundgesetz des Kölner Kurstaates"), regelte die Installation einer Zentralbehörde und die endgültige Zusammensetzung der Stände. Ergebnis: Der Erzbischof konnte nicht mehr unabhängig reagieren.

In Bonn sah Erzbischof Ruprecht ebenfalls finanziell in die Röhre. Nach seinem Regierungsantritt versuchte er daher, Kontributionen von der Stadt zu erzwingen. Mit unfeinen Mitteln: So sollte der Glasmacher Wynmar städtische Freiheitsbriefe in einer Truhe in der Sakristei der Remigiuskirche vernichten und mal eben auch das Rathaus anzünden. Verräter-Pech: Die Anschläge im Auftrag des Erzbischofs misslangen. Das Schöffengericht verurteilte Wynmar 1473 zum Tod durch das Schwert. Die Leiche des Glasbläsers ließ der Scharfrichter auch noch vierteilen.

Vor allem suchte der machtlose Erzbischof in seinen Nöten den Schulterschluss mit Karl dem Kühnen, der ohnehin die kurkölnischen Gebiete seinem Territorium einverleiben wollte. Die „Kölner Stiftsfehde" nahm ihren Lauf: Bereits 1468 hatte Karl das Fürstbistum Lüttich und 1473 auch Geldern und Zutphen unterworfen. 1474 war er zur Unterstützung Erzbischofs Ruprecht in Kurköln eingerückt und belagerte Neuss. In der Reichsstadt Köln und auch in Bonn ging die Angst um: Sind wir die nächs-

Burgundisches Heerlager mit Geschützen.

ten Ziele? Wie die Nachbarstadt Köln bereitete sich daher Bonn intensiv auf eine Belagerung vor. Die Stadt ließ ihre Festungswerke reparieren und die Siedlung direkt vor dem Kölntor abreißen. Erster Erfolg: Die Wachsamkeit der Verteidiger verhinderte im Mai 1474 den Überfall eines kurfürstlichen Parteigängers.

Auch als das Entsatzheer Kaiser Friedrich III. im Frühjahr 1475 den Rhein entlangzog, war Bonn mit Proviantlieferungen zur Stelle. Und schließlich schickte die Stadt auch selbst ein Truppenkontingent zur Unterstützung der Stadt Neuss. Und der kühne Karl sollte sich die Zähne an seinem Kriegs-Konzept ausbeißen: Das burgundische Heer musste schließlich nach fast einem Jahr die Belagerung von Neuss am 5. Juni 1475 abbrechen. Die Stadt, das Kurfürstentum und auch Bonn blieben vor Schlimmerem bewahrt. Aber nicht nur das. Denn Kaiser Friedrich III., der in den Monaten der Auseinandersetzungen zehn Tage in Bonn verbracht hatte, zeigte sich dankbar für die Hilfe der Bürger. Mit dem Privileg vom 21. März 1475 gewährte er ihnen das Recht, dem neuen Erzbischof nur dann huldigen zu müssen, wenn dieser zuvor ihre Freiheiten und Rechte bestätigt hatte.

Weltzeit

1255
Prag erhält Stadtrecht.
1262
Grönland wird von Norwegen erobert.
1267
Erfindung der Augengläser für Weitsichtige.
1271
Marco Polo reist nach China.
1313
Schwarz erfindet das Schießpulver.
1337
Erste regelmäßige Wetterbeobachtung in Oxford.
1348
Pestepidemie mit 25 Millionen Toten in Europa.
1348
Gründung der ersten deutschen Universität in Prag.
1351
Das Aztekenreich mit Hauptstadt Tenochtitlan entsteht in Mexiko.
1383
John Wiclif übersetzt das Neue Testament ins Englische.
1397
Athen wird von den Türken erobert.
1445
Gutenberg erfindet den Buchdruck mit beweglichen Lettern.
1480
Leonardo da Vinci beschreibt den ersten Fallschirm.
1492
Columbus entdeckt Amerika.

Zünfte, Zöllner, Steuersünder

Zu Beginn des 16. Jahrhunderts ist in Bonn Optimismus angesagt. Es geht aufwärts. Die Bürger sind stolz auf ihr neues Rathaus. Und auch die medizinische Versorgung macht Fortschritte. In kurzer Zeit wird das erste bürgerliche Spital, das Jakobsspital, errichtet. Ein weiteres Spital existiert schon an der Ecke Remigius- und Acherstraße, außerdem ein Siechenhaus draußen an der Landstraße nach Köln. Die Wasserversorgung speist eine Leitung, die von Duisdorf her in die Stadt führt. Sie lässt den Marktbrunnen und kleine Wasserbecken sprudeln.

Eine wichtige Rolle im Alltagsleben spielen die Zünfte der Handwerker. Die ältesten sind die der Schuster, Metzger, Bäcker und Fassbinder. Sie alle haben in der Stadt ihre Amtshäuser (Gaffel) etabliert. Die Fleischhauergaffel am Markt im Haus „Zum schwarzen Horn" zum Beispiel ist schon seit dem Jahr 1505 urkundlich belegt.

Zunftmitglied wurde nur, wer ehelich geboren war und nach abgeschlossener Lehre sein Meisterstück angefertigt hatte. Berufsneulinge mussten für das Meisterrecht oft teuer bezahlen, weil jeder zunächst seine eigenen Söhne versorgen wollte. Einfacher hatten es die Ehefrauen der etablierten Handwerker. Sie konnten gegen eine geringe Gebühr das gleiche Meisterrecht wie ihr Gatte erwerben. Dann waren sie für alle die „Meistersche" und durften als

Bonn aus der Sicht seiner Nachbarn: Zeichnung aus dem 16. Jahrhundert.

Witwe den Betrieb ihres verstorbenen Mannes weiterführen. Auf modischen Schick legt die Rheinländerin von 1500 offensichtlich wenig Wert. Ein Gerichtsrat aus Paris wundert sich über die „seltsame Tracht" der Landfrauen: *Die Haare sind eingeflochten und hängen hinten lang herab, Sie schürzen sich ungemein hoch und haben einen ziemlich breiten Riemen, womit sie ein gräulich Gepluster um sich herum kriegen, und machen, dass der Rock nicht gar viel unter die Knie geht.*"

Rund um Bonn wurde in der frühen Neuzeit noch in großem Stil Wein angebaut. Dörfer wie Kessenich oder Endenich lebten davon, obwohl der Wein längst nicht so gut schmeckte wie der vom Mittelrhein. Nicht umsonst hieß er im Volksmund „Suurer Hunk" (Saurer Hund). Wo kein Wein wuchs, da bauten die Bonner Roggen an oder in geringerem Maße auch Gemüse an. Hungersnöte wie anderswo gab es nicht. Auch nicht, als sich im späten 16. Jahrhundert - in der „Kleinen Eiszeit" - das Klima deutlich verschlechterte. Der Boden war so gut, dass die Ernährung der Bevölkerung nie ernsthaft gefährdet war.

Wichtigstes Handelsgut war der Wein, und die beliebteste deutsche Sorte kam aus dem Elsass (der Erzbischof ließ sich häufig leckere Fässchen aus Straßburg liefern). Bonner Gastwirte machten gute Geschäfte, weil die Weintransporter wegen des großen Andrangs in Köln oft für

Zu Beginn der Neuzeit gewannen die Zünfte immer mehr Bedeutung. Zu den einflussreichsten gehörten die Bäcker (links). Die Fleischerzunft (Mitte) war die erste, die sich in Bonn eine eigene Gaffel (Amtshaus) leisten konnte. Wein war das wichtigste Handelsgut. Besonders die Klöster machten gute Geschäfte (rechts).

längere Zeit festsaßen, sodass die Mannschaft in der Stadt übernachten musste.

Fast dem gesamten Warenverkehr bot sich im 16. Jahrhundert nur eine Transportmöglichkeit: per Schiff. Die Zollstation war nahe der viel später erbauten Bastion „Alter Zoll" angesiedelt. In Bonn hatten die Kaufleute Passierzoll zu berappen: Wer vorbeikam, musste zahlen. Die Kölner dagegen bestanden darauf, dass alle Waren zunächst drei Tage lang bei ihnen zum Kauf angeboten wurden, bevor es weiterging. Das war lästig und kostspielig. Also lud man oft die Waren vor der Stadtgrenze auf Pferdekarren, umging die Stadt und setzte die Reise dann auf einem anderen Schiff fort. Das Katz- und-Maus-Spiel mit dem Zoll war gefährlich, aber es brachte hohe Gewinne. Und der Schmuggel blühte.

Im Bonner Hafen lagen oft Schiffe mit unverzolltem Wein. Auf der Landstraße rollten ständig Pferdekarren mit Fässern Richtung Aachen. Die Umgehung des Kölner Stapels via Bonn war bei Aachener Kaufleuten lange Zeit gang und gäbe. Und das galt nicht nur für Wein. Steuerhinterzieher waren schon damals erfinderisch…

Der Pranger vor dem Bonner Münster. Er gilt als Symbol mittelalterlicher Gerichtsbarkeit.

Die gescheiterte Reformation

Hermann von Wied war ein guter Katholik. Ein frommer Mann, der seine Aufgabe als Erzbischof von Köln ernst nahm. Und weil das so war, tat er alles, um die dringend notwendige Reform der Kirche nach Kräften voranzutreiben. Was er wollte, war eine innerkirchliche Erneuerung - nicht die Reformation. Aber er bemühte sich auch nach Kräften um einen Ausgleich mit den Protestanten.

1515 zum Erzbischof gewählt, unterstützte er zunächst die Linie Kaiser Karls V., der die Einheit der Kirche über alles stellte. Ungeachtet dessen rief er 1536 die Bischöfe von Lüttich, Utrecht, Osnabrück und Minden, die ihm unterstanden, zu einem Konzil zusammen, in dem die Geistlichen über Fragen diskutierten, die damals die Welt bewegten. Etwa die Ordnung des Gottesdienstes, die Form des Abendmahls, die Priesterausbildung, Ämterkauf und Klosterleben. In der Beurtei-

Unter Hermann von Wied hat das Bonner Münster auch protestantische Gottesdienste erlebt.

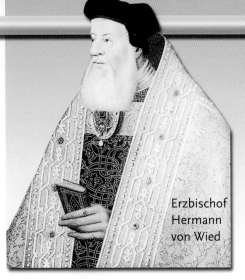

Erzbischof Hermann von Wied

lung der Sachfragen waren die Teilnehmer des Treffens der Auffassung von Martin Luther ziemlich nahe.

1541 scheiterte beim Reichstag in Regensburg eine Einigung zwischen Katholischen und Evangelischen. Aber man legte den Vertretern der Kirche nahe, in ihrem jeweiligen Machtbereich die dringendsten Reformen nicht weiter auf die lange Bank zu schieben. Daraufhin holte Hermann von Wied den Reformator Martin Bucer nach Bonn. Später kam auch Luthers Freund Melanchton. Am 17. Dezember 1542 hielt Bucer im Bonner Münster den ersten evangelischen Gottesdienst.

Die Kölner Kleriker schäumten, aber der Landtag, also die weltlichen Stände, gaben dem Kurfürsten freie Hand für weitere Reformen. So gestärkt, ließ Hermann von Wied bald auch das Abendmahl nach evangelischem Ritus zu und empfing selbst das Sakrament in dieser Form. Die

Reformator Martin Bucer

„Kölnische Reformation" schien auf der Siegesstraße. In vielen Städten bildeten sich evangelische Gemeinden, nur nicht in Köln, wo der Erzbischof zwar Landesherr war, aber seit der verlorenen Schlacht von Worringen (1288) keine Macht mehr besaß.

Eins aber hatte Hermann wohl übersehen: Die politische Großwetterlage war gegen ihn. Von den sieben Kurfürsten, die den König wählen, waren drei (Pfalz, Sachsen und Brandenburg) bereits im Lager der Evangelischen. Würde auch noch Köln umfallen, wäre die katholische Mehrheit im Wahlgremium dahin. Bei Kaiser Karl haben vermutlich alle Alarmglocken geklingelt, denn unter diesen Bedingungen hätten die erzkatholischen Habsburger nie wieder einen der Ihren auf den deutschen Thron gebracht.

Zum anderen wäre mit Köln der ganze Niederrhein und auch Westfalen

Kaiser Karl V.

Martin Luther

ins evangelische Lager abgedriftet. Weil auch Herzog Wilhelm von Jülich-Kleve-Berg ein Wackelkandidat war, sah Karl V. nicht zu Unrecht die habsburgischen Niederlande in akuter Gefahr.

Jetzt überschlagen sich die Ereignisse. Zunächst zieht Karl gegen Herzog Wilhelm und schlägt ihn vernichtend. Dann erklären das Kölner Domkapitel und auch die Universität von Köln den Kurfürsten zum Ketzer. Der Skandal ist perfekt. Kaiser Karl, der 1520 in Aachen von eben diesem „Ketzer" gekrönt worden war, versucht, Hermann umzustimmen, doch der bleibt unbeugsam. Papst Paul III. setzt den Schlusspunkt unter das Kapitel: Am 16. April 1546 exkommuniziert er den Kölner Erzbischof. Dem gescheiterten Reformer bleibt keine Wahl: Am 27. Februar 1547 verzichtet er auf Erzbistum und Kurwürde. Hermann zieht sich auf seinen Stammsitz bei Neuwied zurück und stirbt hier 1552 - als guter Protestant.

„Gesangbüchlein" boomt zum Bestseller

Der Reformationsversuch des Kürfürsten Hermann von Wied hatte in Bonn keine nachhaltigen Spuren hinterlassen. Nur ein Buch überstand die Wirren der Jahrhunderte. Heute gilt es als Meilenstein auf dem langen Weg der Stadt in die Moderne. Das „Bonner Gesangbuch". In ihm ist auch heute noch die Zeit und der Geist der gescheiterten Reformation spürbar.

Gedruckt wurde das fromme Buch bei Laurentius von der Mülen. Ihm verdankt

Titelblatt der wichtigsten reformatorischen Schrift, die in Bonn erschien, gedruckt bei Laurentius von der Mülen.

Bonn die erste Presse und die ersten zaghaften Schritte in die Welt des gedruckten Wortes. Von der Mülen stammte aus Köln, wo er wahrscheinlich bei seinem Schwiegervater Arnt van Aich in die Lehre ging. Erst 1543 verlegte er sein Geschäft nach Bonn. Das war rund 100 Jahre, nachdem Johannes Gutenberg die „Schwarze Kunst" erfunden hatte. Kein Zweifel: In Bonn bestand Nachholbedarf. Vor allem vor dem Hintergrund, dass in der Nachbarstadt Köln um 1500 bereits 21 Druckereien existierten.

Sie alle lebten mehr oder weniger von den Aufträgen der Kurfürsten, die zwar als Residenz Bonn bevorzugten, für ihre Verordnungen aber nach wie vor die Kölner Drucker bemühten. Erst mit dem Reformationsversuch des Kurfürsten Hermann von Wied ändert sich das. Im „hillije Kölle" haben die Gutenberg-Jünger mit ihren umstürzlerischen Schriften fortan einen schweren Stand.

Laurentius von der Mülen entscheidet sich für das Naheliegende: Er setzt sich nach Bonn ab. Ein Schritt, der seiner Karriere durchaus förderlich ist. 1544 erscheint sein „Bonner Gesangbüchlein" mit Psalmen, Liedern, Hymnen und Gebeten. Das Büchlein boomt zum Bestseller und erlebt 31 Neuauflagen - für die damalige Zeit enorm viel. Nicht nur in der Region greifen die Gläubigen zur Sanges-Lektüre, sondern

auch am ganzen Niederrhein, in den Niederlanden und bis tief in die Pfalz hinein. Teilweise dient das Bonner Druckerzeugnis sogar katholischen Gesangbüchern als Vorlage, obwohl es selbst gar nicht besonders originell ist, sondern sich an Schweizer und Straßburger Gesangbücher anlehnt.

Insgesamt hat Laurentius von der Mülen 38 Drucke herausgegeben. 34 davon wurden in Bonn veröffentlicht. Darunter findet sich auch eine Art „Handbuch" für die Reformation, die der zeitweilig in Bonn wirkende Reformator Martin Bucer verfasst hatte. Es erschien unter dem Namen des Erzbischofs - unter anderem mit der Forderung nach einer höheren Unterrichtsanstalt für Theologie, Grammatik, Mathematik und Physik. Allein das war für die Zeit schon ungewöhnlich. Geradezu schockierend war aber die Idee, dass dafür ein Kloster geräumt werden sollte.

Lange kann sich Laurentius von der Mülen nicht über den kommerziellen Erfolg seines Gesangbüchleins freuen. Auch in Bonn gerät er „der Lutherei halber" in Schwierigkeiten und muss sich schließlich wieder nach Köln absetzen. Sein Bonner Gesangbuch bleibt bis zum Dreißigjährigen Krieg in

Hat in Bonn Spuren hinterlassen: Der Reformator Martin Bucer.

Erfinder des Buchdrucks: Johannes Gutenberg. Erst spät kam die neue Kunst an den Rhein.

Gebrauch, dann gerät es nach und nach in Vergessenheit. Erst im 19. Jahrhundert macht Ernst Moritz Arndt wieder einige Lieder aus dem bönnschen Buch in der breiten Öffentlichkeit bekannt.

Beinahe alles, was bei Laurentius von der Mülen die Druckerpresse verließ, diente der Reform des Kurfürsten. Als Hermann von Wied von der Bühne abtreten musste, kam auch das Aus für den Pionier des Bonner Buchdrucks. Geblieben ist ein unscheinbares Buch, das Geschichte gemacht hat.

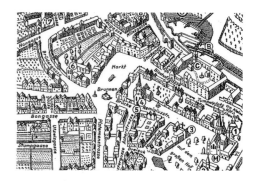

Bis von der Mülen 1543 aus Köln kam, gab es in der Bonner Altstadt überhaupt keine Druckereien.

Salentin legt den Rat an die Kette

Salentin von Isenburg

Politiker neigen häufig dazu, die Bodenhaftung zu verlieren, wenn sie sich zu sicher fühlen. Genau das traf auch für die Ratsherren im Mittelalter und in der beginnenden Neuzeit zu, die auf Lebenszeit bestellt wurden und sich um ihre Wiederwahl nicht weiter kümmern mussten.

Der Bonner Stadtrat war von Beginn an eine Vertretung der bürgerlichen Oberschicht. Alle anderen hatten nichts zu melden. Das musste früher oder später böses Blut geben, zumal niemand wirklich kontrollieren konnte, was der Rat mit den städtischen Geldern anstellte. Um die Mitte des 16. Jahrhunderts wurde deshalb das Gremium der „Zwölfter" eingeführt. Das waren zwölf Männer aus den Reihen der Zünfte und Bauern, die vor allem das Finanzgebaren des Rates kontrollieren sollten.

Den Kurfürsten konnte diese Entwicklung nur Recht sein, denn der Rat war ihnen im Laufe der Zeit ohnehin zu stark geworden. Salentin von Isenburg, der von 1567 bis 1577 regierte, gingen die Reformen aber noch nicht weit genug. Er ärgerte sich schon lange darüber,

dass die Herren im Rathaus ihre Gewohnheitsrechte immer weiter ausgebaut und ihre Kompetenzen immer höher geschraubt hatten. Das ging so weit, dass man zuletzt sogar über Leben und Tod eines Deliquenten entscheiden wollte.

Der Kurfürst sah sich das eine Weile an, dann ließ er die Befugnisse des Stadtrates von Fachleuten genau unter die Lupe nehmen. Das Ergebnis war die Grundlage für den Salentinischen Vertrag, der am 4. Februar 1569 in Poppelsdorf geschlossen wurde. Die Ratsherren wurden vom Kurfürsten und seinen Räten energisch zurückgepfiffen. Ihre Gerichtsbarkeit beschränkte sich künftig auf geringfügige Schuld-, Lohn- und Zinsstreitigkeiten. Für Recht und Ordnung durften sie nur noch im Rathaus selbst, in den Gaffelhäusern der Zünfte und bei öffentlichen Zusammenkünften sorgen. Wenn in Steuerangelegenheiten gepfändet werden musste, dann nur bis zu einer Höhe von zwölf Talern.

Hinrichtungen waren generell tabu. Der Rat durfte nur noch „gelinde" Strafen verhängen und einen Deliquenten höchstens kurzzeitig in den Turm stecken. Todesurteile wurden allein vom Vogt

Stadträte überschritten oft ihre Kompetenzen: Todesstrafen durften sie eigentlich nicht verhängen.

vollstreckt. Bürgermeister und Rat durften nur Kleinkriminelle verhaften lassen.

Um die neue Ordnung durchzusetzen und die kurfürstliche Position zu festigen, wurden zwei neue Schöffenbürgermeister (Schöffen waren Beamte des Landesherrn) bestellt. Sie agierten nun gleichberechtigt neben den beiden aus dem Rat gewählten Bürgermeistern.

Der Vertrag macht vor allem eins deutlich: Das Verhältnis zwischen Salentin und seinen Bonnern hatte sich grundlegend gewandelt. Früher waren die Erzbischöfe Schirmherren der Stadt und die Bürger ihre Bundesgenossen im Kampf um Einfluss und Landbesitz. Die Bonner ihrerseits konnten sich auf den Landesherrn verlassen, selbst wenn es um Differenzen mit den geistlichen Grundbesitzern von St. Cassius ging. Jetzt lassen die Kurfürsten die Bonner spüren, wer der Herr im Hause ist.

Der Salentinische Vertrag betont un-

Wie wichtig den Bonnern der Wein war, zeigt der Stich von Peter Pannensmit aus dem 16. Jahrhundert. Große Flächen vor der Stadt und sogar innerhalb der Mauern waren damals mit Rebstöcken bepflanzt.

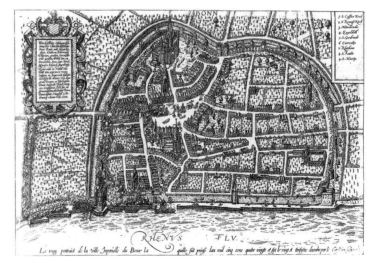

Die Ära der großen Ritterturniere neigt sich ihrem Ende zu. Die Zeit der bezahlten Landsknechte beginnt.

missverständlich den Standesunterschied zwischen „denen da oben" und dem Rest der Bevölkerung.

Die Hintergründe liegen auf der Hand: Die Fürsten besitzen nun einen Staat mit allem, was dazugehört und sind auf die Unterstützung der Bürger nicht mehr angewiesen. Am Horizont zieht bereits das Zeitalter des Absolutismus auf.

Verliebter Kirchenfürst: Gebhard Truchsess von Waldburg.

Blick in „Zauberspiegel" - Gebhard hin und weg...

Wenn Kurfürsten verliebt sind, haben die Untertanen nichts zu lachen, denn wie schnell ist es passiert, dass aus einer kleinen Affäre ein großer Krieg wird. Zweimal ging es gut, beim dritten Mal mussten die Bonner - und nicht nur die - für die Sex-Abenteuer ihres geistlichen Oberhirten bitter büßen.

Im 14. Jahrhundert schon trat Erzbischof Adolf von der Mark von seinem Amt zurück, weil ihm seine Gräfin Elfriede von Dassel wichtiger war als das Bischofsamt.

Störenfriede bei der Hochzeitsfeier: Feindliche Söldner.

Salentin von Isenburg hielt es ebenso, als er beschloss, mit Antonie von Aremberg Tisch und Bett zu teilen, weil seine Familie sonst ohne Nachkommen geblieben wäre.

Salentins Nachfolger Gebhard Truchsess von Waldburg aber wollte beides: Macht und Liebe. Am Ende war er den Kurfürstentitel los und sein Name bleibt auf ewig verbunden mit dem blutigen Gemetzel, das ab 1583 das Rheinland verwüstete: Der Truchsessische Krieg, auch Kölner Krieg genannt.

Gebhard war 1577 zum Kurfürsten gewählt worden. Fünf Jahre später - da ist er gerade 35 und im besten Mannesalter - läuft ihm der italienische Gauner Scotto über den Weg. Für einen Erzbischof ist Gebhard Truchsess noch sehr jung, für sein Alter aber reichlich naiv. Scotto zeigt ihm einen Zauberspiegel, in dem der Kurfürst eine umwerfend schöne Frau erblickt. Und - welch Wunder! - wenige Tage später bei einer Prozession fällt „zufällig" eine Rose von einem Balkon. Als der verliebte Gottesmann aufsieht, erblickt er die unbekannte Schöne aus dem Zauberspiegel. Man stellt sie ihm als Chorfräulein Agnes von Mansfeld vor.

Der junge Kürfürst ist hingerissen. Noch am gleichen Abend hat er ein „Date" mit der Traumfrau auf seinem Lustschloss in Brühl. Hier ereignet sich sogleich Wunder Nummer zwei. In einem taktisch gut gewählten

Die schöne Stiftsdame Agnes von Mansfeld verdrehte Gebhard den Kopf.

Augenblick dringen die Brüder des edlen Jungfräuleins ins Schlafgemach des Kurfürsten ein und stellen ihn mit gezücktem Messer vor die Wahl: Entweder Heirat oder Verlust des Organs, das für künftige Liebesabenteuer unverzichtbar ist. Gebhard Truchsess hat etwas gegen eine derart grausigen Verlust und verspricht Agnes die Hochzeit. Auf Kurköln will der verliebte Galan aber nicht verzichten. Also tritt Gebhard Truchsess von Waldburg zum Calvinismus über, bleibt jedoch weiterhin Erzbischof. Ein verhängnisvoller Entschluss, denn die bewaffnete Macht der Katholischen steht schon vor den Toren Bonns. Dennoch heiratet Gebhard die schöne Agnes am 2. Februar 1583: Im Haus „Zum Rosental" in der Acherstraße. Am folgenden Tag dann noch ein schnell improvisiertes Hochzeitmahl im Gasthaus „Zur Blomen". Das existiert heute noch - als das bekannte „Höttchen" direkt neben dem Rathaus. (Der Wirt, der damals die Feier ausrichtete, blieb auf der fürstlichen Zeche sitzen, weil das junge Paar Hals über Kopf aus Bonn fliehen musste: Die Streitmacht des Herzogs von Bayern rückte an.)

Bei der englischen Königin Elisabeth I. suchte die Kurfürsten-Gattin Schutz vor den Feinden ihres Mannes.

Da Gebhard seine Angebetete in Sicherheit wissen wollte, schickte er Agnes zunächst nach England in die Obhut der „Jungfräulichen Königin" Elisabeth. Hier beging Frau Erzbischof jedoch einen schlimmen Fehler. Sie flirtete etwas zu heftig mit dem Grafen Essex, auf den die Queen selbst ein Auge geworfen hatte. Andere sagen, alles sei nur ein böses Ränkespiel gewesen. Wie auch immer: Agnes wurde jedenfalls flugs wieder nach Hause geschickt. Hier hatte der Gatte inzwischen das Handtuch geworfen. Der Krieg war verloren. Gebhard trat als Kurfürst zurück und floh mit seiner Traumfrau nach Straßburg. Ab jetzt hatten Bayern in Bonn das Sagen.

Vor der Explosion der Godesburg (links) fiel schon das Poppelsdorfer Schloss (links außen) in die Hand des Feindes. Oben die Ruine der Godesburg heute.

Siegesgeschrei vom „stillen Örtchen"

Mit ihren Kurfürsten sind die Bonner meistens gut gefahren. Gebhard Truchsess von Waldburg aber war keiner, den sie sehr vermissten, als er nach seiner skandalösen Eheschließung schleunigst aus der Stadt floh. Gewiss, er war ein tapferer Mann und kämpfte mutig gegen eine Welt von Feinden, doch über Bonn brachte er nur Tod und Verderben. Unmittelbar nach der Hochzeit und dem überstürzten Aufbruch des Erzbischofs tat sich noch nicht viel in und um Bonn. Beide Parteien richteten sich auf kommende Schlachten ein. Karl Truchsess, der Bruder des Kurfürsten, brachte als Stadtkommandant die Verteidiger in Stellung. Die wichtigsten Bundesgenossen waren Pfalzgraf Johann Casimir und Adolf von Neuenahr. Karl Truchsess nutzte die Ruhe vor dem Sturm, um die Godesburg aufzurüsten. Dann ließ er

Stift und Dorf Dietkirchen im Bonner Norden niederbrennen, um seinen Kanonieren freies Schussfeld zu verschaffen. Die Gegenseite wurde pikanterweise angeführt von Gebhards kurfürstlichem Vorgänger Salentin von Isenburg, der ebenfalls wegen einer Frau den Stuhl des Erzbischofs hatte räumen müssen. Er kommandierte nun die spanischen Hilfstruppen, die in Poppelsdorf und Endenich Quartier nahmen. Deutsche Landsknechte unter Karl von Aremberg verschanzten sich in Graurheindorf. Am 23. Mai 1583 wählte das Domkapitel Ernst von Bayern zum neuen Kurfürsten. Karl Truchsess reagierte trotzig und ließ das Bonner Münster für einen evangelischen Gottesdienst räumen. Ein Affront gegen alle,

Verbündete der Verteidiger: Pfalzgraf Johann Casimir (links) und Adolf von Neuenahr.

die noch katholisch dachten und fühlten! Mit dem ruhigen Etappenleben ist es nun vorbei. Ferdinand von Bayern, ein Bruder des neuen Kurfürsten, übernimmt den Oberbefehl und zieht seine Truppen um Bonn zusammen. Zuerst müssen die Außenposten verschwinden. Das Schloss Poppelsdorf und das Stift Schwarzrheindorf fallen am 14. November. Aber noch steht die Godesburg.

Die Belagerung zieht sich hin. Weder Dauerbeschuss noch wütendes Anstürmen gegen die Mauern kann die Verteidiger erschüttern. Die Godesburg hält allen Angriffen stand. Herzog Ferdinand muss sich etwas anderes einfallen lassen.

Und er findet tatsächlich einen Weg. Tag und Nacht schuften nun seine Söldner und treiben einen mächtigen Stollen in den Berg. Endlich ist es geschafft: Der Tunnel hat die Fundamente der Godesburg

erreicht. Am 17. Dezember fordert der Bayer die Besatzung ein letztes Mal zur Übergabe auf. Als das Angebot angelehnt wird, lässt er im unterirdischen Gang 1.500 Pfund Pulver zünden.

Die Explosion: gewaltig. Mauern und Türme stürzen ein. Die Landsknechte haben eine Bresche im Mauerwerk erwartet, doch was sie sehen, ist nur ein riesiger Trümmerberg. Nach dem Bericht eines Zeitgenossen ist der Steinhaufen so mächtig, dass die Angreifer noch immer keinen Weg in die Burg finden. Frust macht sich breit. Doch da geschieht das Unglaubliche: Vom „stillen Örtchen" ertönt plötzlich lautes Siegesgeschrei: Den Bayern ist es gelungen, über eine Leiter in das Klosett der Burg einzudringen, das - wie damals üblich - als kleiner Erker an der Mauerwand klebt.

Der Krieg war damit noch nicht gewonnen, aber das Kapitel Godesburg endgültig abgeschlossen. Auch wenn die Wittelsbacher später in und um Bonn bedeutende Bauten schufen - die Godesburg blieb bis heute eine Ruine.

Am 28. Januar 1584 kapitulierte Stadtkommandant Karl Truchsess (links außen) und übergab Bonn dem Kurfürsten Ernst von Bayern (rechts). In der Sternstraße ist bis heute das Haus erhalten (links), in dem sich während es Kölnischen Kriegs die Truchsessischen Truppen einquartiert hatten. Eine Plakette erinnert heute daran.

1393 "Zum goldenen Ring"
1583/84 Quartier der
Truchsessischen Soldaten

Meuternde Söldner retten die Stadt

Als der Kölner Krieg ins zweite Jahr geht, sieht die Zukunft für Bonn nicht rosig aus. Die wenigen Anhänger des abgesetzten Kurfürsten Gebhard Truchsess von Waldburg haben eine Schlappe nach der anderen einstecken müssen. Die Godesburg war in die Luft geflogen und der wichtigste Bundesgenosse, der Pfalzgraf Johann Casimir, abgesprungen, weil der Kaiser ihm mit der Reichsacht gedroht hatte. Karl Truchsess, der Bonner Stadtkommandant, geriet mehr und mehr ins Schwimmen. Als Bruder Gebhard aus Westfalen, das ebenfalls zum Kurstaat gehörte, Geld und frische Truppen ins eingeschlossene Bonn bringen wollte, wurde der Plan verraten. Bayerische Truppen, die das Umland fest im Griff hatten, schlugen das Entsatzheer in die Flucht. Die Lage war prekär. Brot und Wein gab es reichlich in der belagerten Stadt. Das war nicht das Problem. Aber es fehlte etwas anderes: Geld! Nicht lange und die Soldaten begannen zu murren. Sie verlangten den Sold, der ihnen zustand und Karl Truchsess hatte nun seine liebe Not, die Kriegskasse wieder zu füllen. Um überhaupt über die Runden zu kommen, ließ er das gesamte Silber in den Bonner Kirchen beschlagnahmen und daraus Notmünzen prägen.

Erschwerend kam hinzu, dass die Bayern und Spanier draußen vor den Mauern erstmals eine Art psychologische Kriegsführung ausprobierten. Sie suchten Kontakt zu den Verteidigern und klärten sie über die schlimmen Folgen der drohenden Reichsacht auf. So etwas war damals absolut unüblich, zeigte aber tatsächlich Wirkung.

Im Januar 1584 wurde es ernst. Die Besatzung der Beueler Schanze begann mit der Beschießung der Stadt. Als zur gleichen Zeit die Nachricht durchsickerte, dass man

Rund 200 Jahre lang war das weiß-blaue Wappen der Wittelsbacher in Bonn allgegenwärtig.

die erhoffte Hilfe aus Westfalen abschreiben musste, hatten die eingeschlossenen Söldner die Nase voll. Sie meuterten und setzten ihre Führungsspitze fest. Ein ungeheuerlicher Vorgang. Die Bürger rieben sich erstaunt die Augen, als sie sahen, dass plötzlich Kriegsknechte die Herren der Stadt waren. Die Meuterei war dem Feind vor den Mauern nicht entgangen. Kurfürst Ernst, der sich inzwischen auch vor Bonn eingefunden hatte, schickte Unterhändler in die Stadt. Am 18. oder 28. Januar - genau weiß man das nicht - wurde vor dem Wenzeltor ein Vertrag mit den fahnenflüchtigen Landsknechten geschlossen. Sie erhielten freien Abzug und ein hübsches Sümmchen als Ablöse. Dafür mussten die Bürger aufkommen. Gut eine Woche später wurde das Geld ausgezahlt und die Söldner überließen die Stadt den Bayern und Spaniern, die ihren Erfolg mit einem festlichen Hochamt im Münster feierten. An ihrem neuen Kürfürsten fanden die Bonner zunächst wenig Gefallen. Ernst behandelte sie mit brutaler Härte. Bürgermeister und Beamte, die mit Gebhard zusammengearbeitet hatten, wurden hingerichtet, protestantische Prediger ertränkt. Meuterer haben im Allgemeinen nicht den besten Ruf. Jeder denkt unwillkürlich an Verrat und an Judaslohn. Andererseits: In diesem speziellen Fall haben rebellierende Söldnern wesentlich dazu beigetragen, dass Bonn die Belagerung ohne nennenswerte Schäden überstanden hat. Die Bürger konnten sich wieder in ihren Häusern einrichten und auf bessere Zeiten warten. Doch die sind noch weit weg. Das letzte Kapitel des Krieges muss erst noch geschrieben werden…

Hanswurst im Bonner Karneval des Jahres 1828.

"Buntes Treiben": Szene aus dem Bonner Rosenmontagszug der Session 2007/2008.

18. Februar 1933: Große Bürgersitzung des Festausschusses in der Beethovenhalle Bonn in der Brückenstraße unter der Leitung von Schultheiß Josef Weiden.

Bonn Alaaf -
einst und heute

Lange bevor in Bonn feste Karnevalsstrukturen existierten, feierten die Bürger Fastnacht - wie das Karnevalsfest bis ins 17. Jahrhundert hinein genannt wurde. Schon kurz nach 1200 hatte der Mönch Caesarius von Heisterbach im „Dialogus Miraculorum" von einem Gelage nahe bei Koblenz am Tage vor Aschermittwoch berichtet: Noch einmal ließen es sich ein Metzger und sein Kumpane vor der 40-tägigen österlichen Fastenzeit gut ergehen. Aus einem solchen Mahl unmittelbar vor der Fastenzeit entwickelte sich im Rheinland und im gesamten christlichen Europa das Fastnachtsfest als Teil des christlichen Festkalenders. Neben dem Mahl kamen in der Folge Gesang, Tanz, Verkleidung und andere Elemente hinzu - gewiss auch schon in Bonn und Umgebung; eine erste Nachricht liegt aus dem Jahr 1585 vor. Mittels Polizeiverordnung verfügte der Kölner Kurfürst Ernst von Bayern die Abschaffung der „Bonner Fastnachtgesellschaft". Wer trotzdem feierte,

musste mit einer Geldstrafe rechnen. Eine Nachricht aus dem Jahr 1600 besagt allerdings, dass der Kurfürst Nachbarn, Fassbinderknechten und junge Gesellen aus Poppelsdorf Wein stiftete, damit auch die jungen, wenig Betuchten Fastnacht feiern konnten. Sie zogen in kleinen Gruppen alljährlich lärmend und tanzend durch die Straßen und erbettelten sich das zum Feiern Notwendige. Der Rat genehmigte diese teilweise derben Umtriebe nur unter der Bedingung, dass ein Teil des gesammelten Geldes den Zünften, ein anderer für wohltätige Zwecke gespendet wurde. In immer wiederkehrenden Polizei- und Landesordnungen wies der Kölner Kurfürst darauf hin, dass alles „Fressen, Sauffen, Dantzen und alle Leichtfertigkeit" spätestens am Aschermittwoch vorbei sein musste.
Ganz anders sahen die Festbankette reicher Bürger und vor allem die Karnevalsfeierlichkeiten der Kurfürsten aus. Zur Festzeit gönnten sie sich Maskenbälle und Umzüge. So bat Kurfürst Clemens August in seiner Bonner Residenz im Winter ein- bis zweimal pro Woche zu aufwendigen Maskenbällen, in der Karnevalszeit gar täglich. Das „Bonner Ballstück", 1754 von Francais Rousseau gemalt, bezeugt die Pracht dieser Feste. Prominenter Gast eines solchen Festes war Giacomo G. Casanova. Den gesamten Abend über tanzte er - wie in seinen Reiseberichten zu lesen - mit der Frau des Kölner Bürgermeisters (Seite 57). Neben den Maskenbällen inszenierte Clemens August karnevalistische Umzüge, beispielsweise am 6. Februar 1731. In Bauernkostümen verkleidet, fuhren die adligen Gäste an diesem Tag vom Schloss aus in zwölf offenen Bauernwagen durch die Straßen der Residenzstadt.

Mit dem Einmarsch der Franzosen ins Rheinland 1794 endete die Herrschaft der Kölner Kurfürsten und auch die ständisch geprägte Gesellschaft des Alten Reiches. Aus ihr entwickelte sich eine neue bürgerliche Gesellschaft und mit ihr neue Karnevalsfestformen. Ausgangspunkt und auch Vorbild für den neuen Bonner Karneval war Köln. Hier hatten sich 1822 Bürger um den späteren Regierungspräsidenten Heinrich von Wittgenstein versammelt und das „Festordnende Komitee" gegründet, um den städtischen Karneval zu reorganisieren und - im Sinne der neuen preußischen Machthaber am Rhein - in geordnete Bahnen zu lenken. 1823 inszenierten sie in Köln den ersten Rosenmontagszug. Nach diesem Vorbild gründeten Bonner Bürger 1826 die „Bönnsche Karnevalsgesellschaft", die zunächst die komische Oper „Die Dorfdeputierten" aufführte. Am 18. Februar 1828 folgte dann der erste Bonner Rosenmontagszug (Seite 71), der sehr deutlich dem ehemaligen Residenzcharakter der Stadt entsprach. Noch 1828 verbat der preußische König das Fest für 14 Jahre als *„anormalische und in polizeilicher Hinsichte nicht unbedenkliche Lustbarkeit"*.

Prinz Hans I. (Hans Troullier, 1934).

Urkunde zur Inthronisierung des Bonner Prinzen des Jahres 1934.

Das „Alte Beueler Damenkomitee von 1824 e. V." im Jahre 1973.

In den 1820er-Jahren sorgte ein weiteres Ereignis für Aufsehen weit über die heutigen Stadtgrenzen hinaus: die Gründung der Beueler Weiberfastnacht. Hintergrund war das Aufbegehren Beueler Lohnwäscherinnen. Ihre Männer hatten an Rosenmontag 1823 nach Auslieferung der gewaschenen und gebügelten Wäsche an Kölner Hotelbetriebe das hart verdiente Geld verprasst. Kurzerhand beschlossen die Beueler Wäscherinnen, über die Missetaten ihrer Männer symbolisch Gericht zu halten. Ein Jahr später gründeten sie das „Alte Beueler Damenkomitee von 1824 e. V.", das dafür sorgte, dass von nun an die Arbeit der Wäscherinnen an Karnevalsdonnerstag ruhte. Eheliche Untreue, Beleidigungen und andere Verfehlungen der Männer waren zu melden und wurden zu einem Fastnachtsspiel verarbeitet. Weitere Festelemente - Vorbild für viele Städte - kamen im Lauf der Zeit hinzu, 1957 etwa der Sturm auf das Beueler Rathaus mit Belagerung, Kampf und Schlüsselübergabe oder 1958 die „Erfindung" der Wäscherprinzessin. An der Spitze der aktuell 16 Beueler Damenkomitees steht die Obermöhn als Chefin der Beueler Weiberfastnacht.

Nachdem der Karneval in Bonn über viele Jahre geruht hatte, erteilte 1842 der gerade gekrönte preußische König Friedrich Wilhelm IV. eine provisorische Genehmigung. Im Jahr 1843 zog dann

Flugblatt zur Ankündigung des Bonner Rosenmontagszuges am 24. Februar 1936.

wieder ein Rosenmontagszug durch die Stadt - im Zentrum des Geschehens: Hanswurst und die Freudgöttin Laetitia.

Es folgte eine bewegte Zeit für den Bonner Karneval vor dem Hintergrund revolutionärer Umtriebe. Neben dem Germanisten Karl Joseph Simrock und dem Gymnasiallehrer Karl Moritz Kneisel gehörte vor allem der Theologe Gottfried Kinkel zusammen mit seiner Frau Johanna zu den maßgeblichen Förderern des Karnevals jener Jahre. Kinkel setzte sich nicht nur als Abgeordneter in der Zweiten Preußischen Kammer in Berlin im Zuge der Märzrevolution 1848 für Demokratie, Freiheit und Einigkeit Deutschlands ein. Schon 1843 betonte er die politische Bedeutung des Karnevals und förderte die gemeinschaftliche Teilnahme aller Stände an diesem Fest, das bis dahin vor allem vom gehobenen Bürgertum dominiert wurde.

Die Figur der „Bonna" trat erstmals anstelle der antiken „Laetitia" 1845 in Erscheinung und verlobte sich mit Hanswurst. In der zweiten Hälfte des 19. Jahrhunderts, insbesondere aber nach der Gründung des Deutschen Reiches 1871, sind Lieder und Prachtwagen im Rosenmontagszug zur Glorifizierung des ehemals ungeliebten preußischen Königs und deutschen Kaisers zu finden. Obwohl sich Rosenmontagszüge nur unregelmäßig organisieren ließen, weitete sich der Karneval während des Kaiserreichs in Bonn aus. Zahlreiche Karnevalsgesellschaften entstanden; darunter das „Bonner Stadtsoldaten-Corps von 1872 e.V." als Leibgarde des Hanswurst und

Das Bonner Prinzenpaar des Jahres 1938: Prinz August I. (August Schmale) und Bonna Grete I. (Grete Effelsberg).

Plakat zur Ankündigung des 3. Karnevalistischen Abends des „Vaterstädtischen Vereins" am 27. Februar 1938 in der Beethovenhalle Bonn.

später des Prinzen Karneval, wie er sich ab 1873 nannte. Weitere Karnevalsgesellschaften, die noch im 19. Jahrhundert gegründet wurden und bis in die Gegenwart den Bonner Karneval mitgestalten, sind das „DK Honigsmöhne Bonn e. V. von 1889", die „Fidele Walzbröde" und die „KG Sternschnuppen Bonn e. V. 1890". Mit dem Ersten Weltkrieg, der Besatzung des Rheinlandes und den Wirtschaftskrisen der Weimarer Republik folgte ein langer Zeitabschnitt, in dem der Bonner Karneval verboten oder nur in Grenzen möglich war. Erst im Jahre 1926 erlebten die Bonner - organisiert von einem Sechs-Männer-Kollegium unter der Leitung von Baron Arnold von Solemacher - eine Kappenfahrt, in den Jahren 1927 bis 1930 folgten Rosenmontagszüge. Zum Leidwesen der karnevalsbegeisterten Bevölkerung sowie der karnevalsabhängigen Gewerbetreibenden fielen die Bonner Rosenmontagszüge in den Jahren 1931 bis 1933 aus.

Ehrenkarte für den Bonner Prinzen der Session 1937/1938, August I. (August Schmale) und Gemahlin.

Um das Fest neu zu beleben, gründeten Vertreter der Wirtschaft und Verwaltung Bonns am 9. Dezember 1933 einen neuen Dachverband für den Bonner Karneval, den „Vaterstädtischen Verein zur Förderung und Erhaltung des Bonner Karnevals". Das nationalsozialistische Regime funktionierte dann den Karneval bis zum Zweiten Weltkrieg um - als *„urdeutsches, altüberliefertes Brauchtum"* vor allem zur Belebung der Wirtschaft und zur Propagierung der *„Volksgemeinschaft"*. Während des Zweiten Weltkrieges fielen die Karnevalsveranstaltungen aus - bis auf wenige „Bunte Abende" oder „Bunte Nachmittage".

In den frühen Nachkriegsjahren lebte der Karneval zunächst im Privaten wieder auf. Erst am 28. Februar 1949 gelang es, mit einer Kappenfahrt an die karnevalistische Tradition Bonns anzuknüpfen. Nachdem sich im November 1949 mit der Ehrengarde des „Vaterstädtischen Vereins" ein Begleitcorps für das Bonner Prinzenpaar etabliert hatte, erregte dies die Gemüter der anderen karnevalistischen Gesellschaften Bonns, was schließlich am 27. April 1951 zur Gründung eines neuen Festausschusses

Die Ehrengarde des „Vaterstädtischen Vereins" vor dem Bonner Rosenmontagszug am 5. Februar 1951 mit seinem Kommandanten Hermann Schmitz.

führte. Für den „Vaterstädtischen Verein" bedeutete dies, sich neu zu positionieren. Nach Jahren der Orientierungslosigkeit entschied sich die Gesellschaft 1957 zur Entwicklung eines repräsentativen Gardecorps. So erwuchs in den folgenden Jahren unter dem neuen Namen „Vaterstädtischer Verein - Ehrengarde der Stadt Bonn e. V." dem bis dahin nahezu konkurrenzlosen „Bonner Stadtsoldatencorps von 1872 e. V." ein gleichwertiger karnevalistischer Mitbewerber. Durch neuartige Veranstaltungsformate wie Biwak, Reiter-Quadrillen und Bürgersitzungen wusste dieser in den Folgejahren auf sich aufmerksam zu machen und die Massen anzuziehen. Das „Bonn-Gesetz" bedeutete am 1. August 1969 für die Bundeshauptstadt nicht nur einen neuen kommunalen Zuschnitt. Die Erweiterung um die zuvor selbstständigen Städte Beuel und Bad Godesberg sowie Teile des Amtes Duisdorf bedeutete für Bonn nicht nur einen Zuwachs an Karnevalsgesellschaften („Beueler Stadtsoldaten-Corps ‚Rot-Blau' 1936 e. V.", „Godesberger Stadtsoldatenkorps e. V.", „KG Fidele Burggrafen Bad Godesberg 1937 e. V." oder die „AKP Prinzengarde 1947 e. V."), sondern mit dem Godesberger Prinzenpaar, der Wäscherprinzessin und der LiKüRa-Prinzessin auch an karnevalistischen Regenten. Dieser Zuwachs spiegelt sich auch in der Organisationsstruk-

Erstes Biwak des „Vaterstädtischen Vereins - Ehrengarde der Stadt Bonn e. V." auf dem Römerplatz am Karnevalssonntag, dem 28. Februar 1965. Im Bild: Biwakabzeichen des „Vaterstädtischen Vereins - Ehrengarde der Stadt Bonn e. V." aus der Session 1971/1972.

Kinderkostümfest des „Vaterstädtischen Vereins" am 8. Februar 1956 im Bonner Bürger-Verein; von links: Willi Simon, Manfred („Bambi") Klauck und Heinz Rech mit vier Sarotti-Mohren und einem Cowboy.

tur des Bonner Karnevals wider: Bis in die Gegenwart obliegt die Ausgestaltung des Karnevals vier gleichberechtigten Festkomitees, getreu dem rheinischen Motto „Jede Jeck es anders". Bislang scheiterten die Versuche einer karnevalistischen Flurbereinigung und dies, obwohl bekannt ist, dass diese strukturelle Schwäche von der karnevalistischen Konkurrenz Kölns sogartig ausgenutzt wird.

Das Bonner Prinzenpaar der Session 1965/1966: Prinz Horst I. (Horst Ahlfänger) und Bonna Gisela I.

Geert Müller-Gerbes, Journalist und Fernsehmoderator, übernahm in der Session 1985/1986 das Schultheißamt bei der „Ehrengarde der Stadt Bonn e. V.". Ihm gelang es, den Bonner Sitzungskarneval auch medial neu zu präsentieren, indem er fünf prunkvolle Bürgersitzungen der Gesellschaft für den noch jungen Privatsender RTL produzierte. Doch kölscher Klüngel und der Konkurrenzkampf zwischen privaten (RTL) und öffentlich-rechtlichen (WDR) Anstalten führten dazu, dass Ende 1990 die Entscheidung fiel, die Übertragungen trotz beachtlicher Einschaltquoten nicht weiter fortzusetzen.

Auf eine harte Probe stellten die Ereignisse der Jahre 1990 und 1991 das närrische Durchhaltevermögen im Bonner Karneval. Musste am 26. Februar 1990 der Rosenmontagszug infolge des „Orkans Wiebke" ausfallen, wurden im darauffolgenden Jahr die meisten karnevalistischen Veranstaltungen wegen des Golf-Krieges abgesagt. Die Entscheidung vom 10. März 1994 zugunsten von Berlin als Hauptstadt hatte auch für den Karneval spürbare Auswirkungen. Seit den 1950er-Jahren stand der Bonner Karneval wie selbstverständlich im Mittelpunkt des karnevalistischen Geschehens in Deutschland. Angesichts des Umzugs zahlreicher Bundesbediensteter nach Berlin

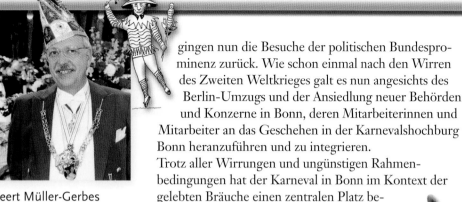

Geert Müller-Gerbes

gingen nun die Besuche der politischen Bundesprominenz zurück. Wie schon einmal nach den Wirren des Zweiten Weltkrieges galt es nun angesichts des Berlin-Umzugs und der Ansiedlung neuer Behörden und Konzerne in Bonn, deren Mitarbeiterinnen und Mitarbeiter an das Geschehen in der Karnevalshochburg Bonn heranzuführen und zu integrieren.

Trotz aller Wirrungen und ungünstigen Rahmenbedingungen hat der Karneval in Bonn im Kontext der gelebten Bräuche einen zentralen Platz behaupten können. Jahr für Jahr wird den Jecken eine wachsende Palette verschiedenster Feste geboten. Neben Saalveranstaltungen, wie Sitzungen, Bällen und Konzerten sind dies in gleicher Weise Straßenveranstaltungen, zu denen Biwaks und Umzüge zählen. Größter Karnevals-Event Bonns ist unter dem Motto „D'r Zoch kütt!" mit bis zu 250.000 Zuschauerinnen und Zuschauer der alljährliche Rosenmontagszug.

Die Kavallerie des „Vaterstädtischen Vereins - Ehrengarde der Stadt Bonn e. V." am Freitag, den 25. Juni 1982 auf der Bonner Hofgartenwiese (rechts).

Prinzenpaar 2011: Christoph I. und Karin IV.

„Bonn - Du bess ming Stadt" singt OB Jürgen Nimptsch beim Karneval 2011. Mit einer gleichnamigen CD, aufgenommen Ende 2010 mit Unterstützung des Beethoven Orchesters, des Schedrick-Chors und der Westwood Slickers, stürmt der Würdenträger anschließend die Charts.

Die lustigste Sitzung des Bundeskabinetts: Tollitätenempfang am 25. Februar 1976 im Kanzleramt mit dem Bonner Prinzenpaar Prinz Werner II. (Werner Kurscheid) und Bonna Rita I. (Rita Vellen) hinter Bundeskanzler Helmut Schmidt und dem Bundesminister des Auswärtigen, Hans-Dietrich Genscher.

Plakat zum Kinderkostümfest am 26. Februar 1984 in der Beethovenhalle Bonn.

Der Infanterist der „Ehrengarde der Stadt Bonn e. V." Peter Krautscheid wibbelt gemeinsam mit Bundespräsident Prof. Dr. Karl Carstens.

Warlord beschert Blut-Weihnacht

Mit der Kapitulation Bonns hätte der Kölner Krieg eigentlich zu Ende sein können. War er aber nicht, dann da gab es immer noch Martin Schenk von Nideggen, der sich in Rheinberg mit seinem Söldnerhaufen eingeigelt hatte. Dieser Schenk von Nideggen war offenbar ein Rüpel der ganz besonderen Art. Sein Leben war ein einziges Rauben, Morden und Brandschatzen, wobei die Bonner Episode nicht einmal zu den schlimmsten Schandtaten des gefürchteten Söldnerführers zählte. Am grausamsten hatte er in den Niederlanden gewütet. Erst als Verbündeter der Freiheitskämpfer gegen Spanien, dann im Sold der Spanier gegen seine alten Freunde. Es gibt kaum eine holländische Stadt, die nicht in irgendei-

Martin Schenk von Nideggen

ner Form unter dem Berserker gelitten hätte. Als 1583 der Kölnische Krieg ausbricht, kehrt Schenk den Niederlanden erst einmal den Rücken und lässt sich von dem geschassten Kurfürsten Gebhard Truchsess von Waldburg kaufen. Der verleiht ihm den Titel „Churkölnischer Feldmarschall" und verspricht die höchsten Gewinne.

Im Spätherbst 1587 waren die Kämpfe im Rheinland so weit abgeflaut, dass der neue Kurfürst Ernst sich leichtsinnigerweise nach Lüttich begab und Bonn mit einer viel zu kleinen Besatzung zurückließ. Die Angaben schwanken zwischen 90 und 140 Mann. Das war der Fehler, auf den Martin Schenk in seinem Raubritternest Rheinberg gewartet hatte.

Am 23. Dezember schlägt er zu. Die Bonner sind in bester Festtagsstimmung und bereiten sich auf Weihnachen vor. Niemand ahnt Schlimmes. Als die ersten Schüsse fallen und Kriegslärm laut wird, ist es schon zu spät. Im Schutz der Dunkelheit ist es dem alten Haudegen gelungen, seine Landsknechte bis unter die Stadtmauern am Rheinufer zu führen. Die Wachen haben nicht einmal bemerkt, dass sich nahe beim Zoll ein feindlicher Trupp herumtreibt und eine Sprengung vorbereitet. Als um drei Uhr morgens die Ladung hochgeht, dringen sofort Fußtruppen und Reiter in die Stadt ein und machen alles nieder,

Wie überall wüteten die siegreichen Landsknechte auch in Bonn.

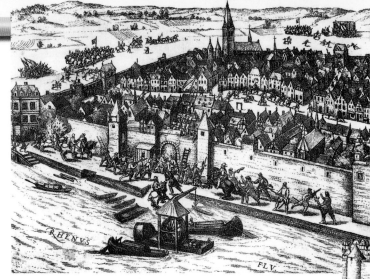

Der Überfall des Söldnerführers Martin Schenk von Nideggen am 23. Dezember 1587. Keine Gnade für den Gegner (unten): Protestantische Prediger werden im Rhein ertränkt.

was sich ihnen in den Weg stellt. Die Bonner erzählten später, eine Schar laut grunzender Schweine sei schuld gewesen, dass der Angriff so lange unbemerkt geblieben sei. Tatsächlich war die Eroberung Bonns ein genialer Handstreich. Der siegreiche Warlord nahm die Stadt mit nur 200 Mann Fußvolk und 100 Reitern. Zur Belohnung gab er anschließend das wehrlose Bonn für eine Stunde zur Plünderung frei. Alle Einwohner wurden in Kirchen gepfercht und dort eingeschlossen. Dann machte sich die Soldateska über Stifte, Klöster und Bürgerhäuser her.

Die Schäden waren immens. Auf 100.000 Reichstaler schätzen Historiker allein den Verlust, den Cassiusstift und Münsterkirche zu beklagen hatten. Kreuze und Reliquiare wurden weggeschleppt, goldene und silberne Geräte verschwanden auf Nimmerwiedersehen. Nach dem blutigen Weihnachtsfest war der

Spuk längst nicht vorbei. Martin Schenk setzte sich mit seinen Söldnern in Bonn fest und terrorisierte weiter die Bürgerschaft. Es dauerte vier Monate, bis die Spanier unter Alexander Farnese, dem Herzog von Parma, anrückten. Wieder wurde Bonn belagert. Am 20. Mai begann die Beschießung der Stadt. Am 21. August fiel die Schanze Beuel und am 28. September kapitulierte endlich auch Bonn. Martin Schenk von Nideggen hatte sich zu dem Zeitpunkt längst in Sicherheit gebracht. Er wütete weiter in Europa, bis er

schließlich 1589 in der Waal bei Nimwegen ertrank. Wie es sich für einen Warlord gehört, in voller Rüstung.

Alexander Farnese befreite Bonn.

Der weltliche Machtbereich der Kölner Kurfürsten war groß, aber zerstückelt. Um seinen Staat zu regieren, brauchte Ferdinand eine sesshafte Verwaltung.

Noch immer zählt der Alte Zoll, wo einst das Zollhaus der Kurfürsten stand (unten ein Stich aus dem Jahr 1635), zu den markantesten Punkten Bonns.

Endlich: Hauptstadt Bonn

Überall zu Hause, immer auf Achse... Das ist nicht gerade das Leben, das sich ein Kurfürst aus edlem Geschlecht erträumt. Doch seit die Erzbischöfe sich mit den Kölnern überworfen haben und die Stadt nur noch als geistliche Oberhirten betreten dürfen, ist ihr Kurstaat ein Land ohne wirkliches Zentrum. Das ärgert die Herren gewaltig, denn wenn man wie andere Fürsten mit einer protzigen Residenz und glanzvollem Hofleben Aufsehen erregen will, ist eine ständige Residenz vonnöten. Außerdem ist der Verwaltungsapparat mittlerweile so aufgebläht, dass schon aus diesem Grund eine Zentralbehörde mit festem Sitz notwendig wird.

Historiker haben darüber gestritten, von welchem Zeitpunkt an Bonn den Titel „Hauptstadt" für sich in Anspruch nehmen kann. Fest steht, dass die Stadt vor dem 16. Jahrhundert zwar der bevorzugte Aufenthaltsort der Kurfürsten war - aber mehr auch nicht. Brühl, Godesberg und auch Poppelsdorf waren durchaus ernst zu nehmende Rivalen. Brühl hatte zudem den Vorteil, die kurfürstliche Kanzlei zu beherbergen.

Das änderte sich 1525. In diesem Jahr verfügte Hermann von Wied die Verlegung seiner Kanzlei nach Bonn - mit sofortiger Wirkung: ein großer und enorm wichtiger Schritt auf dem Weg zur Hauptstadt. Die ständige Anwesenheit des Souveräns erforderte neue Bauten. Salentin von Isenburg ließ den alten erzbischöflichen Palast standesgemäß erweitern. Hier war nun auch die Kanzlei untergebracht. Später wurde als städtebauliche Dominante ein repräsentatives Zollhaus am Rhein errichtet, das heute nur noch auf einer Ansicht aus dem 17. Jahrhundert zu bewundern ist. Kurz und gut: Es ging voran in Bonn. Das entscheidende Jahr aber ist 1597. Inzwischen hatte sich ein tief greifender Wandel vollzogen.

Waren bis dahin die Kölner Kurfürsten stets aus dem regionalen rheinischen Adel hervorgegangen, so hatten jetzt die Wittelsbacher aus Bayern das Ruder übernommen und hielten es 180 Jahre lang fest in der Hand. Der erste der fünf bayerischen Kurfürsten war Ernst. Der musste sich die Macht am Rhein erst einmal durch blutige Kriege erkämpfen. Die Godesburg blieb dabei auf der Strecke, und auch die alte Poppelsdorfer Wasserburg wurde zerstört. Wenn Ernst geglaubt hatte, dass er sich auf die harte Art Respekt verschaffen könnte, dann irrte er. Kaum bewegte sich sein Staatsschifflein in etwas ruhigerem Fahrwasser, da schossen die Kölnischen Landstände und das Domkapitel quer. Gemeinsam zwangen sie Kurfürst Ernst, die Regierung seinem Neffen Ferdinand zu übertragen. Dieser Ferdinand war es, der endlich Nägel mit Köpfen machte. 1597 erklärte er ganz offiziell Bonn zur Haupt- und Residenzstadt des Kölner Kurstaates. Und das blieb auch so, bis 1794 die Franzosen kamen.

Ferdinand gilt - nicht nur wegen seiner Entscheidung für Bonn - als der bedeutendste Wittelsbacher am Rhein. Mit ihm kamen die zentralen Behörden nach Bonn, der Hofrat und die Hofkammer. Er machte den Weg frei für die Gegenreformation und förderte die Anlage neuer Klöster. Aber Ferdinand sorgte auch dafür, dass die Bonner Festung auf den neusten Stand gebracht wurde. Die mittelalterliche Mauer ließ er durch mächtige Bastionen verstärken. Eine davon ist erhalten geblieben: der Alte Zoll.

Kurfürst Ferdinand machte Bonn zur Haupt- und Residenzstadt.

Weltzeit

1500
Leonardo da Vinci zeichnet den ersten Hubschrauber.

1513
Spanier unter Balboa stoßen zum Pazifik vor.

1514
Kopernikus entdeckt den Saturn.

1517
Martin Luther schlägt 95 Thesen an die Tür der Schlosskirche zu Wittenberg.

1519
Magellan beginnt die Weltumsegelung.

1529
Die erste Belagerung Wiens durch die Türken.

1531
Der Halleysche „Große" Komet verursacht Angst vor dem Weltuntergang.

1539
Das Inka-Reich in Peru wird von Pizzaro zerstört, König Atahualpa erdrosselt.

1582
Papst Gregor XIII. führt die Schaltjahre ein.

1584
Von Irland aus verbreitet sich die Kartoffel über Europa.

1588
Untergang der spanischen Armada.

1589
Am französischen Hof wird die Essgabel eingeführt.

1590
Galilei beginnt Fallversuche am Turm zu Pisa.

1591
Shakespeare schreibt „Romeo und Julia".

Kurfürst rottet Hexen aus - Menschen sterben auf Scheiterhaufen

In den Jahren um 1500 erreichten nach und nach aus Richtung Schweiz Ängste und abstruse Vorstellungen von Zauberei, von Hexen und vom Teufel den Rhein entlang Bonn. Zwar hatten zuvor schon „magische Kräfte" die Bevölkerung umgetrieben. Aber diese Magie gegen Menschen, Vieh oder auch Feldfrüchte war

Gasthaus „Zur Blomen" der zum Tode verurteilten „Hexe" Elisabeth Kurtzrock.

nichts gegen den neuen Wahn namens Hexerei: Den männlichen wie weiblichen Hexen dichtete der Klerus einen Pakt mit dem Teufel an, meist besiegelt durch Geschlechtsverkehr. Der wiederum sollte Hexen zauberische Kräfte mitsamt Flügeln verliehen haben: zum Aufstieg in die Lüfte mit unterschiedlichen Hilfsmitteln.

Hexen dürften erstmals 1507 die Bonner beunruhigt haben; zumindest ist ein erster Hexenprozess mit mehreren Hinrichtungen überliefert. Danach herrsche fast ein Jahrhundert lang wieder Ruhe. Die Angst jedoch blieb, vor allem geschürt durch zahllose Gerichtsverhandlungen im benachbarten Kurfürstentum Trier. 1589, und dann wieder zwischen 1593 und 1595 kam es in Bonn, in Godesberg, Mehlem, Altenahr, Badorf, Brühl und anderen Orten des Kurfürstentum Köln zu neuen Denunziationen und Hexenprozessen mit Hinrichtungen. Wie überall waren sicherlich auch in Bonn Nachbarschaftsstreitigkeiten und Konkurrenzkampf unter den Bürgern Auslöser für die Hexenverfolgung. Der ab 1595 als Koadjutor bestellte spätere Kurfürst Ferdinand von Wittelsbach hatte sich ein blutiges Ziel gesetzt: Ausrottung der Hexerei.

1607 erließ der Kurfürst dazu eine Hexenprozessordnung, die den ermittelnden

Instanzen den Einsatz der Folter erleichterte. Zehn Jahre später folgten „Ausrottungsprogramme" gegen die Hexerei. Ersten Instruktionen an die kurfürstlichen Städte folgte am 4. Januar 1629 im Bonner Schloss die Abfassung einer „Hexen-Ordnung", nach der Gerichte des rheinischen Erzstiftes „Recht" sprechen sollten. Eine große Welle von Prozessen folgte. Im Jahr 1692 dokumentieren die Jahresberichte der Jesuiten allein in Bonn 50 Hinrichtungen. Von 1628 bis 1631 waren es hier etwa 100 Menschen, die auf dem Scheiterhaufen starben. Viele der Opfer gingen auf das Konto des Juristen am Bonner Hofgericht, Dr. Franz Buirmann, der als unerbittlicher „Hexenkommissar" innerhalb von nur zwei Monaten etwa 70 Menschen allein in Meckenheim umgebracht haben soll. Buirmann profitierte nicht nur finanziell von den Prozessen, sondern fand offensichtlich auch Gefallen daran, bei den Folterungen selbst Hand an zu legen.

Unter den Opfern: etliche Bürger der Bonner Oberschicht, so etwa die Wirtin des Bonner Gasthauses „Zur Blomen", Elisabeth Kurtzrock, immerhin Witwe eines Bonner Bürgermeisters. Oder die Ehefrau des Bonner Apothekers Reiner

Curtius - der sich am 30. August 1630 darüber beschwerte, dass er für die Hinrichtung seiner Ehefrau als Hexe 100 Reichstaler bezahlen sollte. Einen Hexenprozess hat der Mehlemer Pfarrer aufgezeichnet: Philipp Quantzipp aus Lannesdorf wurde nicht nur der Hexerei angeklagt, sondern zusätzlich noch als „Werwolf". Der Pfarrer berichtete davon, dass er den „Zaubergürtel", mit dem sich der Delinquent in einen Werwolf verwandeln konnte, selbst gesehen und auch berührt habe. Nach der Folter wurde Quantzipp am 13. September 1829 als Werwolf verbrannt (wie damals üblich, war er wohl zuvor erdrosselt worden). Die Anwendung der Folter verbreitete im Bonner Raum einen solchen Schrecken, dass in Godesberg im Februar 1631 gleich mehrere Verdächtige versuchten, sich die Kehle zu durchschneiden, um dem grausamen Verfahren zu entkommen. Nach 1631 ebbten dann überall im Kurfürstentum Köln die Hexenprozesse mehr und mehr ab.

Verbrennung einer angeblichen Hexe im Jahr 1531.

Der Teufel und das Treiben seiner Hexen.

Söldnerheere und Räuberbanden verbreiten Chaos und Tod

Kriegsgräuel im Dreißigjährigen Krieg.

Rings um Bonn wütete ein schrecklicher Krieg, marodierende Banden und riesige Heere zogen durch das Land, plünderten, verwüsteten Dörfer und steckten sie in Brand. Inmitten der Wirren des Dreißigjährigen Kriegs, der einem Drittel der Deutschen den Tod brachte und Landstriche entvölkerte, ließ Kurfürst Ferdinand sein Bonner Residenzschloss ausbauen, es mit einem Renaissancegarten mit Statuen und Wasserkünsten, Grotten und Zitronenbäumen umgeben - hier wird er gelegentlich der von ihm gegründeten Bonner Hofkapelle gelauscht haben. Doch der

Die Stadtansicht Bonn zwischen 1629 und 1639 nach Wenzel Hollar, unten.

Schein trog. Auch der Kurfürst und die Bonner Bürger gerieten nach und nach in den Sog des Krieges.

Weit weg von Bonn hatte der unheilvolle Krieg am 23. Mai 1618 mit dem Prager Fenstersturz seinen Anfang genommen. Aus diesem lokalen Adelsaufstand entwickelte sich ein Konflikt um die Vorherrschaft in Europa und auch um die „wahre Religion". Auf der einen (der katholischen) Seite standen das mächtige Spanien mit seinen niederländischen Besitzungen, der Kaiser, der Papst, Bayern und etliche kleinere deutsche Fürsten. Auf der anderen Seite standen England, Frankreich, Schweden, Dänemark, Venedig, die von Spanien unabhängigen Teile der Niederlande und die evangelischen Reichsstände. Obwohl sicherlich der katholischen Seite zugeneigt, betrieben die Kölner Kurfürs-

ten angesichts ihrer recht schwachen Position eine Neutralitätspolitik, um ungeschoren durch die Kampfhandlungen lavieren zu können.

Erstes Ungemach drohte der Residenzstadt Bonn dennoch, als die Niederländer 1620 auf einer Insel vor Graurheindorf eine Festungsschanze bauten, wegen ihrer Form „Pfaffenmütze" genannt. Die Besatzung der Pfaffenmütze unter dem Kommando von Ludwig von Hatzfeld erpresste von den vorbeifahrenden Schiffen horrende Abgaben, die Dörfer mussten Stroh, Holz, Hafer und anderes mehr

liefern. Bonn und seine Umgebung waren ständig von den dort stationierten niederländischen Soldaten und auch von den umherziehenden Söldnerführern Ernst von Mansfeld und Christian von Braunschweig bedroht. Daher verstärkten die Bonner die Wachen und mobilisierten ihre Schützen. Außerdem sollten zusätzliche Soldaten einquartiert werden, worüber sich Bürgermeister, Schöffen und Rat bei Kurfürst Friedrich beschwerten. Wohl nicht zu Unrecht: Denn die Bonner Bürger hatten bereits hohe Kontributionen und Quartiergelder geleistet. Und die Stadt platzte aus allen Nähten, da die in Bonn stationierten Soldaten ihre Frauen und Kinder mitgebracht und Bauern samt Viehzeug sowie Bürger aus bedrohten Dörfern der Umgebung vor den Söldnertruppen Zuflucht gesucht hatten. Angesichts der Enge und der Unsicherheiten hatten daraufhin schon etliche Bonner Bürger die Stadt verlassen.

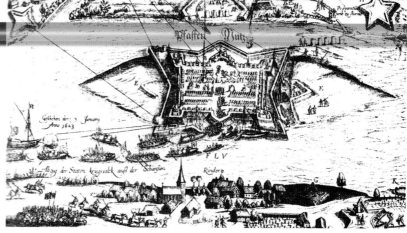

Abzug der Holländer von der Schanze Pfaffenmütze im November und Dezember 1622.

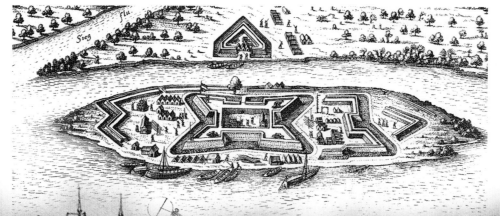

Schanze Pfaffenmütze auf der Rheininsel „Komper Werth", um 1621, links.

Sieben Jahre trügerische Ruhe

Die Situation besserte sich zunächst, als Anfang 1623 spanische Truppen erfolgreich die Besatzung der Pfaffenmütze zur Kapitulation zwingen und vertreiben konnten. Danach kehrte zumindest für sieben Jahre Ruhe in Bonn ein. Sie endete im Juli 1630, als der schwedische König Gustav II. Adolf in das Kriegsgeschehen auf dem Festland eingriff. Nach seinem Sieg über den kaiserlichen Feldherrn Tilly im September 1631 bei Breitenfeld war der Weg nach Süd- und Westdeutschland frei, sodass er im Folgejahr seinen Feldmarschall Wolf Heinrich von Baudissin in die Gebiete des Niederrheins schicken konnte. Am 30. Oktober 1632 nahm Baudissin Linz als erste kurkölnische Stadt in Besitz. Von hier aus brachte er in den nächsten Monaten das ganze südliche Erzstift in seine Hand, Erpel und Un-

kel fielen, die Löwenburg und auch Burg Drachenfels, Siegburg, Remagen, Andernach, Ahrweiler und Zülpich.
Die Truppen kamen Bonn immer näher, plünderten bereits Schwarzrheindorf, brannten Kirche und Stift Vilich nieder und äscherten Mehlem gleich zweimal ein. Die unmittelbare Umgebung Bonns versank dermaßen in Chaos, dass Kurfürst Ferdinand mit einer Verordnung vom 11. Januar 1633 warnte: „Bei der im rheinischen Erzstifte sowohl als in den Nachbarlanden, dergestalt gestörten öffentlichen Sicherheit, daß kein Reisender ohne Gefahr der Beraubung, Mißhandlung, Auffangung und Ranzionierung die Landstraßen und Wege benutzen kann, wird den Lokalbehörden befohlen, dem trupp- und rottenweise herumziehenden Raubgesindel nicht nur kein Aufenthalt und

Unterschleif zu gestatten, sondern dasselbe bestmöglichst aufzuspüren und unter Aufbietung der Unterthanen zu verfolgen; die sich widersetzenden Verbrecher sollen niedergemacht und die sich Ergebenden verhaftet werden." Auch der Kurfürst fühlte sich nun nicht mehr sicher in Bonn. Zwar hatte er die veralteten Stadtmauern durch moderne Bastionen und andere Festungswerke ausgebaut, doch flüchtete er dennoch ins sichere Köln.
Allerdings musste Baudissin bereits im Januar 1633 wieder abziehen, da spanische und kaiserliche Truppen vorrückten. Bonn war noch einmal mit dem Schrecken davongekommen und hatte auch in den Folgejahren keine direkten Kriegshandlungen zu erdulden. Trotzdem wurden die Bonner Bürger auch weiterhin von vielen Flüchtlingen geplagt, die halb verhungert Hilfe suchten. Viele Durchzüge der kaiserlichen und anderer Truppen trugen zur Belastung bei. Und dann trat auch noch Frankreich in die Kriegshandlungen ein. Im Zuge des „Hessen-Kriegs" sollte das Bonner Umland, das im Vergleich

zu anderen Regionen bis dahin noch relativ glimpflich davongekommen war, die Truppen versorgen. So marschierten französisch-weimarische Regimenter im Winter 1641/42 zum Rhein. Dort trafen sie auf hessische Truppen, überschritten am 12. und 13. Januar 1642 bei Rees den Rhein und bedrohten schließlich auch Bonn. Wenig später erreichten hessische Truppen den Tannenbusch und steckten Häuser in Endenich in Brand. Im Juli 1645 unternahmen die Hessen vom Niederrhein her immer wieder Ausfälle, plünderten Meckenheim, äscherten die Dörfer Dransdorf, Messdorf und Lessenich ein. Nur Bonn blieb dank des kurkölnischen Militärs verschont. Erst im letzten Kriegsjahr verließen die Hessen gegen Zahlung einer hohen Abfindung die Gegend um die Residenzstadt. Mit dem Westfälischen Frieden endete im Oktober 1648 der Dreißigjährige Krieg mit Verwüstung und Chaos. Und auch wenn Bonn nicht erobert und nicht gebrandschatzt worden war, hinterließ der lange Krieg bei den Bürgern Leid und Armut.

Bonns Ruhe im Dreißigjährigen Krieg endete, als der schwedische König Gustav II. Adolf in das Kriegsgeschehen eingriff.

Der bekannte kaiserliche General Jan van Werth weilte am 9. Februar 1636 in Bonn bei Kurfürst Ferdinand von Bayern.

Die Truppen des kaiserlichen Feldherrn Tilly verloren im September 1631 bei Breitenfeld gegen Schwedenkönig Gustav.

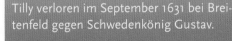
Feldmarschall Wolf Heinrich von Baudissin nahm am 30. Oktober 1632 als erste kurkölnische Stadt Linz in Besitz.

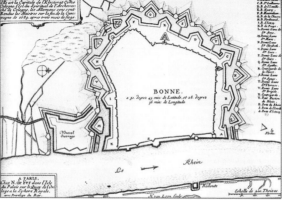

1642

Cassius-Bastei

Bastei Ferdinand am heutigen Kaiserplatz mit Verbindungsstück zur Cassius-Bastei (links) und die Bastei vor dem Sterntor auf dem Stadtplan von Matthäus, Merian von 1646. Mitte: Plan der Bonner Festungswerke.

Die Straße „Cassius-Bastei" und das gleichnamige Einkaufs- und Bürohaus in unmittelbarer Nähe zum Bahnhof erinnern noch heute an die frühneuzeitlichen Festungsanlagen.

Bastionen, Wälle und Kanonen: Die Stadt igelt sich ein

Pfeil und Bogen, Pech und Schwefel gegen Angreifer? Längst passé. Kanonen und andere Geschütze entwickelten seit dem 15. Jahrhundert zusehends ihre todbringende Durchschlagskraft und Reichweite, dass die mittelalterlichen Mauern zur Verteidigung der Stadt nicht mehr ausreichten. Mit tief in die Gräben gebaute Festungen suchten sich die Verteidiger vor den Kanonen zu „ducken" und die Feinde möglichst weit im Vorfeld der Stadt zu bekämpfen. Das war die neue Strategie. So musste auch Bonn wie viele andere rheinische Städte seit dem 16. Jahrhundert nach und nach auf Initiative des kurfürstlichen Landesherrn zur Festung ausgebaut werden. Zunächst geschah nicht viel - hier und dort entstand ein kleines Vorwerk oder eine kleine Bastion. Von größeren Arbeiten ist zumindest bis Anfang des 17. Jahrhunderts in den Quellen nichts vermerkt. Dafür standen auch kaum Geldmittel des Landesherrn zur Verfügung. Er konzentrierte sich zunächst lieber auf den Festungsausbau von Kaiserswerth im weitaus gefährdeteren Niederstift.

Die ständige Bedrohung Bonns durch gegnerische Heere im Verlauf des Dreißigjährigen Krieges zwang den Kur-

Das ab 1642 erbaute Bollwerk am „Alten Zoll".

fürsten dann allerdings dazu, mit dem Ausbau zu beginnen. Zu diesem Zeitpunkt hatte sich das „bastionäre System" längst durchgesetzt. In Jülich war es genutzt worden - und auch der Rat der Stadt Köln hatte bereits 1604 den bekannten Festungsbaumeister Johann Pasqualini damit beauftragt, dieses System umzusetzen. Nun entstanden auch in Bonn Schanzen, gemauerte und Erdwälle und andere Elemente zur Bastionsbefestigung, zunächst am Stockentor und an der Hofhaltung, dann im Frühjahr 1642 das Bollwerk am Alten Zoll. Im Westen folgten die Bastionen „Maximilian" um 1644, „Heinrich" und die Sternbastion von 1658 bis 1664. Im Norden errichteten kaiserliche Ingenieure die Bastionen „Wilhelm" und „Camus" sowie die Rheinbastion Anfang der 1670er-Jahre. Den Südwesten sicherten schließlich die Bastionen „Cassius" und „Ferdinand" sowie ein davor liegendes Horn-

werk. Insgesamt wurde die komplette Stadtmauer von einem Ring bastionärer Festungen umgeben, von denen aus die Verteidiger nicht nur das Vorderfeld, sondern auch die Zonen zwischen den Bastionen selbst beschießen konnten. Die Arbeiten erforderten Unmengen an Erdbewegungen und Ziegeln als Baumaterial und wurden nun so intensiv verfolgt, dass es von Seiten der Bonner Bürger immer wieder zu Beschwerden kam, weil sie wegen des Baus Wein- und Baumgärten aufgeben mussten. Auch das Cassiusstift beklagte sich 1644 darüber, dass sein Grund und Boden verloren ging. Der vorläufige Abschluss der Bauarbeiten folgte in der zweiten Hälfte des 17. Jahrhunderts. Insgesamt zehn Hauptbastionen, zahlreiche Zwischen- und auch Außenwerke wie etwa die Beueler Schanze am rechten Rheinufer waren entstanden. Die neue „Hauptlandesfestung" war nun nicht mehr von den Bonner Bürgern allein zu verteidigen. Vor allem angesichts der verschiedenen Geschütze und einer immer komplexeren Militärtaktik waren nun gut ausgebildete Berufssoldaten oder Söldner gefragt. Die Bonner selbst konnten dem Kriegstreiben nur noch mit Bangen zusehen…

Mauerstück der alten Festung, das heute in die Kaiserpassage integriert ist. Das Mauerstück ist Teil der Verbindung der Bastionen.

Vier Tage Beschuss, Festung fällt - Kapitulation

Es ging um Glanz und Gloria, um Macht und Einfluss - und um sehr viel Geld. Nach Ende des Dreißigjährigen Kriegs 1648 umwarben Fürstentümer aus verschiedenen Regionen Europas den Kölner Kurfürsten. In einer Zeit schnell wechselnder Koalitionen versuchten sie, ihn mit Subsidienzahlungen und Gratifikationen an sich zu binden. Dies hatte mit der Lage des Fürstentums an der westlichen Grenze des Alten Reiches zu tun, vor allem aber damit, dass die Kurfürsten über eine von acht und ab 1692 neun Kurstimmen zur Wahl des Kaisers des Heiligen Römischen Reichs verfügten. Besonderes Interesse zeigte der französische Sonnenkönig Ludwig XIV. Mit hohem diplomatischen und finanziellem Aufwand suchte er seine Machtposition nach Osten und Norden ins Reich hineinauszubauen. Mit Geldgeschenken brachte er 1658 die beiden mächtigen kurfürstlichen Minister Franz Egon und Wilhelm Egon von Fürstenberg auf seine Seite. Auch der schwache Kölner Kurfürst Max Heinrich - stets in Geldnot - ließ sich schnell überzeugen. So beteiligten sich 1672 auch kurkölnische Soldaten, als Ludwig XIV. im Holländischen Krieg die Vereinigten Niederlande überfiel. Und

nachdem die französischen Truppen sich vor einer starken Koalition, der auch der Kurfürst von Brandenburg und der Kaiser angehörten, aus den Niederlanden zurückziehen mussten, konnten die Soldaten des Sonnenkönigs vertragsgemäß durch das Kölner Erzstift marschieren und die kurkölnischen Festungen nutzen. Wichtiger Stützpunkt der Franzosen war die Stadt Bonn, die ihre Festungen Jahrzehnte zuvor kontinuierlich ausgebaut und zudem große Magazine angelegt hatte. Als Gouverneur der Festungsstadt konnte Generalmajor Landsberg etwa 1.500 bis 2.000 Soldaten sowie 80 Geschütze für die Verteidigung auf-

bieten. Er bereitete alles für einen Kampf gegen die Koalitionstruppen vor, ließ vor der Festung eigens die Kirche und das Stift Dietkirchen sprengen, um ein freies Schussfeld zu schaffen. Doch alle Anstrengungen sollten ihm wenig nützen. Im November 1673 kreisten mehrere Koalitionstruppen Bonn ein - spanische Truppen kampierten in Kessenich, Prinz von Oranien schlug sein Hauptquartier im Kloster Graurheindorf auf und Raimond Graf von Montecuccoli, Heerführer

Kurfürst Max Heinrich (1650-1688) vor seiner Residenzstadt Bonn.

des kaiserlich-sächsischen Heeres, seines in Godesberg. Die Belagerer kamen den Stadtgräben mithilfe von Batterien und Laufgräben immer näher. Auch das Kanonenfeuer gegen die Feinde und verschiedene Ausfälle der französischen Soldaten konnten die Angreifer nicht stoppen. Am 10. November begann die Beschießung der Stadt, ein Tag später waren die Laufgräben bereits bis an den Stadtgraben herangeführt - der Festungshalbmond vor dem Kölntor war reif zur Erstürmung. Nach viertägigem Beschuss kapitulierte die Bonner Besatzung schließlich. Französische Truppen mussten einen Tag später die Festungsstadt verlassen, kaiserliche Soldaten marschierten unter Führung Marches de Grana in die Stadt ein. Sie sollten bis 1679 in Bonn bleiben. Derweil hatte sich der Kölner Kurfürst Max Heinrich für zehn Jahre ins Kloster St. Pantaleon nach Köln zurückgezogen. Die Politik des Kurfürsten hatte zu Belagerung und Beschuss der Stadt Bonn geführt, die noch einmal glimpflich davongekommen war. Zumindest vorläufig. Denn schon bald sollte das kurfürstliche Wirken fatale Folgen für ihre Einwohner haben.

Der französische Sonnenkönig Ludwig XIV. versuchte seine Macht über Bündnisse mit Kurköln auszudehnen.

Bonn im Jahre 1646.

Die Belagerung Bonns im Jahr 1673. Im Vordergrund reichen sich die Führer der Belagerer, der Prinz von Oranien und der Graf von Montecuccoli, die Hand.

Preiswert: Für ein „Fettmännchen" über den Rhein

Straßennamen wie „Erste Fährgasse" weisen heute auf frühen Fährverkehr über den Rhein hin.

Die seit dem 17. Jahrhundert zwischen Bonn und Beuel verkehrende „fliegende Brücke" wurde nach Süden verlegt.

Regen, Schnee, Sturm und Hochwasser - nicht immer war die Überfahrt über den Rhein ungefährlich. Brücken über den reißenden Fluss? Undenkbar. Wollten die Bewohner des rechten Rheinufers am städtischen Leben in Bonn teilnehmen, mussten sie Fähren benutzen. Seit dem Mittelalter bewerkstelligten die Mondorfer und die Dietkirchener Fähre unterhalb und die Bonner Fähre oberhalb der Stadt den heiklen Übergang. Besonders stark frequentiert war vermutlich die Bonner Fähre. Die Kölner Erzbischöfe hatten die Rechte am Betrieb verpachtet - und strichen dafür einen sicherlich nicht geringen Obolus ein. Die Fährleute waren verpflichtet, zu festgelegten Zeiten Überfahrten anzubieten. Jeden Mittwoch und jeden Samstag musste ein Fährschiff an der alten Kirche bei Oberkassel bereitstehen. An diesen Wochentagen brachten Kaufleute und Bauern aus Oberkassel und aus Römlinghoven Waren zum Bonner Markt - vor allem Wein und Trauben, Bier,

Neben der Fliegenden Brücke setzten Fähren Kaufleute über, hier dargestellt auf einem Gemälde von 1674.

Honig, Getreide, Heringe, Malz, Heu und Stroh, Holz, Eisen und Kalk. Auch an den anderen Tagen dürfte die Fähre reichlich genutzt worden sein. Denn nicht ohne Grund handelten die Bewohner aus diesen Orten wie auch aus Schwarzrheindorf Sonderkonditionen aus. Nur einmal im Jahr zahlten sie eine Gebühr für das Recht der freien Personen- und billigen Gepäckbeförderung. Dies funktionierte mehrere Jahrhunderte lang mehr oder weniger reibungslos. Erst im Lauf des 17. Jahrhunderts überschwemmte das Wasser des Godesberger Baches den Landesplatz am linken Rheinufer immer häufiger, sodass die Fährstelle von der Fährgasse an die Giergasse verlegt werden musste. Dies nahm der Kölner Kurfürst Max Heinrich im August 1665 zum Anlass, die mittelalterlichen Fährrechte aufzuheben und neu zu ordnen. Er verlangte von den Fährleuten die Einrichtung einer damals gerade entwickelten „fliegenden Brücke" - einem Fährschiff, das mitten im Rheinstrom an einem Längs-

seil verankert war und unter Ausnutzung der Strömung von Ufer zu Ufer pendeln konnte. Allerdings war die Brücke noch nicht fertiggestellt, als kaiserliche Truppen 1673 die Stadt belagerten. Zum Übersetzen von Soldaten beschlagnahmten sie sämtliche Fährschiffe und erbauten daraus eine Schiffsbrücke. Später richteten sie auch eine „fliegende Brücke" ein, die sie am 18. Juni 1677 den Bonner Fährleuten übergaben.

Lange Auseinandersetzung um die lukrativen Nutzungsrechte folgten, die Max Heinrich erst am 22. Juni 1680 mit dem „Reglement der fliegenden Brücken zu Bonn ..." beendete. Danach durfte eine einzelne Person für einen Fettmännchen, der damals niedrigsten Scheidemünze, die Fähre nutzen. Die Gebühren für das Übersetzen von Waren wurden nicht nach Menge oder Gewicht berechnet, sondern nach dem verwendeten Transportmittel. Für einen Pferdewagen mit einem Fuder Wein musste ein Händler beispielsweise einen halben Reichstaler entrichten. Von

der Fähre wurde so rege Gebrauch gemacht, dass sich die Fährleute verpflichten mussten, wenigstens alle Stunden zweimal überzusetzen. Der Fährbetrieb hatte eine solch große Bedeutung gewonnen, dass Kurfürst Joseph Clemens am 28. Juni 1697 anwies, die zuvor zerstörte Fähre durch eine neue „Fliegende Brücke" über den Rhein zu ersetzen.

Schema einer „fliegenden Brücke".

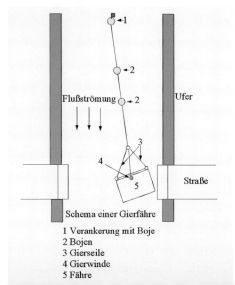

Schema einer Gierfähre

1 Verankerung mit Boje
2 Bojen
3 Gierseile
4 Gierwinde
5 Fähre

Sterbestunde: Stadt in Schutt und Asche

Flugblatt über die Belagerung Bonns 1689 mit einer Ansicht der belagerten Stadt. Im Vordergrund links Kurfürst Friedrich III. von Brandenburg.

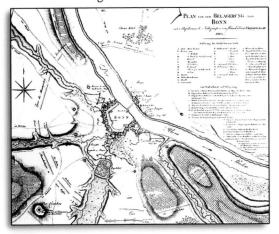

Plan der Belagerung Bonns im Jahr 1689 unter dem Kommando Friedrich III., Kurfürst von Brandenburg, oben. Unten ein Stadtplan mit Darstellung der Belagerung von 1689.

Trotz der Einnahme Bonns im Jahr 1673 änderte sich wenig. Immer noch strebte der französische König Ludwig XIV. nach der Vormachtstellung im Deutschen Reich und immer noch hielt Kurköln am Bündnis mit den Franzosen fest. Anders jedoch als zuvor sollte für Bonn die „Sterbestunde" schlagen, wie der bekannte Historiker Max Braubach anmerkte.

Ähnlich wie schon 15 Jahre zuvor hatte sich 1688 die Lage im Deutschen Reich zugespitzt. Ludwig XIV. versuchte, die Erbansprüche seiner Schwägerin Lieselotte von der Pfalz auf pfälzisches Gebiet militärisch durchzusetzen. Gleichzeitig unterstützte er die Kandidatur seines Schützlings Wilhelm Egon von Fürstenberg auf den Kölner Kurstuhl. Nachdem die Bischofswahl durch das Domkapitel keine Entscheidung gebracht hatte, ließ Ludwig französische Truppen in das Erzstift einmarschieren.

Diese aggressive Politik ließen sich der Kaiser und auch Spanien, Holland sowie England nicht mehr bieten. Anfang 1689 erklärte der Reichstag daher Frankreich den Krieg. Bereits im März begann der Krieg auf kurkölnischen Boden. Gegen die mächtige Koalition richteten sich die französischen Truppen auf langwierige Verteidigungskämpfe ein. Geeignet erschien ihnen hierfür vor allem Bonn. Wilhelm Egon von

Fürstenberg hatte dort mithilfe französischer Gelder die Festungsanlagen kontinuierlich ausbauen lassen. Dort quartieren sich nun 4.000 Soldaten zu Fuß und 750 Reiter ein. Hinzu kamen zahlreiche Geschütze. Die Bonner mussten Einquartierungen hinnehmen - in jedem Haus bis zu 20 Mann. Außerdem mussten die Bürger alle brennbaren Materialien aus ihren Häusern schaffen und Löschwasser für den Ernstfall bereithalten. Außerhalb der Stadt sollte den Feinden nichts Verwertbares in die Hände fallen. Daher ließ der französische Kommandant im April und Mai 1689 dort ungeheure Verwüstungen anrichten. Schloss Brühl wurde rasiert, Oberkassel abgebrannt, ebenso 50 Häuser in Königswinter und 217 Häuser in Honnef. Links und rechts des Rheins ging außerdem im Juni die unreife Frucht auf den Feldern in Flammen auf. Wenig später erreichten brandenburgische, holländische und Münsteraner Kontingente Bonn, eroberten die Beuler Schanze und richteten 78 Geschütze auf die Stadt. Am Abend des 24. Juli 1689 brach für die Bonner Einwohner die Hölle aus. Kurfürst Friedrich III. von Brandenburg gab persönlich das Zeichen zum Beginn der Beschießung. Bereits eine halbe Stunde später loderten Brände in der Rhein- und Stockenstraße, der kurfürstliche Stall stand in Flammen und schließlich das gesamte Schlossgebäude. In der Nacht war Bonn durch die vielen Explosionen und Brände taghell erleuchtet. Am nächsten Tag brannten auch das Minoritenkloster bis auf die Mauern nieder, das alte Jesuitenkolleg, das Kapuzinerkloster und das Rathaus mit dem kostbaren Archiv. Nach dreitägiger Bombardierung standen nur noch 40 Bürgerhäuser. Nur die Garnison samt Außenwerken überstand die Attacke fast unbeschädigt. Daher dachten die französischen Truppen keineswegs an Kapitulation. Die Folge: komplette Umzingelung der Stadt im August und weiterer Beschuss, der vor allem den Stiftsbezirk und das Bonner Münster traf. Es dauerte noch bis zum 9. Oktober 1689, bis die brandenburgischen Truppen die Stadt stürmen konnten. Bonn lag in Schutt und Asche.

Weltzeit

1602
Die Niederländer gründen die Kapkolonie in Südafrika.
1606
Willem Janszoon entdeckt Australien.
1615
Galilei wird vor die Inquisition zitiert.
1619
Nordamerika führt Negersklaven ein.
1625
Engländer führen die Tabaksteuer ein.
1626
Der Auerochse stirbt in Europa aus.
1636
Erste nordamerikanische Universität in Cambridge.
1641
In England bilden sich die Whigs und Tories.
1645
Die Residenz des Dalai Lama wird in Lhasa gebaut.
1660
Die Toilette mit Wasserspülung verbreitet sich von Frankreich aus.
1667
Leibniz baut eine Rechenmaschine.
1671
Newton erfindet das Spiegelteleskop.
1683
Erste deutsche Auswanderungen nach Nordamerika.
1688
London beleuchtet Straßen mit Öllampen.
1690
Papin erfindet die Dampfmaschine.

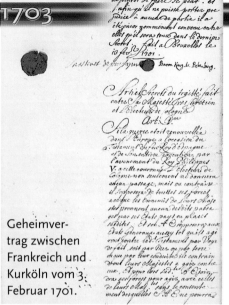

Geheimvertrag zwischen Frankreich und Kurköln vom 3. Februar 1701.

Beschuss des Fort de Bourgogne in Beuel und der Festung Bonns 1703.

Erneut unter Beschuss - doch kämpfen will niemand

„Schon dreimal ward befreit
Die Stadt vom Franzenjoch.
Gott schütz vor neuem Leide
Sie künftig gnädig doch"

Die Bürger hatten ohne Zweifel genug von kriegerischen Auseinandersetzungen, von Einquartierungen, Bombardierungen und Zerstörungen, wie das Flugblatt von 1703 zeigt. Viele Einwohnern werden sich an die schrecklichen Ereignisse des Jahres 1689 erinnert haben. Teile der Stadt lagen noch in Schutt und Asche. Mehr oder weniger planlos und ohne große finanzielle Möglichkeiten waren Häuser recht primitiv aufgebaut worden. Um Geld zu sparen, hatten viele Bürger die alten Hausgrundstücke einfach geteilt. Der 1688 auf den Kurstuhl erhobene 20-jährige Joseph Clemens hatte offensichtlich auch angesichts dieser Situation Bonn verlassen und war in seine Heimat Bayern zurückgekehrt. Erst kurz vor der Jahrhundertwende siedelte er wieder in die rheinische Residenzstadt über und ließ sein Residenzschloss unter Leitung des italienischen Architekten Enrico Zuccali auf- und ausbauen. Weit kam er damit allerdings nicht.

Denn erneut wurde die geschundene Stadt zum Kriegsschauplatz. Hintergrund war der Spanische Erbfolgekrieg. Auf das Erbe des letzten spanischen Habsburgers, der am 1. November 1700 gestorben war, erhoben sowohl Kaiser Leopold als auch Ludwig XIV. Anspruch. Kurköln schlug sich, wie schon in den Kriegen zuvor, auf die Seite Frankreichs und verpflichtete sich in einem Geheimbündnis, Soldaten anzuwerben. Die Folge: Reichsacht sowohl gegen den Kölner Kurfürsten wie auch den französischen König. Beide sahen sich recht bald einer stattlichen Armee von 110.000 Mann gegenüber. Als Truppen unter dem Kommando des englischen Herzogs von Marlborough das Kurfürstentum Köln besetzten, verließ Joseph Clemens am 12. Oktober 1702 ungeachtet früherer Versprechen Bonn und ging bis 1714 ins Exil nach Frankreich. Wieder einmal waren die Bewohner der Residenzstadt auf sich selbst gestellt. Immerhin waren sie mittlerweile kriegserfahren und leiteten Vorkehrungen für den Fall einer Belagerung ein. Die Ratsmitglieder und die Zwölfer gingen von Haus zu Haus und verzeichneten die Vorräte. Außerdem erließen sie ein Reglement, mit dem sie regelmä-

ßige Patrouillengänge der Schildwachen festlegten. Die Wachen sollten rechtzeitig Feuer erkennen und löschen können, gleichzeitig Plünderungen und sonstige Unordnung verhindern. Jeder Bürger sollte auf dem Speicher und sonst Kübel mit Wasser bereithalten. Auch brachten die Bonner sowie Graurheindorfer und Dransdorfer Geld zusammen, um sich durch Bestechung eine gewisse Schonung von der feindlichen Armee zu erkaufen.

Kämpfen wollten die Bonner Bürger jedenfalls nicht. Als der französische Kommandant Marquis d'Allègre sie dazu aufforderte, entgegneten sie, dass nur noch 124 Bürger in der Stadt seien, die für den Fall eines Brandes bei ihren Häusern bleiben wollten. Jedenfalls wurde Bonn im Mai 1703 von einer Armee unter dem Oberbefehl des englischen Herzogs belagert und ab dem 3. Mai beschossen. Am 16. Mai musste die Bonner Besatzung kapitulieren. Die Zerstörungen hielten sich in Grenzen. Doch musste Bonn bis 1715 eine holländische Besatzung erdulden und schließlich auch seine Festungsanlagen bis auf die mittelalterliche Mauer abtragen.

John Churchill, Herzog von Marlborough, der 1703 die Festung Bonn eroberte.

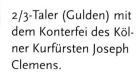

2/3-Taler (Gulden) mit dem Konterfei des Kölner Kurfürsten Joseph Clemens.

Michael Leveilly, Erbauer des Bonner Rathauses.

"DER WILL KOMM" - Glaspokal, der zur Fertigstellung des Rathauses angefertigt wurde.

Kurfürst wünscht „würdiges" Rathaus - die Stadt bezahlt...

Überall in der Stadt machte sich der Einfluss der Wittelsbacher Kurfürsten bemerkbar, die Bonn zur standesgemäßen Residenzstadt herausputzen wollten. Dazu diente auch der Neubau des Rathauses. Wie in so vielen Angelegenheiten, hatte sich der Landesherr auch hier kräftig eingemischt - und sich keinen Deut um Bürgermeister und Ratsherren geschert. Nicht ohne Grund erhielt der im September 1736 eingereichte Entwurf des kurfürstlichen Hofbaumeisters Michael Leveilly den Zuschlag. Leveilly war kurz vor 1700 in Frankreich geboren und 1722 in Bonn eingetroffen. Als Hofarchitekt unterstand ihm das gesamte kurfürstliche Bauwesen. Er leitete unter anderem die Bauausführung von Schloss Augustusburg und Falkenlust. Und nun baute er auch das Rathaus für die Bonner Bürger.

Am Morgen des 24. April 1737 legte Kurfürst Clemens August unter Abfeuern von Böllern den Grundstein zum Neubau - der gesamte Hofstaat, Bürgermeister und Ratsherren waren versammelt, drei Kompanien der Bürgergarde paradierten dazu. Nach diesem feierlichen Beginn gingen die Arbeiten recht schnell voran; bereits am

5. November 1737 stand das Richtfest an. Und fast genau ein Jahr später, am 29. Oktober 1738, trat der Rat der Stadt Bonn im neuen Quartier zu seiner ersten Sitzung zusammen. Komplett fertiggestellt war das Rathaus zu diesem Zeitpunkt allerdings noch nicht - denn die Kassen der Stadt waren leer.

Zwar hatte Kurfürst Clemens August das letzte Wort bei der Ausführung gesprochen, bezahlen durfte den Bau jedoch weitgehend die Stadt. Verschiedene Baumaßnahmen folgten deshalb wesentlich später: 1765 das schmiedeeiserne Schmuckgitter an der Freitreppe, Ende der 1770er-Jahre Verschönerungen der Fassade und 1780 der Bau der Fleischhalle direkt am Rathaus. Erst 1783 wurde die hölzerne Innentreppe durch eine steinerne ersetzt, 1788 schließlich der Marmorkamin im großen Ratssaal installiert.

Fertiggestellt bot sich den Bonner Bürgern und den Gästen der Stadt das prächtige Bild eines barocken Palais, das den zentralen Marktplatz abschließt. Schon von Weitem ist die repräsentative siebenachsige Fassade zu erkennen. Sie ist ganz an Schloss Augustusburg in Brühl angelehnt - mit einer Pilisterordnung, die sich über zwei Geschosse zieht, und mit hohen Fenstern im Hauptgeschoss. Diese Außenwirkung war der Stadt und auch dem Kurfürsten wichtig, ihre Ausführung wurde intensiv diskutiert. Der Grundriss und die einzelnen Räume dagegen waren ganz den funktionalen Bedürfnissen des Rathauses geschuldet. Neben dem Ratssaal, der heute dem Oberbürgermeister als Dienstzimmer dient, standen Räume für Festivitäten

sowie für die Speicherung und den Verkauf von Waren zur Verfügung. Noch heute - nach Brand des Gebäudes 1944 und Wiederaufbau mit veränderter Raumaufteilung - ist die besondere Wirkung und der Charakter des Gebäudes deutlich zu spüren: Das Rathaus war nicht nur ein städtisches, sondern auch ein fürstliches Gebäude, wovon die Porträts der Kurfürsten von Köln im Inneren zeugen. Vor allem ist und bleibt das Rathaus Blickfang mit einer herrschaftlichen Freitreppe, von der aus so mancher bedeutender Politiker des 20. Jahrhunderts zu den Bonner Bürgern gesprochen hat.

Der Marktplatz mit dem Rathaus. Kolorierter seitenverkehrter Kupferstich als Guckkastenbild von 1777.

Der Ratssaal im Alten Rathaus im Jahr 1939.

Clemens August I., Kurfürst und Erzbischof von Köln, gilt als schillernde Figur des deutschen Absolutismus, Förderer von Kunst und Musik und als Freund schöner Frauen und rauschender Bälle. In Bonn konnte er seinen Neigungen noch nicht richtig nachgehen, denn seit fast 60 Jahren stand seine kurfürstliche Residenz im Bau. Kurzerhand erklärte er 1755 die unvollendete Anlage als bezugsfertig und gab die Devise aus: „Nun wird gefeiert".

Mäzen - mit chronisch leerer Kasse

Sein Vorgänger Joseph Clemens hatte schon 1697 den Grundstein für die Residenz gelegt, denn das alte Schloss war 1689 im Bombardement kaiserlicher Truppen in Schutt und Asche aufgegangen. Den Auftrag, eine kastellartige Vierflügelanlage mit vier Ecktürmen um einen Innenhof zu errichten, vergab er an den Hofarchitekten der Wittelsbacher, an Enrico Zuccalli. Der Bau kam zunächst ins Stocken,

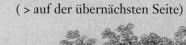

denn der Kurfürst musste 1702 ins Exil nach Namur in Frankreich gehen. Er lernte dort den Pariser Architekten Robert de Cotte kennen. Mit ihm zusammen entwickelte er hochtrabende Pläne, um den Bau nach seiner Rückkehr in kurfürstlich angemessener Form weiter voranzutreiben.

Joseph Clemens hatte 1715 wieder das Kurfürstentum übernommen und seinen französischen Baumeister gleich mitgebracht. Ihm übertrug er die Planungen für die Residenz, die Bauaufsicht führte Guillaume Hauberat. Da Bonn seine Bastionen hatte schleifen müssen, war nun genügend Raum für eine großzügigere, zum Rhein mit Blick auf das Siebengebirge hin offene Anlage vorhanden. Acht

Jahre blieben Joseph Clemens noch, seine Pläne zu verwirklichen. Sie scheiterten in der angedachten Form aber letztlich am chronischen Geldmangel des Kurfürsten. Der Rheinflügel blieb unvollendet. Von den beiden vorgesehenen winkelartig auseinanderstrebenden Galerieflügeln entstand nur die südliche Variante. Trotzdem gehörte die Bonner Residenz zu den größten Anlagen in Europa.

Am 12. November 1723 war Josef Clemens in Bonn verstorben. Seinem Nachfolger Clemens August I. lagen die weltlichen Lustbarkeiten bei Weitem näher als die Entbehrungen eines bischöflichen Lebenswandels oder gar die Mühen der Staatskunst. Mit einer aufwendigen Hofhaltung voll Prunk und Pracht wollte er im Konkurrenzkampf der europäischen Fürstenhöfe mithalten. Barocke Verschwendung? Kein Problem für Clemens August. Der Ruf seiner Bälle, Schäferspiele und Musik-Events reichte weit über die Grenzen des Landes hinaus, sein Image als Mäzen, Schwerenöter

und Verschwender auch. (siehe rechte Seite). Geld lieh er sich durch politische Geheimverträge bei Freund und Feind. Unter Missachtung der meist von Baron Caspar Anton von Belderbusch ausgehandelten Vereinbarungen finanzierte der clevere Clemens damit seinen persönlichen Lebensstil. In Bonn allein standen 1754 mehr als 1.400 Dienstleute und Handwerker auf seinen Lohnlisten. Alles, was Rang und Namen hatte, reagierte auf seinen Prunk wie die Motten auf das Licht.

(> auf der übernächsten Seite)

Clemens, Casanova - und immer lockt das Weib: Statt Zölibat rauschende Bälle in der Residenz

„In einem - ich weiß nicht mehr welchen - Tanz gibt man der Bäuerin, die man gerade erwischt, einen Kuß. Ich tat mir keinen Zwang an: immer wieder erwischte ich Madame X, und der Bauer Kurfürst rief: Bravo! Bravo!" Im Februar 1760 kam es im Hoftheater des Bonner Residenzschlosses zu einer ganz besonderen Begegnung. Mit dem weltbekannten Abenteurer Giacomo Girolamo Casanova und Kurfürst wie Erzbischof Clemens August trafen sich zwei völlig verschiedene Persönlichkeiten, die eines verband: die Liebe des Bischofs und des Playboys zum schönen Geschlecht. Dies ist dem Reisebericht Casanovas zu entnehmen. Der italienische Charmeur hatte einige Wochen in Köln verbracht und dort die Bürgermeistersfrau - in den Memoiren als „Madame X" bezeichnet - kennengelernt. Und schätzen. Sie lud ihn Karnevalsdienstag 1760 zum Maskenball in die kurfürstliche Residenz nach Bonn ein. „In Bonn mietete ich ein Zimmer, wo ich mich maskierte... Ich ... ließ mich in einer Sänfte zum Hof bringen. Von allen unerkannt, konnte ich sämtliche Damen aus Köln sowie die schöne Madame X ohne eine Maske vor dem Gesicht sehen," hatte der Schwerenöter zuvor schon mal die Lage gepeilt. Von den Gästen unentdeckt, schritt Casanova zur Tat - und sprengte während des Fests die Bank des Spieltisches. Als er beim anschließenden Contredanse die Maske abnahm, lud ihn er Clemens August spontan zum Souper und zu einem kleinen Maskenball mit Bauerntrachten ein. Klar,

dass Casanova dort seine Freude an den Tänzen und auch an der Damenwelt hatte. Insbesondere jene Bürgermeistersgattin aus Köln, die er auch am nächsten Morgen zum großen Frühstück auf Schloß Falkenlust treffen sollte, hatte es ihm angetan. Und auch Clemens August stand hier nicht hinten an. „Nur vier oder fünf Damen der eigentlichen Gesellschaft waren anwesend", berichtet Casanova, „alle anderen, mehr oder weniger hübsch, gehörten zu den persönlichen Freundinnen des Kurfürsten, der sein Leben lang ein Verehrer des schönen Geschlechts war."

Die Wahl zum Erzbischof hatte Clemens August als ausschließlich standesgemäße Versorgung und im Interesse des Hauses Wittelsbach begriffen. Zölibat? Doch nicht für ihn: Trotz Priesterweihe ging der passionierte Jäger bei den Damen auf die Pirsch. Von so mancher Liaison kündet der Residenz-Klatsch. Die Fürstin Sophie von Nassau-Siegen soll das bischöfliche Bett geteilt haben, Maria Aloysia von Notthaft, die Frau des kommandierenden Kölner Generals, Luise von Brandt, die Tochter eines preußischen Staatsministers oder auch die Gräfin Maria Anna von Seinsheim, die Witwe eines hohen bayerischen Beamten. Zumindest eine Tochter des Erzbischofs ist sicher belegt. Sie entstammt der Liaison Clemens Augusts mit der Bonner Harfenistin Mechthild Brion, die er kurz nach der Geburt 1735 mit dem Futtermeister und Truchsessen Gottfried Trogler verheiraten ließ. Die gemeinsame Tochter Anna Maria (unten rechts) stieg durch Vermittlung des Kölner Kurfürsten zur Reichsgräfin von Löwenfeld auf und heiratete in Wien Franz Ludwig Graf von Holnstein, einen unehelichen Sohn des Kaisers Karl VII.

Neben den Festen diente die Residenz auch als Ausgangspunkt für die Jagdvergnügen des Kurfürsten im Kottenforst. Er gründete sogar einen eigenen Jagdorden für den Parforceritt: „Aussi Clement qu´Auguste" - mit zwölf Edelleuten nur für seine engsten Waidfreunden. Clemens August widmete sich auch der Falknerei für die Beiz auf Reiher und Fasan (links). Er beschäftigte „Wildpretmaler" und ließ seine Hofkapelle liebend gerne Jagdmusik intonieren. Als leidenschaftlicher Jäger gelang ihm 1737 sogar der Königsschuss der Bonner Sebastians-Schützen. Clemens August beendete sein fröhliches Leben am 6. Februar 1761 - und damit auch die Reihe der Wittelbacher Kurfürsten und Erzbischöfe von Köln. Seine letzte Ruhe fand er in „Einzelteilen": Der Kölner Dom beherbergt sein Grabmal, sein Herz wurde in der Gnadenkapelle von Altötting bestattet. Die Eingeweide fanden ihre letzte Ruhe im Bonner St. Remigius, Gehirn, Augen und Zunge in der Kapuzinergruft. Er hinterließ dem Land einen ungeheuren Schuldenberg.

Sein Nachfolger Max Friedrich aus dem schwäbischen Adelsgeschlecht von Königsegg, am 16. August 1761 in der Bonner Hofkapelle zum Bischof geweiht, gab „Schluss mit lustig" als Devise in der Residenz aus. Max Friedrich wollte sanieren und verordnete seinem Bistum strengste Sparsamkeit. Die von seinen Vorgängern angesammelten Präziosen ließ er versteigern. Für die Zuschläge soll der Auktionator so manche „Handsalbe" eingestrichen haben...

Das Problem des Unterhalts der kostenspieligen Residenz löste sich von selbst: In der Nacht vom 14. auf den 15. Januar 1777 brach im

Schloss auf ungeklärte Weise ein Feuer aus (links). Die Pulverkammer flog in die Luft, der Südflügel stand in Flammen. Im Nachgewand floh Erzbischof Max Friedrich aus seinen Gemächern im ersten Stock. Gegen Morgen, als der Brand auch die barocke Schlosskapelle erfasst hatte, griff der Funkenflug an mehreren Stellen auf die Stadt über. Die nahegelegene Remigiuskirche fing gleich mehrfach Feuer. Bonn konnte nur durch den selbstlosen Einsatz beherzter Bürger einer Katastrophe entrinnen. Fünf Tage lang brannte das Schloss, bis nur noch die Außenmauern standen.

Aber auch Max Friedrich wollte auf eine eigene Residenz in Bonn nicht verzichten: In bescheidener Form ließ er die Anlage wieder aufbauen. Der hintere Teil mit dem Flügel vor dem Hofgarten sollte seinen Ansprüchen vollauf genügen. Die markant hoch aufragenden Turmhelme ersetzten seine Baumeister durch Flachdächer, die zerstörte Schlosskapelle durch eine kleinere, frühklassizistische Doppelkirche im Ostflügel.

Wunderknabe Ludwig, gepiesackt vom Papa

Besonderer Glücksmoment für die Stadt im Dezember 1770: die Geburt Ludwig van Beethovens, des wohl größten Sohnes der Stadt. Der genaue Tag ist zwar nicht sicher bekannt, getauft wurde der Knabe aber am 17. Dezember 1770 in St. Remigius. Ludwig stammte aus einer Musiker-Familie: Sein Großvater Ludwig war 1733 nach Bonn gekommen und hatte eine Anstellung als Kapellmeister in der kurfürstlichen Hofkapelle gefunden. Dort war auch Ludwigs Vater Johann als Hofte-

Eintrag der Taufe Ludwig van Beethovens am 17. Dezember 1770 im Taufbuch der Pfarre St. Remigius.

Ludwig van Beethoven. Auf Elfenbein gemalte Miniatur von Christian Hornemann 1802.

Das Beethovenhaus in der Bonngasse.

norist engagiert. Er bezog 1767 im Hinterhaus des heutigen Beethovenhauses in der Bonngasse 20 eine Wohnung. Genau hier, in einem „Zimmerchen, so klein wie ein Verschlag", wie der Schriftsteller Alfred Kerr 1920 schrieb, wurde Ludwig geboren. Schon sehr früh musste der Junior das Fach Musik pauken: Vor allem sein ehrgeiziger Vater drillte ihn unerbittlich Tag und Nacht, er sah in ihm einen „zweiten Mozart". Nicht selten kam Papa Beethoven nach einem Zechgelage nach Hause, weckte den jungen Ludwig und ließ ihn weinend bis in die Morgenstunden am Klavier üben. Um ihn als „Wunderknaben" präsentieren zu können, gab er ihn beim ersten öffentlichen Auftritt 1778 in Köln um zwei Jahre jünger aus. Schon damals war das gewaltige Talent des jungen Musikers deutlich zu spüren, wie sein langjähriger Mentor und Erzieher Christi-

Beethovens Geburtszimmer vor der Restaurierung 1889.

an Gottlob Neefe schrieb: „Er spielt sehr fertig und mit Kraft das Clavier, ließt sehr gut vom Blatt, und um alles in einem zu sagen: Er spielt größtentheils das wohltemperierte Clavier von Sebastian Bach, welches ihm Herr Neefe unter die Hände gegeben ... Jetzt übt er ihn in der Composition, und zu seiner Ermunterung hat er 9 Variationen von ihm fürs Clavier über einen Marsch in Mannheim stechen lassen. Dieses junge Genie verdiente Unterstützung, daß er reisen könte. Er würde gewiß ein zweiter Wolfgang Amadeus Mozart werden, wenn er so fortschritte, wie er angefangen". Kein Wunder also, dass Beethoven junior schon früh in der kurfürstlichen Hofkapelle aushilfsweise mitspielte und als Organist im Bonner Münster und anderen Bonner Kirchen zu hören war. Kein Wunder also auch, dass er bereits 1784 die Stelle als ordentlich besoldeter Musiker der kurfürstli-

Musiker der Bonner Hofkapelle. Detail aus einem der „Bonner Ballstücke" (1754). Rechts: Christian Gottlob Neefe - Bonner Lehrer und Mentor Beethovens.

chen Hofkapelle antreten konnte und in der Folgezeit weiter gefördert wurde.

Trotzdem waren die Bonner Jahre nicht immer ungetrübt. Eine erste Studienreise nach Wien 1787, wo er Mozart begegnete, musste Ludwig van Beethoven wegen der plötzlichen Krankheit seiner Mutter abbrechen. Noch im selben Jahr starb sie - Ludwig hatte sich nun um den immer häufiger alkoholisierten Vater und seine Geschwister zu kümmern. 1792 brach er zur zweiten Studienreise zu Joseph Haydn nach Wien auf und kehrte niemals wieder in seine Heimatstadt Bonn zurück. Verbunden blieb er der Stadt allerdings bis zu seinem Tod am 26. März 1827. In einem Brief vom Juni 1800 hatte er einst seinem Jugendfreund Franz Gerhard Wegeler gestanden: „Mein Vaterland, die schöne Gegend, in der ich das Licht der Welt erblickte, ist mir auch immer so schön und deutlich vor Augen, als da ich euch verließ; kurz ich werde diese Zeit als eine der glücklichsten Begebenheiten meines Lebens betrachten, wo ich euch wieder sehen und unseren Vater Rhein begrüßen kann." Immerhin hatte er hier Verwandte und seinen Freundeskreis zurückgelassen, hatte hier seine Erziehung genossen und auch bereits eine ganze Reihe von Kompositionen verfasst. So manche spätere Komposition erinnert noch heute an seine Geburtsstadt, die Klaviersonate op. 53 etwa, die seinem Bonner Freund, dem Grafen Ferdinand Waldstein, gewidmet ist.

Flutwelle schwappt bis zum Münster

Das Hochwasser von 1784 gilt bis heute als eine der größten Naturkatastrophen der frühen Neuzeit im Bonner Gebiet. Nach einem sehr heißen und trockenen Sommer fror der Rhein über Weihnachten 1783 zu. Am 23. Februar 1784 setzte Tauwetter ein und der Schnee schmolz innerhalb von zwei Tagen fast vollständig ab, bevor das Eis des Rheins brach. Schmelzwassermengen stauten sich vor dem Eis auf und stürzten sich in Wellen hinunter, der Pegelstand stieg bis auf 14 Meter an. Jedes dritte Gebäude zerstörte die Flut auf der rechten Rheinseite. In der Innenstadt stand das Wasser bis zum Münster, wo heute ein Gedenkstein im Kreuzgang an die Katastrophe erinnert. Seit dem Zweiten Weltkrieg treten Eishochwasser (letzter Eisgang 1956) nicht mehr auf, was an milderen Wintern, an der Salzzufuhr in den Rhein aus Frankreich und am warmen Wasser aus Kraftwerken liegt. Dafür gab es einige starke „Regenhochwasser". Die extremen Hochwasser von 1993 und 1995 führten dazu, dass der Schutz entlang des Rheins ausgebaut wurde. Bonn-Beuel ist inzwischen bis zu einem Pegel von etwa 9,5 Metern sehr gut gesichert.

In den vergangenen Jahren ist der Rhein wieder ruhiger geworden, was daran liegt, dass die Hochwasser auslösenden Wetterlagen weniger auftreten. Die Ursache für die meisten Hochwasser sind auf dem Atlantik zu finden. Immer dann, wenn die Westwinde im Winter stark wehen, erhöht sich die Wahrscheinlichkeit am Rhein. Ziehen dann Tiefdruckgebiete mehrfach mit ihren Regenwolken über Eifel, Taunus und Hunsrück hinweg, kann eine kleine Welle vom Oberrhein durch die Zuflüsse von Main, Mosel und Lahn so aufgeschaukelt werden, dass Pegelstände von mehr als zehn Metern möglich sind.

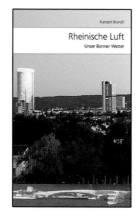

Rette sich, wer kann: Der Pegelstand im Februar 1784 erreichte 14 Meter.

„Rheinische Luft - Unser Bonner Wetter" beschreibt das Klima von Stadt Umgebung auf neue Art und Weise. Dabei nutzt Dr. Karsten Brandt die selbst entwickelte Methode des „thermischen Fingerabdrucks" (rheinlandwetter.de, 2010).

Der Firmensitz Im Bonnet 19a.

Bonner „Wetterfrösche" multi-medial aktiv

Schon während seiner Schulzeit auf dem Bonner Ernst-Moritz-Arndt-Gymnasium baute Donnerwetter.de Gründer Karsten Brandt in den 80er-Jahren eine Wetterbeobachtungstation in Bonn-Hoholz. Nach erfolgreichen Beiträgen bei „Jugend forscht" fragten ihn immer mehr Medien und Winterdienste nach Wettervorhersagen. Im Jahr 1991 gründete er den Vorläufer der heutigen Donnerwetter.de GmbH. Viele Bonner kennen Karsten Brandt von den täglichen Live-Vorhersagen für Radio Bonn-Rhein-Sieg; insbesondere die frühzeitigen Warnungen zu den extremen Rheinhochwassern 1993 und 1995 sind in Erinnerung geblieben. Im Oktober 1996 startete dann „donnerwetter.de" als privater Internetwetterdienst. Die Resonanz auf diese Dienstleistung war unerwartet positiv: Innerhalb weniger Monate mauserte sich das Portal zu einem „visuellen Renner". Das Erfolgsgeheimnis: Unterhaltsame und für den Laien verständliche Wetterinformationen und Prognosen, die trotzdem verlässlich sind. In der Folgezeit beliefern die „Wetterfrösche" immer mehr Kunden mit digitalen Wetterdaten und Vorhersagen. Die Prognosen werden für Navigationssysteme, Callcenter und Internet-Auftritte genutzt.

Außerdem versorgt donnerwetter.de Winterdienste mit Glättevorhersagen, Versicherungen und Privatpersonen mit Gutachten, Energieversorger mit Spezialvorhersagen und Hafenbetriebe mit Hochwasser-Prognosen.

Das Donnerwetter.de Team um Dr. Karsten Brandt (rechts außen).

Siegel der kurkölnischen Universität 1786.

Caspar Anton Graf Belderbusch, Aufklärer und Initiator der Maxischen Akademie.

Das alte Jesuiten-Gymnasium in der Bonngasse, in dem 1777 die Maxische Akademie gegründet wurde.

Das Bönnische Intelligenzblatt vermittelte Ideen der Aufklärung.

Universität der Vernunft - wider Aberglaube und Vorurteile

Noch war die katholische Religion in Bonn fest verankert. Die Bürger hinterfragten nicht die Lehren der Kirche und auch nicht ihren Landesherren. Erst in der zweiten Hälfte des 18. Jahrhunderts gelangten Ideen der Aufklärung in die Stadt, die eine Bevormundung infrage stellten. Die Bonner sollten sich bilden und dadurch mündig werden, sollten Vernunft an die Stelle von Aberglauben und Vorurteilen setzen. Motor dieser Aufklärung waren die Kurfürsten. Sie öffneten zur Heranbildung ihrer Untertanen die Hofbibliothek, das Hoftheater und auch das Naturalienkabinett. Und sie kümmerten sich um die Reform des Schulwesens. Auch in der Bürgerschaft selbst regte sich Interesse. Am 1. Dezember 1787 gründeten dreizehn Bürger die Lesegesellschaft, um sich über aktuelle Buchpublikationen auszutauschen. Zu den etwa 100 Mitgliedern, die sich regelmäßig im zweiten Stock des Rathauses trafen, stieß auch häufig der Kurfürst in schlichter Kleidung. Dieser Kreis sorgte für die Verbreitung der Ideen der Aufklärung, unterstützt von Zeitschriften wie das „Bönnsche Intelligenz-Blatt".

Für Furore sorgte allerdings vor allem die Gründung der „Maxischen Akademie". Initiator und Antreiber war der kurfürstliche Minister Caspar Anton Graf von Belderbusch, der bereits ganz im Sinne der Aufklärung das ausschweifende Hofleben eingeschränkt und die Verwaltung neu geregelt hatte. Belderbusch erkannte die Chancen, mit dem Aufbau einer eigenen Universität gut ausgebildete und gleichzeitig loyale Staatsbeamte ohne Einfluss der römischen Kurie heranzubilden. Die nahe gelegene Kölner Universität, längst veraltet und fest in Händen des konservativen Klerus, konnte diese Anforderungen nicht mehr erfüllen.

Als Papst Clemens XIV. 1773 den Jesuitenorden aufhob, bot sich eine einmalige Gelegenheit. Dem Landesherrn standen die bis dahin für den Unterricht der Jesuiten bereitgestellten Gelder zur Verfügung, gleichzeitig die Räumlichkeiten des 1732 errichteten Jesuitengymnasiums in der Bonngasse. Hier ließ Kurfürst Max Friedrich von Königsegg im November 1774 die Ma-

Drei Tage lang feierten die Bonner Bürger die Gründung der Universität 1786. Auf dem Marktplatz stand ein Triumphbogen.

xische Akademie einrichten, die formale Gründung folgte am 30. Mai 1777. Nun musste jeder, der in den kurkölnischen geistlichen oder weltlichen Dienst aufgenommen werden wollte, mindestens drei Jahre lang in Bonn studiert haben. Für die bis zu 300 Studenten war der Unterricht kostenlos. Wenige Jahre nach der Gründung, am 20. November 1786, erhob Kurfürst Max Franz auf Grundlage eines kaiserlichen Privilegs die Akademie zur Universität mit den vier Fakultäten Theologie, Jura, Medizin und Philosophie. Bekannte Aufklärer wie der Philosoph Elias van der Schüren lehrten hier. Der Kirche und manchen Bonner Bürger gingen die auf der Universität verbreiteten Gedanken zu weit. Eulogius Schneider etwa, 1789 zum Professor für die schönen Wissenschaften berufen, wetterte gegen die „Mönchsmoral" und forderte so vehement Meinungsfreiheit und Toleranz ein, dass er schließlich entlassen wurde. Er floh nach Frankreich, schloss sich dort den Jakobinern an und starb 1794 unter der Guillotine. Im Oktober dieses Jahres marschierten französische Revolutionstruppen in Bonn ein und schlossen die Universität zunächst vorübergehend, im Winter 1797/98 dann endgültig. Mit der Gründung der Akademie war allerdings eine Tradition geschaffen, die 1818 zur Gründung der Rheinische Friedrich-Wilhelm-Universität führte.

„Köstliches Godesberg" - die Welt zu Gast in einem kleinen Ort

„Köstliches Godesberg, erhabene Schönheit der Landschaft, Charme der Musik und die Vergnügungen einer heiteren und eleganten Gesellschaft sind bei dir zu finden", schwärmte 1795 die englische Reise- und Romanautorin Ann Radcliffe in ihrem Rheinbuch. Innerhalb kurzer Zeit hatte sich ein verschlafenes Nest mit 38 Häusern und gerade einmal 150 Einwohnern im 17. Jahrhundert zu einem weithin beachteten Kurort für hochgestellte Persönlichkeiten entwickelt. Auslöser war der Hinweis des Chemikers Dr. Ferdinand Wurzer auf die hohe Qualität des Godesberger Quellwassers. Ein Wink seines Leibarztes Dr. von Ney, und Kurfürst Max Friedrich begriff die Zeichen der Zeit: Denn Heilbäder, schon in der Antike geschätzt, sorgten im 18. Jahrhundert bereits andernorts durch Wellness und Vergnügen für Furore - und Umsatz.

Adlige reisten jedes Jahr mehrere Monate lang von Badeort zu Badeort und auch Goethe nutzte allein 22-mal Bäder für mehrmonatige Entspannungsphasen. Pyrmont, Spa, Selters, Tönisstein entwickelten sich rasant zum Treffpunkt der Prominenz - mit lukrativen Ergebnissen für den Betreiber. Und Kurfürst Max Friedrich sah in Godesberg Markt-Chancen. Er ließ ab 1790 die möglicherweise schon in römischer Zeit genutzte Mineralquelle als „Draitchbrunnen" einfassen und verschiedene Gebäude für den Kur- und Badebetrieb errichten. Rund um den Brunnen gestaltete Peter Joseph Maria Lenné aus der berühmten Bonner Hofgärtnerfamilie eine Gartenanlage. Fußwege und Alleen vom Brunnen zu den Festsälen und bis nach Marienforst luden zum Flanieren ein. Herzstück der Anlage war die klassizistische Redoute als Ball- und Konzerthaus sowie das obligatorische Spielcasino. Die neu gegründete „Admodiationsgesellschaft" unter kurfürstlicher Kontrolle organisierte das Kurleben nach dem Motto Heilung Nebensache, Hauptsache Vergnügen.

Die Redoute in Godesberg im Jahr 1798.

Oben die Ruine, rechts der Mineralbrunnen von Godesberg, beide Darstellungen aus dem Jahr 1798.

„Zweimal in der Woche", berichtete Radcliffe, *„gibt es musikalische Veranstaltungen und wird vom Kurfürsten [Max Franz] ein Ball gegeben, der häufig dazu erscheint und dies mit der Gelassenheit und Schlichtheit eines privaten Gentleman. Bei diesen Unterhaltungen schließen sich der Gesellschaft, die die Quelle besucht, die Familien aus der Nachbarschaft an, sodass sechzig bis hundert Personen anwesend sind. Entsprechend der deutschen Vorliebe für einen frühen Anfang beginnen die Bälle um sechs Uhr, und der Ball, den wir besuchen wollten, war bei unserem Eintreffen schon beinahe beendet. Die Gesellschaft zog sich dann zu einem jeden zugänglichen Glücksspiel zurück, bei dem eine Menge Goldmünzen eingesetzt wurden. Die Spielleidenschaft hatte kein Ohr mehr für die Feinheiten Mozartscher Musik, die weiterhin von einem ausgezeichneten Orchester vorgetragen wurde."*

Godesberg konnte sich durchaus mit anderen prominenten Bädern messen. Nicht ohne Grund fanden sich auch hier Mitglieder des Hochadels ein - wie etwa 1791 Herzog Albert von Sachsen-Teschen und seine Gemahlin Maria Christine oder ein Jahr später der Komponist Joseph Haydn. Zwischen 600 und 700 Betten waren in jeder Saison ständig belegt.

Noch heute erinnern die Redoute mit dem benachbarten Theater und auch einige ehemalige Fremdenhäuser an die Hochphase des Heilbades Godesberg, Ausgangspunkt für die Entwicklung zu einem der renommiertesten deutschen Fremdenverkehrsorten mit dem seit 1926 geführten Titel „Bad".

Französische Sansculotten mit der typischen Jakobinermütze.

Papiergeld, von den Franzosen in Bonn eingeführt: Assignate auf die Nationalgüter der Republik Frankreich. Unten: Errichtung des Freiheitsbaumes auf dem Markt in Bonn 1795.

Liberté, Égalité und Fraternité ziehen ein

Soldaten der Sambre-Maas-Armee zogen am 8. Oktober 1794 kampflos in Bonn ein. Im Gepäck brachten die Franzosen „Liberté, égalité, fraternité" und andere Ideale, die sie 1789 in den Wirren der Revolutionsunruhen errungen hatten und seit 1792 in ganz Mitteleuropa verbreiteten. Symbolträchtig errichteten sie am 12. Oktober 1794 auf dem Marktplatz den Freiheitsbaum, geschmückt mit Jakobinermütze und der blau-weiß-roten Kokarde. Wenige Tage zuvor war der letzte Kurfürst Max Franz von Österreich unter Tränen aus Bonn geflohen. Damit kündigte sich, besiegelt mit dem Reichsdeputationshauptschluss von 1803, das Ende des Heiligen Römischen Reiches Deutscher Nation und auch des Kölner Kurstaates an, von dem die Bonner so stark profitiert hatten.

„Die Hoffnungen vieler Jahrhunderte sind niedergetreten", schrieb Ernst Moritz Arndt im Jahr 1799. *„Dieses Städtchen aber, welches allein vom Hofe lebte, keine Fabrikaten hatte und keinen Handel, hat am meisten verloren. Mit dem Hofe ist sein Glanz und sein Erwerb dahin. Die Universität ist fast vernichtet. Auch rechnet man, daß von 12.000 Einwohnern, welche Bonn noch 1792 zählte, jetzt kaum 8.000 mehr übrig sind."*

Nur schwer konnten sich die Bonner mit den Veränderungen nahezu aller Lebensbereiche anfreunden - Hypothekenbücher und Patentgelder, die französische Sprache und auch der neue Revolutionskalender waren ihnen fremd. Gleich mit der Einführung der wertlosen Assignaten ruinierten die Franzosen die Stadtfinanzen. Sie requirierten Früchte, Schlachtvieh, Lebensmittel und anderes mehr. In den vornehmen Häusern quartierten sich französische Offiziere ein.

Nicht wenige Bonner sehnten den Kurstaat zurück, andere engagierten sich für die Errichtung einer selbstständigen „Cisrhenarische Republik" zwischen Rhein, Maas und Mosel. Mit dem Friedensschluss von Campo Formio vom 17. Oktober 1797, vier Jahre später im Frieden von Lunéville von Kaiser und Reich anerkannt, wurden diese Träume begraben. Das linke Rheinufer gehörte fortan zum französischen Staatsgebiet, der Kanton Bonn als Verwaltungseinheit fortan zum Rhein-Mosel-Departement mit der Hauptstadt Koblenz. 1800 wurde hier die Mairie-Verfassung eingerichtet, wobei die Mairie Bonn, eine Art Bürgermeisterei, aus der Stadt Bonn und den Dörfern Dransdorf und Graurheindorf bestand. Auf dem heutigen Stadtgebiet gab es ferner die Mairie Poppelsdorf und die Mairie Godesberg, ab 1808 rechtsrheinisch auch die Mairie Vilich.

Die Bonner Bürger kamen in den Genuss weitreichender Errungenschaften: 1802 uneingeschänkte Bürgerrechte auch für die Juden; 1804 sicherte der Code Civil die Gleichstellung aller Bürger vor dem Gesetz sowie klare Rechtsnormen zu. Zudem lösten die französischen Behörden die Zünfte auf und führten die Gewerbefreiheit ein. Ähnliche Auswirkungen hatte auch die Säkularisation, mit der die Franzosen 1802 die Stifte und Klöster auflösten und die kurfürstlichen Schlösser, Ländereien und andere Reichtümer der Kirche in den Besitz des französischen Staates überführten. In den nun leer stehenden Gebäuden siedelten sich vor allem Textilfabrikanten aus dem bergischen Land an. Sie nutzten nicht nur die günstigen Produktionsstätten, sondern auch die mit der 1806 verhängten Kontinentalsperre und der französischen Zollpolitik verbundenen wirtschaftlichen Vorteile. So richtete die Firma Frowein, Berg & Co. eine Baumwollspinnerei im ehemaligen Franziskanerkloster ein; im Buenretiro des kurfürstlichen Schlosses wurde nun Rohrzucker aus Runkelrüben gewonnen. Dieser wirtschaftliche Erfolg war zwar nur von kurzer Dauer, die in dieser Zeit etablierten Menschenrechte sollten noch lange nachwirken.

Weltzeit

1702
Als erste englische Tageszeitung erscheint der „Daily Courant".

1707
England und Schottland werden zu Großbritannien vereinigt.

1709
Selkirk wird von seiner Robinsoninsel befreit.

1738
Im Schwarzwald beginnt die Produktion von Kuckucksuhren.

1750
Die erste Mondkarte wird erstellt.

1752
Der literarische Frauenkreis Londons trägt blaue Strümpfe.

1756
In Venedig entkommt Casanova aus den Bleikammern.

1764
James Watt baut die erste anwendungsreife Dampfmaschine.

1769
Napoleon Bonaparte wird in Korsika geboren.

1776
Verabschiedung der amerikanischen Unabhängigkeitserklärung.

1779
James Cook wird in Hawaii von Eingeborenen erschlagen.

1783
Die Brüder Montgolfier fliegen im Heißluftballon.

1786
Der Mont Blanc wird erklommen.

Als Befreier begrüßt und als Tyrann gehasst: Napoleon Bonaparte.

Kelch geht vorbei: Kein Pflaster für Napoleon

Nein, überzeugte Franzosen waren die Bonner nie. Um die Jahrhundertwende hatte man sich noch immer nicht an die messieurs aus Paris gewöhnt, obwohl die Stadt faktisch schon seit zwei Jahren ein Teil der Grande Nation war. Während man anderswo vielfach die neuen Freiheiten mehr oder weniger freudig begrüßte, hielten die Bonner noch lange ihrem Kurfürsten die Treue. Erst als Max Franz 1801 in Wien starb, änderte sich die Haltung. Mit rheinischer Gelassenheit machte man sich daran, Liberté, Egalité, Fraternité zu verwirklichen. Revolution war nicht ihr Thema. Die Bonner hatten jetzt andere Sorgen. Vor allem der Verlust der Sonderstellung als Haupt- und Residenzstadt schmerzte. Kein kürfürstlicher Glanz mehr, keine Feste und keine Jagden im Kottenforst. Die Musik spielte in Koblenz. Zeitzeugen

Anton Maria Graf von Belderbusch

beklagen eine „erschreckende Verarmung der Stadt und Verlotterung des Stadtbildes". Nachteilig wirkte sich auch die extreme Randlage aus, denn der Rhein war nun Grenzfluss und die schäl Sick „feindliches Ausland".

Der 16. September 1804 sollte für die Bonner ein aufregender Tag werden, denn der mächtigste Mann Europas hatte sich angesagt. Napoleon wollte seine Eroberungen am Rhein persönlich kennenlernen, um dann zu entscheiden, was aus Sicht des Militärs verbesserungswürdig war. Konkret ging es um die Frage: Wird Bonn zur Festung ausgebaut oder Köln? Napoleon hat es eilig. Er reitet auf kürzestem Weg auf den Kreuzberg, um sich von dort einen Gesamtüberblick zu verschaffen. Dann geht es in scharfem Trab zurück in die Stadt. Doch auf dem Kopfsteinpflaster in den engen Gassen strauchelt sein Schimmel und der Erste Konsul der Republik wäre um ein Haar vom Gaul gefallen. In der bönnschen Überlieferung endet die Geschichte wie folgt: Kaum wieder fest im Sattel, fragt Napoleon seine Begleitung: „Kann Bonn Festung werden?" Die Generäle wissen, dass der Chef einen Hang zum Aberglauben hatte und antworten: „Nein, Sire, es ist nicht ratsam." Das war's dann. Der Kelch ist noch einmal an Bonn vorbeigegangen. Drei Monate nach diesem Bonn-Besuch krönt Napoleon sich selbst zum Kaiser. 1811

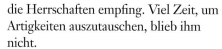

Leonhard Stroof

kommt Majestät dann ein zweites Mal und jetzt empfangen ihn die Bonner endlich, wie es sich für gute Untertanen gehört: Mit Jubel und großem Pomp.

Die politische Landkarte hatte sich inzwischen verändert. Das Herzogtum Berg war nun ein Satellitenstaat Frankreichs - regiert von Napoleons Schwager Joachim Murat. So konnte der Korse die Frage der Festung erneut und diesmal aus etwas anderem Blickwinkel angehen. Das war der Grund für die zweite Kaiser-Visite in Bonn. Am Morgen des 6. November 1811 erreichte die Reisegesellschaft die ehemalige Residenz der Kürfürsten, wo Bürgermeister Anton Maria Graf von Belderbusch die Herrschaften empfing. Viel Zeit, um Artigkeiten auszutauschen, blieb ihm nicht.

Napoleon ließ sich unverzüglich ans rechte Rheinufer übersetzen und ritt weiter auf den Finkenberg in Limperich. Vom Vilicher Bürgermeister Leonhard Stroof, der im Rechtsrheinischen der kaiserlichen Reisegesellschaft als sachkundiger Bürger zugeteilt war, kommt der Hinweis, dass der Besuch gerade einmal eine Viertelstunde dauerte. Napoleon ritt bis zu einem Aussichtspunkt auf halber Höhe, sah sich um, studierte einige Pläne - und entschied erneut, dass es für eine Festung bessere Plätze gab.

Als Zentralbau war die spätromanische Martinskirche ohne Beispiel in Bonn. Auch sie teilte das Schicksal vieler Gotteshäuser in der Franzosenzeit: Sie wurde abgerissen. Auf dem Martinsplatz zeigt heute eine Markierung im Pflaster, wo das Gotteshaus einmal stand. Bonn um das Jahr 1800 (unten): Noch stehen St. Remigius, St. Gangolf und St. Martin. Bald werden alle drei abgerissen.

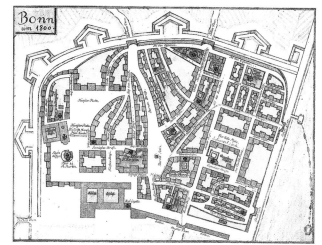

„Gesetzwidrige Anlandung"
Kosaken befreien Bonn

Freiheitskrieg - das klingt nach Ruhm und Ehre, nach Heldentaten und Sterben fürs Vaterland. Anderswo mag das zutreffen, in Bonn nicht. Jedenfalls nicht, als sich 1813 in den meisten deutschen Ländern der Widerstand gegen Napoleon formierte. Da warten die Bonner lieber ab und lassen die Dinge auf sich zukommen. Warum auch sollten sie Kopf und Kragen riskieren? Anders sah es auf der rechten Rheinseite aus. Während Bonner Textilfabrikanten - durch französische Zölle geschützt - riesige Gewinne einfuhren, bekamen die Bergischen wegen der gegen England gerichteten Kontinentalsperre kein Bein an die Erde. So wundert es nicht, dass ein Beueler Unternehmer, der Bergmeister Leopold Bleibtreu, im „Landsturm vom Siebengebirge" die Vilicher Abteilung

Marschall Gebhard Leberecht Blücher

anführte. Seine Leute waren die Ersten, die später zusammen mit Kosaken Bonn „befreiten".

Bei Licht besehen war die „Befreiung" eine mehr oder weniger amüsante Posse, weiter nichts. Ein Lustspiel echt rheinischer Machart.

Am 9. November sehen Bonner Bürger zum ersten Mal am anderen Ufer Vorposten der Alliierten aufziehen: Kosaken, die nach der Völkerschlacht von Leipzig bis zum Rhein vorgestoßen sind. Daraufhin entschließt sich der Stadtkommandant, die von den Franzosen errichtete Schiffsbrücke abreißen zu lassen. Das dauert drei Tage, weil die Zimmerleute es gemütlich angehen lassen. So leistet man in Bonn Widerstand.

Alles hätte optimal laufen können, aber dann gab es doch noch ein Todesopfer. Die Tragödie nahm ihren Lauf, als trinkfreudige Kosaken in einer Beueler Kneipe beschlossen, mehrere von den Franzosen konfiszierte Bötchen bei Nacht und Nebel zurückzuerobern. Auch elf Schiffer von der schäl Sick machten mit bei dem Handstreich. Man erreichte ohne Zwischenfälle das Bonner Ufer, wo die Nachen vertäut waren. Unglücklicherweise gab es aber in der Nachbarschaft eine Schänke, an der die Kosaken nicht vorbei konnten. Als sie die Tür öffneten, bekam die Wirtin einen solchen Schrecken, dass sie in hysterisches Geschrei ausbrach. Sie schrie und schrie,

Nach der Niederlage in Russland war Napoleons Armee am Ende (links). Überall im besetzten Europa keimte neue Hoffnung auf. Als Marschall Blücher mit der preußischen Armee bei Kaub über den Rhein setzte (rechts), war das Schicksal Napoleons besiegelt.

bis ein Kosak sie mit einer Kugel zum Schweigen brachte. Den Wirt schleppte man mit nach Beuel, ließ ihn aber nach drei Tagen wieder frei.

Nachdem die Preußen in der Neujahrsnacht 1813/14 unter Marschall Blücher bei Kaub den Rhein überschritten hatten, wurde der Boden in Bonn für die Franzosen langsam zu heiß. Der geschlagene und völlig demoralisierte Stadtkommandant war der Letzte, der in der Nacht zum 14. Januar die Stadt in Richtung Köln verließ. Wenige Stunden später überqueren bis an die Zähne bewaffnete Kosaken und erste Abteilungen des „Landsturms vom Siebengebirge" den Rhein. Am Ufer stehen die Bonner und jubeln ihnen zu. Nur einer stimmt nicht mit ein: Der Polizeisergeant Paff, für den die Aktion „eine gesetzwidrige

Der Beueler Unternehmer Leopold Bleibtreu: Er führte den Landsturm vom Siebengebirge (außen ein preußischer Landwehrmann) über den Rhein und befreite Bonn zusammen mit den verbündeten Kosaken.

Anlandung" ist, die es zu unterbinden gilt. Er baut sich vor den Befreiern auf und donnert: „Im Namen des Gesetzes arretiere ich euch." Als ihm die Umstehenden mit Gelächter antworten, versteht auch er, was die Stunde geschlagen hat und macht sich davon. Nur einmal mussten die neuen Herren der Stadt an diesem historischen Tag noch tätig werden. Nicht etwa gegen versprengte Soldaten Napoleons, sondern gegen Bewohner der „Kuhl", die ein unbewachtes Tabakmagazin plünderten.

Die gefürchteten Kosaken aus der Armee des russischen Zaren erreichten als Erste den Rhein und richteten sich in Beuel ein.

Neues Zahlungsmittel:
Münze mit dem Konterfei
des Preußenkönigs.

Jauchzendes Volk?
Preußen-Drill nervt Bürger

Das Bild von der Zwangsehe ist oft bemüht worden, wenn der Anschluss Bonns an Preußen beschrieben wird. In der Tat: Eine Liebesheirat war es nicht, die da 1815 vollzogen wurde. Auch wenn zeitgenössische Chronisten von Glockengeläut, Freudenmusik und vom „Jauchzen eines zahlreich versammelten Volkes" berichten. Nein, das Gros der Bonner war nicht sonderlich glücklich über die neuen Landesherrn.

Glücklich waren aber auch die Preußen nicht, als ihnen das Rheinland beim Wiener Kongress 1815 quasi aufgedrängt wurde. König Friedrich Wilhelm III. hätte viel lieber Sachsen kassiert und damit das zerfledderte preußische Staatsgebiet hübsch abgerundet. Der Mann, der alle Berliner

Die Regie beim Kongress in Wien führte Clemens Fürst von Metternich.

Gipfeltreffen vor rund 200 Jahren: der Wiener Kongress. Schon damals bemängelten Kritiker: „Der Kongress tanzt, aber er macht keine Fortschritte."

Träume zerstörte, war ein Rheinländer: Der in Koblenz geborene Clemens Fürst von Metternich. Als Kanzler Österreichs war Metternich der mächtigste Mann beim Kongress in Wien und betrieb zusammen mit den Engländern die preußische Machtübernahme am Rhein. Nicht zuletzt deswegen, weil sonst niemand da war, der sich dafür interessierte. Das wiederum lag nicht daran, dass die Gegend so unattraktiv gewesen wäre, sondern einfach an der Nähe Frankreichs. Auch wenn das Land gerade am Boden lag, fürchtete man doch allgemein, dass die Franzosen früher oder später Lust auf Revanche verspüren würden.

So schlecht war das Verhältnis zwischen Ur-Bonnern und der neuen Oberschicht ursprünglich auch gar nicht. Die ersten Kontakte waren durchaus freundlich. Ja, es gab sogar glühende Preußen-Verehrer wie etwa Ernst Moritz Arndt oder den prominenten Publizist Joseph Görres. Außerdem traf König Friedrich Wilhelm III. genau den richtigen Ton, als er den Bonnern, die schwer

Das ehemalige Oberbergamt am Rhein wird heute von der Universität genutzt.

an dem Verlust des kurfürstlichen Hofes litten, einen Ausgleich versprach.
Der Monarch ließ Taten folgen. Am 18. Oktober 1818 gründete er die Universität und spendierte auch wichtige Behörden wie etwa das Landratsamt des Kreises Bonn. Ein weiteres, prestigeträchtiges Geschenk aus Berlin war das Oberbergamt. Die Behörde arbeitete bis in die 60er-Jahre das vergangenen Jahrhunderts in der repräsentativen Villa direkt neben dem Alten Zoll.
Freuen konnten sich auch die damals noch wenigen evangelischen Bürger. Zum ersten Mal seit den gescheiterten Reformationsversuchen im 16. Jahrhundert durften sie 1816 eine eigene Gemeinde gründen; bis dahin hatten sie das nächstliegende protestantische Gotteshaus in Oberkassel aufsuchen müssen. Jetzt wurde ihnen die ehemalige Schlosskirche der Kurfürsten zur Verfügung gestellt.
Dass längst nicht alle Wünsche wahr wurden, versteht sich von allein. So ärgerte es die Bonner gewaltig, dass sie dem Regierungspräsidenten in Köln unterstellt wurden und nicht dem in Koblenz. Das dünkelhafte Auftreten der Militärs, der preußische Drill, der kriecherische Obrigkeitsgeist... All das

Preußisches Militär: An den Anblick mussten sich die Bonner erst gewöhnen.

ging den Bonnern mächtig gegen den Strich. Auch dass sie die Pfeife aus dem Mund nehmen sollten, wenn sie einem Posten begegneten, wollte ihnen nicht in den Kopf. Dafür hatten sie nur Hohn und Spott übrig.
Der tiefere Grund für das bis heute nachwirkende Zerwürfnis war die Auseinandersetzung zwischen der katholischen Kirche und dem Staat, die beim „Mischehenstreit" (1837) mit der Verhaftung des Kölner Erzbischofs Clemens August Droste zu Vischering begann und viel später mit Bismarcks Kulturkampf ihren Höhepunkt fand.

Neuer Landesherr in Bonn: Friedrich-Wilhelm III. mit Gattin Luise.

Start mit elf Professoren und 47 Studenten
Goldene Zeiten beginnen für die Alma Mater

Vier Jahre dauerte der Kampf zwischen Köln und Bonn, dann endlich fiel die Entscheidung: Die Preußische Rhein-Universität kommt nach Bonn! Das war ein absoluter Glückstreffer. Nach 20 Jahren Franzosenherrschaft lag die Stadt am Boden. Die Regierung war verschwunden, die kurfürstliche Universität schon wieder geschlossen. Es musste dringend ein Ausgleich her.

Der Kampf wurde mit harten Bandagen geführt. Köln hatte die weitaus prominenteren Fürsprecher: Der spätere König Friedrich Wilhelm IV. etwa, der Kriegsheld General Gneisenau oder der Museumsstifter Wallraf. Bonns Oberbürgermeister Graf Belderbusch hatte weniger bekannte Mitstreiter, dafür aber drei überzeugende Argumente. Zum Ersten war das die herrliche Lage der Stadt. Dann standen die Schlösser der Kurfürsten leer, bestens geeignet für die Hochschule. Vor allem aber stand Bonn im Ruf einer aufgeschlossenen, weltoffenen, fortschrittlichen Stadt. Das gefiel den Preußen. Sie wollten für ihre neuen Westprovinzen eine Universität zum Vorzeigen

Ernst Moritz Arndt

- „modern und dem allgemeinen Fortschritt verpflichtet". Köln schien ihnen dafür viel zu katholisch, zu unduldsam, zu wenig progressiv.

In der Kabinettsorder vom 26. Mai 1818 sagt der König klipp und klar, worum es ihm bei der Gründung der Uni geht: *„...um dadurch die Anhänglichkeit Meiner westlichen Provinzen an den preußischen Staat je länger, je mehr zu befestigen."*

Kernstück der neuen Alma Mater war von Anfang an das alte kurfürstliche Residenzschloss (unten), das seit der Säkularisation eineinhalb Jahrzehnten zuvor auf eine neue Nutzung wartete. Hinzu kam das Poppelsdorfer Lustschloss Clemensruh - auch eine Immobilie vom Allerfeinsten. Mehr Raum war in den Anfangsjahren nicht nötig. Erweitert wurde das Uni-Ensemble später durch die Sternwarte in Poppelsdorf und das heutige Akademische Kunstmuseum am Hofgarten. An beiden Gebäuden hat Star-Architekt Karl Friedrich Schinkel mitgewirkt.

Im ersten Semester musste Gründungsrektor Hüllemann mit elf Professoren auskommen. Von Anfang an dabei war Ernst Moritz Arndt, obwohl er beim König keine guten Karten hatte. Friedrich-Wilhelm III. hielt seine Ansichten für „zu demokratisch". 1820 hatte sich die Zahl der Lehrkräfte schon verdreifacht. Neben Arndt findet man Kapazitäten wie Barthold Georg Niebuhr, August Wilhelm Schlegel, Johannes Müller, Friedrich Wilhelm August Argelander, Felix Hausdorff, Heinrich Hertz und viele andere.

Das Anatomische Theater, heute Akademisches Kunstmuseum, wurde unter der Federführung von Karl Friedrich Schinkel für die Bonner Uni erbaut. Rechts die Sternwarte an der Poppelsdorfer Allee.

Im ersten Semester konnten die Professoren ihre Studenten noch mit Handschlag begrüßen. 47 hatten den Schritt an die Rheinische Friedrich-Wilhelms-Universität gewagt. Im fünften Semester waren schon 626 immatrikuliert. Die Liste der Studenten liest sich wie das Who's Who des 19. Jahrhunderts: Heinrich Heine, Hoffmann von Fallersleben, Karl Simrock, Justus von Liebig, Carl Schurz, Friedrich Nietzsche, Karl Marx und, und, und... Auch die Hohenzollern schickten ihre Prinzen an den Rhein. Der spätere Kaiser Wilhelm II. studierte in jungen Jahren vier Semester an der Bonner Uni und war Mitglied im Corps Borussia. Danach setzten seine Söhne die Tradition fort. Das war die glanzvollste Epoche in der Geschichte der Alma Mater - goldene Zeiten unter Preußens Gloria.

Studierten an der Bonner Uni: Hoffmann von Fallersleben (links) und Heinrich Heine.

Pop-Star Ännchen - Lindenwirtin nicht nur von Studenten umgarnt

Immer nur Goethe und Schiller! Das konnte es auch nicht sein. Um 1800 sind viele in Deutschland den nüchternen Geist der Weimarer Klassik Leid. Auch Friedrich Schlegel. Als der Philosoph und Schriftsteller 1802 auf einer Reise nach Paris durchs Rheintal fährt, kommt ihm die Erkenntnis: „Für mich sind nur die Gegenden schön, welche man

Emanuel Geibel

gewöhnlich rauh und wild nennt, denn nur diese sind erhaben."
Erhaben... Das bedeutet: Grandiose Landschaften, kühne Burgen auf wilden Felsen, die Spuren eines romantisch verklärten Mittelalters. Und damit ist das Rheinland im Spiel, das wie kaum eine andere Region den Vorstellungen der Romantiker entspricht.
Als dann - immer noch im Jahr 1802 - die Dichterfreunde Achim von Arnim und Clemens von Brentano in höchsten Tönen von ihrer Wanderung durchs Rheintal schwärmen, kommt der Durchbruch: Das neue Lebensgefühl erfasst beinahe alle Schichten des Volkes.
Die erste Phase dieser Epoche ging

noch spurlos an Bonn vorbei, Aber dann, nachdem 1818 die Universität gegründet worden war, wurde die Stadt so etwas wie ein Zentrum der Bewegung. Die herrliche Umgebung, das bunte Treiben der Studenten, der Zweiklang von Rhein und Wein: Alles zusammen machte Bonn für eine romantische Seele unwiderstehlich. Dichtung und Musikleben blühen. Karl Simrock, der Sohn eines Bonner Musikverlegers, sammelt Sagen, Volkslieder, Kinderreime und übersetzt das Nibelungenlied. Im Bonner Gasthaus „Ruland am Markt" sitzt 1836 ein junger Dichter namens Emanuel Geibel bei einem Glas Rheinwein und lässt sich von der Muse küssen. Als er damit fertig ist, trägt er den Freunden sein neues Lied vor, das unsterblich werden soll: „Der Mai ist gekommen..."
Legendär waren die rauschenden Feste der Studenten, die dafür besonders gern Gaststätten mit Rhein-Blick wählten. Etwa das Wirtshaus am Rolandsbogen, der zu einem Wahrzeichen der Rheinromantik wurde.
Als bei einem Unwetter 1839 das alte Mauerstück einstürzte, organisierte der

Als Symbol für Rheinromantik in der ganzen Welt bekannt: der Rolandsbogen.

Studenten des Bonner „Corps Palatia" bei einer Feier vor der Godesburg.

Dichter Ferdinand Freiligrath, der zu der Zeit in Unkel wohnte, eine Spendenaktion und gewann für den Wiederaufbau den Kölner Dombaumeister Zwirner. Wenige Monate später stand der Bogen wieder, siehe auch Seite 17. Aber nicht exakt an seinem alten Platz. Zwirner hat ihn ein wenig verschoben, sodass man durch das Fenster nun direkt auf den Drachenfels sieht. Alexander von Humboldt, der große Weltreisende, war beeindruckt und soll die Aussicht den „siebtschönsten Blick der Welt" genannt haben.
In späteren Jahren war dann der Gasthof „Zur Lindenwirtin" in Bad Godesberg die erste Adresse für Bonns Studenten und Ännchen Schumacher die berühmteste Gastwirtin Deutschlands. 1878 übernahm sie das Lokal ihres Vaters. Mit Anmut, natürlicher Autorität und mit rheinischem Frohsinn umgarnte die Lindenwirtin - verehrt wie ein Pop-

Star - Studenten und Gäste aus aller Welt. Die Godesberger machten sie zur Ehrenbürgerin. Überall, wo Studenten feiern, wird auch heute noch das Lied gesungen, das sie einst weltberühmt machte: „Lindenwirtin, du junge..." Dabei waren die Verse ursprünglich gar nicht auf sie gemünzt. Der Verfasser hatte vielmehr an Gretchen Mundorf gedacht, die Wirtstochter aus dem Gasthaus „Unter den Linden" in Plittersdorf. Erst später wurde das Lied um eine Strophe erweitert - mit Bezug zu Ännchen Schumacher.

Lindenwirtin Ännchen Schumacher (links) wurde Ehrenbürgerin von Bad Godesberg. Rechts ihr Grab auf dem Bad Godesberger Bergfriedhof. „Zur Lindenwirtin" - die berühmteste Studentenkneipe Deutschlands (unten) liegt heute etwas verloren an einer viel befahrenen Durchgangsstraße.

Die Briten entdecken den Rhein

Sicherlich: Die Meinungen über unsere britischen Nachbarn sind vielfältig. Eins steht jedenfalls fest: Sie haben Geschmack. Wie sonst ist zu erklären, dass die weitgereisten Beherrscher eines globalen Empire ausgerechnet das Rheinland zu ihrem absoluten Traumland erkoren? „Wonderful", schwärmten die Weltenbummler, als sie zum ersten Mal den Drachenfels sahen. Und zu Hause in ihrem Club erzählen sie dann von einer unglaublich schönen

William Turner

Blondine mit Namen Loreley, die auf einem Felsen sitzt und alle Schiffer verrückt macht.

Das frühe Tourismus-Marketing zeigte Wirkung. Für die in der Regel recht wohlhabenden Reisenden von der Insel wurde der Besuch im Rheinland bald schon Touristen-Pflicht. Die Epoche der Rheinromantik erlebte ihre schönste Blüte. Bildungsreisende mit Ziel Italien kamen künftig an Bonn nicht mehr vorbei. Besonderen Anteil an dieser Entwicklung hat der Londoner Maler William Turner, der mehrere Rheinreisen unternimmt und dabei unzählige Aquarelle anfertigt. Liebhaber zahlen heute Millionen dafür. Der Zweite im Bunde ist der feinfühlige Lord Byron, der das Rheinland mit seiner Vers-Erzählung „Childe Harold's

Unverkennbar Turner: Der Rhein mit Rolandsbogen, Nonnenwerth und Drachenfels.

Der Rheindampfer „Concordia" an der Anlegestelle in Bonn.

Pilgrimage" um 1818 in England enorm populär macht.

Das erste Teilstück ihrer Reise bis Köln brachten die Engländer möglichst schnell hinter sich: Erst ab Bonn wurde es für die meisten interessant. Wie die Touristen damals dachten und fühlten, ist bei Ann Radcliffe nachzulesen. Die prominenteste Vertreterin des New-Gothik-Schauerromans lobt ausdrücklich die schöne Landschaft, fällt aber ein hartes Urteil über Köln: „Ekelhaft wegen des Schmutzes und der düsteren Atmosphäre..."

In Bonn dagegen, so stellt die Bestseller-Autorin fest, ist ein besserer Menschenschlag zu finden - die bettelnden Kinder zum Beispiel, die den Reisenden sonst überall auf unverschämte Weise bedrängen, küssen einem hier die Hände mit einer Geste, die als Gruß oder auch als Bitte ausgelegt werden kann. Und überhaupt: *„Die Menschen in Bonn"*, verrät Ann Radcliffe, *„sind wie ihre Landschaft von schönem Charakter."*

Die Briten haben eben Geschmack.

„The Castled Crag of Drachenfels..." So beginnt das berühmte Gedicht von Lord Byron (hier in mediterraner Tracht).

Familie Schiller: Von Weimar nach Vilich

Anno 1823 erleben die Bonner eine nicht alltägliche Hochzeit. In der Remigiuskirche geben sich ein junger Mann namens Ernst von Schiller und die 14 Jahre ältere Witwe Magdalena von Mastiaux, geborene Pfingsten, das Ja-Wort. Damit ist der jüngste Sohn des Dichterfürsten Friedrich Schiller endgültig im Rheinland angekommen.

Seine Frau ist die Schwester des königlichen Domänenverwalters Gabriel von Pfingsten, dem der Schevasteshof in Vilich gehört. Dieses Haus wird für das junge Paar so etwas wie eine zweite Heimat. Immer wieder kehren die beiden hierher zurück und verbringen oft viele Wochen in der ländlichen Idylle.

Die Beueler nannten das Anwesen später den Schillerhof. Heute ist nichts mehr davon übrig. Bei einem Fliegerangriff am Heiligen Abend 1944 wurde das Haus regelrecht ausradiert.

Bis Ernst von Schiller in Vilich Wurzeln schlug, hatte er schon eine kleine Odyssee hinter sich. Weil er in Weimar keine beruflichen Pers-

Die Schillerstraße in Beuel-Vilich: Nicht weit von hier wohnte der Sohn des Dichterfürsten Friedrich Schiller.

Ernst von Schiller wohnte lange in Vilich und heiratete eine Witwe aus dem Ort.

pektiven sah, wurde er 1819 Assessor am Kölner Landgericht, das auch den Landkreis Bonn betreute. Bald darauf lernte er seine spätere Ehefrau kennen. In Bonn lebten in diesen Jahren auch Friedrich Schillers Frau Charlotte und die Tochter Emilie. Beide wohnten lange in der Fürstenstraße und pflegten enge Kontakte zu Ernst von Schiller in Vilich. Das glückliche Familienleben nahm ein jähes Ende, als Charlotte sich einem Bonner Arzt anvertraute, um ihr chronisches Augenleiden behandeln zu lassen. Der Eingriff misslang.

Das Grab von Charlotte und ihrem Sohn Ernst auf dem Alten Friedhof in Bonn.

Schillers Frau starb 1826 an den Folgen und wurde auf dem Alten Friedhof in Bonn beigesetzt.

Sohn Ernst fand nach einem kurzen Zwischenspiel in Trier im Schevasteshof endgültig den Mittelpunkt seines Lebens. Nunmehr Appellationsgerichtsrat, genoss er auf der schäl Sick großes Ansehen und machte sich viele Freunde in Vilich und Umgebung. Schillers Jüngster liebte die Rheinländer, ihre lockere Lebensart - und ganz besonders ihren Wein. Ein Freund, der sich einmal Schillers Pferd für einen Ritt nach Köln ausgeliehen hatte, berichtete später, dass der Gaul an mehreren Wirtshäusern wie angewurzelt stehen geblieben war. Offenbar weil sein Herr normalerweise hier einzukehren pflegte. In einer weiteren Anekdote geht es ebenfalls um das Thema Wein. Im preußischen Rheinland durften Gastwirte an Sonntagen vor der Elf-Uhr-Messe noch keine „geistige Getränke" ausschenken. Einer tat es doch und wurde prompt angeschwärzt. Der Fall landete bei Ernst von Schiller und der fand eine salomonische Lösung. Zuerst wollte er wissen, um welche Art von Getränk es sich gehandelt hatte. „Suurer Hunk," war die Antwort. Saurer Hund, so hieß im Volksmund der gängige Tischwein aus der Region und so schmeckte er vermutlich auch. Ernst von Schiller schüttelte sich angewidert und schloss sofort wieder

Charlotte von Schiller verbrachte ihre letzten Jahre in Bonn.

die Akten. Saurer Hund, stellte er fest, ist kein geistiges Getränk…

Schillers jüngster Sohn starb 1841 in Vilich und wurde in Bonn im Grab seiner Mutter beigesetzt. Vor wenigen Jahren ließen Wissenschaftler in einer Nacht- und Nebelaktion die Gruft öffnen, um Material für eine DNA-Analyse zu sichern. Mit dem Erbgut des Sohnes bewiesen sie dann endgültig, dass der Schädel, der in Weimar gezeigt wird und angeblich vom großen Dichterfürsten stammt, auf keinen Fall Friedrich Schillers Kopf sein kann.

Sonntäglicher Kirchgang zur Schwarzrheindorfer Doppelkirche: So begann auch der Fall, über den der Gerichtsrat Ernst von Schiller zu urteilen hatte.

De Zoch kütt - Narren veräppeln König

„Et kütt, wie et kütt", sagten sich die Bonner, die nun seit ein paar Jahren schon Preußen sind, obwohl sie es gar nicht wollen. Doch wozu aufregen? Schließlich ist man im Rheinland.

Also spielen die Bonner mit, lassen es sich im Rahmen des Möglichen gut gehen und kompensieren das letzte bisschen Frust durch das, was der rheinische Jung am besten kann: Durch Spott und herzhaftes Lachen!

Unter den Preußen entwickelte sich der Karneval in die Richtung, die heute noch bekannt ist. Der militärische Drill, die straffe Ordnung im Heer wie im Alltagsleben - das alles lag dem Rheinländer nicht. Das fand er so komisch, dass er sich darüber fast totlachen konnte. In der Folgezeit entstanden überall am Rhein die jecken Corps und Garden mit dem einzigen „Kampfauftrag", die preußischen Tugenden zu veräppeln und das Militär durch den Kakao zu ziehen.

Köln war Vorreiter. Aber auch die Bonner ließen sich schnell anstecken und organisierten schon 1828 den

Der Bönnsche Fastelovend ist längst gesellschaftsfähig geworden. Auch Alt-Bundeskanzler Helmut Kohl schunkelte gern im Kanzleramt mit den Tollitäten der Region.

König Friedrich Wilhelm III. war vom Bonner Treiben nicht begeistert.

ersten Fastnachtsumzug damals noch ohne Prinz und Bonna. Die Hauptpersonen beim ersten Umzug durch Bonns Straßen waren „Hannswurst" und „Lätitia", die Göttin der Freude. Umgeben von ihrem Hofstaat, nahm sie die Huldigungen der Bürger entgegen.

Es kam, wie es kommen musste: In Berlin sahen einige Oberbedenkenträger die Moral der Bonner Studenten in Gefahr. Per Kabinettsorder verboten sie den Zug für künftige Jahre. Wörtlich heißt es da: *„Wo dergleichen amoralische und in politischer Hinsicht nicht unbedenkliche Lustbarkeiten bisher nicht herkömmlich erlaubt gewesen sind, sollen sie nicht gestattet werden, am wenigsten in der Universitätsstadt Bonn."*

Vergeblich wandte sich das Karnevalskomitee an den König. Friedrich Wilhelm III. lehnte ab. Erst unter seinem Nachfolger hatten die Bonner wieder ihren Spaß an der Freud. Warum war Friedrich Wilhelm III. so sauer auf die Bonner? Vielleicht war Majestät ja zu Ohren gekommen, was sich am Rosenmontag zugetragen hatte. Überliefert ist, dass ein Witzbold an einer Stange einen Stockfisch befestigt und den mit einem Lorbeerkranz geschmückt hatte. Damit zog er durch die Stadt und die Jecken sangen: „Heil dir im Siegerkranz ..."

Die Stadtsoldaten - das erste Corps in Bonn. Seit mehr als 100 Jahren tanzen sie schon ihren Stippeföttchen-Tanz.

Die Wiederbelebung des Karnevals in Köln (1823) wirkte auch auf die holde Weiblichkeit ansteckend. Vorreiter waren die Frauen aus Beuel, die in den zahlreichen Wäschereien arbeiteten. Sie riefen 1824 das Alte Beueler Damenkomitee ins Leben und begründeten die heute weltbekannte Beueler Weiberfastnacht.

Goethe hatte dazu auch eine Meinung: *„Löblich wird ein tolles Streben, wenn es kurz ist und mit Sinn."*

Wäscherinnen am Beueler Rheinufer: Sie muckten auf gegen die Herrschaft ihrer Männer und legten den Grundstein für die rheinische Weiberfastnacht.

„Rheingräfin" schert sich nicht um Kirche, Staat und Gesellschaft

Eigentlich war sie gar keine Gräfin. Auch die Italiener haben stark übertrieben, als sie die prominente Bonnerin „principessa tedesca" - die deutsche Prinzessin - nannten. Wahrscheinlich ist aber Sibylle Mertens-Schaaffhausen (1797 - 1857), die erste Rheinländerin mit einem Doppelnamen, denn so etwas galt zu ihrer Zeit noch als absolut schockierend. Doch schockierend oder nicht - um solche Fragen hat sich Sibylle nie gekümmert.

Anette von Droste-Hülshoff

Sie war ein Mädchen aus gutem Haus. Kein blaues Blut, aber schwerreicher Kölner Geldadel. Dass sie für alle Welt zur „Rheingräfin" wurde, zeigt, wie beliebt Sibylle bei den Zeitgenos-

Typischer Musiksalon des 19. Jahrhunderts.

sen war. Ihr Vater, der Kölner Bankier Abraham Schaaffhausen, bot ihr eine für damalige Verhältnisse ungewöhnlich gute Ausbildung. Doch wenn es um die Liebe ging, zeigte er herzlich wenig Verständnis für seine einzige Tochter. So kam es, dass Abraham das Mädchen kurzerhand mit seinem Kompagnon Louis Mertens verheiratete.

Sibylle liebte ihren Angetrauten überhaupt nicht. Das war aber weiter nicht tragisch, weil auch der Ehemann viel lieber in Köln seinen Bankgeschäften nachging, als sich um die Ehefrau zu kümmern. Was aber nicht ausschloss, dass er mit ihr im Laufe der Jahre sechs Kinder zeugte.

Sibylle aber, die darauf bestand, ihren Mädchennamen in der Ehe beizubehalten, hatte reichlich Zeit, sich selbst „zu verwirklichen". Vor allem in Bonn. Und zwar dort, wo heute die blaue UN-Flagge über dem Haus Carstanjen weht. Hier stand damals der alte Auerhof, der dem Kloster Heisterbach gehörte und den Vater Abraham gekauft hatte. Hier lebte Sibylle ihr eigenes Leben. Das Leben einer „echten" Gräfin. Ihre Gesellschaften waren legendär. Ihr Salon zog Gelehrte und Künstler an. Sibylle war ohne Zweifel eine der begabtesten und geistreichsten Frauen des 19. Jahrhunderts. Sie war anerkannte Altertumskundlerin und besaß eine wertvolle

Wo heute das Haus Carstanjen steht, lag früher der Auerhof, ein Gutshof des Klosters Heisterbach. Den kaufte der Kölner Bankier Abraham Schaaffhausen und schenkte ihn seiner Tochter Sibylle.

antike Kunstsammlung. Als hervorragende Pianistin begleitete sie die großen Primadonnen ihrer Zeit. Sibylle Mertens-Schaaffhausen war eine ungewöhnliche Frau und zu Lebzeiten schon eine Legende.

Skandalös aber sind für viele die Frauenfreundschaften, die die „Rheingräfin" pflegt. Als ständige Gäste wohnen die westfälische Dichterin Anette von Droste-Hülshoff, Goethes Schwiegertochter Ottilie sowie Johanna Schopenhauer, die Mutter des Philosophen Arthur Schopenhauer, und deren Tochter Adele im Auerhof - eine „Frauenkommune" aus heutiger Sicht. Doch für Sibylle ist es mehr, denn mit Adele verbindet sie eine leidenschaftliche Liebesbeziehung. Und das zu einer Zeit, als Liebe zwischen Frauen von Staat,

Sibylle Mertens-Schaaffhausen

Kirche und Gesellschaft unisono verteufelt wird.

Die „Rheingräfin" scherte sich nicht darum. Sie hat in ihrem Privatleben Grenzen eingerissen, in Wissenschaft und Kultur Akzente gesetzt, in Briefen und Tagebüchern ihre schriftstellerische Begabung bewiesen. Nicht zuletzt konnte sie als großzügige Mäzenin zahlreiche Freunde gewinnen. Sehr zum Ärger der eigenen Kinder, die den Lebensstil der Mutter verurteilten und langwierige Prozesse um das Familienvermögen führten. Verbittert verließ Sibylle Mertens-Schaaffhausen schließlich ihr Rheinland und zog sich nach Rom zurück. Hier starb sie 1857 und wurde auf dem Campo Santo Teutonico begraben.

Auch Goethes Schwiegertochter Ottilie kam häufig zu Besuch.

Adele Schopenhauer

Glückauf, der Steiger kommt: Bergbau boomt am Ennert

Wogende Kornfelder, fruchtbare Äcker und ein eindrucksvoller Blick ins grüne Hinterland, wo sich die Berge des Rhein-Sieg-Kreises am Horizont verlieren: So präsentiert sich heute der Ennert. Wer über seine Höhen wandert, findet Idylle pur. Nichts - oder fast nichts - erinnert daran, dass dieses Paradies vor noch gar nicht langer Zeit ein verrußtes, stinkendes Industrierevier war.

Einziges Überbleibsel aus der Zeit des Alaunbergbaus ist das Forsthaus an Pützchens Chaussee. Einst diente es als Verwaltungsgebäude der Bleibtreu-Betriebe.

Auf dem Bergrücken von Holzlar bis Oberholtorf, von Niederholtorf bis Vinxel wurde schon um 1780 Braunkohle abgebaut. Aber in geringen Mengen und kaum der Rede wert. Doch zu Beginn des 19. Jahrhunderts änderte sich die Situation in den Dörfern auf dem Plateau gewaltig. Mit Braunkohle war jetzt Geld zu verdienen und so entstand erst eine, dann eine zweite und schließlich eine dritte Grube. Die Geschichte des Bergbaus auf der schäl Sick ist vor allem mit einem Namen verbunden: Leopold Bleibtreu. Seiner Familie gehörte eine Erzgrube in Rheinbreitbach. Man war also vom Fach. Da lag es nahe, im benachbarten Ennert auch in Braunkohle zu investieren.

Dem Bergmeister Leopold Bleibtreu gelang jedoch schon bald ein ganz großer Wurf: Er fand heraus, dass seine Kohle einen ungewöhnlich hohen Anteil an Alaun enthielt. Das war die Chance für ihn, denn Alaun war sehr begehrt und daher wertvoll. In der Textilindustrie, in den Gerbereien, in der Medizin - überall wurde es gebraucht.

Die Alaunhütte des Bergmeisters Leopold Bleibtreu auf der Hardt bei Beuel-Pützchen.

Bleibtreu baute seine erste Alaunhütte an Pützchens Chaussee. Dort wurde die Ennert-Kohle noch im Tagebau gewonnen. Seit 1835 mussten die Bergleute aber auch unter Tage schuften. Zu dieser Zeit war die Alaunproduktion auf dem Plateau schon die bedeutendste in Preußen. Die Kohle lag auf dem Ennert etwa zwölf Meter tief und der Flöz hatte im Durchschnitt eine Mächtigkeit von vier Metern. Die untersten eineinhalb Meter enthielten das begehrte Alaun, darüber lag hochwertige Braunkohle. Zur Isolierung der reinen Alaun-Kristalle mussten große Mengen Braunkohle besonders präpariert, zu einem Brei verrührt und langsam verdampft werden. Das stank entsetzlich. Jahrelang litt die Bevölkerung unter den beißenden Schwefelwolken, die über den Ennert zogen. Die Rückstände des Verbrennungsprozesses wurden zu Halden aufgetürmt und einfach liegen gelassen, heute noch als mehr oder weniger große Hügel im Wald zu erkennen.

Als 1860 eine einfachere Methode zur Alaun-Gewinnung gefunden wird, ist es mit dem Bergbau am Ennert vorbei. Die Gruben werden stillgelegt, die Landschaft kann sich wieder erholen. Nur das alte Verwaltungsgebäude zeugt noch von der Braunkohle-Ära: das Forsthaus Hardt an Pützchens Chaussee, heute eine Forschungsstelle für Jagdkunde. Leopold Bleibtreus Sohn Hermann schrieb dann ein weiteres Kapitel Bonner Industriegeschichte. Er hatte in England Wissen über die Herstellung von Portland-Zement gesammelt. Zurück in der

Für die wenigen Protestanten wurde unter den Preußen der evangelische Friedhof in Holzlar angelegt. Hier hat beinahe die ganze Familie Bleibtreu (oben der Grabstein von Leopold) ihre letzte Ruhe gefunden.

Heimat, baute er am Rhein auf der Grenze zu Oberkassel sein eigenes Werk. Es war das zweite seiner Art in Deutschland. Auch das ist inzwischen Geschichte. Der Betrieb wurde 1987 eingestellt. Heute erinnern im Bonner Bogen nur noch ein Wasserturm, die ehemalige Direktorenvilla und eine Gaststätte in der damaligen Rohmühle an Hermann Bleibtreus Zementfabrik.

Hermann Bleibtreu gründete die Zementfabrik am Rheinufer bei Oberkassel. Es war die zweite Fabrik in Deutschland, die Portland-Zement herstellen konnte.

Nikolaus Becker Superstar

Nikolaus Becker

Um zu verstehen, was 1840 in Deutschland passierte, kann ein Blick in die jüngere Vergangenheit hilfreich sein: Ein hübsches Mädchen gewinnt zum ersten Mal seit vielen Jahren wieder einen europäischen Schlagerwettbewerb für Deutschland. Die Fans sind außer sich vor Freude. Medien drehen durch. Ein Ministerpräsident fährt zum Flughafen, um die junge Dame persönlich zu begrüßen. Alles reichlich übertrieben? Viel Lärm um nichts? Gegen den kollektiven Taumel, der Deutschland 1840 erfasste, war das Lena-Fieber im Jahr 2010 aber nur ein müder Abklatsch.

Der Superstar von damals: ein Bonner. Sein Name: Nikolaus Becker. Der Preußische König lässt ihm eine „Ehrengabe" von 1.000 Talern überreichen. Bonn, Mainz und Karlsruhe schenken ihm Eh-

In diesem Haus an der Sternstraße lebte und arbeitete Nikolaus Becker.

renbecher. Bonner Studenten ziehen für ihn mit Fackeln durch die Stadt. Der König von Bayern schickt einen silbernen Pokal mit persönlicher Widmung. Der Becker-Kult erfasst Deutschland von der Nordsee bis zur Zugspitze. Ausgelöst hat den Rummel ein bescheidenes Gedicht des bis dahin völlig unbekannten Bonner Amateur-Poeten Nikolaus Becker. Fünf Strophen, kaum von literarischen Wert, erzielen eine explosive Wirkung. Dabei klingt die Titel so harmlos, entspricht so ganz dem Geist der behäbigen Biedermeierzeit: „Der deutsche Rhein".

Heute kaum noch vorstellbar, welche Emotionen Beckers Verse damals in Deutschland weckten. Das war politisches Programm. Das war die Kampfansage an Frankreich und gleichzeitig ein Slogan, wie ihn moderne Werbestrategen nicht besser erfinden könnten. Mit wenigen Sätzen entfachte Nikolaus Becker eine kaum für möglich gehaltene vaterländische Begeisterung.

Becker wurde 1809 in Bonn geboren. Sein Vater war Kaufmann und Mitglied des Bonner Stadtrats. Seine Mutter kam aus der bekannten Kölner Familie DuMont. Becker studierte zunächst Jura, brach dann aber ab, weil das Geld nicht reichte. So

musste er sich später mit untergeordneten Tätigkeiten bei Gericht durchschlagen. Eine Diskussion im Freundeskreis über die „welsche Anmaßung" erregte ihn so sehr, dass er sich hinsetzte und in einer einzigen Nacht das Rheinlied schrieb. Ein Vetter mit gutem Draht nach Trier brachte das Gedicht bei der Trierischen Zeitung unter, die es am 18. September 1840 veröffentlichte. Der Becker-Kult nahm seinen Lauf.

Die Hintergründe? Frankreich war in diesen Jahren politisch nicht sonderlich erfolgreich. Der weltweite Prestigeverlust hatte dazu geführrt, dass viele von den alten Zeiten unter Napoleon träumten - und von der Ostgrenze der Grande Nation am Rhein. In dieser Situation traf das Rheinlied den Nerv der meisten Deutschen, die sich nach einer geeinten Nation und sicheren Grenzen sehnten.

Die Wacht am Rhein: Postkarte aus der Zeit um 1840.

Der Text ist in alle wichtigen Sprachen übersetzt und an die 200-mal vertont worden. Sogar von Robert Schumann. Gewiss, der alte Spötter Heinrich Heine kommentierte die vaterländische Begeisterung mit Ironie. Bismarck dagegen stellte 50 Jahre später noch fest, das Lied habe einige Armeekorps am Rhein ersetzt.

Der deutsche Rhein

Sie sollen ihn nicht haben,
den freien deutschen Rhein,
ob sie wie gier'ge Raben
sich heiser danach schrein,

solang er ruhig wallend
sein grünes Kleid noch trägt,
solang ein Ruder schallend
in seine Wogen schlägt.

Sie sollen ihn nicht haben,
den freien deutschen Rhein,
solang sich Herzen laben
an seinem Feuerwein;

solang in seinem Strome
noch fest die Felsen stehen,
solang sich hohe Dome
in seinem Spiegel sehn.

Sie sollen ihn nicht haben,
den freien deutschen Rhein,
solang dort kühne Knaben
um schlanke Dirnen frein:

Solang die Flosse hebet
ein Fisch auf seinem Grund,
solang ein Lied noch lebet
in seiner Sänger Mund.

Sie sollen ihn nicht haben,
den freien deutschen Rhein,
bis seine Flut begraben
des letzten Manns Gebein!

„Ei, er kehrt uns ja den Rücken zu"
Ein Denkmal irritiert den König

Harmonie war in der Bonner Musikszene meist ein Fremdwort. Schon als es in den 40er-Jahren des 19. Jahrhunderts darum ging, dem größten Sohn der Stadt ein Denkmal zu setzen und gleichzeitig das erste Beethovenfest auf die Beine zu stellen, drohte der Traum zu platzen, noch ehe er richtig begonnen hatte. Dass es letztlich doch noch ein Happy End gab, ist allein das Verdienst des berühmten Komponisten Franz Liszt.

Seit 1835 gab es in Bonn einen Beethovenverein, der Geld für ein repräsentatives Denkmal sammelte. Aber es reichte hinten und

Franz Liszt

vorne nicht. Erst als Franz Liszt mit einer großen Summe einsprang, konnte der Dresdner Bildhauer Ernst Hähnel mit der Arbeit beginnen. Eigentlich sollte er 1843 fertig sein, aber es wurde 1845.

Die feierliche Enthüllung war am 12. August vorgesehen. Wieder sprang Franz Liszt ein, organisierte das Programm, engagierte Chöre und Orchester. Das größte Problem: Weil man die Säle der Uni nicht nutzen durfte, sollten die Feierlichkeiten auf der Militärreitbahn stattfinden. Liszt war entsetzt. Aus der Notlage befreiten ihn 14 Bonner Handwerksmeister, die sich dafür stark machten, in elf Tagen eine hölzerne Halle für 2.000 bis 3.000 Personen zu bauen. Und tatsächlich: Es klappte.

Bevor jedoch das erste Beethovenfest eröffnet wurde, traf sich die Prominenz erst einmal auf dem Münsterplatz, um die Enthüllung des Denkmals zu feiern. König Friedrich Wilhelm IV. war aus Berlin angereist, aus London Queen

Das Beethovendenkmal auf dem Münsterplatz heute.

Die erste Bonner Beethovenhalle war ein Holzbau, der maximal 3.000 Besucher fasste.

Viktoria mit ihrem Prinzgemahl Albert, siehe auch nächste Seite. Die königlichen Gäste verfolgten das Geschehen in ihren Logen im Palais Fürstenberg, der heutigen Hauptpost. Als endlich die Statue enthüllt wurde, bemerkte der König irritiert: *„Ei, er kehrt uns ja den Rücken zu."* Ein anderer Gast rettete die Situation, indem er feststellte: *„Ja, er ist auch schon im Leben immer ein grober Kerl gewesen."* Zu einem Skandal kommt es dann beim abschließenden Festessen. Als Liszt einen Toast auf die versammelten Nationen ausbringt, dabei aber die Franzosen vergisst, bricht ein Tumult los. Die Honorationen flüchten Hals über Kopf. Unter den Rabauken sollen sich Kölner Karnevalisten besonders unrühmlich hervorgetan haben…

Die Bonner Maikäfer

Der ehrbare Professor war der Urmau und seine Frau die Direktrix. Etwas gewöhnungsbedürftig, aber so war es Sitte im Kreis der Freunde, die sich auf Initiative des Ehepaars Gottfried und Johanna Kinkel 1840 zum Maikäferbund zusammengeschlossen hatten. Die Bonner Maikäfer, das war eine Gruppe von Schriftstellern und dichtenden Dilettanten. Sein einziger Zweck war, in Kreis von Freunden einmal in der Woche einen anregenden Abend zu erleben, bei dem jeder sein neuestes Gedicht vortragen und sich der wohlmeinenden Kritik der anderen stellen konnte. Seele des Maikäferbundes war die auf musikalischem Gebiet hochtalentierte Johanna Kinkel. Literarische Klubs kennzeichneten die

Biedermeierzeit. Der Bonner zeichnete sich dadurch aus, dass gleich mehreren seiner Mitglieder später große Karriere beschieden waren: etwa Ferdinand Freiligrath, Karl Simrock, Emanuel Geibel oder der Kulturphilosoph Jakob Burckhardt. Zusammen gaben sie eine Zeitung heraus, die „Maikäfer" hieß und im Untertitel „Zeitschrift für Nichtphilister". Sieben Jahre blieben die Maikäfer zusammen, dann ging auch diese Blüte Bonner Literaturlebens zu Ende.

Johanna Kinkel

Beethovenfest und Rhein in Flammen
Die Queen auf Staatsbesuch

von Martin A. Heide, Geschäftsführer der
Rhenodomus Haus- und Grundbesitzverwaltungs GmbH

Als die verliebte Prinzessin Victoria 1839 nur fünf Tage nach der Ankunft von Albert von Sachsen-Coburg und Gotha in London um dessen Hand anhielt, war dieser auf seine Aufgabe durch Regierungspraktika beim gemeinsamen Onkel Leopold I., dem König der Belgier, und ein *studium universale* an der Bonner Universität optimal vorbereitet. Er brachte den Briten weit mehr als nur den Weihnachtsbaum mit. Victorias Neuerung, das weiße Hochzeitskleid, bestimmt die Brautmode bis heute.

1845 kündete die Presse von einem *„trip to Germany"*. Neu war, dass sich die 26-jährige Monarchin unter Verweis auf ihre telegraphische Erreichbarkeit

Inauguration des Monuments von Ludwig van Beethoven. Die Queen schaute auf den Rücken des Komponisten...

weigerte, vor Verlassen des Landes einen Regenten als Vertreter zu ernennen.
Mit der königlichen Yacht „Victoria & Albert" überquerte das Ehepaar den Ärmelkanal und mit dem luxuriösen Staatszug des Onkels dessen Königreich Belgien. Von Aachen ging es mit einem königlich-preußischen Modell weiter nach Köln, wo man per Kutsche zum Bonn-Cölner Bahnhof (Betreiber der Bahnlinie war eine Bonner Gesellschaft, gegründet im heutigen Hotel Königshof) wechselte.
Die Fahrt nach Brühl dauerte damals wie heute 13 Minuten, das Gepäck vergaß man leider in Köln. So erschienen zum großen Zapfenstreich im Ehrenhof des Schlosses (700 Musiker, davon 200 Trommler diverser preußischer Regimentskapellen) nur die Gastgeber in Gala,

Die königliche Yacht „Fairy", der erste Schraubendampfer auf dem Rhein, passiert Drachenfels und Godesberg.

die Gäste trugen einfache Reisekleidung. Das Riesenensemble beeindruckte durch *„the most deafening forte that was ever inflicted on mortal ears"* (die ohrenbetäubenste Lautstärke, der Sterbliche jemals ausgesetzt waren); die Sonderzüge für den Heimtransport der 20.000 Schaulustigen fuhren bis drei Uhr morgens.
Das Bonner Beethovenfest des Jahres 1845 hatte sich als planerische Herausforderung erwiesen: Die Fertigstellung des Denkmals verzögerte sich, die Semesterferien rückten näher, ebenso der letztmögliche Termin für die Einweihung, der 11. August. Am 2. sagte König Friedrich Wilhelm IV. seine Teilnahme zu, teilte aber am 6. mit, auch seine britische Amtskollegin samt Gefolge mitzubringen, die erst im Verlauf des 11. eintreffen könne. Der Hinweis wurde verstanden, man improvisierte bravourös: Ein nagelneuer Rheindampfer wurde aus unbekannter Quelle aufgetrieben und der 11. August feierlich dessen Taufe auf den Namen „Beethoven" gewidmet. Die Denkmalseinweihung wurde nochmals um einen Tag verschoben. Während der teuer eingekaufte Baßsolist Staudigl, der aus Platzmangel in Köln logierte, morgens seinen Zug und damit Beethovens C-Dur Messe im überfüllten

Bonner Münster verpasste, wo kurzerhand ein „braver Dilettant" aus Bonn einsprang, gab es am 12. in Brühl *„breakfast, quite English fashion"*. An der Königin Sitte, auf Reisen eigenes Teewasser mitzuführen, hält ihre Ururenkelin, die derzeitige Queen, bis heute fest. Mittags stellte Victoria dann amüsiert (ihre Begleitung empört *„...a most absurd effect of rudeness on his [L.v.B's!] part...* [eine Unhöflichkeit sondergleichen]) vom Balkon des Graf Fürstenberg'schen Palais aus fest, dass Beethoven ihr seine Rückfront präsentierte. Unschuldig hieran war das gescholtene Festkomitee. Vielmehr hatte sich Friedrich Wilhelm IV. kurzerhand beim Eigentümer des Balkons, seinem Kammerherrn, in die heutige Hauptpost eingeladen.
Wichtiger als das Denkmal war für Königin Victoria ohnehin der Besuch von Alberts früherem Wohnhaus und seiner Universität. Der abendliche Ball in der unter Mithilfe der Garnison in nur zwölf Tagen erbauten Beethovenhalle fand bereits ohne das eigentlich tanzfrohe Paar statt, die hohen Gäste erlebten in Köln „Rhein in Flammen" - wie heute mit bengalischem Feuer, Schiffsprozession und Feuerwerk.

Martin A. Heide, M.A., MBA, Studium der Geschichte, Anglistik, Germanistik und Betriebswirtschaftslehre in Aberdeen, Berlin, Bonn und München ist Sachverständiger für Immobilienbewertung und Geschäftsführer der Rhenodomus Haus- und Grundbesitzverwaltungs GmbH in Bonn.

„Wie verweigert man Steuern? Man zahlt nicht!"
Gottfried Kinkel und die Revolution der Professoren

Wenn Bonner Revolution machen, bedeutet das nicht zwangsläufig Straßenkampf und offener Aufruhr. In Bonn macht man das leiser, subtiler, intelligenter. So war es auch 1848. Während die Berliner Barrikaden bauten, bereiteten in Bonn kluge Köpfe den Boden vor für die heiß ersehnte Demokratie. Allen voran Professor Friedrich Christoph Dahlmann, der als politische Autorität galt und dessen Vorlesungen unglaublich populär waren.

Neben Dahlmann zogen später auch Ernst Moritz Arndt und fünf weitere Bonner Professoren als Abgeordnete in die Frankfurter Paulskirche ein. Nicht dabei war Gottfried Kinkel, die Galionsfigur der Bonner Demokraten. Der Sohn eines evangelischen Pfarrers aus Ober-

Friedrich Christoph Dahlmann

Barrikaden wie in Berlin erlebten die Bonner nicht. Ihre Stadt galt als gemäßigt; radikale Parolen fanden wenig Anklang.

kassel lehrte zunächst Theologie, später Kunst- und Literaturgeschichte. Politisch zählte er durchaus zu den Gemäßigten und wandte sich ausdrücklich gegen den in Köln von Karl Marx propagierten Klassenkampf.

Als 1848 der Funke der Revolution von Paris aus auch Berlin und Wien entflammte, wollte Kinkel nicht länger im Abseits stehen. Er setzte sich an die Spitze eines Festzugs, schwenkte die schwarz-rot-goldene Fahne und sprach von der Rathaustreppe zu seinen Mitbürgern. Das war am 20. März. Zu diesem Zeitpunkt wusste in Bonn noch niemand, dass zwei Tage zuvor die Barrikadenkämpfer in Berlin gnadenlos zusammengeschossen worden waren.

Danach ändert sich Kinkels politische Position. Er driftet immer mehr ins Lager der Radikalen ab, übernimmt die Redaktion der „Bonner Zeitung" und macht sie zu einem Sprachrohr der sozialen Demokratie. Kinkels engster Mitarbeiter ist ein Student aus Liblar. Sein Name: Carl Schurz.

Zum Eklat kommt es am 18. November. Weil Berlin

Symbol der 48er-Revolution: Die Frankfurter Paulskirche. Bonn schickte sieben Professoren als Abgeordnete in die Nationalversammlung.

Steuern erheben will, die dem Staat gar nicht zustehen, gibt Kinkel die Parole aus: *„Wie verweigert man Steuern? Man zahlt nicht!"* Dann zieht er die Bürgerwehr auf seine Seite und spielt seine beste Karte aus: Die Bonner treten in den Steuerstreik. Einige reißen den Adler vom Zollgebäude, andere machen sich lustig über die Polizei. Zwei Tage lang geht alles gut, doch dann rückt Militär an - und der Traum ist aus. Als im März 1849 der Preußenkönig die Kaiserkrone ablehnt, die ihm das Paulskirchenparlament anbietet, ist die Revolution endgültig gescheitert. „Dann eben ohne Preußen", meinen einige Unentwegte und zetteln im Rheinland und in Baden Aufstände an.

Kinkel und Schurz sind dabei. Um sich Waffen zu beschaffen, ziehen sie mit 120 Leuten nach Siegburg, wo sie das Zeughaus plündern wollen. Doch schon in Vilich-Müldorf stoppt preußische Kavallerie die Freischärler. Kinkel flieht nach Baden. Hier wird er kurz darauf gefasst und in Köln vor Gericht gestellt. Das Urteil: Lebenslänglich Zuchthaus. Kinkel wird in die Festung Spandau gebracht. Er hat mit seinem Leben abge-

Gottfried Kinkel (links) und Carl Schurz

schlossen. Aber niemand hat Carl Schurz auf dem Plan. Der ist den Häschern entkommen und denkt gar nicht daran, seinen alten Professor im Kerker vermodern zu lassen. Im November 1850 gelingt ihm das schier Unmögliche: In einem abenteuerlichen Handstreich befreit er Kinkel aus der Festung und bringt ihn zunächst nach England in Sicherheit. 1866 als Professur nach Zürich berufen, stirbt er hier im Jahr 1882. Bonn sieht er nie wieder. Carl Schurz aber wandert in die Vereinigten Staaten aus, führt im Bürgerkrieg eine deutsche Freiwilligenarmee, wird Senator von Missouri und schließlich Innenminister der USA.

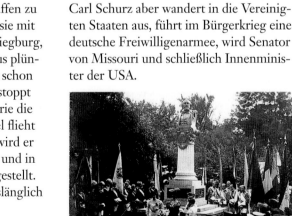

Einweihung des Kinkel-Denkmals in Oberkassel 1906.

Medizinische Kompetenz

wurde das Johannes-Hospital bei einem Luftangriff fast völlig zerstört. Bereits vor dem Krieg stand das Brüderkrankenhaus vor dem Ende: Denn den Nationalsozialisten waren vor allem männliche Ordensgemeinschaften ein Dorn im Auge, sie drohten 1937 mit der Schließung. Die Brüder wandten sich an die Franziskanerinnen von Waldbreitbach und diese übernahmen zusätzlich zu St. Elisabeth die Pflege im Brüderkrankenhaus, das sich in St. Petrus-Krankenhaus umbenannte. 1953 zogen sich die Franziskanerinnen aus St. Petrus zurück.

Bei ihrer Fusion 1996 brachten St. Elisabeth und St. Petrus ihre medizinischen Kompetenzen ein. So hatte sich das Petrus-Krankenhaus (ab 1928 Spezialklinik für Unfallverletzte) seit den 60er-Jahren überregionalen Ruf als vorzügliche orthopädische Klinik erworben, vor allem in der Endoprothetik. Höchste Reputation genoss auch die Gynäkologie und Geburtshilfe-Abteilung im Elisabeth-Krankenhaus. Eine besondere Verbindung bestand zudem zu einem „alten Herrn": Ab 1958 feierte hier Bundeskanzler Konrad Adenauer zum Auftakt seines Geburtstages mit den Franziskanerinnen.

Einige Jahre war das Schicksal des Johannes-Hospitals, das 2002 dem Gemeinschaftskran-

Eine kleine Delegation der Barmherzigen Brüder von Trier, die 1886 das Krankenhaus am Bonner Talweg gründeten, unterstützte zuvor bereits die Pflege im Johannes-Hospital, dem nach der Universitätsklinik ältesten Bonner Krankenhaus. Seine Gründung 1849 verdankte es einer Initiative von Bürgern, die sich zu einer Stiftung zusammengeschlossen hatten, um die medizinische und pflegerische Versorgung der Bonner zu verbessern. Diesem Anspruch stellt sich auch das heutige Gemeinschaftskrankenhaus Bonn.

Da sie in ihrer eigentlichen Wirkungsstätte, dem Brüderkrankenhaus, nur Männer behandeln konnten, entstand 1907 auf Betreiben von Professor Rumpf und anderen Ärzten als Frauenklinik St. Elisabeth. Als Träger und für die Pflege zeichneten in beiden Häusern Ordensgemeinschaften verantwortlich. Steigende Patientenzahlen, die Verbesserung medizinischer Leistungen und umfassende Baumaßnahmen prägten die Entwicklung aller drei Einrichtungen. Die nationalsozialistische Diktatur und der Zweite Weltkrieg markierten eine Zäsur. Am 18. Oktober 1944

kenhaus beitrat, ungewiss. Wegen des in Bonn historischen Bettenhochstands wurde es im Dezember 2005 geschlossen. 2009 eröffnete es als Gesundheitszentrum - mit einer Dependance der LVR-Kliniken, ambulantem OP-Zentrum sowie Arztpraxen. Das heutige Gemeinschaftskrankenhaus Bonn, das sich erfolgreich zertifizieren ließ, offeriert ein breites Spektrum medizinischer Leistungen in verschiedenen Zentren und Fachabteilungen:

- Allgemeine und Viszeralchirurgie
- Anästhesie- und Intensivmedizin
- Geriatrie
- Gynäkologie und Geburtshilfe
- Herz- und Gefäßzentrum mit den Fachabteilungen Kardiologie, Gefäßchirurgie und Interventionelle Radiologie
- Innere Medizin
- Schmerztherapie
- Zentrum für Orthopädie und Unfallchirurgie

Fronten der drei zum Gemeinschaftskrankenhaus Bonn zusammengeschlossenen Krankenhäuser.

Schmerzambulanz: Fallbesprechung.

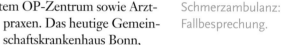

Gefäßchirurgie

Umfassende Baumaßen prägen die Entwicklung der Kliniken.
Links: Instrumente für eine Hüftoperation.

Neues Palliativzimmer

Speziell ausgebildete Pflegekräfte versorgen unheilbar erkrankte Patienten.

Robert Schumann: Tragödie eines Genies

Als Robert Schumann auf dem Alten Friedhof zur letzten Ruhe getragen wird, ist halb Bonn auf den Beinen. Der Platz reicht kaum für die zahllosen Trauergäste. Ein Zeitgenosse berichtet: „Es war das Begräbnis eines Fürsten der Kunst." Mit 19 schrieb der in Zwickau geborene Robert Schumann in sein Tagebuch: „Mir träumte, ich wäre im Rhein ertrunken." Viele Jahre später wäre der Traum beinahe Wirklichkeit geworden. 1854 versuchte der geniale Komponist, sich in Düsseldorf das Leben zu nehmen. Er sprang in den Rhein, wurde aber von einem Schiffer gerettet. Zu der Zeit litt er bereits an schweren Depressionen. Jahre zuvor hatte Robert Schumann nach Kräften das geplante Beethovendenkmal in Bonn unterstützt. Er komponierte so-

Sondermarke mit dem Bildnis von Robert Schumann.

gar ein spezielles Stück, um aus dem Erlös seinen Beitrag leisten zu können. Sein Verleger fand die Idee aber gar nicht gut und so wurde nichts daraus. Das Werk ist erschien viel später als „Phantasie op. 17". 1850 verschlug es Schumann endgültig ins Rheinland. Er wurde städtischer Musikdirektor in Düsseldorf und hatte in der Folgezeit ständigen Kontakt zu einem großen Freundeskreis in Bonn und Godesberg. Immer an seiner Seite: Seine Frau Clara, als hervorragende Pianistin europaweit gefeiert. Häufig war sie es, die durch ihre Konzerte finanzielle Engpässe in der Familienkasse ausräumen musste. Schumanns Schaffen war bestimmt von erfolgreichen Schöpfungen wie die „Rheinische Sinfonie", aber auch von Rückschlägen und Tiefpunkten. Mehrere seiner Kompositionen aus den frühen

50er-Jahren des 19. Jahrhunderts wurden in Bonn uraufgeführt. Aber Robert Schumann war zu dieser Zeit schon schwer krank. Nach dem Selbstmordversuch in

Tafeln vor dem Schumannhaus in Endenich.

Düsseldorf wurden die Depressionen so bedrohlich, dass er freiwillig mit seiner Frau in die private Heil- und Pflegeanstalt von Dr. Franz Richarz nach Endenich zog. Heute hat das Gebäude an der Sebastianstraße als Schumannhaus einen festen Platz im Tourismuskonzept Bonns. In dieser Anstalt verbrachte Robert Schumann zwei Jahre, bis er am 29. Juli 1856 starb. Clara überlebte ihren Mann um 40 Jahre. Ihr gemeinsames Grab auf dem Alten Friedhof (unten) erinnert an die Tragödie eines musikalischen Genies.

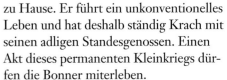

Sternstunde des „Tollen Bomberg"

Hans Albers als Bomberg.

Im Westfälischen sorgt in der zweiten Hälfte des Jahrhunderts ein Mann für Aufsehen, den alle den „Tollen Bomberg" nennen. Eigentlich heißt er Gisbert Freiherr von Romberg und ist auf Schloss Buldern bei Münster zu Hause. Er führt ein unkonventionelles Leben und hat deshalb ständig Krach mit seinen adligen Standesgenossen. Einen Akt dieses permanenten Kleinkriegs dürfen die Bonner miterleben. Schauplatz war das „Sternhotel" (oben) am Markt. Hier wollten die blaublütigen Herrschaften aus Westfalen ganz groß ihren Adelstag feiern, den „Tollen Bomberg" aber hatten sie nicht eingeladen. Als der über seine Verbindungsmänner davon erfuhr, setzte er sich unverzüglich in den Zug, fuhr mit einer dicken Brieftasche nach Bonn und kaufte das Hotel - dazu einige gut gebaute Muskelmänner. Als die Grafen, Barone und Freiherren dann eintrafen, erlebten sie ihr blaues Wunder. Einer nach dem anderen wurde von der Rausschmeißerkolonne beim Kragen gepackt und zur Tür hinausbefördert...

Robert und Clara Schumann

Schumannhaus in Endenich.

Den Grundstein legte ein Unruhegeist, dessen geheimer „Deutscher Bund" Deutschland befreien und einigen wollte: Friedrich Ludwig Jahn (Foto) organisierte 1811 auf der Berliner Hasenheide das erste öffentliche Turnen als „patriotische Erziehung zur Vorbereitung auf den Befreiungskrieg", aus dem das heute riesige Spektrum sportlicher Disziplinen wachsen sollte. Was den Turnvater umtrieb, erfreute die Obrigkeit keineswegs. Das nach-napoleonische Deutschland reagierte in den Karlsbader Beschlüssen auf die wachsende „Bewegung zur körperlichen Ertüchtigung" mit der Schließung der Turnplätze - ab 1820 faktisch mit dem Verbot des öffentlichen Turnens in den meisten Kleinstaaten Deutschlands. Erst 1842 hob König Friedrich Wilhelm IV. von Preußen die „Turnsperre" auf. Schon wenige Jahre später wurden die deutschen Turner erneut eingeschränkt, da sich zahlreiche Sportler an den Aktivitäten und Aufständen der Deutschen Revolution 1848/49 beteiligten. Viele der neu gegründeten Vereine wurden nun polizeilich überwacht oder sogar aufgelöst. So musste auch ein 1848 gegründeter „Bonner Turn-Verein" Ende 1850 die Auflösung über sich ergehen lassen. Die Bonner hatten im 19. Jahrhundert die Gründung von Turn- und Sportvereinigungen erlebt. Begann es zunächst mit der Etablierung von Turnvereinen, folgte dann in der Stadt und dem Umland die Gründung von Ruder-, Radsport- und Wandervereinen.

Auf Turnvaters Spuren: Leibes-Übungen an der Cölner Chaussee

Das Jahr 1860 markiert einen Neuanfang im Bonner Sport. In der Zeitung wird im April 1860 zu einer Versammlung *„behufs Gründung eines Turnvereins"* eingeladen. Am 7. Mai 1860 ist es dann so weit: der „Bonner Turnverein 1860 e. V." wird gegründet und beginnt auf seinem Turnplatz an der Cölner Chaussee (heute: Kölnstraße) mit den Leibes-Übungen. Bereits im Jahr 1872 ist der Bonner TV Ausrichter des 4. Deutschen Turnfestes, an dem mehr als 3.700 Athleten teilnehmen und bei tagelangem Dauerregen auf dem Venusberg ihre Übungen zeigen. Der 21. Januar 1888 ist das Gründungsdatum des im „Locale der Frau Wilh. Schumacher" (Vorläufer des Restaurants „Zur Lindenwirtin Aennchen") durch zwölf Männer

Erinnerungsblatt zum Deutschen Turnfest 1872 in Bonn.

Pioniere auf dem Wasser: eine Mannschaft des „Bonner Ruder-Vereins 1882 e. V." im Jahr 1884.

ins Leben gerufenen „Godesberger Turnvereins 1888 e. V.". In der ersten Satzung des GTV wird die *„körperliche Kräftigung"* als Ziel der Turnkunst festgelegt. Angesichts der steigenden Nachfrage entsteht im Herbst 1894 mit dem „Allgemeinen Turnverein 1894 e. V." ein weiterer Turnverein in Bonn, dem am 2. September 1897 im Rheingoldsaal in Beuel die Gründung des „Beueler Turnvereins 1897 e. V." folgt.

Nachdem britische Kaufleute 1836 in Hamburg die

ins Leben gerufenen „Godesberger Turnvereins 1888 e. V.". In der ersten Satzung des GTV wird die *„körperliche Kräftigung"* als Ziel der Turnkunst festgelegt. Angesichts der steigenden Nachfrage entsteht im Herbst 1894 mit dem „Allgemeinen Turnverein 1894 e. V."

Gründung des ersten deutschen Ruderclubs angeregt hatten, dauerte es fast drei Jahrzehnte, bis sich auch in Bonn der Rudersport organisierte. Um 1865 waren Beueler Fischer und Schiffer dazu übergegangen, neben ihrem Beruf auch das sportliche Rudern zu pflegen. Nach und nach kamen einige Bonner dazu, sodass sich die Gemeinschaft „Beuel-Bonner-Ruderclub" nannte. Die Auflösung des ersten Ruderclubs in Bonn war einer der Anstöße für die am 16. September 1882 erfolgte Gründung des „Bonner Ruder-Vereins 1882 e. V.". Daneben konstituierte sich am 1. Mai 1890 der „Akademische Ruder-Club ‚Rhenus' Bonn" als erster studentischer Ruderverein in Deutschland - wodurch Bonn als „deutsches Oxford" in die Sporthistorie einging.

Im Jahr 1882 eine weitere Neuerung: Zwölf britische Studenten begeistern die Bonner für das Radfahren als Sport. Nur ein Jahr später, am 31. Oktober 1883, gründen dann ebenfalls zwölf Sportler - dieses Mal Bonner - mit dem „Bicycle-Club" den ersten westdeutschen Radfahrverein. Sie lösen damit die Initialzündung zur Entwicklung des Radsports im Rheinland aus.

Gründungsmitglieder des am 31. Oktober 1883 in Bonn ins Leben gerufenen „Bicycle-Clubs".

Am 17. Februar 1884 rufen Bonner Alpenwanderer eine Sektion des „Deutschen und Oesterreichischen Alpenvereins" ins Leben, die sich fortan vor allem dem Schutz der alpinen Landschaft in ihrer Ursprünglichkeit widmet. Bereits am 22. August 1897 weihen sie in 2.360 Metern Höhe die von der Sektion Bonn unterhaltene „Bonner Hütte" am Toblacher Pfannhorn in Südtirol ein.
Im Jahr 1889 erwirbt der zehn Jahre zuvor gegründete „Bonner Eisclub e. V." einen 30.000 Quadratmeter großen Platz an der Reuterstraße, der im Winter zum Eislau-

fen und im Sommer zum Radfahren dient. Bereits 1893 steht hier ein internationales Radrennen an, 1895 und 1905 erlebte das Publikum Deutsche und Europameisterschaften im Kunst- und Eisschnelllauf. Am 31. März 1911 löst sich der Eisclub auf und schenkt seine Anlage samt Clubhaus der Stadt mit der Auflage, auch künftig in Bonn den Eissport zu ermöglichen. Ein Jahrhundert ist seitdem vergangen - und die Stadt hat dieses Versprechen nicht eingelöst …
Um die Wende vom 19. zum 20. Jahrhundert durchlebt der Sport einen tiefgreifenden Wandel. Einerseits sind Frauen zunächst vom offiziellen Sportbetrieb weitgehend ausgeschlossen, die Emanzipationsbewegung erstreitet jedoch in jahrzehntelangen Auseinandersetzungen nach und nach das Teilnahmerecht an Sportwettkämpfen. Andererseits orientiert sich der Sport mit seinem Rekord-, Leistungs- und Konkurrenzprinzip zunehmend an den Werten der Arbeitswelt. Maßgeblich dazu bei trägt die vom französischen Baron Pierre de Coubertin initiierte Einführung der Olympischen Spiele der Neuzeit, seit 1896 in Athen (Sommerspiele) - bis

Vielfältig genutzt: der Sportplatz des „Bonner Eisclubs e. V." an der Reuterstraße.

auf kriegsbedingte Ausfälle (1916, 1940 und 1944) - alle vier Jahre. Allmählich werden sportliche Wettkämpfe national wie international (kontinental wie weltweit) zu einem „Gradmesser nationaler Tüchtigkeit", sodass sportliche Erfolge von der Politik gefördert und gefordert werden. Dies bleibt auch für die Sporttreibenden in Bonn nicht ohne Folgen: Vermehrt beteiligen sich Sportlerinnen und Sportler aus Bonn an den Meisterschaften auf den verschiedenen Ebenen.
Jahre später sollte sich die am 3. Februar 1905 erfolgte Gründung des „Bonner Schwimmvereins", dem Vorläufer der „Schwimm- und Sportfreunde Bonn 1905 e. V.", auszahlen. Anlässlich der Olympischen Spiele 1936 in Berlin erringt die dem Verein angehörende Schwimmerin

Helene Magdalena („Leni") Lohmar (links hinten) vom „Bonner Schwimmverein" gewinnt bei den Olympischen Spielen 1936 in Berlin in der 4x100-Meter-Freistilstaffel für Deutschland die Silbermedaille.

Die Wasserballmannschaft des 1905 gegründeten „Bonner Schwimmvereins" zählte vor dem Ersten Weltkrieg zu den besten Mannschaften in Deutschland.

Helene Magdalena („Leni") Lohmar in der 4x100-Meter-Freistilstaffel für Deutschland die Silbermedaille.
Eine weitere Sportart beginnt um die Jahrhundertwende auch in Bonn Fuß zu fassen: der Fußball. Doch anders als in anderen Städten lernt der Fußball hier nur langsam und dann auch nicht sehr schnell laufen. Die erfolgreiche Zeit, wenn davon überhaupt gesprochen werden kann, beginnt erst nach dem Zweiten Weltkrieg. Wie alle gesellschaftlichen Bereiche wird auch der Sport nach der Machtübernahme der Nationalsozialisten am 30. Januar 1933 deutschlandweit „gleichgeschaltet". Spätestens mit Beginn der Kämpfe des Zweiten Weltkrieges in Deutschland kommen auch in Bonn nahezu alle Sportveranstaltungen zum Erliegen.

Wacht am Rhein? Dann lieber Pützchens Markt!

Wie ein Lauffeuer verbreitet sich im Sommer 1870 die Nachricht: Es ist Krieg! Wieder einmal Krieg und wieder mit Frankreich. Doch anders als sonst löst die Aussicht auf zerstörte Städte und verwüstete Landschaften in der Bevölkerung keine großen Ängste aus. Im Gegenteil: Die Bonner reagieren mit spontaner Begeisterung. Zumindest die meisten, denn sie vertrauen auf die legendäre „Wacht am Rhein" und sind überzeugt, dass das Kriegselend allein den „welschen Feind" treffen würde.

Die Stimmung in der Stadt gibt die Bonner Tageszeitung so wieder: *Hunderte Studenten und Söhne hiesiger Bürger ließen aus den jugendlich frischen Kehlen unsere prächtigen Nationallieder laut in die schöne Mondnacht hinausschallen.*"

Nur wenige blieben skeptisch. Solange es an den Grenzen keine Erfolge gab, war immer ein französischer Vorstoß zum Rhein möglich. Etliche Bonner brachten ihre Wertsachen noch schnell in Sicherheit. Andere machten sich Sorgen, weil ihre Verdienstmöglichkeiten wegbrachen. Besonders auf der Schäl Sick. Weil Kirmesveranstaltungen und andere Lustbarkeiten verboten waren, sollte auch Pützchens Markt ausfallen. Für die Beueler war das undenkbar!

Zum Glück trafen schon bald Nachrichten von den ersten deutschen Siegen ein. Die Beueler werteten das als Fingerzeig. Wacht am Rhein? Schön und gut, aber Pützchens Markt ging vor. Und so feierten sie ihre Kirmes auch 1870 wie immer.

Auf der anderen Rheinseite feierte die Bevölkerung indes König Wilhelm I. und Kanzler Bismarck. Begleitet vom Kriegsminister Roon und Generalstabschef Moltke nahmen sich die bedeutendsten Männer Preußens Zeit für eine kurze Stippvisite bei „ihren" Rheinländern.

Den Höhepunkt erreichte die nationale Begeisterung, als das Bonner Husarenregiment ins Feld zog. Im Volksmund hießen sie die „Lehm-op-Husaren" - offiziell Königliches Husaren-Regiment Nr.7. Ursprünglich in Westpreußen stationiert, kamen des Königs Reiter 1852 nach Bonn, wo sie in der Welschnonnenkaserne und der Kaserne am Sterntor Quartier bezogen. Ihr ungewöhnlicher Name hat eine simple Geschichte. Auf dem Weg zum Exerzierplatz in der Düne von Tannenbusch kamen die Soldaten täglich an Ziegeleien vorbei, wo die Arbeiter mit den Worten „Lehm op" bei ihren Gehilfen neuen Lehm anforderten. Den Husaren war der Befehl schließlich so vertraut, dass sie ihn als Schlachtruf übernahmen, als sie sich bei Gravelotte, Metz und anderswo ins Kampfgetümmel stürzten.

Das Interesse der Bonner am Kriegsgeschehen ließ abrupt nach, als beim 1. Vatikanischen Konzil die Unfehlbarkeit des Papstes verkündet wurde. Der Streit, der daraufhin entbrannte, war den Bonnern wichtiger als das Kriegs-

Die „Lehm-op-Husaren" waren in den Jahren vor und nach dem Deutsch-Französischen Krieg der Stolz der Bonner Patrioten.

geschehen. Aber nur kurzzeitig, denn mit dem Sturz Napoleons III. flackerte die nationale Begeisterung wieder auf. In den folgenden Monaten musste die Stadt große Anstrengungen unternehmen, um Verwundete zu betreuen und Platz für Gefangene zu schaffen. Nicht weniger als fünf neue Lazarette wurden aus dem Boden gestampft. 2.000 gefangene Offiziere mussten untergebracht werden. Einer davon war der ehemalige Kriegsminister Leboeuf.

Begeistert waren die Bonner in den Krieg gezogen und als er gewonnen war, waren sie es immer noch. Am 22. März 1871 sang das Volk beim Friedensfest in der Beethovenhalle aus voller Kehle: „Heil dir im Siegerkranz."

Preußens Gloria auch über den Tod hinaus: Ein typisches Ehrenmal für die Gefallenen des Krieges steht am Rhein in Beuel.

König Wilhelm I.

Ein Akt mit Symbolwert: Nach der verlorenen Schlacht von Sedan übergibt Frankreichs Kaiser Napoleon III. seinen Degen an den Preußenkönig Wilhelm.

Die preußische Armee greift an. Gemälde wie dieses waren in den Jahren nach dem Deutsch-Französischen Krieg im gesamten Reich äußerst beliebt.

Kaufmann contra Bismarck: Majestät feuert den OB

Nichts hat das Verhältnis zwischen Rheinländern und Preußen so nachhaltig getrübt wie der Kulturkampf in den 70er- und 80er-Jahren, als Reichskanzler Otto von Bismarck mit allen Mitteln versucht, den politischen Katholizismus in die Knie zu zwingen. Die Jesuiten müssen Bonn verlassen, Geistliche werden ausgewiesen, es kommt zu Engpässen in der Seelsorge. In der zu 80 Prozent katholischen Stadt ist die Empörung groß.

Als Höhepunkt der Auseinandersetzung zwischen Staat und Kirche gilt die Affäre Kaufmann im Jahr 1875. Leopold Kaufmann war

Karikatur aus dem „Kladderadatsch": Papst Leo III. und Reichskanzler Otto von Bismarck - wer küsst wem den Fuß?

amtierender Oberbürgermeister. Und das schon seit 1851. Er hatte sein Amt umsichtig und gut versehen, und der Stadtrat wählte ihn 1875 einstimmig wieder. Das war schon deshalb bemerkenswert, weil Kaufmann sich als kämpferischer Katholik einen Namen gemacht hatte, während im Rat die Liberalen die Mehrheit bildeten. Leopold Kaufmann bewies stets Loyalität gegenüber dem Staat, obwohl er die Maßnahmen Bismarcks gegen die Kirche nicht für richtig hielt. Seine skeptische Einstellung war in Berlin nicht verborgen geblieben. Es kam, wie es kommen musste: Majestät versagte dem alten und neuen Stadtoberhaupt seine königliche Bestätigung und beendete abrupt Kaufmanns Karriere in Bonn. Die Wellen der Empörung gingen hoch, doch am Wort des Königs gab es nichts zu rütteln. Der geschasste OB suchte sich indes ein andere Betätigungsfeld. Als Mitglied der Zentrumspartei im Preußischen Abgeordnetenhaus kämpfte er noch bis 1887 mit großem Engagement für die Belange des politischen Katholizismus.

Die Zeit des Kulturkampfes charakterisiert ein anderes Ereignis, das die Bonner Katholiken vor eine Zerreißprobe stellt. Seit dem Ende des 1. Vatikanischen Konzils 1870 ist die Unfehlbarkeit des Papstes in Sachen des Glau-

OB Leopold Kaufmann

bens und der Moral unumstößliches Dogma. Aber längst nicht alle wollen sich damit abfinden. Der damalige Regierungspräsident stellt fest, dass es vor allem unter dem „gebildeten Teil der katholischen Bevölkerung" zu heftigen Kontroversen gekommen ist. Zentrum der Opposition gegen Rom ist die katholische Fakultät der Universität.

Die große Mehrheit der Bonner Katholiken akzeptierte letztendlich die vatikanischen Beschlüsse. Die anderen schlossen sich zur Altkatholischen Kirche zusammen. Ihr erster Bischof wurde Josef Hubert Reinkens, ein Theologieprofessor aus Breslau. Der verlegte seinen Amtssitz nach Bonn und dabei ist es bis heute geblieben. Erst 2010 hat das Land Nordrhein Westfalen die Namen-Jesu-Kirche in der Bonngasse den Altkatholiken als künftige Bischofskirche überlassen.

Während sich im ausgehenden 19. Jahrhundert Staat und Kirche heftig befehdeten, boomte der Kirchenbau im Reich. Neugotische und neuromanische Gotteshäuser waren groß in Mode. Die evangelische Gemeinde Bonn hatte vorgelegt. 1871 wurde nach fünfjähriger Bauzeit die repräsentative Kreuzkirche eingeweiht. Das bedeutendstes Projekt der Katholiken in diesen Jahren war die Stiftskirche,

Josef Hubert Reinkens war erster Bischof der Altkatholiken in Bonn.

Die evangelische Kreuzkirche am Kaiserplatz.

die 1886 fertiggestellt wurde. Aufwind verspürt auch die jüdische Gemeinde, die erstmals um 1100 in Bonn nachgewiesen ist. Mit der rechtlichen Gleichstellung 1869 scheint ihr langer Leidensweg endlich beendet.

Das neue Selbstbewusstsein spiegelt sich in der prächtigen Synagoge wider, die 1879 fertiggestellt wird. 1938 haben die Nazis sie niedergebrannt. Heute steht an ihrer Stelle das Hilton-Hotel.

Die 1879 fertiggestellte Synagoge: Beispiel für das neue Selbstbewusstsein der jüdischen Gemeinde Bonns.

Mehr als 100 Jahre Wohnkultur

1875 gründeten die irischen Immigranten James Arrott und Francis Torrance in Pittsburgh, Pennsylvania, ein Unternehmen, das gusseiserne Waschbecken, WCs und Badewannen produzierte. Damals dachte niemand daran, dass sich aus dieser kleinen Firma einmal ein weltweit bedeutendes Sanitärunternehmen entwickeln würde, dessen ursprünglicher Name „Standard Manufacturing Company" noch heute Bestandteil des Markennamens Ideal Standard ist. 1895 wagte der ambitionierte junge Manager Clarence Woolley den Sprung nach Europa und eröffnete die erste Niederlassung in London. Bereits 1901 wurde die „Nationale Radiator Gesellschaft" in Berlin gegründet. Damalige Produktpalette: gusseiserne Radiatoren sowie Gusskessel für den Wohnungsbau. Auch Küchenherde

Im zum Luxushotel Bryant Park umgebauten ehemaligen Hauptsitz von American Radiator in New York setzen speziell entworfene puristische Badobjekte Kontraste zum Art Deco.

Kleinkessel IDEAL 1·CF für Etagenheizung

Ideal-Kessel für Etagenheizung

zählten bereits zum Spektrum der Heizanlagenproduktion.
Der Einstieg in die Sanitärbranche folgte 1929 durch den Zusammenschluss der amerikanischen Muttergesellschaft mit der „Standard Sanitary Corporation" zur „American Radiator & Standard Sanitary Corporation". Deren deutsche Töchter - die 1901 gegründete „Nationale Radiator Gesellschaft" mit den Standorten Schönebeck, Berlin und Neuss sowie die Deutsche Standard GmbH von 1928, die ebenfalls in Neuss produzierte - fusionierten am 1. Januar 1930. Sie produzierten von nun an auch emaillierte Badewannen, Messingarmaturen und als technische Neuheit Sanitärkeramik - Waschtische, Bidets, Klosettkombinationen und Urinale - aus Kristallporzellan. Laut damaliger Beschreibung *„ein vollkommen undurchlässiges keramisches Material, das nicht nur gegen Stoß und Schlag, sondern auch gegen mechanische Einflüsse eine außerordentlich große Widerstandsfähigkeit besitzt. ... Da die Glasur auch gegen chemische Einwirkungen und sogar gegen starke Säuren unempfindlich bleibt, stellt 'Standard' Kristallporzellan die Höchstleistung der sanitären Erzeugnisse dar."*
Anlass für den Ausbau des Portfolios waren die veränderten Ansprüche an den Woh-

nungsbau. So boomten der Einbau von Badezimmern und die Modernisierung mit Zentralheizungen wie der „Narag-Heizung" (**Na**tionale **Ra**diator **G**esellschaft) mit Kessel im Keller, die gegenüber Kachelöfen den Vorteil von Heizkörpern in jedem Zimmer sowie Warmwasserversorgung bot.
Trotz der katastrophalen Schäden, die der Weltkrieg auch an den deutschen Produktionsstandorten in Schöneberg und Neuss am Rhein hinterlassen hatte, erreichte während des rasant wachsenden nationalen Wiederaufbaus 1950 die Produktionsleistung bereits wieder das Vorkriegsniveau.

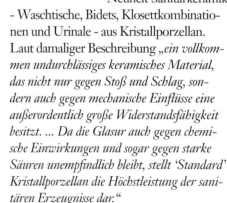

Clarence Mott Woolley, ab 1902 Präsident des Unternehmens. Unten: Standard Badezimmer in Kopenhagen Blau. 1932/33 standen auch „Isabellen Gelb", „Borgia Violett", Meer Grün" und „Ebenholz Schwarz" zur Auswahl.

STANDARD-WERKE NEUSS-RHEIN

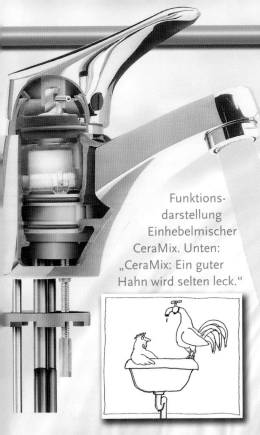

Funktions-
darstellung
Einhebelmischer
CeraMix. Unten:
„CeraMix: Ein guter
Hahn wird selten leck."

Im gleichen Zeitraum wurde die Nationale Radiatorgesellschaft umstrukturiert und firmiert seitdem als Ideal Standard GmbH.
Die sich verändernde politische Lage erforderte1956 die Verlegung des Firmen-

sitzes. Von Berlin siedelte das Unternehmen um in die Poppelsdorfer Allee 114 in Bonn, der neuen Hauptstadt der Republik. Diese gute Adresse im historischen Villenviertel musste aus Platzmangel 1972 aufgegeben werden.

Im repräsentativen Neubau in der Euskirchener Straße 80 schlägt bis heute das Herz der deutschen Ideal Standard-Organisation, die von hier aus das Unternehmen in den Bereichen Vertrieb, Marketing, Finanzen und Personalmanagement führt.

Die Ideal Standard Außendienstorganisation wird ebenso von hier aus geleitet wie der gesamte Kundendienst, der mit eigener Serviceorganisation von Bonn aus bundesweit agiert.

In Wittlich an der Mosel befindet sich eines der modernsten Armaturenwerke Europas. Hier produziert Ideal Standard auch unter anderem den bereits 1969 entwickelten und inzwischen zum Klassiker avancierten Einhebelmischer CeraMix, den ersten Einhebelmischer mit keramischen Dichtscheiben. Diese ermöglichen eine präzise Mischung von

Mit hochwertigen modernen Design-Badserien wie SimplyU kreiert Ideal Standard Bad-„Philosophien".

Links: Logo Ideal Standard in den 1950er-Jahren sowie das Verwaltungsgebäude in der Poppelsdorfer Allee 114.

Kalt- und Warmwasser, bieten optimale Resistenz gegen Kalkablagerungen und lösen zugleich ein nervtötendes Problem: das Tropfen des Wasserhahns.

Das zentrale Logistikzentrum hat seinen Sitz in Biessenhofen/ Allgäu. Von dort aus erfolgt die termingerechte Lieferung der Ware an Tausende von Kunden überall in Europa. Als Teil der Ideal Standard International mit Hauptsitz in Brüssel bietet Ideal Standard innovative, designorientierte Komplettlösungen für das Bad. Zum Sortiment zählen Sanitärkeramik, Badmöbel, Armaturen, Brausen sowie Bade- und Duschwannen aus Sanitäracryl für private, geschäftlich genutzte und öffentliche Gebäude. Das privat geführte Traditionsunternehmen, das als einziger Hersteller alle drei klassischen Produktbereiche für das Badezimmer - Armaturen, Keramikelemente und Acrylwannen -

sowie darüber hinaus auch Badmöbel, Accessoires und Küchenarmaturen in eigener Herstellung fertigt, beschäftigt heute weltweit rund 11.000 Mitarbeiter und ist in mehr als 20 Ländern aktiv.

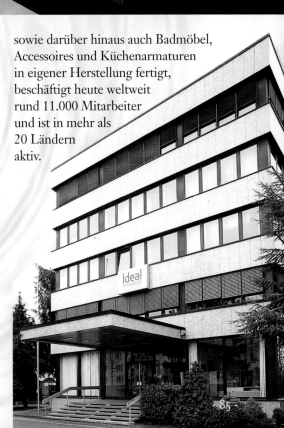

Nahverkehr vor dem historischen Rathaus.

Schlosser im SWB-Elektrizitätswerk anno 1929.

Leitungsbau für die Energieversorgung der Innenstadt.

727 Gaslaternen leuchten zum Start der Stadtwerke

Am Anfang war das Licht: 727 Gaslaternen markieren 1879 den Beginn der Unternehmensgeschichte der Stadtwerke Bonn (SWB). Heute setzen mehr als 300.000 Menschen in Bonn auf die Leistungen des kommunalen Unternehmens. Die Stadtwerke Bonn sorgen für Strom, Gas, Wasser, Wärme, Beleuchtung, und Nahverkehr mit Bussen und Bahnen.

Als das städtische Gaswerk in der Karlstraße unter städtischer Regie ans Netz ging, erhielten die Bonner eine bequeme Alternative zu Kerzen und Petroleumleuchte. 1.205 private Kunden vertrauten damals bereits auf den städtischen Betrieb. 20 Jahre später, am 11. Februar 1899, ging das erste Bonner Elektrizitätswerk in Betrieb - der Beginn der Bonner Stromversorgung. Die elektrische Beleuchtung des Straßenzuges vom Bahnhof zum Markt läutete zudem eine neue Ära der Straßenbeleuchtung ein. Nun sorgten neben zahlreichen Gaslaternen auch elektrische Lampen für warmes Licht in der Stadt. Und die städtische Stromversorgung brachte bald ganz Bonn und die Region in Bewegung. Strom wurde auch die Antriebskraft für den entstehenden Nahverkehr. Im April 1891 war mit der „Päädsbahn" der Nahverkehr ins Rollen gekommen. Die erste Bonner Straßenbahn wurde noch von Pferden gezogen. Die erste elektrische Straßenbahn startete erst kurz nach der Jahrhundertwende am 21. Mai 1902 zu ihrer Jungfernfahrt über die neue Rheinbrücke in Richtung Beuel. Sie war der Vorgänger der heutigen Linie 62. Alle Pferdebahnstrecken wurden bis 1909 auf Strombetrieb umgestellt. Mit Dieselkraft

Der Nahverkehr begann mit Pferdestärken.

und gummibereift erschloss ab 1925 die Bonner Verkehrsgesellschaft (BVG) das Umland. Die Idee: Das Bonner Umland näher an die Stadt anzuschließen - und zwar nicht durch ein öffentliches Verkehrsmittel auf Gleisen, sondern durch eines auf Reifen.

Der stetig steigende Strombedarf der Bundeshauptstadt stellt die Stadt vor eine große Herausforderung. 1951 fällen die Kommunalpolitiker den Entschluss, weiter in die stadteigene Stromerzeugung zu investieren. Das Bonner Elektrizitätswerk wird zu einem Heizkraftwerk umgebaut. Damit fiel gleichzeitig der Startschuss für eine Fernwärmeversorgung der Stadt, „Bonns größter Zentralheizung". Seit 1969 liefert auch das Heizkraftwerk Süd in der Christian-Miesen-Straße im Stadtteil Dottendorf Wärme und Strom in das städtische Verteilungsnetz. Beide SWB-Heizkraftwerke werden mit Erdgas befeuert und garantieren so umweltschonende Fernwärme- und Stromerzeugung. Seit 1992 macht zudem die Müllverwertungsanlage die Energie, die im Hausmüll steckt, für die Strom- und Wärmeproduktion im Heizkraftwerk Nord nutzbar. 1998 wird das Heizkraftwerk Nord

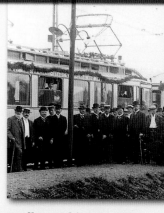

Eröffnungsfahrt der „Siegburger", September 1911.

Die Siebengebirgsbahn (1928) mit dem Drachenfels im Hintergrund.

Juni 2009: Spatenstich für das neue Kraftwerk.

modernisiert. Erdgas löst den Brennstoff Braunkohle ab. Und im Juni 2009 erfolgt der erste Spatenstich für den weiteren Ausbau. Künftig liefert allein dieses Kraftwerk mehr als die Hälfte des Bonner Strombedarfs und versorgt durch die Nutzung der hocheffizienten Kraft-Wärme-Kopplung weite Teile der Stadt mit Wärme.

„Im Fluge mit der neuen Elektrischen" für 40 Pfennig nach Siegburg

Frauen-Power 1914: Weil die Männer an der Front waren, übernahmen Frauen den Dienst im Nahverkehr.

Es war ein großes Spektakel am Dienstag, 5. September 1911. Ein geschmückter Festzug der ersten rechtsrheinischen Bahn startete gegen 16 Uhr von Bonn nach Siegburg - die „Linie S" war geboren, die erste regionale Bahnverbindung unter kommunaler Regie. Zahlreiche Prominenz aus Stadt und Landkreis hatte sich eingefunden, um die Jungfernfahrt des neuen Verkehrsmittels mitzuerleben. Auch viele Bonner waren zur Endhaltestelle an der Beethovenhalle geströmt, um die neue „Elektrische" aus nächster Nähe zu bestaunen. Nach dieser Jungfernfahrt konnten am Tag darauf die Menschen in Bonn endlich selbst den neuen Service erproben und sich ab jetzt jeden Tag von der „Siegburger" nach Bonn oder durch den Siegkreis kutschieren lassen. Einen knappen Monat später, am 18. Oktober 1911, folgte die kleine Schwester der Linie S auf die Schienen. Als „Linie H" verkehrte sie zunächst zwischen Bonn und Oberdollendorf und wurde später bis nach Bad Honnef weitergeführt. Die „Siegburger-Siebengebirgsbahn (SSB)" war geboren.

Die Strecke entlang des Rheins vorbei am Siebengebirge mit seinen vielen Publikumsmagneten wie Drachenfels oder Petersberg war bei den Fahrgästen äußerst beliebt. Kein Wunder: Ein Ausflug mit der „Siebengebirgsbahn" war eine kurzweilige Ablenkung zum arbeitsreichen Alltag. Auch der General-Anzeiger geriet anlässlich der Eröffnungsfahrt ins Schwärmen: *„Gestern und heute ist wieder ein neuer Weg zum Lande rheinischer Sehnsucht, zum Siebengebirge, eröffnet worden. [...] Die schönen, grünen Bergdome, die bei klarem Wetter so handgreiflich nah*

scheinen, sind tatsächlich nun auf 25 Minuten Zeit an uns herangerückt. Im Fluge wird uns die neue Elektrische nun hintragen."

Im ersten Betriebsjahr chauffierten die beiden rechtsrheinischen Bahnen 604.492 Personen und legten 213.024 Wagenkilometer zurück. Die strombetriebenen Kleinbahnen rollten zunächst einmal in der Stunde über die Strecke. Doch schon bald war der Andrang so groß, dass die SSB-Bahnen alle 30 Minuten von A nach B starteten. Eine Fahrt von Bonn nach Siegburg beziehungsweise Oberdollendorf kostete 40 Pfennig. Da es von Bonn aus über die Rheinbrücke ging, mussten die Fahrgäste zusätzlich ein Brückengeld von fünf Pfennig berappen.

Für die Fahrgäste zu Kaisers Zeiten galten indes strenge Regeln. So wies eine Dienstanweisung aus dem Jahr 1913 das Fahrpersonal an, genau darauf zu achten, wer für sich ein Plätzchen in den SSB-Bahnen beanspruchte: *„Verboten ist das Mitnehmen von Personen, die als Häftlinge erkenntlich sind, sowie von Leichen. Ebenso darf betrunkenen Personen oder solchen ekelerregenden Aussehens das Besteigen der Wagen nicht gestattet werden."* Zudem hatten sich die Passagiere an bestimmte Regeln zu halten. Schon damals sollte die volle Aufmerksamkeit des Fahrers der Strecke gelten und nicht durch einen Plausch abgelenkt werden, deshalb waren *„Anfragen der Fahrgäste höflich, aber kurz und sachgerecht zu beantworten. Redselige Fahrgäste sind in höflicher Weise auf das Verbot jeglicher unnötiger Unterhaltung hinzuweisen."* Auch für die Fahrer der SSB-Bahnen galt dieses Gebot der Ruhe während der Arbeitszeit: *„Den Fahrern ist es streng verboten, sich außerdienstlich mit dem Schaffner oder Straßenpassanten an den Haltestellen zu unterhalten. Alle unnötigen Redereien, lautes Rufen, Pfeifen und alles sonstige unnötige, nicht dienstliche Gebaren an den Haltestellen ist unter allen Umständen zu vermeiden."* Daneben mahnte die Dienstordnung die Schaffner an, ihre Aufmerksamkeit den Fahrgästen nicht über Gebühr zukommen zu lassen:

„Jedes belästigende und unnötige Anfassen der Fahrgäste während des Aus- und Einsteigens derselben ist verboten." Das Unternehmen meisterte auch die großen Herausforderungen der damaligen Zeit - egal wie kritisch die Lage war, die Bahnen fuhren weiter: Als der Betrieb während des Ersten Weltkrieges durch Personalmangel zusammenzubrechen drohte, stellte die Verkehrsgesellschaft kurzerhand Frauen ein, die als Schaffnerinnen oder Fahrerinnen ihren Mann standen.

Die 50er-Jahre bescherten dem Unternehmen eine ganz neue Herausforderung: Bonn war nun Bundeshauptstadt und dementsprechend schnellten die Fahrgastzahlen auf beiden Linien in die Höhe. Zum Vergleich: Ließen sich im Jahr 1938 noch rund 4,2 Millionen Fahrgäste von den SSB-Bahnen über die Schienen chauffieren, so waren es 1953 bereits rund 10,5 Millionen.

Ein weiterer Meilenstein: der Beginn der Stadtbahnära. Die ersten Bonner Stadtbahnen rollen seit 1975 auch unterirdisch (links). Die kleine Zeitreise zurück zu der Geburtsstunde von „Siegburger" und „Siebengebirgsbahn" zeugt von der langen Tradition der dynamischen Partnerschaft zwischen den Stadtwerken Bonn (SWB) und dem Rhein-Sieg-Kreis. Zwischen dem ICE-Bahnhof in Siegburg, Sankt Augustin, Bonn, Königswinter und Bad Honnef fahren heute unter der Regie von SWB Bus und Bahn die Stadtbahnzüge der Linie 66. Die Stadtbahnlinie ist damit die traditionsreichste Nahverkehrsverbindung der Region.

Carmen Sylva: Dichterin auf dem Königsthron

Keine Frage, Bonn hat das gewisse Etwas. Bonn hat ein geheimnisvolles Flair, das seit je Dichter und Denker anzieht wie die Motten das Licht. Was ist es, das die Stadt so unwiderstehlich macht? Auf diese Frage wird man viele Antworten bekommen. Bemerkenswert, was eine junge Frau 1884 zu diesem Thema zu sagen hatte. Sie sagte in Versform und widmete das Gedicht der Stadt Bonn. Keine große Kunst, aber Ausdruck für das Lebensgefühl in der aufblühenden Universitätsstadt:

Wenn nur der Rhein nicht wär'
Und der Sonnenschein
So strahlend darüber her
Und der goldene Wein.

Und die Sieben Berge nicht
Und der Alte Zoll
Und die Schifflein im Angesicht
Mit den Segeln voll.

Und die Mägdlein so wundernett
Und der Rundgesang
Und der Morgen so schön im Bett
Und der Tag so lang.

Ach! Wie studierten wir
So gar fleißig jus!
Rhein, Rhein! Es liegt an dir,
Dass man bummeln muss.

Der Rhein also ist schuld am süßen Leben der Studenten. Das behauptet jedenfalls die populäre Dichterin Carmen Sylva. Carmen Sylva - der Name klingt wie Musik. Es ist ein Künstlername. Wörtlich

übersetzt bedeutet er „Waldlied". Die Frau, die sich dieses Pseudonym zulegte, war nicht irgendwer. Es war Elisabeth, die Prinzessin von Wied und spätere Königin von Rumänien. Zu Bonn hatte die Monarchin immer ein sehr enges Verhältnis. 1843 in Neuwied geboren, zog sie schon früh mit ihrer kranken Mutter und ihrem jüngeren Bruder nach Bonn. Hier erhoffte sich die Fürstin Linderung ihrer Leiden durch die renommierten Medizinprofessoren der Universität. Zwei Jahre lang lebte die fürstliche Familie in der „Vinea Domini", einen kurfürstlichen Lustschlösschen unmittelbar am Rhein, wo heute das Beethovengymnasium steht. Von den lauen Sommerabenden auf der

Elisabeth von Wied - bekannt als Carmen Sylva.

Terrasse hat Elisabeth ihr Leben lang geschwärmt. Vielleicht waren es gerade diese Kindheitserinnerungen, die sie später, auch als Königin von Rumänien, immer wieder an den Rhein nach Bonn zurückzogen. Die „Vinea Domini" wurde durch die Fürstin von Wied vorübergehend ein angesagter Treffpunkt für die Prominenz vor Ort. Ernst Moritz Arndt, der quasi ein Nachbar war, kam häufig zu Besuch. Auch der spätere Kaiser Friedrich III. war ein gern gesehener Gast bei den berühmten Musik- und Theaterabenden der Fürstin.

Musikabende waren in der Bildungsgesellschaft des 19. Jahrhunderts sehr beliebt.

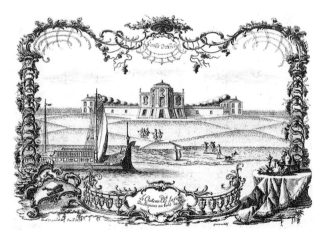

Die Vinea Domini, ein Lustschlösschen der Kurfürsten, war Elisabeth als Mädchen zur zweiten Heimat geworden.

Hoch über Neuwied haben sich die Fürsten von Wied ihren Sommersitz Monrepos bauen lassen. Das Prinzessinnenhaus, wo auch Elisabeth oft wohnte, ist heute ein Museum für eiszeitliche Archäologie.

Kaiser Friedrich III.

1870 heiratete Elisabeth den Fürsten Karl von Hohenzollern-Sigmaringen, der kurz darauf unter dem Namen Karl I. König von Rumänien wurde. In der neuen Heimat entdeckte Elisabeth dann ihre Liebe zur rumänischen Literatur. Sie übersetzte Volksmärchen ins Deutsche und schuf selbst mehr als 50 Werke. Die Universitäten Petersburg und Budapest verliehen ihr die Doktorwürde. Auch von der Académie Francaise wurde sie hoch dekoriert.

Ihr Ruhm als Dichterkönigin und ihre Aufgaben als Landesmutter hinderten Elisabeth nicht daran, auch im Alter immer wieder nach Bonn zurückzukehren, wo sie die schönsten Jahre ihres Lebens verbracht hatte.

Fortschritt, Pferdebahn, Fabriken - nein Danke?

Als nach dem Deutsch-Französischen Krieg überall im Land die Wirtschaft boomt, halten sich die Bonner vornehm zurück. „Industrie? Brauchen wir nicht." Das ist die gängige Auffassung bei den Herren, die in der Stadt das Sagen haben. Bis dahin haben sich lediglich zwei nennenswerte Fabriken etabliert: Die Weerth'sche Textilfabrik und die Poppelsdorfer Steingutfabrik. Das reicht den Lokalpolitikern - mehr wollen sie gar nicht.

Von Oberbürgermeister Kaufmann stammt die bemerkenswerte Analyse: *„Unsere Stadt ist mehr darauf angelegt, in*

Die Eisengießerei Mönkenmöller blieb eine Ausnahme: Schwerindustrie spielte in Bonn kaum eine Rolle. Unten die Steingutfabrik Mehlem am Rheinufer.

dem weit verbreiteten Ruf unserer Hochschule und in den verschiedenen Annehmlichkeiten des Lebens, welche die reizende Lage und die geistigen Genüsse der Kunst und Wissenschaft bereiten, die Quelle ihres Wohlstands zu finden, als in der Entwicklung einer großartigen industriellen Tätigkeit."

Mit anderen Worten: Die Bonner waren nicht interessiert an Arbeitsplätzen für die Armen, sondern wollten Leute mit dicker Brieftasche anlocken, Zielgruppe Rentner und Touristen. Im Prinzip funktionierte das auch. Um 1900 war Bonn eine der reichsten Städte Preußens. Es wimmelte nur so von Millionären.

Noch industriefeindlicher zeigten sich die Godesberger. Sogar kurz vor dem Ersten Weltkrieg prahlte ein Bürgermeister noch damit, dass es in seiner Amtszeit keinem Unternehmen gelungen war, in der piekfeinen Badestadt Fuß zu fassen…

So kam die ohnehin bescheidene Industrialisierung nur schwer in Schwung. Als einziges größeres Unternehmen hatte sich die Steingutfabrik Franz Anton Mehlem angesiedelt - unmittelbar am Rhein, wo später das Auswärtige Amt und das Postministerium entstehen sollten. Verkaufsschlager waren Hygiene-Artikel.

Zwar waren auch die Jutespinnerei in Kessenich und die Steingutfabrik Wessel in Poppelsdorf und enstanden, aber beide Orte gehörten noch nicht zu Bonn. Steingutfabriken galten ohnehin als altmodisch mit ihren Wurzeln in der Zeit des Kurfürsten Clemens August, der liebend gern das Geheimnis des Porzellans

ergründet hätte. Ein typisches Unternehmen der „Gründerzeit" nach 1870 war dagegen die Firma Soennecken. Sie produzierte zunächst an der Reuterstraße, dann an der Kirschallee Bürowaren und erlebte bis zum Ausbruch des Weltkriegs ihre größte Blüte.

Aufs Engste verbunden mit der wirtschaftlichen Entwicklung ist der Ausbau der Transportwege. Seit 1844 können die Bonner mit der Eisenbahn nach Köln

Bonner Bahnhof - heiß geliebt

Über ihren ersten Bahnhof konnten sich die Bonner schon 1844 freuen, doch zu Weltruhm kam erst das neue Empfangsgebäude, das in den Jahren 1883 bis -84 gebaut wurde und heute unter Denkmalschutz steht. Weltruhm nicht deshalb, weil hier in den ersten Jahren der Bundesrepublik noch für viele Staatsgäste der rote Teppich ausgerollt wurde. Der eigentliche Grund für seine Popularität ist die Tatsache, dass der Bonner Bahnhof seit den 80er-Jahren als Bausatz erhältlich ist und von unzähligen Modelleisenbahnern heiß geliebt wird.

Die Firma Soennecken entstand in der Gründerzeit und produzierte Büroartikel.

fahren. Gleichzeitig wird der erste Bonner Bahnhof auf der Westseite der Stadt dicht bei der Poppelsdorfer Allee eingeweiht. Seit 1858 erreicht die Eisenbahn auch Koblenz; ab 1870 transportiert die Trajektfähre komplette Züge über den Rhein nach Oberkassel, wo inzwischen auch ein Gleis nach Neuwied in Betrieb ist.

Um den innerstädtischen Verkehr kümmert sich die Gesellschaft „Bonner Straßenbahnen". Ihr ganzer Stolz ist 1891 die Pferdebahn. Zwei Linien nimmt das Unternehmen in Betrieb: Eine von Kessenich nach Poppelsdorf, die andere von der Heerstraße zum Palais Schaumburg. Dreh- und Angelpunkt ist der Markt, doch bald auch der Friedensplatz. Von hier stampft seit 1898 der „Feurige Elias" in die Dörfer am Vorgebirge. Die Ära der Dampfloks hat begonnen.

Die Pferdebahn war 1891 ein Fortschritt für den innerstädtischen Verkehr.

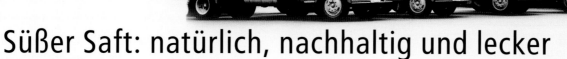

Gründer
Josef Schmitz

Süßer Saft: natürlich, nachhaltig und lecker

„Kraut und Rüben haben mich vertrieben. Hätt' die Mutter Fleisch gekocht, so wär ich länger blieben", so das Zitat aus der ältesten Fassung des Dr. Faustus im 16. Jahrhundert. Doch die Ursprünge der Rübe reichen sogar in die frühgeschichtliche Zeit zurück: Seit etwa 1.000 v. Chr. gelten weiße und rote Rüben im Mittelmeerraum als bekannt. Und der griechische Dichter Aristophanes (455 bis 388?) erklärt die Rübe als alltägliche Marktware zum „ge-wöhnlichen Gemüse". Doch so gewöhnlich kann sie gar nicht sein: Um die heilende Wirkung und medizinische Bedeutung weiß schon Aristophanes Zeitgenosse, der legendäre griechische Arzt Hippokrates. Dessen Schüler benutzen den süßen Saft der Rübe sogar schon anstelle von Honig. Ob als Gartenpflanze um 200 v. Chr. in Italien zubereitet als „gemeine" Speise für die kleinen Leute oder um 222 auch als kulinarische Leckerei für den anspruchsvollen Gaumen der Römer entdeckt: Schon lange vor der Kartoffel ist die Rübe als Grund-nahrungsmittel vor allem für die unteren Volksschichten etabliert - auch bei den Germanen. So zählt die Rübe zum festen Bestandteil der Klostergärten des frühen Mittelalters. Zu dieser Zeit ist erstmals die Verwendung von Rübensaft mit Honig - also Sirup - als Heilmittel gegen Katarrhe vermerkt. 1747 schließlich entdeckt Andreas Sigismund Markgraf, Apotheker und Direktor der Mathematisch-Physikalischen Abteilung der Akademie der Wissenschaften in Berlin, dass Rüben kristallinen Zucker enthalten wie er sich bis dato nur aus Zuckerrohr gewinnen ließ. Nach und nach beginnt in Schlesien ab 1801 die Zucker-herstellung aus der „Halberstädter Mangoldrübe" - bekannt als „Zuckerrübe". Registriert wird auch die Herstellung von Rübensirup („Rübenkraut"). Erste Sirupfabriken entstehen.

Die Nachfrage steigt und so nimmt Josef Schmitz in seiner 1893 in Meckenheim gegründeten Feldbrandziegelei als Nebenbetrieb die Fabrikation von Zuckerrüben-sirup auf. Die Produktion der rötlich-braunen Masse erfolgt durch Einkochen der Rüben, anschließendem Pressen (mechanisch oder per Hand) sowie stundenlangem Kochen unter ständigem Rühren. Da der Sirup in Holzfässern verkauft wird, produziert Grafschafter von 1921 bis 1955 zudem die passenden Behältnisse in einer eigenen Fassfabrik.

Unter der Leitung von Albert Schmitz wird die Rübenkrautproduktion ausgebaut. Kurz nach dem Zweiten Weltkrieg entwickelt diese sich zum Schwerpunkt des Unternehmens, das 1953 sein bis heute bekanntes Markenzeichen - den „Gelben Becher" - präsentiert. Diesen ziert damals der Spruch:
„Grafschafter Goldsaft, ganz Natur:
Von Chemikalien keine Spur.
Ein Brotaufstrich, der sehr gesund
und süß auch für den Kindermund".

In den 70er-Jahren erweitert Dr. Ernst Franceschini die Produktpalette um weitere regionale, naturbelassene Spezialitäten. „Natürlichkeit und Nachhaltigkeit spielen für uns seit Beginn an eine bedeutende Rolle. ... Seit jeher beziehen wir Zuckerrüben nur von Ernteflächen, die höchstens 30 Kilometer vom Werk entfernt liegen", so Stefan Franceschini, Geschäftsführer der Grafschafter Krautfabrik in vierter Generation. Dadurch entsteht eine Spezialität zu 100 Prozent aus der Region, gefertigt von Menschen der Region in einem Unternehmen, das seit mehr als 100 Jahren zu seinen Wurzeln steht. Passend präsentiert sich der Markenclaim: „Grafschafter. So ist unsere Natur".

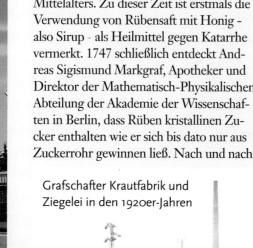

Grafschafter Krautfabrik und Ziegelei in den 1920er-Jahren

Rübenpresse

1950er-Jahre: innovativer Becher aus paraphiniertem Hartkarton

Becher in 2010: umweltfreundlich aus Karton-verbundmaterial

2.000 Jahre nach Drusus endlich eine neue Brücke

Bombastisch ist das Brückentor des Jahrhundertbauwerks ausgefallen.

Die alte Gierponte tat bis zur Einweihung der Brücke 1898 ihren Dienst.

Eine Dampfstraßenbahn verband Bonn mit Mehlem.

Eine Brücke über den Rhein... Vor 2.000 Jahren gab's das schon einmal, aber dann nicht wieder. Der römische Feldherr Drusus hatte im Jahr 11 vor Christus zu ersten Mal den Strom mit einer hölzernen Konstruktion überspannen lassen. Irgendwann hat der Rhein sie weggerissen und seitdem ging's nur noch mit dem Bötchen von einem Ufer zum anderen.

Am Ende des 19. Jahrhunderts, als die moderne Technik die alte Welt von Grund auf veränderte, waren die Bonner die mühselige und teilweise gefährliche Fahrerei mit der Fähre leid. Sie wollten endlich eine solide Brücke bauen. Doch bis dahin war es ein weiter Weg und so kümmerten sich die Stadtväter erst einmal um eine bessere Verbindung nach Bad Godesberg. Zwar gab es immer noch die alte Römerstraße (B9), aber in den modernen Zeiten wäre auch eine moderne Straßenbahn nicht übel gewesen. Dumm nur, dass der Landtag die Nutzung der Straße durch Bahnen untersagt hatte.

Die Bonner fanden schließlich einen Ausweg: Sie kippten den Godesberger Bach zu. Der war parallel zur antiken Römerstraße in Richtung Bonn geleitet worden, wo er zum Betrieb der Mühlen gebraucht wurde. Nun durfte er wieder auf kürzestem Weg in den Rhein fließen. Die Bonner füllten das alte Bachbett auf und gewannen so Platz für eine Bahntrasse. 1892 waren die Schienen ver-

legt und die erste Dampfstraßenbahn nahm ihren Betrieb nach Bad Godesberg auf. Damit sind aber nicht alle Probleme beseitigt. Die einflussreichen Villenbesitzer an der Koblenzer Straße (Adenaueralle) finden das qualmende Ungetüm nicht toll und setzen durch, dass die Linie am Palais Schaumburg gekappt wird. Von dort müssen die Passagiere mit der Pferdebahn weiter nach Bonn fahren. Erst 1896 folgt die Einigung auf eine Trasse über die Kaiserstraße zur Stadtmitte.

Inzwischen waren auch die Planungen für eine Rheinbrücke gereift. Die Zeit drängte, denn die Bonner sahen mit Sorge, dass sich die rechtsrheinischen Orte wegen der guten Eisenbahnverbindungen verstärkt nach Siegburg und Köln orientierten. Doch selbst jetzt zankten sie sich noch um den Standort. Die Meinungsverschiedenheiten waren so gravierend, dass sich die Gemeinde Vilich, zu der damals Beuel und die umliegenden Dörfer gehörten, von dem Projekt distanzierte und jede finanzielle Beteiligung ablehnte.

Da auch das Reich und die Provinz Zuschüsse verweigern, sieht es zeitweise schlecht aus für das Jahrhundertbauwerk. Doch jetzt packt die Bonner der Ehrgeiz. Durch eine Anleihe in Höhe von vier Millionen Mark und zusätzliche Einlagen engagierter Bürger kommen die nötigen Mittel endlich zusammen. Die Gutehoffnungshütte und die Berliner Firma Schneider übernehmen den Bau und am 17. Dezember 1898 wird die erste Bonner Rheinbrücke seit 2000 Jahren feierlich eingeweiht.

Sogar der Kaiser war eingeladen, ließ sich aber entschuldigen. Pech für ihn, denn so verpasste er der Spaß, den sich die Bonner ausgedacht hatten. Weil sich die Beueler nicht an den Kosten beteiligt hatten, reckte ihnen von einem der Pfeiler im Strom das bekannte Bröckemännchen sein blankes Hinterteil entgegen.

Ganz umsonst gab es die Brücke für die Beueler nicht. Um die Baukosten wenigstens teilweise wieder einzuspielen, musste jeder Passant ein Brückengeld bezahlen. Und das bis 1938...

Die erste Rheinbrücke seit 2.000 Jahren: Im Oktober 1896 wurde der Grundstein gelegt, im Dezember 1898 verpasste der Kaiser die Einweihung - und einen Spaß der Bonner.

Weltzeit

1800
In den USA beginnt die Serienproduktion von Feuerwaffen.

1814
Stephenson baut in England die erste Dampflokomotive.

1828
Reclam gründet seinen „low-cost paperback"-Buchverlag.

1838
Daguerre entwickelt ein erstes fotografisches Verfahren.

1848
Marx und Engels veröffentlichen in London „Das Kommunistische Manifest".

1859
Darwin veröffentlicht „Über die Entstehung der Arten".

1865
Busch veröffentlicht „Max und Moritz".

1867
Nobel lässt das Dynamit patentieren.

1871
In Afrika findet Stanley seinen vermissten Kollegen Livingstone.

1885
Benz baut einen dreirädrigen Kraftwagen, Daimler das erste Benzinmotorrad.

1895
In Paris und Berlin werden erste Filme gezeigt.

1898
Die österreichische Kaiserin „Sissi" Elisabeth wird in Genf ermordet.

1 Franz Klöckner (1873 bis 1925), 2 Hein A. Moeller (1882 bis 1962), 3 Gert Moeller (Unternehmensleitung 1963 bis 1998), 4 Theo Kubat (Chief Executive Officer Eaton Moeller bis 2008), 5 Richard Boulter (seit 2008 Senior Vice President & General Manager bei der Eaton Gruppe in Bonn)

Sitz der Eaton Gruppe, Hein-Moeller-Straße

Elektrisierende Erfindungen für effizientes Energiemanagement

Erst 26 Jahre alt ist Franz Klöckner, als er am 1. April 1899 sein Unternehmen „F. Klöckner, Ingenieur, Spezialfabrik, Köln" zur Herstellung elektrischer Schaltapparate gründet. Mit herausragenden Entwicklungen wie einem Handanlasser für Gleichstrommaschinen mit neuer Sicherheitsfunktion (ganz oben) erweist sich der junge Ingenieur als Impulsgeber für technischen Fortschritt - und als „Vater" eines späteren Weltkonzerns mit Sitz in Bonn. Maßgeblich beteiligt am Erfolg der Firma ist ab 1911 Hein A. Moeller. Als leitender Ingenieur entwickelt der Erfinder 1912 den ersten Drehstrom-Ölschütz in Europa - eine bahnbrechende technische Innovation. Mit neuen Materialien setzt sich die Weiterentwicklung der Öl-

Links: Erstes Drehstrom-Ölschütz. Rechts: Moderne Schütze zum Steuern und Schalten von Maschinen.

schütze fort. Zudem ergänzen Motorschutzschalter und Bimetallrelais das Programm. Nach Klöckners Tod 1925 tritt Moeller dessen Nachfolge an. In den 40er-Jahren firmiert das Unternehmen unter dem Namen Klöckner-Moeller. Hein Moellers Sohn Gert steigt 1963 in die Firma ein. Bereits in den 50er-Jahren erwirtschaftet die Firma mit 1.500 Mitarbeitern einen Umsatz von 30 Millionen Mark. In Belgien entsteht die erste Auslandsniederlassung. Standorte in 41 weiteren Ländern - darunter 1952 in den USA - sowie die Einrichtung von 30 Außenbüros in Deutschland folgen. Ab 1963 expandiert das Unternehmen unter Gert Moellers Leitung weltweit. 20 Jahre später präsentiert sich die Firmengruppe unter dem Dach der Moeller Holding GmbH & Co. KG. Die Gruppe avanciert zu

einem international führenden Hersteller von Komponenten und Systemen für die Energieverteilung und Automatisierung in der Industrie, in Infrastrukturgebäuden sowie in Wohnhäusern. Durch die Übernahme der Kölner Felten & Guilleaume AG mit Schwerpunkt Mittelspannungstechnik und Installationstechnik erweitert der bislang auf Niederspannungstechnik spezialisierte Konzern in den 90er-Jahren sein Leistungsspektrum. Und von Beginn an sorgen Klöckner-Moeller-Technologien überall für Aufsehen - vom gußgekapselten Ölschütz in der ersten vollautomatischen Tanksäule

Eaton erhält auf der Hannover Messe den Industriepreis 2010 für SmartWire-DT, dem innovativen Kommunikationssystem für Schaltgeräte.

über den in den 50er-Jahren entwickelten Fehlerstromschutzschalter bis zum hoch technisierten System ARCON, dem perfekten Schutz bei Störlichtbögen in der Energieverteilung von Bahnhöfen, Kraftwerken oder Industrieanlagen. 2008 erwirbt die amerikanische Eaton Corporation die Moeller Firmengruppe. Moeller - seit 1. März 2010 „Eaton Industries GmbH" - bildet den Kern von Eatons Electrical Sector. Als Spezialist für Energiemanagement erzielt die Eaton Corporation 2010 Umsätze in Höhe von 13,7 Milliarden US-Dollar. Eaton beschäftigt etwa 70.000 Mitarbeiter und beliefert Kunden in mehr als 150 Ländern. www.eaton.com/moellerproducts

Bereits in den 1920er-Jahren erfolgt die Fertigung am Fließband. Rechts: Walzenschalter mit Kugelgriff (1950). Unten rechts: Einer der ersten isoliergekapselten Walzenschalter mit Kugelgriff.

Links: Mittelverteiler mit durchsichtiger Abdeckung und Sammelschienenbelastung bis 600 A (1950). Mitte: Großverteiler mit durchsichtiger Abdeckung für Sichtkontrolle ohne Öffnung der Kapselung (60er-Jahre). Rechts: Moderne Schaltanlage für Energieverteilung.

Wessel und Mehlem: Kostbarkeiten in Porzellan

Dechant Carl Neu hat zu wenig Bänke, als er um Mitternacht im Münster den Gottesdienst zelebriert. Nicht anders ist es nebenan in der Kreuzkirche, wo sich die evangelischen Gläubigen um Superintendent Hugo Stursberg versammeln. Silvester 1899: Glocken läuten überall, Feuerwerke schießen in den nächtlichen Himmel, in den Sälen wird getanzt, gesungen und geprostet, die Bonner Königshusaren und das Infanterieregiment 160 ziehen im Hofgarten auf, paradieren vor Oberbürgermeister Wilhelm Spiritus und hohen Militärs. Allerhand

los in der viertreichsten Stadt Preußens, nach Frankfurt, Charlottenburg (heute Berliner Bezirk) und Wiesbaden. Wer es sich erlauben kann, speist auch in der Silvesternacht standesgemäß von teurem Porzellan. Von Bonner Porzellan, gehört sich.

Porzellan aus Bonn hatte zur Jahrhundertwende einen guten Klang in Deutschland, in Europa und in Übersee. Mit Stempeln von Ludwig Wessel oder F. A. Mehlem unter Teller oder Tasse ließ sich zur dieser Zeit trefflich renommieren. F. A. Mehlem glänzte gar mit einem vielbeachteten Stand voller Bonner Luxuskeramik in exquisitem Möbel-Ambiente auf der Pariser Weltausstellung 1900. „Beide Firmen sahen sich als legitime Nachfolger der kurfürstlichen Fayencemanufaktur",

Aus Wessels Produktion stammt dieser Porzellan-Kakadu.

sagt Ingrid Bodsch, die Direktorin des StadtMuseum Bonn. Ihr Haus an der Franziskanerstraße besitzt eine Fülle von kostbaren Tafelservicen, Vasen, Kannen, Kaminuhren, Waschgarnituren und figürlichen Darstellungen dieser bekannten Unternehmen, aber auch exemplarische Stücke für den normalen Hausgebrauch, die den Produktionsschwerpunkt beider Firmen bildeten. Wessel oder Mehlem - müßig darüber zu streiten, wer der Bessere war. Der 1838 verstorbene Kaufmann Ludwig Wessel hatte 1829 in der Bonner Vorortgemeinde Poppelsdorf seine erste Fabrik gebaut. Das Unternehmen expandierte unter den Nachkommen ständig, sammelte Auszeichnungen auf internationalen Ausstellungen, leistete sich 1883 eine Niederlassung in der ihm zu Ehren benannten Wesselstraße nahe dem Bonner Münster und gründete

Vase von Wessel (um 1900).

1895 zusätzlich eine Fliesenproduktion im Vorort Dransdorf.

Die Gebrüder Paul Josef und Everhard Josef Mehlem bauten 1838 zwischen der damaligen Koblenzer Straße und dem Rheinufer unweit des Arndthauses ihre erste Manufaktur und nannten sie nach ihrem Vater, einem Spezereiwarenhändler, „Porzellan-Fayence-Fabrik von Franz Anton Mehlem". 1874 kaufte sich Franz Guillaume in die Firma ein, ein Glücksfall: Er führte, geadelt zum königlichen Kommerzienrat, das Unternehmen bis zur Jahrhundertwende zum größten Bonner Arbeitgeber mit eigenem Schiffsentladekran und einem großen Lagerspeicher mit Bahnanschluss in der Gronau. Um die Jahrhundertwende erlebten Wessel und Mehlem ihre

Aus einem Tafelservice von Ludwig Wessel.

Glanzzeit, beschäftigten jeweils mehr als 1.000 Arbeitskräfte. Aber dann schlugen der Erste Weltkrieg und die Weltwirtschaftskrise mächtig in die Porzellankontore. Von den Folgen sollten sich beide Unternehmen nicht mehr erholen. Wessel verkaufte 1929 an die Berliner Butzke AG, die sich auf Sanitärkeramik verlegte (bis 1948). Mehlem ging 1920 an die Metzlacher Konkurrenz Villeroy & Boch, die 1931 den Betrieb stilllegte. Ein wunderbares Kapitel Bonner Porzellan-Kunst war Vergangenheit. Überlebt bis in die 1970er-Jahre hat nur die Fliesenproduktion unter dem Namen „Wessels Wandplatten" in Bonn-Dransdorf.

Der Bonner Markt um die Jahrhundertwende: noch verkehrt die Pferdebahn.

Schiefgens Kapell

Mit Geige, Gitarre und Querflöte zogen sie um die Jahrhundertwende durch die Lokale. Jeder in der Stadt kannte sie: Bernhard Schiefgen und seine Kollegen „Bem" und „Lutscher" (von links). Die Bonner nannten sie nur „Schiefgens Kapell". Die Drei waren Originale - lustige Musikanten und Spaßvögel, die überall gern gesehen waren. Legendär sind ihre Auftritte bei Namenstagen. Dann

kamen sie mit einem Blumenstrauß zum Gratulieren, brachten mit allen guten Wünschen ein Ständchen dar und baten beim Abschied in bestem Hochdeutsch: „Seid so gut und gebt uns den Strauß zurück. Es haben heute nämlich noch mehr Leute Namenstag."

Pfarrer mit Visionen initiiert modernes Finanzunternehmen

Den Grundstein für die heutige Volksbank Bonn Rhein-Sieg legte ein Pfarrer mit Visionen: Peter Herkenrath (rechts) erhoffte sich als Präses des Bonner Gesellenvereins wirtschaftliche Unabhängigkeit für das Handwerk durch die Gründung einer Gesellen-Sparkasse. In der Fastenzeit 1901 traf er sich mit einigen Bekannten und bildete ein Gremium zur Vorbereitung der Gründungsversammlung für eine Handwerkerbank. Am 22. April des Jahres erläuterte Herkenrath 52 Bonner Bürgern seinen Plan. Auszug aus dem Protokoll: *„Man hatte sich versammelt, um die Errichtung einer Handwerkerbank als eingetragene Genossenschaft mit beschränkter Haftung zu beschließen. Das vorliegende Statut war schon durchberaten. Nach Verlesung wurde dasselbe mit dem zugefügten Zusatz und Abänderung einstimmig angenommen und unterschrieben."* Herkenrath wurde zum Vorsitzenden der gegründeten „Handwerkerbank zu Bonn eGmbH" berufen und blieb fast 20 Jahre an der Spitze der Bank. Am 17. Mai 1901 erfolgte die Eintragung in das Genossenschaftsregister des Amtsgerichts Bonn. Schon zwei Jahre später folgte die Umbenennung in „Volksbank in Bonn eGmbH". Das Kreditinstitut strebte damit eine Öffnung zum gewerblichen Mittelstand und für breitere Bevölkerungskreise an. Die ersten Geschäftsräume in der Köln-straße waren bald zu klein, weshalb das Unternehmen 1911 zwei benachbarte Häuser in der Münsterstraße kaufte. Doch die Weltkriege und die dazwischen auftretende Wirtschaftskrise bremsten die Entwicklung der Volksbank. Nach dem Ende des Zweiten Weltkriegs erholte sich das Finanzunternehmen. Am Neubau in der Gangolfstraße, der nach Plänen von Architekt Toni Kleefisch entstand, beteiligten sich ausnahmslos Handwerker und Unternehmer mit Zugehörigkeit zur Volksbank. Das im Mai 1950 begonnene Projekt wurde am 17. Dezember des Jahres seiner Bestimmung übergeben. Für die Volksbank Bonn der Beginn einer neuen Ära. Bereits 1971 beschlossen die Genossenschaftsverbände, mit Verschmelzungen und Fusionen dem wachsenden Druck der Mitbewerber und der stärker werdenden Konjunktur wirksam zu begegnen. Als erster Schritt erfolgte die Verschmelzung mit der Raiffeisenbank Bonn-Süd, der früheren Vereinsbank Bonn, die 1893 unter der Bezeichnung „Kessenich-Dottendorfer Spar- und Darlehnskassenverein" als Genossenschaft mit unbeschränkter Haftpflicht eingetragen wurde. Weitere Fusionen folgten. Seit 1995 firmiert das Unternehmen unter dem heutigen Namen Volksbank Bonn Rhein-Sieg eG. Das Fundament der Rechtsform einer „eingetragenen Genossenschaft" bildet die Mitgliedschaft. Die Mitglieder beteiligen sich mit einem oder mehreren Geschäftsanteilen an ihrer Bank und können an demokratischen Entscheidungs-Prozessen mitwirken - ein Verfahren, das sich über ein Jahrhundert bewährt hat. „In 2010

Erste Seite des Gründungsprotokolls der „Handwerkerbank zu Bonn eGmbH" von 1901.

erzielten wir einen sehr erfreulichen Jahresüberschuss in Höhe von acht Millionen Euro", sagt Vorstandssprecher Jürgen Pütz. Rund 130.000 Kunden und knapp 58.000 Mitglieder sorgten für eine Bilanzsumme von 2,1 Milliarden Euro. Dem gesamten betreuten Kreditvolumen in Höhe von 1,4 Milliarden Euro steht ein Kunden-Anlagevolumen von 2,44 Milliarden Euro gegenüber. Die Stärke des rechtlich und wirtschaftlich eigenständigen mittelständischen Unternehmens besteht in der individuellen Betreuung kleiner und mittlerer Unternehmen.

Historisches Bank-Kontor, 1925

www.vobaworld.de

Volksbank Bonn Rhein-Sieg

Volksbank-Haus in der Heinemannstraße

Nicht zimperlich mit historischer Bausubstanz

Bonn um 1900 ist eine Stadt im Aufbruch. Oberbürgermeister Wilhelm Spiritus ist der unermüdliche Motor der Entwicklung, *„ein begnadeter Verwaltungsmanager, hart gegen sich selbst und andere, aber ein Meister im Delegieren von Verantwortung und im Koordinieren"*, schreibt der frühere Archivdirektor Dietrich Höroldt in der „Geschichte der Stadt Bonn". Erhebliche Verbesserungen der Infrastruktur kennzeichnen seine Amtszeit: die erste Rheinbrücke (1898), ein Netz elektrischer Bahnen, neue Parks, der Bau von Schulen. Erstmals gab es unter der Regie von Spiritus Bebauungs- und Fluchtlinienpläne für eine geordnete städtebauliche Entwicklung. Die Ringstraße über Baumschulallee, Viktoriabrücke und Kaiser-Karl-Ring entstand. Neue Gebäude mit neuen Dimensionen änderten das Gesicht der Innenstadt. Der Schaafhausen'sche Bankverein etwa manifestierte sich wuchtig Am Hof gegenüber dem Uni-

Haus des Bonner Bürgervereins

Hier wurde gefeiert und getanzt: „Bierkirche" in der Gronau.

versitätsschloss (heute Teil von Leffers). Hermann Tietz errichtete 1901 sein Warenhaus am Münsterplatz (heute „Kaufhof"), Heinrich Blömer zog mit seinem Bekleidungshaus am Markt nach (1908). Hätte das Fürstenbergsche Palais, der frühere Wohnsitz eines Kanonikers des Münsterstifts, nicht seit 1877 die Post beherbergt, wäre es vermutlich auch ein Abrissopfer geworden: Die Bonner waren Ende des 18. / Anfang des 19. Jahrhunderts nicht zimperlich mit historischer Bausubstanz. Das alte burgartige Stadttor am Beginn der Sternstraße musste nach heftigen Auseinandersetzungen in der Bürgerschaft weichen, weil die Durchfahrt zu eng geworden war. Kaiser Wilhelm II. verwendete sich höchst persönlich für die heute noch vorhandene Teil-Rekonstruktion an der Vivatsgasse, die einen Halbrundturm der historischen Bonner Stadtmauer miteinbezieht. Rasant wuchs die Bevölkerung der Region zu dieser Zeit. Zählte Bonn 1895 noch 45.000

Einwohner (1871: 26.000), waren es 1910 durch Zuzug und Eingemeindungen 88.000, also fast das Doppelte. Ähnlich sah es rundum aus: Godesberg wuchs von 12.000 auf 20.000, Vilich (Beuel) von 10.000 auf 17.000.

Mit besonderem Stolz und viel Freude nahmen die Bonner mit ihren Familien eine Neuheit in Besitz, für die sich ihr Oberbürgermeister stark engagiert hatte, die Stadthalle in der Gronau am Rhein. „Bierkirche" nannten die Menschen bald liebevoll das Bauwerk, charakterisierten damit Aussehen und Zweckbestimmung des für heutige Verhältnisse arg gewöhnungsbedürftigen Bauwerks, das am 8. Mai 1901 festlich eingeweiht wurde. Kern des Hauses war ein großer Saal für alles, was Spaß macht: Musik, Theater, Bälle, Karnevalssitzungen, Familienfeiern oder einfach nur auf der Terrasse am Strom eine Tasse Kaffee oder kühles Pils vor der Siebengebirgskulisse genießen. Bis in die 30er-Jahre tat die „Bierkirche" ihren Dienst am Volk, dann war sie abbruchreif. Ihre Nachfolge mit ähnlicher Nutzungsbreite trat 1959 die Beethovenhalle an. Die 1787 gegründete Lese- und Erholungsgesellschaft bezog 1897 ihren neobarocken Neubau mit Rheinterrasse

an der Koblenzer Straße (Adenauerallee) und erlebte ihre Blütezeit als Hochburg des preußisch-deutschen Patriotismus. Der eher vom katholischen Mittelland geprägte, „rheinische" Bonner Bürgerverein fühlte sich in seinem monumentalen Neubau an der Poppelsdorfer Allee wohl, der in den 1970er-Jahren nach langen Diskussionen dem Neubau des Hotel „Bristol" geopfert wurde.

Burgartig wirkte die ursprüngliche Torbefestigung an der Sternstraße (unten). Rechts die Rekonstruktion an der Vivatsgasse heute.

Das Kaufhaus von Hermann Tietz am Münsterplatz.

Von der Pferdebahn zur Elektrischen umgebaut: Straßenbahn Bonn-Beuel 1902.

Strom und Dampf: Bahnen erobern die Region

Längst hatten die Planer erkannt: Ohne funktionierenden öffentlichen Nahverkehr kann auf Dauer keine Wirtschaft funktionieren. Das linksrheinische Bonn und das rechtsrheinische Beuel waren zwar mittlerweile hervorragend an das Fernbahnnetz angeschlossen, aber im Nahbereich herrschte Nachholbedarf. Pferdebahnen, das war klar, hatten ausgedient, dem Dampf- und Elektrobetrieb gehörte die Zukunft.

Am 21. Mai 1902 fährt die erste elektrische Straßenbahn vom Bonner Bahnhof über die neue Rheinbrücke nach Beuel. Es ist eine umgebaute Pferdebahn, der Fahrer steht auf dem Peron im Freien, bedient von dort Fahrkurbel und Bremsrad,

Zweieinhalb Stunden unterwegs zwischen Bonn und Köln: der „Feurige Elias" in Brühl (um 1900).

ein im doppelten Sinne zugiges Geschäft. Bald stehen weitere Strecken unter Strom, neue Fahrzeuge bieten mehr Komfort für Personal und Passagiere, von Jahr zu Jahr wird das Netz länger und dichter.

Ein Handicap hatte das System: Bis zum Bau der Eisenbahn-Unterführung an der Poppelsdorfer Allee 1936 endeten die aus den westlichen Vororten Endenich, Poppelsdorf und Kessenich kommenden Straßenbahnlinien in der Quantiusstraße hinter dem Bahnhof, Umsteiger auf die übrigen Linien mussten per pedes durch den Hauptbahnhof laufen. Seit 1892 zockelte eine Dampfstraßenbahn nach Godesberg und ein Jahr später bis nach Mehlem, in Bonn hieß es aber zunächst einmal im noch unbebauten Gelände am heutigen Bundeskanzlerplatz: „Endstation! Alles aussteigen! Umsteigen auf die Pferdebahn!" Erst nachdem die Lokomotiven mit „rauchverzehrender Feuerung und Funkenfang" damaligen Forderungen des Umweltschutzes für Wohngebiete genügten, durfte ab 1897 bis zur Kaiserstraße gefahren werden. 1911 war die Elektrifizierung dieser wichtigen Strecke mit Verlängerung bis zum Kaiserplatz (1925 bis Hansaeck) abgeschlossen.

Nicht weniger bedeutend erschienen den Verkehrsstrategen schnelle Fernstraßenbahn-Verbindungen in die rechtsrheinische Region. Am 5. September 1911 startet der erste, festlich geschmückte Zug der „Linie S". 40 Pfennig kostet es von Bonn nach Siegburg, zusätzlich fünf

Pfennig Brückenzoll (bis 1938!), 25 Minuten dauert die Fahrt, nur sechs Minuten länger als heute der „Telekom-Express"! Wenig später fährt die südliche „Linie H" (für Honnef), zunächst nur bis Oberdollendorf, dann 1913 bis Königswinter und 1925 bis zum „Rheinischen Nizza" am Fuß des Drachenfels. Epochal ein anderes Schienenereignis: 1906 brauste der erste Zug der „Rheinuferbahn" vom „Rheinuferbahnhof" nördlich des Hauptbahnhofs („Hansaeck") über Wesseling ins Kölner Zentrum. Stolze 80 Stundenkilometer schaffte diese für damals hochmoderne Schnellbahn. Das kuriose Gegenstück

Die Siegburger Bahn auf der ersten Bonner Rheinbrücke.

Nach „Cöln", so die damalige Schreibweise, fuhr die Rheinuferbahn von ihrem Bahnhof am Bonner Hansaeck. Oben der Fahrplan von 1906.

knatterte mit geräuschvoller Behäbigkeit und quietschender Gemütlichkeit drei Jahrzehnte lang durch das Vorgebirge Richtung Köln. Von 1898 an pendelte der „Feurige Elias" ab dem Friedrichplatz (heute Friedensplatz) zur Domstadt. Mit Tempo 15 brauchte der Zug über zweieinhalb Stunden für eine Tour. In der „vierten Klasse" ohne Glasfenster hockten die Marktfrauen und Bauern, die ihre Erzeugnisse auf den Wochenmärkten in Bonn und Köln verkauften, auf Strohballen und atmeten frische Luft, Lokomotivenqualm und den „Duft" von Kleintiermist. Im Sommer 1929 kam dann das endgültige Aus. Seitdem fährt die „Vorgebirgsbahn" (heute Stadtbahn-Linie 18), zunächst mit Benzolbetrieb und dann elektrisch wie ihre Schwester von den Köln-Bonner-Eisenbahnen" (KBE), die Rheinuferbahn (heute Linie 16).

Jugendstil-Kleinode in der Südstadt

Stadtbaurat Rudolf Schultze war ein kreativer Mann. Er entwarf nicht nur die vom Volk rheinisch-liebevoll „Bierkirche" genannte Stadthalle in der Gronau, sondern auch ein Schwimmbad im gerade modernen Jugendstil an der Franziskanerstraße, direkt neben dem Rheinflügel des Uni-Schlosses. 1905 paddelten die Ersten im nassen Element. Die beiden Hallen für die Geschlechterwelten gelangen Baumeister Schultze besonders eindrucksvoll: Elegante Bogengewölbe-Decken mit zwei Galerien und reicher Ornamentik. Nur mühsam wurden Teile des Bades nach der Zerstörung im Zweiten Weltkrieg rekonstruiert, später aber durch einen Neubau ersetzt. 2010 wurde das Ende des Traditionsbades mitten in der City vom Stadtrat aus finanziellen Gründe besiegelt. Reich an Jugendstil-Architektur ist die Bonner Südstadt. Zwischen klassizistischen Wohnbauten sind dort noch viele

Eingemeindung: Gespenst geht um

Eingemeindung: für viele ein Schreckgespenst, Realität in der Bonner Region zum ersten Mal 1904. Die Orte Endenich, Poppelsdorf (unten das ehemalige Rathaus), Kessenich und Dottendorf werden nach Diskussionen Bonn zugeschlagen, das Stadtgebiet verdoppelt seine Fläche. Friesdorf fällt an Godesberg. Duisdorf, Lengsdorf, Ippendorf und Röttgen, bis dahin zur Bürgermeisterei Poppelsdorf gehörend, werden zur Bürgermeisterei Duisdorf (1927 Amt Duisdorf) zusammengefasst.

Jugendstilvilla in der Südstadt.

Zeugnisse der Art Nouveau zu bestaunen, in Rundungen Stuck an den Fassaden, in farbigem Glas in Tür- und Flurfenstern. In die heutige Zeit gerettet wurde auch

die Jugendstil-Fassade des Straßenbahndepots an der Rheindorfer Straße (oben), hinter der nunmehr Computerspezialisten ihrer Arbeit nachgehen.

Elf Freunde auf der Hofgartenwiese

Sport hatte zu Beginn des 20. Jahrhunderts einen hohen Stellenwert. Vor allem Turnen, Leichtathletik, Kraftsport, Schwimmen und Rudern waren besonders beliebt. 1908 wurde die Vereinigung „Bonner Sport- und Turnvereine" unter ihrem unermüdlichen Mentor, dem Arzt und Sportphysiologen Professor Ferdinand August (F. A.) Schmidt, gegründet. Der älteste Klub, der „Bonner Turnverein von 1860", stellte mit seinen 1.500 Mitgliedern das Schwergewicht in der neuen Vereinigung, aus der 1969 der Stadtsportbund mit heute 280 Vereinen rund 72.000 Mitgliedern

Am Rheinufer dümpelte um 1900 diese schwimmende Badeanstalt.

hervorgehen sollte. Der junge Bonner Fußballverein (BFV) von 1901 war eines der gewichtigen Mitglieder der Vereinigung von 1908. Gekickt wurde anfangs auf der Hofgartenwiese, dann ab 1904 auf einem eigenen Platz an der Richard-Wagner-Straße. Kugelstoßer und Speerwerfer trafen sich auf dem Platz vor dem Arndthaus an der Zweiten Fährgasse. Für die Freunde des Schlittschuhlaufens unterhielt der Bonner Eisklub von 1880 im Winter eine glatte Bahn an der Reuterstraße, im Sommer wurde dort der Tennisball gejagt. Die Schützen schossen auf ihrer Anlage im Tannenbusch. Geschwommen wurde im Viktoriabad, im Freibad in der Gronau und in Ponton-Badeanstalten an beiden Ufern des Rheins. „Wildes Baden" war im Fluss verboten, was Wagemutige nicht davon abhielt, sich trotzdem in die Fluten zu

Baden im Jugendstil-Ambiente: Damenabteilung im Viktoriabad.

stürzen. Zwar war das Wasser noch relativ sauber, aber die zunehmende Schifffahrt machte das Schwimmen im Strom zu einem gefährlichen Zeitvertreib.

Universität der Prinzen
Kaderschmiede des Reiches

Als das Rheinland 1915 die hundertjährige Zugehörigkeit zum preußischen Staat feierte, hob Oberbürgermeister Wilhelm Spiritus in seiner Festrede zwei Errungenschaften hervor, für die Bonn den Preußen besonders dankbar war: die Universität und das Militär. Was die Uni betrifft, wird ihm sicherlich auch heute niemand widersprechen. Die Gründung der Rheinischen Friedrich-Wilhelms-Universität im Jahr

Parade der Königshusaren im Hofgarten vor dem Kaiserpaar am 18. Juni 1902.

Hauptgebäude der Universität (um 1900).

1818 war für Bonn ein Glücksfall. Auf der anderen Seite wissen aber auch die Preußen, was sie an ihrer Universität im fernen Westen haben. Ihr guter Ruf, die hervorragenden Professoren und herausragende wissenschaftliche Leistungen sind erstklassige Werbeträger. So kommt es beinahe zwangsläufig dazu, dass alle Hohenzollern ihre Sprösslinge zum Studium an den Rhein schicken. Die Uni Bonn wird „Prinzenuniversität".

Diese Tradition beginnt mit dem späteren „100-Tage-Kaiser" Friedrich III., der als junger Mann in den zum Rhein gelegenen Flügel der Uni zog, wo er zweieinhalb Jahre lang wohnte und arbeitete. 1877 kam auch der künftige Kaiser Wilhelm II. zum Studieren nach Bonn. Für den nächsten Kronprinzen Friedrich Wilhelm, der nicht mehr den Thron besteigen sollte, kaufte der Vater eine Villa am Rhein. Den Namen „Prinzenuniversität" verdiente sich die Alma Mater im beginnenden 20. Jahrhundert. Zwischen 1901 bis 1908 studierten vier Söhne des Kaisers hier. Das waren der Kronprinz Friedrich Wilhelm, Prinz Eitel Friedrich, Prinz August Wilhelm und Prinz Oskar. Die starke Bindung des Kaiser- und Königshauses an Bonn blieb nicht ohne Wirkung. Wer das nötige Geld hatte und zur guten Gesellschaft gehören wollte, der schickte seine Söhne dort hin, wo auch die Prinzen studierten.

Studenten des Bonner Corps Borussia beim Festkommers auf dem Bahnhof Rolandseck.

Kaiser Wilhelm II. und Kronprinz Wilhelm als Bonner Borusse.

Die angesagteste Studentenverbindung in diesen Jahren war das Corps Borussia. Den schlagenden und farbentragenden „Bonner Preußen" gehörten traditionsgemäß nicht nur die Hohenzollern an, sondern praktisch alle norddeutschen Adelshäuser. Bis 1928 sind unter den Corps-Mitgliedern elf Berliner Prinzen zu finden; außerdem zwei Großherzöge und zwei Herzöge von Mecklenburg. Bonn stand damals dem Herrscherhaus so nahe wie kaum eine andere Stadt. Nicht nur der Kaiser persönlich ließ sich immer wieder blicken. Etwa 1901 bei der Immatrikulation des Kronprinzen oder 1902 beim Stiftungsfest der Borussia. Irgendwer aus der Umgebung Wilhelms II. war ständig am Rhein präsent. Schwester Viktoria wohnte im Palais Schaumburg, Bruder Heinrich kam häufig zu Besuch und auch Kaiserin Auguste Viktoria musste von Zeit zu Zeit nachsehen, wie ihre Kinder an der Uni vorankamen.

Ein besonderes Ereignis war die Einweihung des Denkmals für Wilhelm I. im Oktober 1906. Ganz Bonn war auf den Beinen. 66 Kriegervereine und unzählige Schüler standen Spalier, alle Glocken läuteten und ein Männerchor sang „Heil Kaiser und Reich". Die dabei waren, schwärmten noch Jahrzehnte später davon, wie schön es war.

Ironie der Geschichte: Wenige Monate zuvor war in Oberkassel ein Denkmal für Gottfried Kinkel eingeweiht worden - für den Mann, der sich 1849 der radikalen Volksbewegung angeschlossen hatte, die Wilhelm I. „niederkartätschen" ließ.

Das restaurierte Denkmal für Kaiser Wilhelm I. steht heute im Biergarten des Hotels „Residence". Amerikaner hatten der Statue 1945 den Kopf abgeschossen. Der Rumpf überstand die Jahre in einer Ecke des Bauhofs.

Pensionopolis: Stadt der Millionäre

Die Studenten haben vielleicht etwas dick aufgetragen, wenn sie bei jeder Gelegenheit betonten: „Extra bonnam nulla vita." Andererseits dachten in der wilhelminischen Epoche viele so: *Außerhalb von Bonn kann man gar nicht wirklich leben.* Diese Erkenntnis setzte sich auch bei den älteren Semestern durch und so kam es, dass bald immer mehr Senioren vornehmlich aus Köln und dem Ruhrgebiet nach Bonn zogen, um hier mit süßem Nichtstun ihren Lebensabend zu genießen.

Mit den schwerreichen Industriellen oder Pensionären mit dicker Brieftasche kam das große Geld an den Rhein. Um 1900 war Bonn die viertreichste Stadt in Preußen. Finanziell noch besser ausgestattet waren lediglich Frankfurt, Wiesbaden und Charlottenburg. Eine Statistik von 1904 weist in Bonn 154 Millionäre aus. Historiker sind sich aber einig, dass es mindestens 200 waren.

Die reichen Rentiers handelten nach dem Grundsatz: „Nicht kleckern, sondern klotzen." Sie wollten in Bonn ein ruhiges Leben, aber sie wollten auch repräsentieren und ließen sich deshalb prächtige Villen möglichst mit Rheinblick errichten. Doch nicht alle konnten so gigan-

tisch sein wie das Palais Schaumburg, die Villa Hammerschmidt oder die Villa Genienaue. Die Bauherren, die ihre Millionen zusammenhalten mussten, begnügten sich mit stattlichen Wohnhäusern an der Koblenzer Straße (heute Adenauerallee) oder an der Poppelsdorfer Allee.

Als der Bedarf an exklusivem Wohnraum weiter stieg, kam die Stadt an einer Erweiterung in großem Stil nicht mehr vorbei. Schließlich gab der Rat grünes Licht für ein komplettes neues Viertel: die Südstadt. Sie gilt heute als das am besten erhaltene bürgerliche Wohnquartier der Belle Epoque.

Maßgeblichen Anteil an der Gestaltung des Viertels hatte der Berliner Baumeister Paul Richard Thomann. Er wurde der erste hauptamtliche Stadtbaumeister Bonns und entwickelte einen repräsentativen Bebauungsplan für das gesamte Areal. Allerdings hatte er die Rechnung ohne die Bonner gemacht. Entweder sie waren völlig desinteressiert oder sie legten ihm Steine in den Weg - einfach nur, um die Preußen zu ärgern. Der ganz große Wurf gelang Thomann deshalb nicht, aber in Etappen schuf er dennoch ein gesamtstädtisches Baudenkmal von unschätzbarem Wert.

Das typische Südstadthaus war ein Einfamilien-Reihenhaus. Esszimmer und Salon waren in der Regel im Erdgeschoss untergebracht. Die Küche kam ins Souterrain - mit Speiseaufzug ins Esszimmer. In der ersten Etage lagen die privaten Wohn- und Schlafräume, Toilette und Bad erreichten die Bewohner

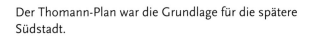

Vater der Südstadt: Stadtbaumeister Paul Richard Thomann

Der Thomann-Plan war die Grundlage für die spätere Südstadt.

im Zwischengeschoss. Im zweiten Obergeschoss schließlich schliefen die Dienstmädchen.

Den einheitlichen Gesamteindruck erreichten die Architekten zum Teil dadurch, dass sie Häuserzeilen im Verbund errichteten. Dafür genügte ein einziges Grundriss- und Fassadenschema. Das hatte den Reiz, dass Käufer sich später ihre Fassade aus Musterbüchern nach eigenem Geschmack auswählen konnten.

Die Stadt Bonn hat früh erkannt, welches Juwel sie mit der Südstadt besitzt. Um die Attraktivität des Viertels zu bewahren und dem Zahn der Zeit zu begegnen, werden seit 1972 regelmäßig nach Fassadenwettbewerben Hausbesitzer belohnt, die sich ganz besonders um die Verschönerung ihrer Immobilie bemüht haben.

Ein Haus mit Geschichte: Die Villa „Genienaue" in Mehlem. Professor Paul Grosser ließ sie für seine Frau Eugenie bauen. Als die sich 1911 das Leben nahm, erschoss der Professor zuerst ihr Lieblingspferd und dann sich selbst. Weil der Erbe des Anwesens, ein Bruder Pauls Grossers, gerade im Zuchthaus saß, fiel der gesamte Besitz an den Staat.

Häuser in der Südstadt: Die Architekten konnten ihrer Fantasie freien Lauf lassen.

www.zfmk.de

„Koenigliche" Artenvielfalt am Geburtsort der Bundesrepublik

1884: Alexander Koenig und seine Braut Margarethe Westphal

Die Ansiedlung eines der renommiertesten naturgeschichtlichen Forschungsmuseen Deutschlands verdankt Bonn dem schönen Sommer 1867, reichlich Zucker und vor allem Alexander Koenigs Begeisterung für die Naturkunde. Den Grundstein für sein Museum legte er bereits am 3. September 1912. Doch bis zur offiziellen Einweihung sollten noch fast 22 Jahre vergehen.
Alexander Koenigs Vater Leopold hatte sich mit der Produktion von Zucker in Südrussland bei Charkow (heutige Ukraine) ein Vermögen erarbeitet. Während der Ernten beschäftigte der angesehene Unternehmer mehr als 20.000 Arbeiter und ließ für seine Angestellten Schulen und Krankenhäuser bauen. Wegen seiner Frau Caroline, die im feuchten Klima St. Petersburgs kränkelte, wo am 20. Februar 1858 auch Alexander als dritter von fünf Söhnen geboren wurde, unternahm er mit seiner Familie ausgedehnte Reisen. In Bonn gefiel es Caroline 1867 so gut, dass der „Zuckerkönig" eine Villa am Rhein erwarb, umbauen ließ und sich mit seiner Familie hier ansiedelte. Im Park seines Elternhauses - ab 1950 Villa Hammerschmidt und Amtssitz des Bundespräsidenten - entdeckte der kleine Alexander seine Leidenschaft für Naturkunde. Er sammelte Fische, Vögel und andere Tiere und ließ diese präparieren. In der Villa durfte er sein erstes Naturalienkabinett einrichten. Seine Jagdleidenschaft sorgte für viele Konflikte mit den Erziehern. Daher folgten häufige Schulwechsel. Bis 1880 besuchte Alexander das Gymnasium Arnoldinum in Burgsteinfurt. Sein Abitur legte er 1882 im Gymnasium Demmin in Pommern ab. In Demmin lernte er auch seine spätere Frau Margarethe kennen. Alexander Koenig studierte an den Universitäten Greifswald, Berlin, Kiel und Marburg. In Marburg promovierte er im Fach Zoologie. Anschließend erforschte Koenig die Tierwelt in den Mittelmeerländern und Nordafrika. 1888 reichte der Ornithologe seine Habilitation über die Vögel von Tunis ein.
Im Jahr zuvor hatte der Vater dem jungen Paar eine Villa gegenüber dem Elternhaus in der Koblenzerstraße überlassen. Im Park errichtete der Naturforscher Gewächshäuser, Volieren und Gehege. Zu Studienzwecken hielt er hier verschiedene Vogelarten, Gazellen und Sibirische Rehe. 1894 wurde Alexander

Zwei Kordofan-Giraffen aus dem Sudan zählen zu den besonderen Schauobjekten.

der Professorentitel der Hohen Philosophischen Fakultät der Königlich Preußischen Rheinischen Friedrich Wilhelms-Universität in Bonn verliehen. Für die wachsende ornithologische Sammlung bewilligte Leopold seinem Sohn um 1900 Geld für einen kleinen Museumsbau.

Koenigs Elternhaus um 1884 - seit 1950 bekannt als „Villa Hammerschmidt".

- 100 -

Alexander Koenig in seinem Arbeitszimmer - später genutzt als Büro von Bundeskanzler Konrad Adenauer.

Museum um 1930

Mit dem Vermögen, das er 1903 nach dem Tod seines Vaters geerbt hatte, begann Alexander die Planungen für einen großen Museumsbau. Hierfür kaufte er Nachbargrundstücke auf. Am 46. Geburtstag seiner Frau, 3. September 1912, feierten sie die Grundsteinlegung. Zwei Jahre später verursachte der Erste Weltkrieg den Baustopp. Zunächst wurde - betreut durch Margarethe Koenig - der Nordflügel als Lazarett genutzt. Anschließend diente das Gebäude Besatzungstruppen als Kaserne. Seine Sammlungen, die er auf vielen Studienreisen erweitert hatte, rettete Alexander, indem er diese im Keller einmauern ließ.

Durch die Revolution in Russland und die Inflation verlor die Familie ihr gesamtes Vermögen. Fast zehn Jahre dauerten anschließend die zermürbenden Verhandlungen mit Preußen und dem Deutschen Reich, bis der Professor erreichte, dass sein „Zoologisches Forschungsinstitut und Museum Alexander Koenig" als Privatstiftung gegründet und später als staatliche Einrichtung abgesichert werden konnte. Die offizielle Einweihung krönte

sein Lebenswerk am 13. Mai 1934. Im Alter von 82 Jahren starb Koenig am 16. Juli 1940 auf seinem Rittergut Blücherhof bei Waren in Mecklenburg. Am 14. Mai 1943 folgte ihm seine Frau (77).
Bereits 1938 waren die Kellerräume des Museums konfisziert worden, um diese zur „Luftschutz-Rettungszentrale" mit Lazarett auszubauen. Bei den Luftangriffen im Zweiten Weltkrieg wurde die Villa Koenig (Wiederaufbau 1949) fast komplett zerstört, das Museum jedoch blieb weitgehend verschont. Und so bot die große Ausstellungshalle nach dem Krieg den einzigen repräsentativen Versammlungsraum der Stadt. Am 1. September 1948 fand hier die Eröffnungssitzung des

Parlamentarischen Rates statt, der das Grundgesetz der Bundesrepublik Deutschland erarbeitete. Das Museum darf sich daher stolz als Geburtsort der Bundesrepublik bezeichnen. Ab September 1949 diente es einige Monate als Amtssitz von Bundeskanzler Konrad Adenauer. Bis 1957 beherbergte es Büros mehrerer Bundesministerien. Der Neustart des Museumsbetriebs erfolgte 1950 mit Einschränkungen. Heute ist das Museum ein international anerkanntes Forschungsinstitut der Wissenschaftsgemeinschaft Gottfried Wilhelm Leibnitz mit hervorragenden Ruf vor allem im Bereich der Biodiversität.

1949: Kabinettssitzung unter Vorsitz Konrad Adenauers im Hörsaal des Museums, links neben dem Kanzler Franz Blücher, Minister für den Marshall-Plan.

Zwergwalskelett in der Ausstellung.
Unten: 1986 würdigt die Bundespost bedeutende Gebäude der deutschen Geschichte mit Sondermarken - darunter das Museum Koenig.

Graupapagei

Mandrill

1. 1949: Trennung zwischen Ausstellung und Räumen des Kanzleramts durch Leichtbauwände. 2. Eröffnung Parlamentarischer Rat, von links: Carlo Schmid, Adolph Schönfelder, Walter Menzel, Gustav Zimmermann, Theodor Heuss, Herman Schäfer, Rudolf Katz. 3. Gründungssitzung des Nationalen Olympischen Komitees NOK, 24. September 1949, im Festsaal.

August Macke - Komet am Himmel der Kunst

Wenn sich in der Malerei ein Name ganz besonders mit Bonn verbindet, ist es der von August Macke. Hier entstanden die meisten Werke des Mannes, der wie kein anderer die „Rheinischen Expressionisten" repräsentiert. Wie und wo er lebte, machen seine „Kinder im Garten" deutlich. Es ist ein Blick aus dem Fenster seiner Wohnung an der Bornheimer Straße am Nordrand Bonns: Ein Junge, ein Mädchen, beschäftigt in einer bunten Komposition von Bäumen und Pflanzen, jenseits der schützenden Mauer ein Gotteshaus, das die Bonner als Marienkirche kennen.

1912 hat der junge Künstler diese heimische Idylle festgehalten. Eine Szenerie, die er offenbar schätzte. „*Bonn ist eine rechte Rentnerstadt. Alles*

Linolschnitt Mackes für ein Plakat zur Ausstellung Rheinischer Expressionisten im Kunstsalon des Buchhändlers Friedrich Cohen Am Hof (1913).

sehr still, seriös, unauffällig", hielt er fest. „*Die Gegend, in der wir wohnen, hat viel Anreizendes. Hundemeuten, Reiter und Reiterinnen, Kinder, die sich zerschlagen. Dann sehen einen ringsum die Häuser mit lebendigen Augen an. Mir ist dieser Teil der Stadt ganz außerordentlich lieb.*"

August Macke, 1887 geboren, kam als Schüler nach Bonn, fand hier seine Heimat und seine Frau Elisabeth Gerhardt. „*Für Bildende Kunst, besonders ‚moderne', war der Boden noch nicht bereitet*", schreibt Elisabeth Erdmann-Macke in ihren Erinnerungen an die Zeit nach der Jahrhundertwende. Das sollte sich mit August Macke ändern. Er sammelte Freunde wie Max Ernst, aufmüpfiger Student in Bonn seit 1909, Hans Thuar, Heinrich Campendonck oder Paul Seehaus um sich. Die Malergruppe hielt nichts von naturalistischen Darstellungsformen der Rheinromantik und pathetischen Deutschtums, orientierte sich an der französischen Avantgarde von Degas bis Gauguin. Macke „*schilderte in leuchtenden, farbkräftigen Bildern eine zart empfundene, heiter gestimmte Welt*" (Bertelsmann Universal Lexikon).

Besondere Förderer hatten August Macke und seine Künstler-Freunde im Bonner Buchhändler Friedrich Cohen und dessen Bruder Walter, Assistent am Bonner Provinzialmuseum (heute LVR Landesmuseum). Ihnen ist es mit zu verdanken, dass im Sommer 1913 Cohens Kunstsalon Am Hof die Ausstellung „Rheinische Expressionisten" zeigte: ein großer Erfolg, der Kunstgeschichte schreiben sollte.

Es überrascht nicht, wenn das Kunstmuseum Bonn heute das Werk August Mackes und seiner malenden Freunde in herausragender Weise pflegt. Die Abteilung der Expressionisten aus dem Rheinland ist ein Sammlungsschwerpunkt des Hauses an der Museumsmeile, das

August Macke: Dame in grüner Jacke, 1913. Rechts ein Selbstporträt des Künstlers.

sich sonst der deutschen Kunst nach 1945 verschrieben hat.

Wie hoch hätte sich der Kunsthimmel noch über August Macke ausgebreitet, wenn das Schicksal nicht so früh zugeschlagen hätte? Der Beginn des Ersten Weltkriegs reißt den 28-Jährigen aus seiner Arbeit. Er muss mit dem Rheinischen Infanterieregiment Nr. 160 an die Westfront, wird schon bald mit dem Eisernen Kreuz ausgezeichnet - und fällt wenig später am 26. September 1914, am Tag 59 nach Kriegsbeginn, vor einem Schützengraben bei Perthes-lés-Hurlus in der Champagne, ausgerechnet in Frankreich, dessen aktuelle Kunstschaffende von ihm so geschätzt wurden…

August Macke mit seiner Frau Elisabeth und Sohn Walter, rechts das durchaus bürgerliche Wohnzimmer der Familie.

Das Infanterie-Regiment 160 zieht in den Krieg.

Kaiser Wilhelm II.

General-Anzeiger
für Bonn und Umgegend.

Mobilmachung.

Der Kaiser hat die Mobilmachung anbefohlen. Der erste Mobilmachungstag ist der 2. August.

Zum ersten Mal keine Annoncen auf der Titelseite: „Mobilmachung" im General-Anzeiger.

Mit Hurra in den Untergang

Hurra, endlich Krieg! Im Rückblick unverständlich, am 1. August 1914 aber Realität; Das Deutsche Reich erklärt Frankreich und Russland den Krieg - und die Menschen freuen sich euphorisch, auch in Bonn: Jetzt zahlen wir „es" dem Erbfeind im Westen heim, und dem Iwan gleich mit. „Der Kaiser hat die Mobilmachung anbefohlen", titelt der General-Anzeiger. Zum ersten Mal in der Geschichte des 1725 gegründeten Blattes steht der Bericht ganz oben auf der ersten Seite, dort, wo bislang stets Annoncen standen. Die Soldaten marschieren, umjubelt von den Menschen an den Straßen, Blumen und Fähnchen am Tornister, Sie marschieren, als ob sie einen fröhlichen Ausflug unternehmen würden, die Bonner Königshusaren und die Männer des Infanterieregiments 160. In die leeren Kasernen rücken die Einberufenen nach und die vielen Freiwilligen, die sich in diesen Tagen bei den Stäben melden. Es sind so viele, dass in den ersten Tagen auch auf den Straßen in der Nachbarschaft der Unterkünfte geübt, gedrillt wird. Auf dem Adolfsplatz (heute Frankenplatz) werden die rekrutierten Pferde mit Geschirr und Wagen bereitgestellt.

Alles in allem: Aufbruchsstimmung. Doch bald machte sich Ernüchterung breit, wurde klar: Es wird nichts mit dem schnellen Sieg. Erste Meldungen über „Verluste" entsetzten nicht nur die betroffenen Familien. Immer mehr Meldungen über Tote und Verwundete erreichten bald die Heimat. Beethovenhalle, Landwirtschaftskammer, die Priester-Collegien Albertinum und Leoninum, Schulen und Klöster wurden Lazarette, die regulären Krankenhäuser ohnehin. Die Lebensmittel mussten rationiert werden. Mit Straßenbahnen wurden Verwundete vom Bahnhof dorthin transportiert. Immer

Auch die Beethovenhalle wurde zum Lazarett umfunktioniert.

mehr Bonner, Godesberger, Beueler Reservisten wurden zu den Fronttruppen, zur Etappe und zum Landsturm einberufen, bis zum Kriegsende sollten es im heutigen Stadtgebiet 24.000 Männer sein, nahezu 20 Prozent der Bevölkerung. Die Einberufungen rissen arge Lücken in die Belegschaften der Betriebe. Bald stapelten sich die Anträge auf Rückstellung und Heimatversetzung bei den Wehrersatzämtern. Der städtische Beigeordnete (Ressortleiter) und spätere Oberbürgermeister Fritz Bottler schaffte den Spagat zwischen Vaterlandstreue und Pflichtausübung: Bei Kriegsbeginn wurde er als

Mit der Straßenbahn werden verwundete Soldaten zum Lazarett gefahren.

Hauptmann der Reserve aktiviert und zum Generalkommando nach Koblenz eingezogen, ließ sich zum Ersatzbataillon des Infanterieregiments 160 versetzen. Dort tat er, wie Helmut Vogt in der „Geschichte der Stadt Bonn" festhält, von fünf bis elf Uhr morgens als Kompanieführer Dienst in der Kaserne und ging nachmittags seiner Arbeit im Rathaus nach. Die Mitarbeiter der Stadtverwaltung hatten alle Hände voll zu tun, um die Versorgung der Bevölkerung zu organisieren. Lebensmittel wurden schon kurz nach Kriegsanfang rationiert. Milch, Kartoffeln, Mehl und Fleisch wurden immer knapper, erst gab es das „Brotbuch", dann Lebensmittelmarken. Gesammelt wurde für viele Zwecke: mal Wolle, mal Altmetall, mal für Frontpakete, mal für die Ostpreußenhilfe. Da nur die wenigsten Einberufenen ledig waren, mussten die Familien finanziell unterstützt werden.

Kurz vor der Kapitulation erlebt Bonn noch einen Tag des Schreckens. Am 31. Oktober 1918 sind nach einem Bombenangriff 26 Tote und 36 Schwerverletzte zu beklagen. Gefallen sind in diesem Krieg 2.120 Soldaten aus Bonn, 481 aus Godesberg und 385 aus Beuel.

Geschlagene Soldaten, Bürgerwehr, Besatzer

Als die Glocken im Turm des altehrwürdigen Bonner Münsters das Jahr 1919 einläuten, ist den Menschen nicht nach groß Feiern zumute. Gerade drei Wochen sind es her, dass die britischen Besatzungstruppen in Bonn einmarschiert sind. Dem Kaiser, der vor knapp zwei Monaten, am 9. November, zurückgetreten war, trauern zwar die meisten hier nicht wirklich nach. Mit der jungen Republik, die Philipp Scheidemann am gleichen Tag im fernen Berlin ausgerufen hatte, wissen sie noch nicht viel anzufangen.

Ein Arbeiter-, Bürger- und Soldatenrat (ABS), der auch in Bonn die Revolution proben wollte (rechts oben sein Aufruf), hat sich am bürgerlichen Lager schnell

Deutsche Truppen auf dem Rückmarsch auf der Rheinbrücke (unten). Ein trauriges Bild boten die rückflutenden deutschen Soldaten in Bad Godesberg (rechts).

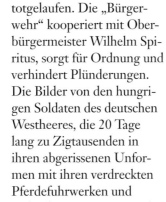

totgelaufen. Die „Bürgerwehr" kooperiert mit Oberbürgermeister Wilhelm Spiritus, sorgt für Ordnung und verhindert Plünderungen. Die Bilder von den hungrigen Soldaten des deutschen Westheeres, die 20 Tage lang zu Zigtausenden in ihren abgerissenen Unformen mit ihren verdreckten Pferdefuhrwerken und verbeulten Lastwagen und Kanonenlafetten durch die Stadt und über den Rhein zurückgezogen sind, haben die Bonner noch vor den Augen. Zugejubelt haben sie den Geschlagenen, ihre Häuser mit Tannengrün geschmückt, mitgesungen, als eine Musikzug „Heil Dir im Siegerkranz" spielte: absurde Situationen nach einem verlorenen Krieg.

Jetzt aber lebten die Bonner in einer anderen Zeit. Fremde mit einer unverständlichen Sprache hatten nun das Sagen über sie. 735 britische Offiziere befehligten um die Jahreswende 10.931 Mannschaften und 2.190 Pferde - sie alle mussten untergebracht werden, die Truppenführer bestanden auf beheizten Privathäusern. Es herrschte bittere Not in der Zivilbevölkerung vor Ort. Die Bevölkerung war unzufrieden, die ersten Anordnungen und Eingriffe der Engländer drückten - von der als Diskriminierung empfundenen

Bürger und Soldaten der Stadt Bonn.

Arbeiter-, Bürger- und Soldatenrat

Grußpflicht gegenüber ihren Offizieren bis zu nächtlicher Ausgangssperre, Brief- und Pressezensur, Einquartierungen und Beschlagnahmen. Die sonntäglichen Formationstänze schottischer Einheiten auf dem Kaiserplatz ernteten nur Kopfschütteln bei den Älteren, die Jugend hielt für Folklore, was den Kilt-Trägern bitterer Ernst war.

Im Februar 1920 lösten im Rahmen des Versailler Vertrages und der Rheinland-Besetzung die Franzosen die Briten ab. Jetzt mussten die Bonner von „Yes" auf „Oui" umschalten und sich an Truppenteile aus den afrikanischen Besitzungen der neuen Okkupanten gewöhnen. Die Dunkelhäutigen machten ihnen zunächst Angst, was aber völlig unbegründet war, wie sie bald merken sollten, vor allem die Kinder, die sich über Schokoladengeschenke der schwarzen Männer freuten. Die Franzosenzeit sollte erst 1926 enden.

Mit klingendem Spiel und Kavallerie präsentieren sich die 1920 eingezogenen französischen Besatzer vor dem Rathaus.

Britische Militärpolizei vor dem „Stern"-Hotel, dem Hauptquartier ihres Kommandeurs.

Stadt wählt gegen den Trend

Bei der Wahl zur Nationalversammlung der neuen Weimarer Republik am 20. Januar 1919 wählte Bonn atypisch. Während bei der ersten Wahl nach dem großen Krieg im Reich die SPD als stärkste Partei hervorging und dem Zentrum nur jeder Fünfte seine Stimme gab, kam die christlich geprägte Partei im damaligen Bonn und in der Bürgermeisterei Bad Godesberg auf je 50, in der Bürgermeisterei Vilich (Beuel) auf sogar fast 54 Prozent, während sich die SPD mit 22 Prozent in Bonn, 20 in Bad Godesberg und 30 in Vilich zufrieden geben musste.. Bei der Kommunalwahl am 2. November 1919 sah es in Bonn ähnlich aus: Das Zentrum holte 33 der 60 Mandate, die SPD 13 und der Rechtsblock (DDP/DVP/BNVP) elf. Den Rest teilten sich die linksradikale USPD mit zwei und der Bonner Mieterverein (!) mit einem Sitz.

Bonbonküche Keimzelle für die bunten Bären

Er hatte einen Sack Zucker, ein bisschen angespartes Kapital und eine Menge Fachwissen. Bonbonkocher nannte sich der Beruf, den er bei der Firma Kleutgen & Meier erlernt hatte. Hans Riegel, damals 27 Jahre alt, wagte 1920 den Sprung in die Selbstständigkeit. Haribo - Hans Riegel Bonn - nannte er selbstbewusst die junge Firma. In einem frisch erworbenen Haus in der Bergstraße in Bonn-Kessenich machte er sich an einer Marmorplatte, einem Hocker, einem gemauerten Herd, einem Kupferkessel und einer Walze an die Arbeit.

Die Produkte ernähren ihren Mann und seine mitarbeitende Frau, reich machen sie ihn nicht. Noch nicht. Denn aus der kleinen Bonbonküche sollte eines Tages einer der größten Süßwaren-Konzerne

Das waren Zeiten: Haribo-Lakritzstangen für fünf Pfennig.

Firmengründer Hans Riegel sen.

Europas werden: Gummibärchen aus Bonn-Kessenich auf dem Siegeszug rund um den Globus. „Haribo macht Kinder froh - und Erwachsene ebenso" - der Werbespruch von einst ist immer noch im Marketing des Unternehmens aktuell. Die frühen Zwanzigerjahre: Gründerjahre und Jahre der zunehmenden Industrialisierung im Bonner Raum, bewusst gefördert vom früh und plötzlich verstorbenen Oberbürgermeister Fritz Bottler (1920-22, „Bottlerplatz") und seinem Nachfolger Dr. Johannes Falk (1922-1931). Die Schreiner-Familie Streck gründete neben ihrer erfolgreichen Holzhandlung in der Kölnstraße ein Dampfsäge- und Holzwerk im neuen Rheindorfer Hafen und fertigte dort Türen, Treppen und täglich 800 Stühle. Die Bonner Fahnenfabrik expandierte zu einem nach ganz Europa exportierenden Spe-

Führten „Haribo" zur Weltmarke: Die Brüder Paul (links) und Hans vor einem Porträt ihres Vaters, des Firmengründers Hans Riegel sen.

zialunternehmen, erst in Beuel beheimatet, dann im Bonner Norden. Die Brüder Guilleaume, die ihre Steingutfabrik F.A. Mehlem gerade an Villeroy & Boch verkauft hatten, schufen mit einer florierenden Schleifscheibenfabrik in Beuel neue Arbeitsplätze. Aus einem 1918 von den Besatzern stillgelegten kleinen Rüstungsbetrieb im Bonner Norden wuchsen die Vereinigten Leichtmetallwerke, die sich zu einem wichtigen Zulieferer im Flugzeug- und Auto- und sonstigen Karosseriebau entwickelten. 1919 übernahm Dr. Alfred Soennecken das renommierte Unternehmen seines gerade verstorbenen Vaters Friedrich in den Bonner Vororten Poppelsdorf (Stammwerk) und Dransdorf („Soenneckenfeld"). Er kurbelte den Export seiner weltweit

geschätzten Büroartikel vom Bleistift über den Aktenordner bis zum Schreibtisch, der im Krieg praktisch zum Erliegen gekommen war, wieder an. Zu seinen vielen Innovationen gehörte der geradezu revolutionäre Schulfüllhalter: Mit dem speziell für Kinder konstruierten einfachen Gerät konnten die Jungen und Mädchen nun in ihren Heften sauber schreiben. Vorbei die Zeit der „blöden Kleckse" aus Tintenfass und Federhalter.

Für damalige Verhältnisse Spitzen-Technologie: Montage von Kopiermaschinen auf Matrizen-Basis bei Soennecken. Oben Firmengründer Friedrich Soennecken.

Inflation: Armut auch bei Millionären

Zu Beginn der Zwanzigerjahre machte die Inflation jungen und alten Unternehmen zu schaffen. Die Schraube der Geldentwertung drehte sich immer schneller, die Nullen wurden immer länger. 30.000 Mark kostete das Porto für einen einfachen Brief am 1. September 1923, am 20. Oktober waren es schon vier Millionen, am 30. November, dem Höhepunkt, 10 Milliarden Mark. Bonn kam mit dem Druck von Notgeld kaum noch nach. Vermögen schmolzen dahin, so manch ein „echter" Millionär aus dem Kreis der in Bonn lebenden Industriellen-Pensionäre wurde über Nacht zum Fürsorgeempfänger.

Bürger auf Trottoir, Chaiselonge und unter dem Plumeau

Bonn unter den Franzosen: Mit rheinischer Gelassenheit arrangierten sich die Bürger mit den Besatzern, auch wenn diese strengere Maßstäbe an das Wohlverhalten der Bevölkerung anlegten als die Engländer. „Festigkeit" war die Parole der Militärs, aber mit dem versöhnlichen Zusatz „ohne Schikane" (Marschall Philippe Pétain). Man kannte ja die Herren von der Seine nicht zuletzt seit Napoleons kurzer Herrschaft über das Rheinland (1794 bis 1814). Die Bonner gingen übers *Trottoir*, trugen ihr Geld im *Portemonnaie*, schützten sich mit dem *Paraplui* gegen den Regen, räkelten sich auf dem *Chaiselonge* und schliefen ganz gut unter ihrem *Plumeau*, es sei denn, die hätten den *Gendarm* zu fürchten gehabt…

Dabei wäre es beinahe im März 1920, als die Franzosen gerade erst einmarschiert waren, zum gefährlichen Eklat gekommen. Nach dem Rechtsputsch der Freikorpsverbände in Berlin unter Wolfgang Kapp und General Walter von Lüttwitz gegen die junge Weimarer Republik erlebt Bonn eine spontane Großdemonstration, mehr als 30.000 versammeln sich unter Regie der Sozialisten und Gewerkschaften im Hofgarten zum Protest gegen die Umstürzler, ziehen anschließend auf den Marktplatz. Hier gerät ein Sanitätswagen auf dem Weg zur französischen Kommandantur im „Stern"-Hotel neben dem Rathaus in die Menge, die Soldaten fühlen sich angegriffen, ihre Nerven versagen, der Fahrer gibt Gas und verletzt mehrere Menschen mit seinem Auto. Nur mit großem rhetorischem Geschick gelingt es SPD-Parteisekretär Franz Marx, die Massen zu beruhigen, ehe der Widerstand gegen den „Kapp-Putsch" zur Aufruhr gegen die Besatzungsmacht umschlägt.

1923 erreicht die von Frankreich insgeheim geförderte rheinische Separatisten-Bewegung ihren Höhepunkt. Der

Marschall Philippe Pétain

1880 in Bonn-Endenich geborene Staatsanwalt Dr. Hans Adam Dorten, ein geschniegelter Typ mit Monokel, hatte schon 1919 versucht, in Mainz und Wiesbaden eine „Rheinische Republik", noch im Verbund des Deutschen Reiches, aber eben losgelöst von Preußen, zu etablieren. Der Putsch scheiterte kläglich, aber die Idee lebte weiter.

Die Bewegung sieht nach der Ruhrbesetzung durch französische und belgische Truppen neue Ufer: Nun wollen die Separatisten die völlige Trennung des Rheinlands vom Reich durchsetzen. Am 23. Oktober 1923 dann auch die Eskalation in Bonn: Rheinlandbefreier stürmen das Bonner Rathaus, hissen ihre grün-weiß-rote Fahne auf dem Dach. Am nächsten Morgen ruft ihr lokaler Vormann Josef Natter die Rheinische Republik aus. Die Bevölkerung hält sich zurück, ist skeptisch, die französische Gendarmerie lässt die Putschisten gewähren. Die Berliner Reichsregierung reagiert plump: Sie sperrt dem angeblich „abgefallenen" Bonn fällige Gelder. OB Johannes Falk gelingt es, weiteren Aufruhr in der Stadt zu verhindern. Bewaffnete Separatisten besetzen auch die Rathäuser in Königswinter und Bad Honnef. Am 15. November ziehen von dort mehrere Hundertschaften Aufrührer durch das Schmelztal Richtung

Martialische Gedenktafel für die im Kampf gegen die Separatisten bei Aegidienberg ums Leben gekommenen Bauern.

Aegidienberg und liefern sich blutige Kämpfe mit den Bauern, die mit ihren Dreschflegeln und Äxten das Gemetzel schließlich höchst brutal zu ihren Gunsten entscheiden. Die als „Schlacht von Aegidienberg" in die Annalen eingegangene Auseinandersetzung Mann gegen Mann ist der Anfang vom Ende der Bewegung, die schließlich im Dezember die Waffen streckt.

Aus Bonn-Endenich stammte der erste Anführer der rheinischen Separatisten, Staatsanwalt Dr. Hans Adam Dorten. Nach dem Sturm aufs Rathaus hissten Separatisten ihre grün-weiß-rote Flagge (links).

Protestmarsch gegen den Kapp-Putsch auf dem Markt am 15. März 1920.

Trikolore ade, Jubel dem „deutschen" Rhein

Nach der letzten Flaggenparade bereiten sich französische Soldaten vor dem Sitz ihres Kommandeurs in der Poppelsdorfer Allee auf den Abmarsch vor.

Die Situation ist gespenstisch: Da zelebrieren zwei Kompanien vor dem Haus des französischen Kommandanten in der Poppelsdorfer Allee 45 großes militärisches Zeremoniell mit Tamtam und Befehlsgebrüll, aber niemand scheint sich dafür zu interessieren. Spätestens, als die Trikolore unter Trommelwirbel eingeholt wird und die Marseillaise erklingt, hätten eigentlich Scharen von Bonnern jubeln müssen. Aber die Franzosen sind an diesem Nachmittag des 31. Januars 1926 unter sich. Die kleine Parade, mit der sie das Schauspiel, das für die Bevölkerung keines ist, beenden, ist ihre letzte in Bonn: Abzug Richtung West.

Um Mitternacht war dann auch de jure die Besatzungszeit zu Ende. Alle Pastöre läuteten die Glocken. Und am nächsten Tag: Festliche Gottesdienste am Morgen, dann bejubelten die Bonn auf dem Marktplatz zu

Tausend Jahre Rheinland: Auch die Bonner feierten mit.

Tausenden die Befreiung. Jetzt waren sie wieder richtige Rheinländer, ungebremst und unter sich. Im Mai 1926 feiert Bonn demonstrativ mit anderen Kommunen 1.000 Jahre Zugehörigkeit der Rheinlande zum Deutschen Reich. Nie mehr, so schworen sich die Menschen, solle jemand auf die Idee kommen, den „deutschen" Strom zur Grenze zu machen. Symbolisch verlieh der Bonner Stadtrat dem Nachdruck: Er verzichtete auf den Brückenzoll für Autos auf dem Weg von und nach Beuel, wenn auch Fußgänger und Radfahrer immer noch (bis 1938) ihren Obolus, zuletzt zwei Pfennig, zahlen mussten. „Gesellschaft" blühte auf in Bonn, Kultur und Geistesleben. Reichspräsident Paul Hindenburg, knapp zwei Monate nach dem Rückzug der Franzosen zu offiziellem Besuch in der Stadt, lobte die Universität ob ihres hinhaltenden Widerstandes gegen Ruhrbesetzung und geistige Gängelei. Das Uni-Hauptgebäude, das ehemalige kurfürstliche Schloss, wurde zwischen 1926 und 1930 großzügig in der Dimension ausgebaut, die es in seinen ursprünglichen Plänen einmal haben sollte: mit vier Türmen und drei Geschossen auch zur Stadtseite hin. Das 1929 eröffnete Metropol-Theater, das damals modernste Kino Deutschlands, setzte einen städtebaulich neuen Akzent am Markt. 1.400 Sitzplätze hatte das Haus und war damit doppelt so groß wie das in die Jahre gekommene Stadttheater.

Besuch in der gerade befreiten Stadt: Reichspräsident Paul von Hindenburg am 23. März 1926 vor dem Bonner Rathaus.

Mit den Fahnen der studentischen Korporationen feiert die Universität am 21. Februar 1926 die Befreiung vor dem Gefallenen-Ehrenmal „Flamme empor".

Die vornehme „Lese"-Gesellschaft mit ihrem stolzen Domizil an der Koblenzer Straße konnte sich wieder als ein Ort aufgeklärter Freiheit entfalten. Der eher katholisch-konservative Mittelstand traf sich im Prachtbau des „Bonner Bürgervereins" an der Poppelsdorfer Allee (heute Standort des Hotels Bristol) und feierte dort rauschende Feste. Man lauschte Konzerten in der Beethovenhalle und tanzte im Haus des Bonner Bürgervereins. Der Schriftsteller Wilhelm Schmidtbonn („Der dreieckige Marktplatz", rechts) kam zu neuem Ansehen, die Maler Carl Nonn und Em Oelinden wurden gefeiert. Mit Unterstützung der Berliner Regierung kam es 1927 am Geburtsort des Meisters zu einem „Deutschen Beethovenfest" anlässlich des 100. Todestages des Tonsetzers. Auch der Tourismus blühte auf. Der Rhein zog Massen nach Bonn, der Drachenfels lockte nicht nur, aber besonders die Niederländer. Godesberg, 1926 zum „Bad" geadelt, entwickelte sich zum Gesundheitszentrum. Sanatorien, Erholungsheime und sechs Heilstätten warten auf Heilung und Entspannung Suchende. Und auch Gesunde finden es nun schick, das Wässerchen aus dem alkalischen Säuerling, dem Godesberger Gesundbrunnen, zu schlürfen und unter den Bäumen des Parks zu lustwandeln.

Die Prinzessin und ihr Hochstapler

Die Bonner nannten sie einfach Vicky oder auch die Schaumburgerin. Sie mochten die alte Dame. Sie war keine Schönheit, aber trotz ihrer Herkunft aus dem blaublütigsten Hochadel Europas gab sie sich stets freundlich, war frei von Standesdünkel, tanzte gern und war auch sonst gar nicht pingelig. Vicky hieß eigentlich Viktoria, war die Schwester des abgedankten Kaisers Wilhelm II. und Gattin des 1916 verstorbenen Prinzen Adolf von Schaumburg-Lippe (rechts).
An ihr unkonventionelles Leben hatten sich Freunde und Bekannte gewöhnt. Schließlich waren die „Goldenen Zwanziger" angebrochen, wo manche Tabus fielen. Doch im fortgeschrittenen Alter von 62 Lenzen leistete sich die Prinzessin einen Skandal, der weltweit Schlagzeilen

Das Ehepaar Zoubkoff im Jahr 1927.

Im Palais Schaumburg, das nach dem Krieg Bundeskanzleramt wurde, residierte Viktoria von Schaumburg-Lippe, bis Alexander Zoubkoff ihr Geld durchgebracht hatte.

machte und an dem sie letztlich selbst zerbrach. Gegen alle Vernunft heiratete Viktoria den zwielichtigen Abenteurer Alexander Zoubkoff. Ihr Auserwählter war erst 27 Jahre alt, von Geburt Russe - und eine mehr als windige Person.
Dieser Zoubkoff hatte sich eine beeindruckende Biografie ausgedacht, war angeblich ein vor den Bolschewisten geflohener Adliger, in Wirklichkeit aber nur ein mieser Hochstapler. Viktoria fiel trotz ihres reifen Alters auf ihn herein. Obwohl der abgedankte Kaiser Wilhelm aus dem holländischen Exil die Heirat der Schwester unbedingt verhindern wollte, blieb die selbstbewusste Vicky stur und ließ sich 1927 mit dem schönen Alexander trauen: Nach russischem Ritus und im Brautschleier ihrer Großmutter, der britischen Queen Viktoria, im „Roten Salon" des Palais Schaumburg (wo später das Bundeskabinett tagen sollte). In ihre Flitterwochen starteten die beiden ganz im Stil der neuen Zeit - mit dem Motorrad.
Aber das Glück hielt nicht lange. Nach wenigen Monaten schon war die Ehe restlos zerrüttet. Zoubkoff tat alles, um das Vermögen seiner Frau durchzubringen. Bald kam sogar das Inventar des Palais Schaumburg unter den Hammer. Viktoria war am Ende. Sie reichte die Scheidung ein. Doch bevor es so weit

war, starb die Schaumburgerin 1929 an einer Lungenentzündung.
Für den „trauernden Gatten" begannen nun wieder magere Jahre. Zuerst versuchte Zoubkoff, in Bonn einen neuen Job zu finden. Erfolglos. Kurz darauf wurde er

ausgewiesen und ging nach Luxemburg. Dort verdiente der flotte Alexander eine Zeit lang sein Brot als Kellner. Das Lokal nutzte die Popularität des Ganoven und warb mit dem Hinweis: „Hier bedient Sie der Schwager des Kaisers".

Traumhochzeit: Nach russischem Ritus ließen sich Prinzessin Viktoria und Alexander Zoubkoff trauen. Rechts die Preußen-Prinzessin als „Motorradbraut" mit ihrem Geliebten Alexander Zoubkoff.

Elly Ney Ehrenbürgerin

Die weltweit gefeierte Pianistin Elly Ney (1882 bis 1968) ist seit dem 17. Juni 1927 Ehrenbürgerin der Stadt Bonn. Der Rat würdigte damit die großen Verdienste der Künstlerin um die Entwicklung des Musiklebens in der Stadt. Elly Ney war in Bonn aufgewachsen und schon von daher mit dem größten Sohn der Stadt eng verbunden. Seit Beginn des 20. Jahrhunderts galt sie als eigenwillige Interpretin der Klavierwerke Ludwig van Beethovens. In den 20er- und 30er-Jahren hat sie viel zum Gelingen der Beethovenfeste beigetragen. Obwohl die Karriere der Künstlerin wegen ihrer angeblichen Nähe zum Nationalsozialismus nach dem Krieg beendet schien, setzte Elly Ney ihr Engagement für Bonn und für Beethoven konsequent fort. Unter anderem spendete sie große Summen aus ihrem Privatvermögen für den Bau der neuen Beethovenhalle.

Städtebau und Immobilien-Management prägt Deutschland entscheidend

Um Wohnraum für Beamte zu schaffen und zugleich die Lasten aus den Reparationszahlungen an die Sieger des Ersten Weltkriegs zu verlagern, setzte das Deutsche Reich 1929 sein Westvermögen ein. Dieses Treuhandvermögen, heute im Besitz der Bundesrepublik Deutschland, übergab der Staat zusammen mit rund 10.000 Wohneinheiten an die Deutsche Bau- und Grundstücks-AG (BauGrund) mit Sitz in Berlin-Charlottenburg. Die privatwirtschaftliche Gesellschaft wurde am 6. September 1930 unter HRB 240 im Handelsregister eingetragen. Damit zählt die BauGrund zu den ältesten Immobilien-Verwaltern der Bundesrepublik. Nach dem Zweiten Weltkrieg zog das Unternehmen im Gefolge des Finanzministeriums nach Bonn und koordinierte den Neu- und Wiederaufbau von mehreren Tausend Wohnungen. Eine der bis zu diesem Zeitpunkt größten städtebaulichen Entwicklungsmaßnahmen begann die Bau-Grund 1964 mit dem „Bonner Hardtberg": Auf mehr als 765 Hektar Fläche entstanden Wohnungen für 15.000 Bewohner sowie Büro- und Geschäftshäuser für rund 2.500 Beschäftigte. Drei Jahre später beteiligte sich die BauGrund am Bau der Lufthansa-Hauptverwaltung in Köln und kurz darauf am Bau der Deutschen Welle-Zentrale, ebenfalls in Köln. Mehrfach wurde das Unternehmen 1993 und 1994 ausgezeichnet für städtebaulichen Denkmalschutz in verschiedenen Städten in den neuen Bundesländern.

2005 veräußerte die Gesellschaft den Bereich Städtebau. Im Anschluss folgte eine Neuausrichtung als Anbieter für Dienstleistungen im Bereich Immobilien Asset Management für private und institutionelle Auftraggeber. Die BauGrund ist heute für in- und ausländische Investoren tätig. Sie präsentiert sich als Verwalter für Immobilien-Vermögen sowie als

Ein Modell und seine Realisierung: der Telekom Dome (oben)
Rechts: Stadtteilzentrum Brüser Berg

Anbieter von Dienstleistungen rund um die professionelle Bewirtschaftung von Immobilienbesitz Property Management. Der Fokus liegt auf dem Management von Fremdvermögen. Ein Drittel ihres Umsatzes macht sie mit dem Westvermögen des Bundes. Die Mitarbeiter der BauGrund unterstützen ihre Kunden in allen Bereichen der kaufmännischen, technischen und infrastrukturellen Bewirtschaftung von Immobilien: Sie planen, steuern, vermarkten, vermieten und verkaufen Immobilien. Verteilt auf 14 Standorte in der Bundesrepublik betreut das Unternehmen rund 1,6 Millionen

Quadratmeter Wohn- und Gewerbefläche sowie darüber hinaus im Auftrag des Bundes einen Wohnkomplex in Moskau mit rund 400 Einheiten. Dieser Sonderfall im Ausland entstand durch die deutsch-deutsche Wiedervereinigung: 1989/90 brachte die ehemalige DDR die Liegenschaft ein. Die BauGrund verwaltet die Wohnungen im „Deutschen Dorf" für Diplomaten und Beschäftigte ausländischer Firmen.

Die Entwicklungsmaßnahme Bonn-Hardtberg erstreckt sich auf die Ortsteile Duisdorf und Lengsdorf sowie Ückesdorf, Brüser Berg und Medinghoven. Vorrangige Aufgabe: die Schaffung von Wohnraum. Besondere Herausforderung: die Entwicklung einer städtebaulichen Einheit, die sich ästhetisch und funktionell in die Gesamtstadt einfügen sollte.

Seit der Gründung haben das Unternehmen und seine zahlreichen Mitarbeiter Deutschland entscheidend mitgeprägt. Beständigkeit und Zuverlässigkeit bilden das Fundament, auf dem die BauGrund bis heute aufbaut. „Wir managen Ihre Immobilien" lautet der Slogan, mit dem sich die Deutsche Bau- und Grundstücks AG als Konzerngesellschaft der Aareal Bank am Markt positioniert.

Mit Biss ins 80. Lebensjahr

Ende Juni 1932 machte sich der 30-jährige Kaufmann Peter Heinz mit der Produktion und dem Vertrieb von Gummi-Scheiben zur Fixierung von Zahn-Prothesen selbst- ständig. Anfang Oktober kam der Werk- zeugmacher Erich Laufer hinzu. Das Un- ternehmen firmierte fortan unter Heinz & Laufer. Bereits Ende des Jahres beantragte Heinz den ersten Gebrauchsmusterschutz für einen verbesserten „Halteknopf für Gummisauger für künstliche Gebisse". Der Eintrag folgte

Firmengründer
Peter Heinz

am 7. Februar 1933. Fünf Jahre später ließen die Partner den Namen Helago schützen - eine Wortschöpfung aus den jeweils ersten beiden Anfangsbuch- staben der Firmengründer und des Standortes Godesberg. Zwei stilisierte Türme (Godesburg) und eine den Rhein überspannende Brücke formen den An- fangsbuchstaben des Firmennamens im am 28. Oktober 1941 geschützten und noch heute genutzten Logo. Etwas später kam ein Reinigungspulver für Zahnprothesen, auf den Markt und 1940 das helago-oel gegen Entzündungen der Mundschleimhaut. Die Idee dazu hatte ein ortsansässiger Zahnarzt für 100 Reichsmark an Helago verkauft. Kurz darauf folgte ein Haftpulver für Zahn-Prothesen. Heiligabend 1941 wurde die heute noch international ver- wendete Marke dentipur eingetragen. Bis Ende der 1950er-Jahre erweiterte die Firma das Sortiment unter dieser Marke um den Vorläufer des Anfang 1970 eingeführten Reinigungsgels, eine Zahncreme und eine patentierte Spezi- albürste für Zahn-Prothesen.

1955 trennten sich die Geschäftspart- ner. Peter Heinz führte den pharma- zeutischen Teil unter dem Namen Helago-Fabrik fort, Erich Laufer den technischen unter Heinz & Laufer. Heinz kaufte eine Villa in der Kob- lenzer Straße, die er 1968 um einen Neubau für den erhöhten Produk- tionsbedarf erweitern ließ. Die wich- tigste Innovation erfolgte 1967 mit der Einführung der Schnellreinigungstab- letten für Zahn-Prothesen. Der Firmengründer starb am 7. Juni 1982. Trotz einer im Jahr zuvor erlittenen Querschnittslähmung hatte er bis zum Schluss aktiv in der Firma gearbeitet. Witwe Margarethe Heinz verkaufte die Firma 1984 je zur Hälfte an Marianne Schiffelbein und Hermann Josef Becks und vermietete ihnen die Immobilien. Die neuen Inhaber ließen das Unternehmen als Helago-Pharma GmbH in das Bonner Handelsregister eintragen, mit Becks als Geschäftsführer. 2010 ist Marianne Schiffelbein mit 75 Prozent Hauptgesellschafterin. Ute Oelje- klaus und Gerald Beinling halten je 12,5 Prozent der Unternehmensanteile. Nach Becks Tod am 24. August 1988 übernahm Liesel Svoboda, die ehemalige Assisten- tin des Firmengründers, die Geschäftsführung. Wenige Jahre vor ihrem Eintritt in den Ruhestand erfolgte eine tief greifende Umstrukturierung. Nach dem Tod von Margarethe Heinz 1995 verkauften die Erben die Immobilien, und Helago beschloss, die Produktion auszulagern.

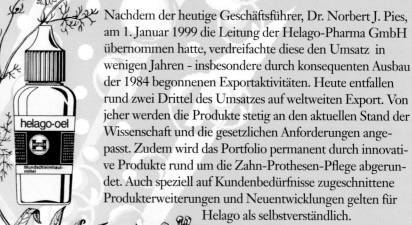

helago-oel
Mundschleimhaut-
mittel

Nachdem der heutige Geschäftsführer, Dr. Norbert J. Pies, am 1. Januar 1999 die Leitung der Helago-Pharma GmbH übernommen hatte, verdreifachte diese den Umsatz in wenigen Jahren - insbesondere durch konsequenten Ausbau der 1984 begonnenen Exportaktivitäten. Heute entfallen rund zwei Drittel des Umsatzes auf weltweiten Export. Von jeher werden die Produkte stetig an den aktuellen Stand der Wissenschaft und die gesetzlichen Anforderungen ange- passt. Zudem wird das Portfolio permanent durch innovati- ve Produkte rund um die Zahn-Prothesen-Pflege abgerun- det. Auch speziell auf Kundenbedürfnisse zugeschnittene Produkterweiterungen und Neuentwicklungen gelten für Helago als selbstverständlich.

Wichtigste Pro- duktgruppe sind die Schnellreinigungs- tabletten zur Reini- gung und Desinfektion von Zahnpro- thesen, Hörhilfen und Haushaltsgeräten. Dabei stehen Eigenmarken international renommierter Unternehmen im Vor- dergrund. 2008 begann Helago mit dem konsequenten Ausbau des Geschäfts- feldes Zahn-Prothesen-Haftcreme. Dadurch trotzte die Firma der internationalen Finanzkrise erfolgreich. So ist Helago mit seinen hochwertigen Me- dizinprodukten und Kosmetika gut für die Zukunft auf- gestellt. Dazu tragen auch Eigenschaften bei, die für eine hohe Kundenzufriedenheit eminent wichtig, im heutigen Geschäftsleben aber immer seltener anzutreffen sind: Vertrauen, Zuverlässigkeit und Flexibilität. Helago geht als modern zertifi- ziertes Unterneh- men rüstig und mit viel Biss ins 80. Lebensjahr.

Geschäftsführer
Dr. Norbert J. Pies

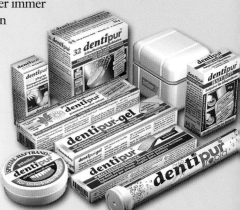

Autobahn nur ein kurzer Segen für den Arbeitsmarkt

Ein Ereignis der besonderen Art im April 1930: Luftschiff „Graf Zeppelin" landet bei einem Flugtag auf dem Hangelarer Flugplatz.

Eine Pioniertat: erste deutsche Autostraße zwischen Bonn und Köln.

Adolf Hitler, so eine weit verbreitete Legende, habe die erste Autobahn gebaut. Richtig ist: Als die Schnellverbindung zwischen Bonn und Köln am 9. August 1932 eröffnet wurde, war dies die erste kreuzungsfreie Straße Europas. Die Nazis hatten zu dieser Zeit bekanntlich noch nicht das Sagen. 1.800 kurvten Ende der 20er-Jahre Tag für Tag in den Spitzenzeiten durch die strapazierten Orte zwischen den aufstrebenden Städten Köln und Bonn. Verdreifacht hatte sich das Verkehrsaufkommen zwischen 1924 und 1928 - immense Belastungen, die zu exemplarischem Eingreifen drängten. So entstand der Plan für die im wahrsten Sinne bahnbrechende Planung einer anbaufreien Überlandstraße mit Wendeverbot und ohne jede höhengleiche Querung,

wenn auch noch ohne den späteren Standard des breiten Mittelstreifens. Dass dieses Projekt zugleich ein Segen für den regionalen Arbeitsmarkt war, liegt auf der Hand: Bis zu 5.540 Menschen waren bei diesem Bau tätig.

In den Jahren rund um die Weltwirtschaftskrise nahmen die Menschen Ereignisse wie etwa den Besuch eines „Zeppelin" in Hangelar oder die Landung einer achtmotorigen Dornier DO-X auf dem Rhein (rechts) zu gerne zum Vergessen aller Not wahr. Sie nutzten auch die kleinen Freuden wie Baden im Rhein oder - wer's noch bezahlen konnte - die Fahrt mit dem Ausflugsbus der Bonner Verkehrsgesellschaft, der BVG, an die Ahr oder zum Nürburgring. Aber anscheinend unaufhaltsam stiegen auch in Bonn die Arbeitslosenzahlen, sollten am 31. März 1933 mit 8.894 ihren Höhepunkt erreichen. Junge Menschen leisteten, um von der Straße wegzukommen, seit 1931 auch in Bonn mit Hacke

1934 eingeweiht und auch heute noch sehr attraktiv: Museum Koenig an der Koblenzer Straße.

und Spaten freiwilligen Arbeitsdienst, 1,80 Mark gab es pro Stunde. Die Verschuldung der Stadt war 1930 auf 1,8 Millionen Reichsmark gestiegen, im gleichen Jahr zahlte sie 4,4 Millionen Mark Zuschuss zu den Sozialleistungen. Die Einnahmen aus der Gewerbesteuer gingen kontinuierlich zurück, von 1,85 Millionen Mark 1930 auf 770.000 Mark in 1933. In dieser Zeit bezog jeder vierte Bonner „Fürsorge". Immerhin: Es wurde noch gebaut in Bonn. Zwar kam es nicht zu der geplanten Verlegung des Uniklinikums vom Rhein im Norden der Stadt in den Bereich Poppelsdorf, aber die Universität konnte Ende der 1920er- / Anfang der 1930er-Jahre neben der Erweiterung des Hauptgebäudes Am Hof eine Reihe neuer Institute in der Innenstadt und in Poppelsdorf errichten.

In der Gronau entstand im Bauhaus-Stil die Lehrerausbildungsstätte Pädagogische Akademie nach Plänen des jungen Regierungsbaumeisters Martin Witte, die nach dem Zweiten Weltkrieg Kern des Bundeshauses wurde.

Die Polizeischule in den Kasernen an der Rheindorfer Straße wurde erweitert. Die Post baute am Kaiser-Karl-Ring ein groß dimensioniertes Betriebszentrum (noch heute von der Post AG genutzt). Und an der Koblenzer Straße wurde fleißig am zoologischen Museum Alexander Koenig gebaut (Einweihung 1934).

Bei der Reichstagswahl am 6. November 1932 werden die Nationalsozialisten mit Abstand stärkste Partei im Reich. Im katholischen Bonn bleiben sie weit hinter der Zentrumspartei. Aber auch das kann die Naziherrschaft am Rhein nicht verhindern. 1933 übernehmen auch in Bonn die fanatischen Rechten das Regime. Ein dunkles Kapitel Stadtgeschichte beginnt: Willkür, Gleichschaltung, Amtsenthebungen, Verhaftungen, Bücherverbrennung, Pogromnacht, Deportationen.

Das Ende der Demokratie naht: Formationen von SA, SS und „Stahlhelm"-Bund flankieren die erste Stadtratssitzung nach der Wahl vom 13. März 1933.

Unterm Hakenkreuz: Bücher brennen auf dem Markt

Adolf Hitler auf der Fahrt zu einer Saarkundgebung beim Passieren des Rheinhotels Dreesen am 26. August 1934.

Im November 1926 steigt ein junger Mann im Rheinhotel Dreesen ab, der sich als Adolf Hitler ausweist, staatenlos ist und als Beruf Schriftsteller angibt. Es ist sein erster Besuch in Bad Godesberg. Mehr als 70 sollen folgen. Doch da ist Herr Hitler nicht mehr irgendein Gast, sondern Kanzler des Deutschen Reiches. Das Prominenten-Hotel mit dem unvergleichlichen Blick aufs Siebengebirge wird Stammquartier des Diktators.

Den Tipp bekam der braune Emporkömmling von seinem Parteigenossen Rudolf Heß (links), der später „Stellvertreter des Führers" werden sollte. Heß kannte das Dreesen gut, denn er drückte - wie übrigens auch Robert Ley, der spätere Chef der Deutschen Arbeitsfront - mehrere Jahre lang die Schulbank im Bad Godesberger Pädagogium. Seine Eltern lebten in Alexandria und wenn sie nach Deutschland kamen, residierten sie gewöhnlich im Dreesen.

Obwohl Hitler bald regelmäßig in Bad Godesberg Hof hielt, hatten Bonn und die Region anfangs nicht viel übrig für die braune Ideologie. Die Nazis hatten es schwer mit den Rheinländern, gut katholisch und traditionell Zentrum-Wähler. Sogar bei den Reichstagswahlen 1933 erreichte die NSDAP nur magere 32 Prozent, weit weniger als im übrigen Reich.

Was nach der Machtergreifung am 30. Januar 1933 in Bonn und Umgebung passierte, unterschied sich kaum von den Ereignissen anderswo. Die SA marschierte, Hitler-Anhänger zogen mit Fackeln und Fahnen durch die Straßen, sangen Kampflieder und beschworen Deutschlands künftige Größe.

Bald wurden städtische Beamte vom preußischen Innenminister Hermann Göring durch Staatskommissare ersetzt. OB Dr. Lürken musste dem Parteigenossen Ludwig Rickert Platz machen. In Bad Godesberg hatte jetzt der Bauernsohn Heinrich Alef aus Witterschlick das Sagen. Dann ging es Schlag auf Schlag: Parteiverbote, Notverordnungen, das Ermächtigungsgesetz, Gewalt, Verhaftungen, Einschüchterungen. Der braune Terror hatte Bonn im Griff und forderte bald schon seine ersten Opfer. Ohne rechtliche Grundlage verhafteten SA-Männer am 4. April den kommunistischen Stadtverordneten Otto Renois. Er überlebte nicht einmal den Transport ins Gefängnis. „Auf der Flucht erschossen", lautete die lapidare Notiz auf dem Totenschein. Auch der Beueler Jupp Messinger bezahlte sein Engagement für die Kommunistische Partei mit dem Leben. Die Nazis machten ihn für den Tod des SA-Manns Klaus

Clemens verantwortlich, der 1930 bei einer Schießerei in der Bonner „Kuhl" ums Leben gekommen war. Jetzt, drei Jahre später, nahmen sie Rache. Jupp Messinger wurde in „Schutzhaft" genommen und starb wenig später in seiner Zelle an den Folgen von Folter und Misshandlungen.

Am 10. Mai 1933 erleben Tausende die von der Bonner Studentenschaft organisierte Bücherverbrennung auf dem Markt. Von der Freitreppe des Rathauses heizt Professor Walter Lüthgen (ausgerechnet ein Kunsthistoriker) die Stimmung an und seine Studenten werfen alles auf den gespensterischer Scheiterhaufen der „undeutschen Geistesproduktion", was nach Meinung der Nazis „undeutsch" ist. Ungezählte Werke von Autoren, die heute Weltruf genießen, gehen in Flammen und Rauch auf.

Jupp Messinger

Otto Renois

Gut ein Jahr später kommt Adolf Hitler erneut nach Bad Godesberg und steigt im Rheinhotel Dreesen ab. Zum ersten Mal als Reichskanzler. Das ist kurz vor dem Röhm-Putsch, den der Diktator nutzt, um seine Gegenspieler in der zu mächtig gewordenen SA aus dem Weg zu räumen.

Schmiede

Erste Werkstatt

Franz

Abschlepp- und Bergungsdienst

Service und Wartung für Lastwagen

Nach der Ehrung

Pferdestärken und Rock'n'Roll: drei Generationen mit Leidenschaft im Blut

Statt einer Pferdestärke im „Haferbetrieb" gilt Franz Greuels Leidenschaft PS-stärkeren Motoren. Als Gründungsmitglied des MSC Motorsportclubs Duisdorf fährt er selbst Motorrad-Rennen. Und so steigt er zwar nicht in die Schmiede seines Vaters ein, gründet 1935 aber im heimischen Bonn-Duisdorf eine Werkstatt zur Reparatur und Wartung von Motorrädern und einen Verkauf von Rabeneick- und Horex-Modellen. Nach dem Zweiten Weltkrieg erweitert er den Service um Reparatur und Wartung von Personen- und Lastkraftwagen. Sein zusätzlicher Abschlepp- und Bergungsdienst macht Franz Greuel schließlich weit über Bonns Grenzen hinaus bekannt.

Ab 1964 agiert das Unternehmen als Vertriebspartner der Adam Opel AG. 1977 übernehmen seine Tochter Helga und ihr Mann Karl-Heinz Montenbruck die Firma. Für sein Engagement als Obermeister der Kraftfahrzeug-Innung Bonn, Ehrenobermeister der Innung Köln, Landesinnungsmeister und Schiedstellenleiter sowie als Mitbegründer des Gewerbeförderungswerks wird Franz Greuel 1979 mit dem Bundesverdienstkreuz ausgezeichnet. 1987 erfolgt der Umzug des Autohauses von Duisdorf nach Alfter-Oedekoven. Franz Greuel, der seine Liebe zu Motoren und rasanten Tempi auch an seine Enkelsöhne weitergibt, erlebt dies nicht mehr: Der Firmengründer stirbt 1986.

In dritter Generation übernimmt 1998 Michael Montenbruck das Unternehmen. Zwei Jahre später ergänzt er das Spektrum um die Marke Isuzu sowie ab Anfang 2003 um den „1a autoservice" - ein freies Werkstattkonzept - sowie ab September des Jahres um einen Händler-Service- und Vertriebsvertrag mit dem weltweit größten Pkw-Allrad-Hersteller Subaru. 2004 übernimmt Auto Greuel ein insolventes Autohaus in Bonn-Buschdorf, das die Marke Hyundai vertritt. Hierdurch schließt sich die zuvor durch den Isuzu-Wegfall entstandene Lücke für

Gelände- und SUV-Fahrzeuge wieder. Auch Michaels Bruder Rolf Montenbruck verstärkt nun die Unternehmensführung. Die Firma Auto Greuel GmbH & Co KG entsteht. 2007 verkaufen die „Montis" den Betrieb in Alfter-Oedekoven und stellen den Opel-Vertrieb ein. In Bonn-Buschdorf wird seither in zwei Schichten gearbeitet. Dies ermöglicht einen kundenfreundlichen Geschäftsbetrieb von 7 bis 20 Uhr (samstags 8 bis 17 Uhr) - ein einzigartiger Service für einen Markenbetrieb, der seit 2008 auch Fiat umfasst. Die Chefs des etwas anderen „rockenden" Autohauses Michael (Fan des 1. FC Köln) und Rolf (Lead-Gitarrist einer Metal-Band) und ihr Team sind sich einig: „Auto Greuel. Wir lieben Kunden. Kein Spruch, sondern Verpflichtung!"

Käthe und Franz Greuel

Verdienstorden

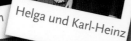
Helga und Karl-Heinz

Michael

Die „Montis"

Christian-Lassen-Straße 5
53117 Bonn

Rolf

Auto Greuel-Team

Luftschutzübung und Kasernenbau: Der Krieg naht

Als um 15 Uhr Böllerschüsse vom Stadthaus am Bottlerplatz ertönen, wissen die Bonner an diesem 12. November 1936, was sie zu tun haben. 40.000 Menschen

Vom Vorkriegsansturm auf die Schiffe an der KD-Anlegestelle „Alter Zoll" kann die Schifffahrtsgesellschaft heute nur noch träumen.

Olympia-Fieber

Im August 1936 ziehen die Nazis in Berlin eine Riesenschau ab: Olympische Spiele - so perfekt, wie sie die Welt bis dahin nicht erlebt hat. Mit dabei sind auch drei Bonner. Die Kraulschwimmerin Gisela Jacob-Arendt kommt mit einer Silber- und einer Bronzemedaille zurück. Silber mit der Schwimmstaffel gewinnt auch Leni Henze-Lohmar, die bis ins hohe Alter noch bei den Schwimm- und Sportfreunden Bonn den Nachwuchs betreute. Der dritte Bonner Olympionike war Emil Martin. Er kam beim Pistolenschießen auf Rang 19.

verschwinden an diesem Donnerstag eilends in Luftschutzkellern, die Innenstadt wirkt menschenleer. „Fliegeralarm" war geschossen worden, probeweise und zum ersten Mal. Sirenen gab es noch nicht, deshalb das inszenierte Geknalle.
Die spektakuläre Übung machte auch dem Letzten klar: Auch Bonn war mitten in Kriegsvorbereitungen. Bereits im März 1936 waren die ersten Truppen in die bis dahin dank Versailler Vertrag entmilitarisierte Stadt eingerückt. Unterkünfte für immer mehr Soldaten wurden gebraucht: Die alte Husarenkaserne an der Rheindorfer Straße (vorübergehend Polizeischule) sowie Ermekeil- und Loe-Kaserne in der Südstadt wurden reaktiviert. Neue Militärbauten entstanden in Duisdorf, am Hardtberg und auf dem Venusberg, bis zum Kriegsausbruch wuchs die Garnison auf 3.160 Mann mit 500 Zivilbeschäftigten an. Das Generalkommando der Grenztruppen Eifel zog in das Palais Schaumburg ein, die Oberbauleitung der Organisation Todt für den Bau des Westwalls quartierte sich ebenfalls in Bonn ein. Ein besonderer Nimbus von Größe begleitet vor allem die neuen Kasernen auf dem bis dahin unbebauten Venusberg. Mit damals modernsten Mitteln wurden hier Einrichtungen für die Fliegerabwehr geschaffen. Die „Flak", so wurde den Bonnern suggeriert, sei das Rückgrat der Sicherheit ihrer Stadt im natürlich unwahrscheinlichen Fall des Falles. Schon das Richtfest im Oktober 1937 ist ein Ereignis. Im Dezember

kommen Tausende zum Eintopfessen zugunsten des „Winterhilfswerks" zu den inzwischen eingezogenen ersten Soldaten auf die Höhe. Im Juni 1938 versammelt sich Partei- und Militärprominenz zur festlichen Taufe der Liegenschaft auf den Namen des Luftwaffenchefs und „Reichsmarschalls" Hermann Göring. Niemand ahnt, dass aus der Kaserne bald ein Lazarett werden soll. Und erst recht nicht, dass aus den Flakgebäuden nach dem Krieg Bonns Uniklinikum erwachsen würde. „Der Führer schafft wenigstens Arbeit", sagten auch viele, die dem NS-Regime skeptisch gegenüberstanden. Sie sahen die militärischen Bauten, freuten sich über die neue Unterführung für Autos und Straßenbahnen an der Poppelsdorfer Allee (heute Südunterführung) und über die Reuterbrücke: Beide Projekte minderten die Teilung der Stadt durch die Eisenbahn. Die Menschen in Bonn hatten sich in diesen Vorkriegsjahren an eine neue Normalität unter den Nazis gewöhnt. Übereifrige Akteure, opportunistische oder ängstliche Mitläufer und

Bedeutende Maßnahme für die Verkehrsinfrastruktur: Bau der Südunterführung am Hauptbahnhof.

Am 7. März 1936 rückten die ersten Wehrmachttruppen über die Rheinbrücke ein. Rechts: Die Altbauten mit dem charakteristischen Turm im Eingangsbereich des Uniklinikums sind von der ehemaligen Flak-Kaserne übrig geblieben.

rheinische „Ihr-könnt-mich-Mal" lebten mit- und nebeneinander, Misstrauen und Spitzeltum inklusive. In diesem Klima lernt seit dem Frühjahr 1937 der junge Heinrich Böll in der Buchhandlung Mathias Lempertz Am Hof, sicherlich noch die Bücherverbrennungen vom 10. Mai 1933 auf dem Bonner Markt im Kopf. Der Buchhändlerberuf, so wird Böll später schreiben, *war eine Deckung gegenüber der politischen Umwelt, ich brauchte nicht in eine Parteiorganisation*". Im umfassenden Antiquariat von Lempertz schmökerte Böll in freien Minuten und fand *sehr viele Bücher, die offiziell verboten waren*".

Menschen - getrieben wie Vieh

Sie waren ganz normale Bürgerinnen und Bürger dieser Stadt. Dachten sie, dachten die anderen, die meisten jedenfalls. Bis eine furchtbare Ideologie ihnen beibrachte, dass sie anders sind, minderwertig, geldgierig, unheilbringend, verabscheuungswürdig, ja, nicht dieses deutschen Lebens wert. So wuchs auch in Bonn der Druck auf die Appels, die Hertz, die Kirschs, die Levys, die Levisons, die Pisetzkis, die Seligmanns, die Silbermanns, die Waldmanns, die Wollsteins mit den zwangsverordneten Vornamen Israel oder Sarah. Die Juden: immer mehr Freiwild. Auch in Bonn.

In der Nacht vom 9./10. November 1938 und am folgenden Tag eskaliert der Hass. Die große Synagoge an der Rheinbrücke brennt, die Synagogen in Poppelsdorf, in Beuel, in Bad Godesberg, in Mehlem stehen in Flammen. Die Heißmangel „Bügelfix" und das Schuhgeschäft Speier in der Wenzelgasse sind zwei von 127 Läden mit jüdischen Inhabern, die so stark vom Pöbel zerstört worden, dass sie aufgeben müs-

Nahm sich 1942 das Leben: der Mathematiker Felix Hausdorff.

sen. Juden werden auf offener Straße misshandelt, ihre Wohnungen demoliert. Der Orientalist Professor Paul Ernst Kahle wird wenig später von seinem Lehrstuhl an der Bonner Uni amtsenthoben: Seine Frau Maria und Sohn Wilhelm hatten der Geschäftsfrau Goldstein beim Beseitigen der Scherbenhaufen geholfen: „Verrat am Volke" per Schlagzeile für den „Westdeutschen Beobachter". Der Gelehrte emigriert nach England.

Das Pogrom, von den Nazis zynisch „Reichskristallnacht" getauft, war erster Höhepunkt des rassistischen Terrors, der mit der „Machtergreifung" 1933 begonnen hatte und von da an systematisch ausgeweitet wurde. Im Juni 1933 lebten im Gebiet der damaligen Stadt Bonn 1.268 Juden. Im Mai 1939 waren es noch 679, zusätzlich wurden aufgrund der Rassegesetze 152 „Mischlinge I. Grades" und 130 „Mischlinge II. Grades" registriert. Viele jüdische Mitbürger hatten bis dahin ihr Heil in der Flucht ins Ausland oder nach Israel gesucht, andere waren zu Kriegsbeginn bereits verschleppt worden.

Die Verbliebenen litten unter immer stärkeren Schikanen. Der angesehene Chirurg Adolf Nußbaum und der enteignete Inhaber der Bonner Fahnenfabrik, Dr. Otto Meyer, mussten bei der städtischen Müllabfuhr arbeiten. Else Waldmann, die Tochter des wegen seines Glaubens aus dem städtischen Orchester entlassenen Musikers Ludwig Waldmann, schuftete im Wesselwerk. Einkaufsmöglichkeiten wurden für die Träger des „Judensterns" drastisch eingeschränkt, zugestandener Wohnraum ebenso rücksichtslos mehrfach reduziert.

„Judenfrei" sollte schließlich auch die Bonner Region werden. Was dies bedeutet, manifestiert das Geschehen um das von der Gestapo beschlagnahmte Benediktinerinnen-Kloster „Zur Ewigen Anbetung" („Marterkapelle") in Bonn-Endenich. Hinter den Klinkermauern am Fuß

Eine Gedenktafel erinnert an das grausame Schicksal der im Kloster (unten) inhaftierten Juden.

NACH VERTREIBUNG DER BENEDIKTINERINNEN DURCH DAS NS-REGIME DIENTE DIESES HAUS 1941/1942 ALS SAMMELLAGER FÜR 474 JÜDISCHE MITBÜRGER AUS BONN UND UMGEBUNG. VON HIER TRATEN SIE DEN GANG IN DIE VERNICHTUNGSLAGER AN. NUR SIEBEN SIND ALS ÜBERLEBEND BEZEUGT.

Ein Raub der Flammen wird die Bonner Synagoge am Rhein am Morgen nach der Pogromnacht.

des Kreuzberges wurden 1941 und 1942 nach und nach 474 jüdische Männer, Frauen und Kinder aus Bonn und Umgebung interniert, zusammengepfercht. Von hier traten sie eines Nachts den Gang zum Güterbahnhof in die Vernichtungslager an. Nur sieben sind als Überlebende bezeugt.

Zeitzeugin Katharina Jax hat den schrecklichen Vorbeimarsch beobachtet und hält fest: „Vorn und hinten SS-Leute mit dem Gewehr im Anschlag. Sie trieben die Leute wie Vieh. Das sind Bilder, die man nie vergisst." Professor Felix Hausdorff, 1935 zwangspensionierter Mathematiker der Bonner Universität, entzog sich mit seiner Frau und seiner Schwägerin dem Abtransport durch Selbstmord.

Auf Dauer unterzutauchen gelang nur sehr wenigen - Theo Schafgans, der geschätzte Fotograf, schaffte es mit seiner jüdischen Frau unter falschem Namen im Rechtsrheinischen.

Der Mob plündert das Schuhgeschäft Speier in der Wenzelgasse.

Zwischen Hoffen und Bangen

Eine Flotte von 20 Polizeibooten kreuzt auf dem Rhein, der zivile Schiffsverkehr ruht. Am linken Ufer wimmelt es von braunen Uniformen. SA-Männer haben das Hotel Dreesen hermetisch abgeriegelt. Es ist der 22. September 1938 und Adolf Hitler wartet in seinem Lieblingshotel auf Arthur Neville Chamberlain. Der britische Premierminister ist mit dem Flugzeug nach Wahn gekommen und hat später im Hotel Petersberg Quartier genommen. Bad Godesberg steht an diesem Tag im Mittelpunkt des Weltinteresses. Alle hoffen auf das eine: Frieden. Das historische Treffen zwischen dem Reichskanzler und dem Londoner Regierungschef ist vom Höhepunkt der Sudetenkrise überschattet. Hitler hatte hoch gepokert, er wollte das Sudetenland und

Schauplatz Dreesen: Im Bad Godesberger Hotel traf Hitler den britischen Ministerpräsidenten Neville Chamberlain (links).

drohte mit Mobilmachung. Chamberlain versuchte zu retten, was noch zu retten war. Er machte Zugeständnisse, so weit er eben konnte, doch am Abend des zweiten Verhandlungstags kam es zu einer dramatischen Zuspitzung. Hitler war zu weit gegangen. Der Premierminister verzichtete auf den fest eingeplanten Schiffsausflug und reiste ab.

Dennoch war das Treffen im Dreesen kein Fehlschlag. Die Positionen waren jetzt so weit abgesteckt, dass Hitler, Chamberlain, der französische Ministerpräsident Daladier und Italiens Diktator Mussolini am 29. September das Münchener Abkommen unterzeichnen konnten. Die Westmächte opferten das Sudetenland und der Frieden schien gerettet.

Tatsächlich brachte der Kuhhandel aber nur einen kurzen Aufschub. Rund ein Jahr später begann der deutsche Angriff auf Polen. Die Katastrophe nahm ihren Lauf. Fieberhaft arbeitete die Bonner Verwaltung jetzt an der Umsetzung des Bunkerbauprogramms, denn nach der gescheiterten Invasion in England erwarteten alle, dass der Luftkrieg früher oder später deutsches Territorium erreichen würde. 14 Bunker mit etwa 12.000 Schutzplätzen waren für Bonn vorgesehen. Privatfirmen begannen 1940 zunächst in den Außenbe-

Feindliche Bomber im Anflug: Für die Bonner bald ein fast alltäglicher Anblick. Der erste Luftangriff auf Bonn galt dem Güterbahnhof (links).

zirken mit dem Bau der Hoch-, Tief- oder Stollenbunker. Viele von ihnen stehen heute noch - etwa der Windeckbunker, der Bunker an der Trierer Straße in Poppelsdorf und der Hochbunker in Beuel. Die erste „Bewährungsprobe" mussten die Betongiganten am 22. Mai 1940 bestehen. Kurz nach 1.00 Uhr meldete ein Beobachter auf dem Kreuzberg feindliche Flieger aus westlicher Richtung. Dann fielen die ersten Bomben auf Bonn. Der Angriff galt dem Areal zwischen Güterbahnhof und Dransdorfer Weg. Eine zweite Angriffswelle um 1.10 Uhr nahm die Straßenzüge im Musikerviertel unter Feuer. Zum ersten Mal mussten die Bonner mit ansehen, wie gewaltige Explosionen ihre Gärten in eine Kraterlandschaft verwandelten, die Straßen aufrissen und Häuser einstürzen ließen. Aber noch war der Spuk nicht vorbei. Zum dritten Mal flogen die Bomber an und warfen diesmal ihre tödliche Fracht über dem Ellerbahnhof ab. Erst gegen 2.00 Uhr kehrte endlich Ruhe

Viel Grün verdeckt heute die Betonmassen des Windeckbunkers.

ein. Die Flugzeuge drehten ab und verschwanden am Horizont. Bei dem ersten Luftangriff auf Bonn waren „nur" 37 Bomben gefallen. Die hatten aber ausgereicht, um elf Menschen zu töten und 16 zu verletzten. 180 Personen wurden obdachlos. Vier Nächte später fielen die ersten Bomben auch auf die Schäl Sick - beim Angriff auf Oberkassel. Insgesamt flogen Briten und Amerikaner bis 1945 rund 80 Angriffe gegen Bonn - die schlimmsten im letzten Kriegsjahr, als die halbe City ausradiert wurde.

„Im Kampf gegen den Bolschewismus gefallen"

Erst sind es nur Schemen, dann werden die Bilder klarer. Ja, Krieg, ein bisschen Krieg ist noch da in der Erinnerung. Die fürchterlich heulenden Sirenen, das schnell an- und ebenso schnell wieder abschwellende Röhren der Flugzeugmotoren, die unheimlichen „Christbäume" am Himmel, das Bellen der Flak, das schrecklich Rrrruuummm, wenn die Bomben einschlagen, das Zittern der Wände im Keller, der plötzliche, beißende Staub, das flehende Beten, das entsetzliche Jammern.

Ja, ein bisschen Krieg ist noch da. Nicht viel Konkretes eigentlich. Verdunkelung, Keller, Bunker: Phosphor fließt giftig-gelb durch die Gosse, Trümmer und Munitionsreste liegen herum, Menschen weinen. Befehle, Uniformen, Gewehre, Militärlaster, rasselnde Panzerketten. Und immer wieder diese schlimmen Sirenen. Mehr ist es nicht.

Die 1940er- und 1950er- Jahre aus der Sicht der Kinder-und Jugendlichen beschreibt unser Autor Werner P. D'hein in seinem Buch „Aufgewachsen in Bonn".

Wie auch. Als am frühen Morgen des 22. Mai 1940 in der Gegend zwischen Bachstraße und Güterbahnhof die ersten 37 Bomben auf Bonn fallen, bist du in den Windeln. Du kannst noch nicht erfassen, was es heißt, dass bei diesem Luftangriff, dem weitere 80 folgen sollten, elf Menschen zu Tode kommen, 16 verletzt werden und 150 ihr Obdach verlieren. Du kannst noch nicht ermessen, was der Inhalt dieses kargen Schreibens für dein zukünftiges Leben bedeutet, das deine Mutter Anfang Oktober 1942 erhält: „Im Kampf gegen den Bolschewismus gefallen" ist dein Vater „am 30.9.42" und „am gleichen Tag auf einem Heldenfriedhof begraben" worden, schreibt der „Oberleutnant u. Komp.-Führer" mit der unleserlichen Unterschrift und der Feldpostnummer 17069 an den für die nunmehrige

Witwe zuständigen „Ortsgruppenleiter der N.S.D.A.P." Er möge bitte „die Ehefrau des Gefallenen von dem Heldentod ihres Mannes in geeigneter Weise in Kenntnis setzen". Gefreiter ist der Held, Förster, 29 Jahre, elf Monate und 19 Tage alt, seit drei Jahren verheiratet, ein Sohn, als ihn die Kugel trifft oder, wahrscheinlicher, die Granate zerfetzt, fern der Heimat, am Ladogasee, in Russland, nahe Leningrad, „nachdem er die Eroberung von Sewastopol glücklich überstein hatte", heißt es auf dem Totenzettel. Sewastopol liegt auf der Halbinsel Krim am Schwarzen Meer. Sein Bruder ist schon acht Monate vorher gefallen, bei Kämpfen um Moskau, begraben bei einem Ort namens Bordukowa.

In geeigneter Weise! Wie mag das gewesen sein, als da plötzlich jemand amtlich klingelte bei der jungen Frau mit dem kleinen Jungen, der den Mann, um den es geht, zwar ein-, zweimal auf Fronturlaub gesehen, aber

Gefallen in Russland im vierten Kriegsjahr: Kameraden zimmerten das Grabkreuz für den Vater unseres Autors.

nie wirklich gekannt hat? Hat dieser Jemand auch von Heldentod und vom Wohl des Vaterlandes, von Opferbereitschaft und bösen Bolschewisten gefaselt, wie der „Führer" und seine Schranzen es verlangten? Oder hatte er Gefühle, Mitleid für den Menschen, der im plötzlichen Schmerz aufheulte? Die Mutter hat nie über diesen furchtbaren Augenblick gesprochen. Du hast sie auch nie danach gefragt. Warum eigentlich nicht?

Unser Autor Werner P. D'hein in seinem Buch „Aufgewachsen in Bonn in den 40er und 50er Jahren" (Wartberg-Verlag, ISBN: 978-3831319237)

Trümmer: Wrackteile eines abgeschossenen britischen Bombers 1940 in Lengsdorf.

Fliegeralarm: Menschen flüchten zum Bunker am Kaiser-Karl-Ring.

Erste Bombenschäden: die Mozartstraße nach dem Angriff vom 22. Mai 1940.

Ohne „Marken" keine Butter, brauner Terror gegen Zwangsarbeiter

Krieg - die Menschen daheim wissen mittlerweile, was das bedeutet. In immer mehr Familien schlägt die schreckliche Botschaft wie eine Granate ein: Der Vater, der Ehemann, der Sohn, der Enkel gefallen. Verwundete kehren als Krüppel zurück. Soldaten auf Heimaturlaub erzählen von Gräueln. Immer häufiger heulen die Luftschutzsirenen, dann heißt es ab in den Keller, in den Bunker, der „Luftschutzwart" passt auf. Wer nicht ab Dämmerung verdunkelt oder „Radio London" hört, handelt sich mindestens Ärger mit dem „Blockwart" ein. Fallen Bomben, sind Tote und Verletzte zu beklagen, werden Häuser beschädigt oder gar zu Ruinen. Und der Terror von SA, SS und Gestapo nimmt zu.

Ohne Marken kein Brot: Der Bäcker musste die „Marken" vor dem Verkauf abschneiden und für die städtischen Kontrolleure aufbewahren.

Bonner Landser auf Heimaturlaub : erste Begegnung mit dem eigenen Kind.

Für die Soldaten an der Ostfront wurden in diesem Bus Pullover und warme Socken gesammelt.

Die Versorgungslage in der Stadt ist längst kritisch. Je länger der Krieg, desto mehr Rationierungen von Lebensmitteln. „Abgelagertes Brot ist ergiebiger und bekömmlicher", behauptet die „Reichsbrotkarte" mit den „Marken" für jeweils 10 und 50 Gramm. Insgesamt zwei Kilogramm darf der Bäcker 1942 pro Person und Monat über die Theke reichen, zu Kriegsbeginn waren es noch 2,2. Die „Karten" werden zur ständig kargen Existenzgrundlage. In Gramm wird gemessen, was für den Einzelnen zur Verfügung stehen darf:

Immer mehr Schutzbauten entstanden, wie hier 1941 in Bonn-Dransdorf.

500 Gramm Fleisch, 78 Gramm Käse, 45 Gramm Fett, 22 Gramm Butter, 25 Gramm Zucker… Zulagen gibt es nur für Kinder und für „Schwerstarbeiter". Die „Dritte Reichskleiderkarte" begrenzt den Jahresbezug von Socken und Strümpfen auf sechs, für eine Hose wurden 28 von 100 zur Verfügung stehenden „Punkten" abgerechnet, für Polohemden je nach Ausführung zwölf oder 15.

Wie im Ersten Weltkrieg mussten die Bonner sammeln, was gesammelt werden konnte: Metalle, Flaschen, Korken, Lumpen, Felle, Papier. Die „Nationalsozialistische Volkswohlfahrt" organisierte das Zusammentragen, das „Winterhilfswerk", die NSDAP-Ortsgruppen. Brachliegende Felder wurden zwangsbeackert, Sportplätze zu Gemüsegärten, selbst im Hofgärten wurden schließlich Kartoffeln angebaut. Wer es konnte, zog zum „Hamstern" ins Vorgebirge oder schlachtete verbotswidrig „schwarz".

Weil die deutschen Arbeitskräfte an der Front sind, müssen 10.000 russische Kriegsgefangene und in Osteuropa ausgehobene Zwangsarbeiter - Männer und Frauen - in Bonner Betrieben, bei der Stadt und in der Landwirtschaft der Vororte schuften. Die Bedingungen, vor allem der Unterbringung sind oft menschenunwürdig. Beispielsweise ist es den Russen, Polen und Ukrainern verboten, gemeinsam mit

Zwei Polen wurden erhängt, weil sie Beziehungen mit deutschen Frauen eingegangen waren.

den Arbeitsgebern an einem Tisch zu essen. Sie dürfen nicht auf den Höfen der Bauern übernachten, teilen die Lager in Schulen und Sälen von Gastwirtschaften mit ihren Leidensgenossen aus den mittelständischen Firmen und Großunternehmen.

Es gehörte schon einiger Mut dazu, für diese „Untermenschen" (Nazi-Jargon) einmal im Monat eine eigene Messe zu zelebrieren. Der Endenicher Pastor Leonhard Dohm ignorierte regelmäßig den menschenverachtenden Nazi-Wahn. Nicht einmal in seiner Kirche durfte er diese Messen feiern. Daher wich er in die Kapelle eines Pflegeheimes aus.

Eine Tafel erinnert an Felix Garbarek und Czeslaw Worech, zwei Polen, die am 29. Juli 1941 wegen streng untersagten sexuellen Beziehungen zu deutschen Frauen an einem transportablen Galgen in einem Steinbruch am Finkenberg in Beuel-Limperich erhängt wurden, „Sonderbehandlung" im NS-Jargon, ohne jede Gerichtsverhandlung.

Ausländische Zwangsarbeiter mussten ihr „Arbeitsbuch" ständig bei sich tragen.

Bombenterror: 486 Tote an einer einzigen Nacht

Der Morgen des 18. Oktober 1944 wirkt so friedlich. Der Himmel ist fast klar, nur wenige Wolken, die Sonne scheint. Niemand ahnt, dass Bonn der schlimmste Kriegstag bevorsteht. Dann um 10.49 Uhr heulen die Sirenen: Signal „akute Luftgefahr". 150 britische Lancaster-Bomber, geschützt von 200 Spitefire-Jägern, steuern nur zehn Minuten später das Zielobjekt mit dem Tarnnamen „Shark" an, werfen 1.000 Spreng- und 75.000 Brandbomben ab. Um 11.06 Uhr drehen die Maschinen ab. Das Ergebnis ist furchtbar: mehr als 300 Tote, weit mehr als 1.000 Verletzte, viele so schwer, dass sie später sterben oder behindert bleiben. Eine 1.000

Ein Trümmerhaufen: US-Luftbild vom 25. April 1945.

Die großen Luftangriffe auf Bonn

Datum	Zerstörungen (u.a.)	Tote
22.05.1940	Güter- und Ellerbf., Musikerviertel	11
15.04.1942		20
17.04.1943	Friesdorf	26
12.08.1943	Krankenhäuser, Beethovenhalle	rund 200
04.02.1944		55
18.10.1944	Altstadt, Rathaus, Münster, Uni	mehr als 300
28./29.12.1944	Innenstadt, Bahn, Viktoriabrücke	486
06.01.1945	Landgericht	mehr als 200
04.02.1945	Kessenich, Venusberg	mehr als 100

Meter hohe Rauchsäule steht über der Stadt. Bonn ist ein Ruinenfeld. Die komplette Altstadt wie wegrasiert. 2.900 Wohnhäuser sind zerstört. Das Rathaus, das Münster, die Universität brennen. Nur eine halbe Stunde hatte der Angriff gedauert. Zurück bleibt ein Inferno des Grauens. Die Innenstadt liegt in Trümmern, mehr als 15.000 Menschen sind in Minuten obdachlos geworden. Nur die Brücke steht noch: Sie wird später von den deutschen Soldaten beim Rückzug gesprengt.

Der Schweizerische Generalkonsul Franz Rudolf Weiss berichtete tags drauf an seine Regierung über *„eine Stätte des Grauens"*, wo *„noch am Abend Brände wüteten und die Nacht hell erleuchteten": „Das Bild von Bonn* (ist) *entsetzlich. Es ist einfach unglaublich, dass solche Zerstörungen innerhalb so kurzer Zeit angerichtet werden können, die Milliarden von Werten vernichten."*

Der Oktober-Angriff 1944 richtete die mit Abstand stärksten materiellen Schäden an. Bei einem Großangriff amerikanischer B-17-Bomber am 12. August 1943 waren die Verwüstungen noch überschaubar, aber mehr als 200 Ziviltote waren in Bonn und Beuel zu beklagen.

Und noch einmal sollte schreckliches Verderben über die Menschen in der Universitätsstadt am Rhein kommen: In der Nacht vom 28. auf den 29. Dezember 1944 griffen 178 britische Bomber erneut Bonn an. Zwar wurde im Wesentlichen nur die Viktoriabrücke zerstört. Aber die Zivilbevölkerung erlitt mit 486 Toten die schlimmsten Verluste an einem Tag; die meisten Menschen starben in getroffenen Luftschutzkellern. Schlimm auch noch die Folgen von zwei weiteren Luftattacken: Am 6. Januar wurde der Schutzraum des Landgerichts zerbombt, hier starben die meisten der mehr als 200 Opfer dieses Tages. Rund 100 Tote forderte schließlich ein Angriff am 4. Februar 1945, der vor allem dem Stadtteil Kessenich galt.

Die Bilanz des Schreckens: Insgesamt 1.904 zivile Todesopfer (Bonn 1.564, Beuel 167, Godesberg 173). 3.662

Oben: Nur noch wenige Außenmauern standen vom stolzen Universitätsschloss. Fassungslos, so scheint es, schaut Beethoven in das Chaos am Münsterplatz (oben links). 18. Oktober 1944: Bonn brennt - Blick vom Vorgebirge her (Farbfoto).

Menschen überlebten als Kriegsbeschädigte. Bei den Kämpfen fielen 4.020 Soldaten aus Bonn, Godesberg und Beuel, 3.686 wurden als vermisst gemeldet. Noch mehr: 1.150 Männer und Frauen aus Bonn, davon etwa 770 jüdischer Abstammung und 50 Sinti, wurden von den Nazis ermordet.

„Steht das Beethovenhaus noch?"

Die Front rückt näher und näher. Geübte wollen bereits amerikanische Granaten am Klang von den deutschen unterscheiden können. Dann, am 7. März 1945, gelingt den GI's ein Erfolg, der in die Kriegsgeschichte eingeht und später Stoff für einen höchst erfolgreichen Film liefert: US-Streitkräfte erobern die Ludendorff-Eisenbahnbrücke, die Remagen mit Unkel verbindet, bevor die Deutschen den Rheinübergang sprengen können. Nahezu unbehelligt bilden die Amerikaner nun ihren ersten rechtsrheinischen Brückenkopf. Wenige Kilometer rheinabwärts in Bonn lässt General Georg von Büchler am gleichen Tag um 20:20 Uhr die Brücke in die Luft jagen - aus für das wunderbar filig-

Amerikanische Soldaten am Eingang der zerstörten Beethovenhalle vor einem deutschen „Panther"-Panzer.

rane Bauwerk, das 47 Jahre die Menschen beidseits der Ufer zusammenführte. Vier Bataillone des 16. und 18. US-Infanterieregiments rückten am 8. März auf Bonn vor. Sie trafen nicht mehr auf Widerstand. „Festungskommandant" Generalmajor Richard von Bothmer hatte den Befehl ignoriert, die Stadt *bis auf den letzten Mann* zu verteidigen, die versprengten Reste der Panzerbrigade *„Feldherrnhalle"* und der 62. Volksgrenadierdivision waren nach und nach Richtung Beuel abgezogen, wo noch bis 21. März eher vereinzelt Schüsse fielen. Von Bothmer wurde für seine mutige Entscheidung, die viele Menschenleben rettete und Bonn vor weiteren Zerstörungen bewahrte, degradiert und verhaftet, wählte schließlich den Freitod. Am 9. März morgens um 9.00 Uhr übergab Rechtsrat Dr. Max Horster die Stadt Bonn förmlich an die Sieger. Er war der ranghöchste noch verbliebene Vertreter der Stadt, die übrigen - allen voran Nazi-Oberbürgermeister Ludwig Rickert und die Partei-Prominenz - waren feige geflüchtet.
Straße für Straße durchkämmten die US-Soldaten die Stadt, durchsuchten die Häuser auf versteckte Bewaffnete, nahmen Besitz von dem, was von Bonn noch übrig war. Viel war es nicht. „Steht das Beethovenhaus noch?" Diese unerwartete Frage ist von einem hohen amerikanischen Offizier überliefert. Ja, es stand noch, keine

Das war was für diesen Bonner Jungen: Fahrt im Briten-Jeep.

nennenswerten Schäden in der Bonngasse 20 (das Inventar hatte die Stadt schon Monaten zuvor in Sicherheit bringen lassen). Was mögen die Männer von jenseits des Atlantiks empfunden haben, als sie das brutale Werk der Bomber nach 80 alliierten Luftattacken sahen? Die leeren Fassaden des ausgebrannten Rathauses, des kurfürstlichen Schlosses, das bislang den Kern der Universität beherbergte? Das schwer angeschlagene Münster, die zerstörte Evangelische Kreuzkirche? Die Universitätskliniken im Bonner Norden dem Erdboden gleich. Die historische Altstadt zwischen Markt und Rhein nur noch ein Trümmerfeld.
Die Sieger fühlten sich noch längst nicht sicher. Zunächst verordneten sie Ausgangssperren von 21 bis 6 Uhr, verboten Ansammlungen von mehr als fünf Personen, legten Post und Telefon lahm, untersagten jedwedes Fotografieren, nervten mit Stromsperren. Aber schon am 1. April ein Neuanfang: Stadtkommandant Major Cofran setzte den früheren, von den

US-Truppen nehmen die Stadt ein: Blick in die Friedrichstraße.

Nazis amtsenthobenen Beigeordneten Eduard Spoelgen als kommissarischen Leiter der Stadtverwaltung ein. Am 28. Mai übernahmen nach alliierter Absprache britische Truppen die Bonner Region. Bonn wurde südlichster Punkt der Britischen Besatzungszone. Oberstleutnant D. G. Pirie richtete seine Kommandantur im unversehrten Sparkassengebäude am Friedensplatz ein. Am 13. August machte Pirie per Aushang bekannt: „...*habe ich es für richtig befunden, Herrn Spoelgen zum Oberbürgermeister und Herrn Dani zum Beigeordneten von Bonn zu ernennen.*" Sebastian Dani war ein von den Nazis verfolgter Gewerkschaftsführer.

Ein US-Soldat steht Posten vor der gesprengten Rheinbrücke.

Eines der größten Probleme für den Ersten Nachkriegs-OB Eduard Spoelgen war die Wohnungsnot. 10.000 Wohnhäuser waren zerstört oder beschädigt. Beschlagnahmungen durch die Besatzungstruppen machten den Wohnraum noch knapper. Und der britische Stadtkommandant war ein schwerer Brocken für Spoelgen, herablassend, der Sieger oben, die Besiegten unten, ganz anders als der eher joviale US-Offizier Cofran. Spoelgen später: *„Ich empöre mich heute noch innerlich, wenn ich an die demütigende Art denke, mit der Oberstleutnant Pirie uns behandelte."* Als der Oberbürgermeister von Englands Gnaden um mehr Brennmaterial für den Winter bat, holte er sich bei Pirie eine barsche Abfuhr: *„Die Deutschen brauchen keine Kohlen, schlagt eure Obstbäume, schlagt eure Alleen, die sind für euch nicht nötig."* Tatsächlich fiel nächtens so mancher Straßenbaum; und die Wälder auf dem Venusberg, im Godesberger Stadtwald und im Kottenforst lichteten sich immer mehr, legal und illegal. Auf einen solch groben Klotz setzte

Spätherbst 1945: Der Hofgarten ist zum Kohlacker geworden. Im Hintergrund die Ruinen der Universität.

Kohlenklau - gestattet vom Kardinal

Eisgang im Rhein im strengen Winter 1946/47 an der gesprengten Brücke.

der Kölner Kardinal Josef Frings seinen historisch gewordenen Keil. Im besonders strengen Winter 1946/47 klirrten die Fensterscheiben unter Eisblumen, sogar der Rhein fror zu. Die Menschen litten extrem unter der Kälte, nur noch selten konnten sie das komplette Kohle-Brikett-Kontingent von einem Zentner pro Monat ergattern. In ihrer Not plünderten die Bonner Kohlenzüge. In einer legendären Bilanzpredigt an Silvester billigte der Kirchenfürst derartigen Mundraub in extremer Situation. *„Fringsen"* wurde zum geflügelten Wort, ob beim Kohlenklau oder beim Stibitzen von Obst oder Gemüse - nur in außerordentlicher Not wohlgemerkt mit dem Segen der Kirche. Dieser Segen blieb kriminellen Schwarzhändlern versagt. In der Sternstraße hatte sich das Zentrum des illegalen Warentransfers in den Jahren bis zur Währungsreform 1948 etabliert. Für 400 Reichsmark konnte man hier an ein Pfund Kaffee kommen, die gleiche Menge Butter gab es für 600, ein Pfund Brot für 30 Mark. 400 Reichsmark waren der Monatsverdienst eines Arbeiters in dieser Zeit. Die

Kriegerwitwe etwa, die die Horrorpreise der Schieber-Schlapphüte nicht bezahlen konnte, hatte nur eine Wahl gegen den Hunger: Sie packte eine Goldbrosche oder einen Fuchspelz aus ihrer letzten Habe, fuhr damit zu den Bauern im Umland und tauschte Wert gegen Nahrung. Solche Hamsterfahrten mit den Zügen der Vorgebirgsbahn oder im Bus gehörten zum Alltagsbild. Tabu war aber zunächst der Weg an die Ahr oder in die südliche Eifel: Diese Gebiete gehörten zur französischen Zone. Die Schlagbäume an den Grenzen öffneten sich nur für Passierschein-Inhaber, Warenmitnahme war verboten. Die Versorgung der Bevölkerung mit den notwendigsten Lebensmitteln war eine große Herausforderung für die Stadtverwaltungen. Extrem knapp waren vor allem Milch und Getreide für das Brot, Fleisch und Fette gehörten zum Luxus. Wer mal statt Margarine „gute" Butter schmieren oder echten Kaffee statt „Muckefuck" trinken konnte, erlebte einen Festtag. „Kochfertige Suppen" aus der Dose, nach nichts schmeckend, hatten bald den Namen „kotzfertig".

Wie Dr. Pies Bad Godesberg rettete

Neben dem Schweizer Generalkonsul Dr. von Weiß erwarb sich am Ende des Zweiten Weltkrieges auch ein Einheimischer besondere Verdienste um die Befreiung der Stadt Bad Godesberg. Laut eines Heimatbuches des Landkreises Bonn aus dem Jahr 1958 drängte der ortsansässige Arzt Dr. Paul Pies den Generalkonsul sogar zu Verhandlungen mit der US-Armee: Am Morgen des 8. März 1945 erfuhr der Arzt telefonisch aus dem Bad Godesberger Rathaus, dass die Amerikaner die kampflose Übergabe der Stadt verlangt hätten. Dr. Pies wandte sich daraufhin an den Schweizer Generalkonsul Dr. von Weiß, um mit ihm zu den US-Truppen in den Kottenforst zu fahren. Dieser lehnte dies mit dem Hinweis ab, keinen Auftrag dazu zu haben. Erst mit der Notlüge, die Stadtverwaltung hätte ihn gebeten, dem Konsul auszurichten, dass er Bad Godesberg den Amerikanern kampflos übergeben soll, konnte der Arzt den Schweizer überreden, Verhandlungen mit dem US-Kommandanten aufzunehmen. Diese verliefen erfolgreich und die Stadt wurde geschont.

Dr. Paul Pies (1894 bis 1985)

Wille zum Wiederaufbau übermächtig

700.000 Kubikmeter Schutt hinterlässt der Krieg. Ein Drittel von Bonn ist nicht mehr, Beuel und Bad Godesberg sind weniger stark betroffen. Aber letztlich überall Ruinen, Provisorien, Schäden an den Straßen, abgeholzte Grünanlagen. Beispiel Bonn-Endenich: Total zerstört waren beispielsweise die Jungenschule, das Nonnenkloster im Wiesenweg oder das Café-Restaurant Wiemann, schwere Schäden hatten die übrigen Schulgebäude, die Kirche St. Maria Magdalena, das ehemalige Kloster „Zur Ewigen Anbetung", das Malteserkrankenhaus, die Burg, das Feuerwehrhaus.
Doch die Menschen verfielen keineswegs in Agonie. Der Wille zum Wiederaufbau war übermächtig. Die Besatzer staunten über so viel Bereitschaft zum neuen Anfang. Die Überlebenden rückten zusammen, machten Platz für die Ausgebombten, die Flüchtlinge - und notgedrungen für die fremden Militärs. Sie krempelten

die Ärmel hoch, machten sich an die Arbeit: Erst die Frauen, die nicht in den Krieg gezogenen älteren Männer, dann die nach und nach aus Gefangenschaft entlassenen Soldaten. Es wurden Steine „gekloppt", Trümmerbähnchen kurvten durch Ruinenlandschaften, Hand- und Pferdekarren, klapprige Lastwagen transportierten Zement, Bauholz, Blech, Eisen, Rohre, Leitungen, Türen, Fenster, Scheiben. „Altmaterial" jeder Art war begehrt, wurde von schellenden Spezialisten gesammelt und stand hoch im Kurs. Nachdem die wichtigsten Straßen provisorisch geräumt und die Schienen erneuert waren, bimmelten ab Juli 1945 die ersten Elektrischen wieder durch die

„Steinekloppen": Bevor aus Ruinen wieder Baumaterial wurde, musste der Mörtel mühsam abgehämmert werden. Mit Loren (links) wurden die Schuttberge zur Auffüllung der Uferbereiche in der Altstadt abtransportiert.

Stadt und nach Bad Godesberg. Vier Personenfähren pendelten nach Beuel. Ab Dezember 1945 verkehrte eine Autofähre ab der Zweiten Fährgasse. Sie fuhr bis zu Eröffnung der neuen Brücke Ende 1949.
Erstaunlich schnell regte sich wieder „Kultur". Mit Schillers optimistischer Ode „An die Freude" begann eine „Musikalisch-melodramatische Veranstaltung der Stadt Bonn" schon zwei Monate nach Kriegsende im halbwegs unversehrten Akademischen Kunstmuseum am Hofgarten. Man spielte Beethoven und Schumann, hörte und sah Bewegendes aus Goethes Faust". Im Dezember 1945 wurde in der Turnhalle des Clara-Schumann-Gymnasiums wieder Theater gespielt. Und im Lichthof des Museums Koenig begeisterte der „Postillon von Lonjumeau" angesichts des strengen Winter ein bibberndes sein Publikum.

Ein Gleisdreieck für eine Neutrassierung der Straßenbahnen an der Brückenauffahrt/Friedrichstraße.

Alarm aus Granatenhülsen

Angst verbreiteten in den ersten Nachkriegsmonaten ehemalige osteuropäische Kriegsgefangene und „Fremdarbeiter", die heimat- und mittellos so manchen ländlichen Vorort verunsicherten. Diebstähle und Überfälle häuften sich. Bauern banden leere Granatenhülsen an ihre Fenster und schlugen damit nachts Alarm, wenn sie Gefahr witterten. In der Nacht zum 6. August 1945 wurde das Franziskanerkloster auf dem Kreuzberg geplündert, drei Mönche und ein heimgekehrter Soldat, der hier schlief, kamen dabei ums Leben. Oberin Amata von der St. Paulus-Heil- und Pflegeanstalt, dem Sterbehaus des Komponisten Robert Schumann in Endenich, ließ wenige Tage später im Hohlweg am Kreuzberg ihr Leben, umgebracht von Russen. Sie wollte auf den Berg gehen, um das Begräbnisamt für die Patres vorzubereiten.

An die drei 1945 ermordeten Patres erinnert eine Tafel in der Kreuzbergkirche (rechts). Gedenkkreuz für Schwester Amata im Hohlweg zum Kreuzberg (oben).

Wir gedenken der Patres
P. BRUNO FELDMANN
P. WERNER RAAF
P. FLORUS van LOOK
Sie starben in der Nacht zum
5. Aug. 1945 bei einem Überfall
auf das Kloster den Opfertod.

Aus dem Keller an die Spitze

Montage eines Gleichstrom-Bahnmotors Siemens 235 kW und einer generalüberholten KSB-Tauchpumpe 250 kW (rechts)

Kessenich liegt nach dem Zweiten Weltkrieg noch in Trümmern, als der gelernte Ankerwickler Heinz Bauer am 1. Juni 1945 in der Mechenstraße 60 im Keller seiner Eltern eine eigene Firma gründet. „Heinz Bauer Elektromaschinen" wächst schnell. Schon nach drei Monaten benötigt das junge Unternehmen mehr Raum und nutzt nun auch zwei Garagen. Bereits 1947 folgen Anmietung und Wiederaufbau einer im Krieg zerstörten Halle in der Burbacher Straße. Und nur ein weiteres Jahr später

Bonner Bauer-Team anlässlich des 50-jährigen Firmenbestehens 1995.

wagt Heinz Bauer die Gründung einer Niederlassung in Linz am Rhein. Sein Mut zum Risiko wird belohnt: Das Familienunternehmen BAUER Elektromotoren avanciert zu einem der führenden Spezialisten bundesweit, erwirtschaftet Millionen-Umsätze und ist auch im Export tätig. In den 50er-Jahren wird das Stammhaus in der Burbacher Straße 216 erweitert und der Linzer Betrieb wechselt in größere Räume - ein Umzug in ein geräumigeres, eigenes Gebäude in der Linzer Innenstadt schließt sich 1991 an. „Wir haben beide in den Jahren ein Unternehmen der Spitzenklasse geschaffen. Weltweit bekannte Unternehmen sind unsere Kunden und der Name BAUER Elektromotoren GmbH ist international zu einem innovativen Gütesiegel geworden", erklärt Elektromaschinenbau-Meister Heinz-Jürgen Bauer - von 1983 bis 1992 neben seinen Eltern Heinz

und Jutta Gesellschafter der Firma. 1992 übergibt Heinz Bauer (am 26. Juli 1997 in Bonn verstorben) die alleinige Geschäftsverantwortung an seinen Sohn. Am 1. Juni 2004 übernimmt die Firma zudem eine Ankerwickelei in Rheinbreitbach. Definiertes Kerngeschäft von BAUER Elektromotoren: Elektrische und mechanische Reparaturen sowie Großhandel von mehr als 1.000 verschiedenen Elektro-Maschinen bis zu einem Gewicht von sechs Tonnen. Die Firma ist spezialisiert auf Gleichstrommotoren - darunter Bahn- und Fahrmotoren - sowie Getriebemotoren und das Wickeln von Ankern. Darüber hinaus arbeitet Heinz-Jürgen Bauer als Sachverständiger für EX-Motoren. „Alle Mitarbeiter haben ein ungeheures fachliches Wissen und immens viel technische Erfahrung im Lauf der Betriebsgeschichte erworben", betont Bauer und ergänzt

mit Blick auf die erfolgreiche Ausbildungsquote in seinem Haus: „Mein Vater bildete 75 Lehrlinge aus, ich selbst komme auf die Zahl 55." Und auch für die Zukunft ist das Unternehmen gut aufgestellt: Als dritte Generation unterstützt Christian Bauer seit 16. April 2009 seinen Vater Heinz-Jürgen als Geschäftsführender Gesellschafter. Christian hat eine Ausbildung zum Elektroniker für Maschinen- und Antriebstechnik absolviert. Für die Zukunft plant Heinz-Jürgen Bauer, die Ankerwickelei von Rheinbreitbach nach Bonn zu verlegen. Seit Jahren sucht das erfolgreiche Unternehmen bereits ein größeres Firmengelände.

Flender Kegelrad-Getriebemotor

Heinz-Jürgen Bauer

Dynamisches Auswuchten eines 320 kW Schleifring-Läufers

Wickelei

www.bauerbonn.de

Team in Linz

Neubeginn per Pedale - und das Leder rollt wieder

Nach der tiefen Zäsur durch Nationalsozialismus und Schrecken des Zweiten Weltkriegs ist die Bonner Bevölkerung zunächst auf die pure Existenzsicherung konzentriert. Dennoch erwacht der Sport schon bald nach Kriegsende zu neuem Leben. Dabei hilft, dass die von der Nazi-Vergangenheit unbelasteten Sportclubs die ersten Vereine sind, denen die Besatzungsmächten per Lizenz die Tätigkeit gestatten. Häufig jedoch sind Sportstätten zerstört oder von den Alliierten beschlagnahmt.

Großer Beliebtheit erfreut sich nach Kriegsende in Bonn der Radsport. Bereits am 28. Oktober 1945 fällt hier der Startschuss für das erste Radrennen der Nachkriegszeit, organisiert vom „R. S. C. Sturmvogel Bonn e. V.". Ab September 1948 starten wieder Radbahnrennen auf der restaurierten Betonpiste des Poststadions rund um den Rasen - mit oft mehr als 10.000 begeisterten Zuschauern. Das Poststadion ist damals die Sport-Arena Bonns, zu der die Fans in jenen kargen Nachkriegsjahren immer wieder pilgern.

Links: Der aus Endenich stammende Kunstradfahrer Edi Grommes wird mehrfach Deutscher Meister.

Rechts: Peter Monschau und Jack Weinreis (Radsportfreunde 1936 Duisdorf e. V.) werden für die Deutsche Jugendmeisterschaft 1955 im Zweierkunstradfahren ausgezeichnet.

Neben Straßen- und Bahnrennen ist in Bonn das Kunstradfahren sehr populär, das zwischen 1947 und 1955 Edi Grommes als siebenfacher Deutscher Meister im Trikot des „Radtouristen-Vereins 1911 Endenich" dominiert. 1956 holt er sogar bei der Kunstradfahr-WM in Kopenhagen den Vize-Weltmeistertitel.

Ähnlich erfolgreich gehen wenige Jahre später Peter Monschau und Jack Weinreis im Zweier für die „Radsportfreunde 1936 Duisdorf e. V." an den Start. Zwischen 1959 und 1972 gewinnen sie im „Europa-Kriterium" (kombinierte Welt- und Europameisterschaft) sieben Gold-, drei Silber- und zwei Bronzemedaillen. Zudem fahren sie neun Deutsche Meistertitel ein. Große Erfolge erzielen auch die Bonner Kunstradfahrerinnen: Inge Hellmund (1948) und Trude Neuhaus (1949) liegen im Einer sowie zusammen im Zweier (1949) bei den nationalen Titelkämpfen vorne. Im internationalen Radball sorgen ab Mitte der 1960er-Jahre Ernst-August und Norbert Dackweiler für Schlagzeilen. Die Brüder festigen den Ruf, den der „RTV 1911 Endenich" als Hochburg des Radsports genießt. 96-mal treten sie international an.

Neben dem Radsport erhebt sich „König Fußball" wieder aus den Ruinen des zerstörten Bonn. Relativ früh ist der ehemalige Organisierungsgrad dieser Sportart wieder hergestellt; nahezu in allen Ortsteilen rollt schon bald in Ligaspielen das Leder. Vor allem zwei Vereine beherrschen nach dem Zweiten Weltkrieg für lange Zeit die Szene: der „Bonner Fußballverein" (BFV), der sich am 25.

Zu den Steher-Rennen pilgerten ab 1948 oft mehr als 10.000 Zuschauer ins Poststadion.

März 1901 formierte, und der „ewige" BFV-Konkurrent „Turn- und Rasenspiel Bonn" (Tura Bonn), als dessen offizielles Gründungsjahr 1904 gilt. Während sich der BFV als der „vornehme" Verein" der Studenten und Akademiker gibt, gilt Tura als Arbeiterverein. So unterschiedlich die Spieler und deren Anhänger sind, beide Clubs teilen das gleiche Schicksal: Der große sportliche Erfolg will sich nicht einstellen. Nur selten treten sie aus dem großen Schatten der rheinischen und westfälischen Rivalen (immerhin war es es dem BFV vor dem Zweiten Weltkrieg gelungen, mit Theo Koenen, Josef Schümmelfelder und Matthias Heidemann drei Nationalspieler zu stellen). Zu der lokalen Konkurrenz beider Bonner Vereine zählt in jenen Tagen nach dem Krieg der „Sportverein Beuel 06", der mit Franz Elbern ebenfalls einen Nationalspieler hervorbringt, und der „Godesberger Fußballverein 1908 e. V.". Nicht selten locken die Vereine Tausende von Besuchern an - vor allem bei Lokalderbys. Bisweilen zeigen auch die großen Vereine des Fußballs in Bonn ihr Können. Großereignis am 1. Dezember 1945: das Gastspiel des ehemaligen Deutschen Meisters „FC Schalke 04" im Poststadion, das die Tura aus Bonn vor 15.000 Zuschauern gegen Kuzorra, Szepan, Klodt und Burdenski unglücklich mit 0:1 verliert. Ein weiterer Höhepunkt ist das Spiel der Tura gegen den 1. FC Kaiserslautern. Am 6. Mai 1948 strömen die Menschenmassen in den Bonner Norden, um die „Roten Teufel" zu bewundern, die mit Liebrich, Kohlmeyer, Fritz und Otmar Walter antreten. Der Meister der damaligen französischen Zone gewinnt vor schätzungsweise 17.000 begeisterten Zuschauern im völlig überfüllten Poststadion haushoch mit 12:3 Toren.

Doch sonst bestimmt der graue Fußball-Alltag das Sportgeschehen in Bonn. Die Heimat der Bonner Vereine ist die dritte Liga, selten die zweite, manchmal die vierte Liga. Ihren größten Tag erlebt die Tura am 30. Juni 1962, an dem sie im Endspiel um die Deutsche Meisterschaft der Amateure gegen den „SC Tegel Berlin" im Wuppertaler „Stadion am Zoo" antritt. Vor 12.000 Zuschauern (allein in Bonn wurden 4.500 Karten abgesetzt), verliert die Tura unglücklich mit 0:1. Mitte der 1960er-Jahre sorgen klamme Kassen für das Ende des Eigenlebens beider Bonner Traditionsvereine. Am 18. Juni 1965 fusionieren die Tura und der BFV zu einem ambitionierten Gebilde unter dem Namen „Bonner Sport-Club 01/04 e. V.". Dem Ehrenpräsidium gehören zwar Konrad Adenauer, Erich Mende oder Carlo Schmidt an, einen dauerhaften Aufschwung garantiert das aber nicht. Als Heimspielstätte dient zunächst das Gronaustadion, avisiert wird jedoch, mittelfristig ein überdachtes Stadion mit einem Fassungsvermögen von mehr als 30.000 Zuschauern zu errichten. Doch will es auch mit dem BSC nicht so richtig aufwärts

Zum ersten Nachkriegsgastspiel tritt der „FC Schalke 04" am 1. Dezember 1945 im Poststadion gegen Tura Bonn an.

Tura Bonn: Deutscher Vizemeister der Amateure 1962.

gehen. Zwar pilgern Ende der 1960er-Jahre durchschnittlich 5.000 Zuschauer zu den Heimspielen in die Gronau, doch muss sich der Bonner Fußball auch weiterhin in der zweiten oder gar dritten Reihe einordnen.

Glanzlichter setzen statt dessen Badminton, die Stadt Bonn gilt als Geburtsstätte dieser Sportart in Deutschland. Zu verdanken ist dies den Brüdern Paul und Hans Riegel; die Industriellen hatten das Spiel in Dänemark kennen und schätzen gelernt. Mit Gleichgesinnten gründen sie am 14. September 1951 den 1. Deutschen Badminton Club Bonn und lassen in Bonn-Kessenich mit der Hans-Riegel-Halle die erste Halle Deutschlands errichten, die ausschließlich Badminton vorbehalten ist. Die Überlegenheit der Bonner Spielerinnen und Spieler manifestiert sich in zahlreichen nationalen und internationalen Meisterschaften, die der Verein in den 1950er- und 1960er-Jahren für sich entscheidet. Am 20. September 1955 wird im Rechtsrheinischen mit dem 1. BC Beuel ein weiterer Badmintonverein gegründet, der in der Folgezeit die Vormachtstellung Bonns in dieser Sportart in Deutschland weiter untermauern wird.

Anfang des Jahrhunderts ist Bonn Ringerhochburg. Häufig müssen bei Turnieren die Räumlichkeiten wegen Überfüllung geschlossen werden. Nach dem Zweiten Weltkrieg zählen in Bonn insbesondere „Siegfried 03 Bonn-Süd" und „Heros Bonn" zu den Größen dieses Sports, müssen aber in den 1960er- und 1970er-Jahren wegen Nachwuchsproblemen die Pforten schließen. Das weitere Ringer-Geschehen in Bonn ist eng mit dem

Ringer Peter Nettekoven

Duisdorfer Peter Nettekoven verknüpft, der viele Jahre erfolgreich für Heros Dortmund und die Nationalmannschaft antritt. 1968 übernimmt er das Training seines Heimatvereins, dem „Turn- und Kraftsportverein 1906 e. V. Duisdorf". In kurzer Folge steigt der TKSV von der Kreisklasse bis in die Bundesliga (1975) auf und erreicht 1986 sogar die Endrunde um die deutsche Mannschaftsmeisterschaft. Duisdorfer Ringer werden zum Teil mehrfach deutscher Meister. Insgesamt 15 Jahre lang hält sich der TKSV in der 1. Bundesliga, 1993 sind dann aber die finanziellen Möglichkeiten des Vereins erschöpft - die Folge: Rückzug aus der 1. Bundesliga. Am 14. August 2010 feiert der TKSV Duisdorf nach 17 Jahren mit einem glanzvollen Auftritt die Rückkehr in die 1. Ringerbundesliga.

In den 1970er-Jahren wird in Bonn erfolgreich Leichtathletik betrieben. Der „LC Jägermeister Bonn" gewinnt mit dem Zehnkämpfer Kurt Bendlin, den Sprinterinnen Jutta Heine und Elvira Possekel sowie dem Kugelstoßer Fred Schladen mehrere Medaillen bei nationalen Meisterschaften. Mit Tennis sorgt in der 2. Hälfte der 1960er- und in der 1. Hälfte der 1970er-Jahre in Bonn eine weitere Sportart für Furore. In diese Zeit fallen die erfolgreichen Jahre des „H. T. C. Schwarz-Weiß Bonn e. V.": 1966 Deutscher Meister und 1972 Deutscher Vizemeister.

Elvira Possekel gewinnt bei den Olympischen Spielen 1976 in Montreal mit der 4x100-Meter-Staffel Silber für Deutschland.

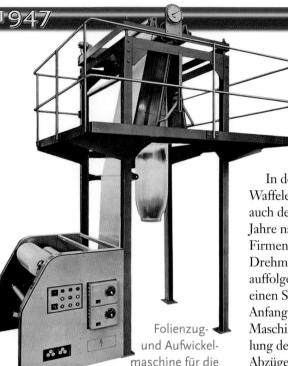

Folienzug- und Aufwickelmaschine für die Kunststoffindustrie

Wickler und Abzüge weltweit im Einsatz

Am Standort Niederkassel gründete Anton Kolb 1947 sein nach ihm benanntes Maschinenbau-Unternehmen. In den ersten Jahren fertigte er Waffeleisen und Tauchsieder, für die er auch den Vertrieb organisierte. Zwei Jahre nach der Gründung erwarb der Firmeninhaber die erste gebrauchte Drehmaschine und baute in den darauffolgenden Jahren eine Dreherei und einen Schaltschrankbau auf. Anfang 1960 begann die Anton Kolb Maschinenbau GmbH mit der Herstellung der ersten Wickelmaschine und Abzüge für die Kunststoffindustrie. Es folgten Tiefziehmaschinen, Kalander,

Abzüge und der erste Extruder. Die Unternehmensleitung stellte jedoch schnell fest, dass die Zukunft in der Sparte Wickelmaschinen und Abzüge liegen würde. Mittlerweile hat sich die Firma Anton Kolb auf den Bau von Maschinen für die Kunststoffindustrie spezialisiert und stellt Extruderfolgeanlagen für Flachfolie und Schlauchfolie in Arbeitsbreiten bis 3.500 Millimeter her.

Das Leistungsportfolio reicht dabei vom einfachen stationären Abzug bis zum Wendestangenabzug. Des Weiteren produziert die Firma Maschinen vom Kontaktwickler über Zentralwickler mit Spalt bis zum Reverse Winder. Ob Chill-Roll-Teil, Temperstrecke, Kühlwalzeneinheit oder Wendewickler - die Anlagen werden weltweit verkauft.

Die Wickelmaschinen und Wendestangenabzüge aus Niederkassel werden mittlerweile in Verbindung mit Extrudern aller namhafter Hersteller in der ganzen Welt in Produktion eingesetzt.

Abzug- und Aufwickelmaschine vom Typ FA300 (oben und Zeichnung) aus der Anfangszeit des Unternehmens.

Firmensitz in der Spicher Straße in Niederkassel
www.anton-kolb-maschinenbau.de

Die Anton Kolb Maschinenbau GmbH hat sich auf die Produktion von Wickelmaschinen (links) und Wendestangenabzüge (oben) spezialisiert.

Plötzlich sind die Regale voll

Schlagartig änderten sich die Verhältnisse mit der Währungsreform in den drei westlichen Zonen am 20. Juni 1948. Die Läden waren über Nacht voller Waren, für „D-Mark" gab's nun fast alles. Zuerst 40 und später noch mal 20 Deutsche Mark (DM) zahlte die „Bank Deutscher Länder" pro Kopf gegen den gleichen Betrag in Reichsmark (RM). Höhere Beträge konnten unter bestimmten Bedingungen bis 26. Juni bei den Banken zum späteren Umtausch eingezahlt werden.

Die große Not war nun fürs Erste beendet, das fühlten die Menschen auch in der Bonner Region. Es lag plötzlich nicht nur Billigware in den Regalen der Lebensmittelhändler und auf den Tischen des Kaufhofs, sondern nunmehr auch Qualität. Und es wurde gekauft und gekauft in den Tagen und Wochen nach dem Währungsschnitt: Kleider, Schmuck, Obst, Konserven und so lang ent-

Die D-Mark ist da: auch Kleingeld gibt es zunächst nur in Scheinen.

behrter Luxus wie Parfüm oder Zigarren, Riesling oder Obstler. Woher das alles plötzlich herkommt? Die Leute staunten nur - und lobten Ludwig Erhard, den Vater des neuen Geldes, der ein Jahr später erster Wirtschaftsminister der Bundesrepublik werden sollte.

Die Stadt war zu dieser Zeit weitgehend aufgeräumt, enttrümmert, aber längst waren nicht alle Wunden geheilt, leere Fassaden im Wechsel mit Baustellen. Das Rathaus noch eingerüstet, die Uni ebenso, am Rhein das Großprojekt der neuen Brücke. Gespenstisch wirkt die Altstadt: hier eine Ruine, da eine frei gemachte Fläche.

Eine epochale Entscheidung trafen die Verantwortlichen im Herbst 1948 auf Initiative des legendären Stadtbaurats Ludwig Marx: Die nahezu total zerstörte enge Altstadt zum Rhein hin wird nicht in bisheriger Form rekonstruiert, das tief liegende und bei Hochwasser stets überflutete Gelände mit dem Schutt aus dem übrigen Stadtgebiet aufgefüllt und dann mit neuen Straßenführungen wieder bebaut. So stieg das Niveau des Gebiets zwischen Altem Zoll, heutiger Beethovenhalle und Stiftsplatz/Kölnstraße um bis zu 2,20 Meter höher als vor dem Krieg; gleichzeitig schlugen die Planer die große Schneise Brückenrampe / Bertha-von-Suttner-Platz / Berliner Freiheit. Heute sind Bilder der vergangenen Altstadt nicht nur mit Nostalgie verbunden - sie zeigen auch so manche ärgerliche Neubausünde der Nachkriegszeit.

Die größte Not war für diese Bonner Kinder vorbei: Klassenbild vom November 1948.

So sah 1948 die enttrümmerte Altstadt aus. Es wurde beschlossen, die Ruinen ganz abzureißen und das Bodenniveau um bis zu 2,10 Meter anzuheben. Links: Stadtbaurat Ludwig Marx.

Die Welt blickt nach Bonn

Eine große Stunde schlägt für Bonn im Sommer 1948: Die Militärgouverneure der drei westlichen Zonen hatten den Ministerpräsidenten der inzwischen gebildeten deutschen Länder erlaubt, eine verfassunggebende Versammlung einzuberufen. Sitzungsort des „Parlamentarischen Rates", so entscheiden die Länderchefs am 17. August wunderbarerweise, soll die Stadt am Rhein werden. Hermann Wandersleb, Chef der nordrhein-westfälischen Staatskanzlei, hat den Coup eingefädelt. So treffen sich nun am 1. September die 65 Mitglieder des Rates - nur vier Frauen sind dabei - zur konstituierenden Sitzung im Lichthof des Zoologischen Museums Koenig. Der Blick auf ausgestopfte Giraffen, Zebras und anderes Getier ist dezent mit Vorhängen verdeckt. Konrad Adenauer, der von den Nazis vertriebene frühere Kölner Oberbürgermeister, wird zum Vorsitzenden gewählt. Das Gremium erledigt seine Arbeit, die Ausarbeitung des Grundgesetzes, in den Räumen der ehemaligen Pädagogischen Akademie in der Gronau am Rhein, fernab von der Bonner Innenstadt. Und die Welt blickt plötzlich nach Bonn...

Feierliche Eröffnungssitzung des Parlamentarischen Rats im Museum Koenig. Es spielt das Orchester der Stadt Bonn.

Kanzler weiht ein, Kardinal segnet, Feuerwerk... Sperrstunde? Aber nicht in dieser Nacht

Vier Jahre lang nach dem Ende des Zweiten Weltkrieges konnten die Bürger den Rhein nur mit Fähren und Booten überqueren und trocknen Fußes Beuel erreichen. Denn die 1898 erbaute Rheinbrücke (siehe Seite 91) lag seit 1945 in Trümmern (Foto links). Aber schon 1949, einen Tag nach Beginn der närrischen Zeit, hatten die Bonner wieder guten Grund zu feiern: das Ende eines spektakulären Brückenschlags über Vater Rhein.

Die alte Rheinbrücke war am 8. März 1945 nach einer Sprengung um 20.20 Uhr in den Rhein gestürzt. Die Wehrmacht hatte damit den Flussübergang alliierter Truppen verhindern wollen. Ohne Erfolg. Die Alliierten schlugen im Süden eine Pontonbrücke über den Rhein und setzten ihren Vormarsch unbeeindruckt fort. Hartnäckig hält sich das Gerücht, dass aufgebrachte Bürger den Sprengmeister erschlagen haben. Denn sie waren stolz auf ihre alte Brücke, die - vollständig aus der Stadtkasse finanziert - nach dem damaligen Kunstempfinden zu den schönsten Rheinquerungen zählte. Bereits sechs

Monate nach Kriegsende kursierte daher im Bonner Bauausschuss der Plan für den Wiederaufbau. Und im März 1946 war das Projekt startklar. Tief-, Stahl- und Betonbauer traten in Aktion. In 32 Fahrten gelangten die Einzelelemente auf dem Wasserweg nach Bonn. Nach einer Bauzeit von drei Jahren stand das erste Teilstück auf den Fundamenten - am vierten Jahrestag der Sprengung der alten Brücke. Lorbeerkränze, Blumenschmuck und Farbenbänder schmückten am 12. November 1949 die Brücke, als Bundeskanzler Konrad Adenauer sie ihrer Bestimmung übergab. Josef Kardinal Frings spendete dem Bauwerk seinen Segen. Ein Feuerwerk beendete die Feierlichkeiten. Sperrstunde in dieser Nacht? Nicht für die Lokale in der Stadt...

Die Brücke galt schnell als Symbol für den Wiederaufbau nicht nur für Bonn, sondern für ganz Deutschland. In deutlichem Kontrast zu den Monumentalbauten der Nazis und dem Neoklassizismus der Kaiserzeit spannen sich drei grazile Bögen in einer Gesamtlänge von knapp 400 Metern über den Rhein, der mittlere Teil mit einer Spannweite von etwa 200 Metern. Die Rheinbrücke tauften die Bonner zu Ehren des 1963 ermordeten amerikanischen Präsidenten J. F. Kennedy, der kurz zuvor noch die Stadt besucht hatte, noch im Jahr des Attentats auf dessen Namen.

STRASSEN- UND FERNBAHNEN BONN

Erste Fahrt
über die neue Bonner Rheinbrücke
12. Nov. 1949

Zur Erinnerung
Straßen- u. Fernbahnen
Bonn

Dr. Walhoff

FAHRSCHEIN
0.25 DM
BONN · BEUEL

Nur 25 Pfennige kostete die erste Straßenbahnfahrt über die Rheinbrücke.

Die Beueler Wäscherprinzessin ohne Zepter? Unvorstellbar! Tatsächlich gibt es den Regentenstab mit dem Bröckemännchen aber erst seit 1968. „Erfinder" waren die Bonner Journalisten Hartmut Palmer und ZEIT REISE - Autor Rolf H. Tanski. Am Abend vor der Proklamation konfrontierten sie Jupp Pützer, den Schultheiß des Vaterstädtischen Vereins, der im Hauptberuf Drechslermeister war, mit ihrem Plan. Pützer legte in seiner Werkstatt im Rosenthal eine Nachtschicht ein und am nächsten Tag konnte Francoise Enel, die erste Wäscherprinzessin aus der Partnerstadt Mirecourt, mit dem brandneuen Zepter vor ihr närrisches Volk treten. Inzwischen zieht die Wäscherprinzessin mit einem Duplikat durch die Säle. Das Original hat einen Platz im Beueler Heimatmuseum gefunden. Unser Foto links zeigt Rolf H. Tanski mit Zepter an der Seite der Beueler Obermöhn Evi Zwiebler.

Der Kanzler höchstpersönlich weihte die Rheinbrücke ein; auf unserem Foto von 1945 wird Adenauer flankiert von Oberstadtdirektor Langendörfer (links) und Baudirektor Marx.

Heute zählt die Kennedybrücke nach Beendigung aufwendiger Sanierungsarbeiten zu den fünf besten „Brücken- und Hochbaumaßnahmen", ausgezeichnet mit dem Ingenieur-Preis 2010. Innerhalb von drei Jahren Sanierung wurde die Fahrbahn um fast neun Meter auf 26,80 Meter verbreitert. Und ganz im Trend der Zeit: An ihren Flanken spenden Solarzellen Strom.

Ohne sie ist die Geschichte der heutigen Kennedy-Brücke unvollkommen: Das „Bröckemännche" auf der Bonner Seite und seinem Beueler Gegenstück, dem Brückenweibchen. Da die Beueler sich 1898 nicht am Bau hatten beteiligen wollen, inbstallierten die Bonner zum Spott auf „ihrer" Rheinseite an der Brücke eine kleine Steinskulptur, das Brückenmännchen. In einer Flickenhose streckt es seinen Hintern der „schäl Sick" entgegen - in Richtung Beuel. Den nachbarschaftlichen Gesäß-Gruß erwiderten die Beueler mit dem Relief des Brückenweibchens, das keifend mit erhobenem Pantoffel in Richtung Bonn droht: gewidmet den Beueler Wäscherinnen.

Während der Aufräumarbeiten an der zerstörten Brücke fiel das Brückenmännchen 1945 vom Sockel. Der Gastwirt Philipp Otto aus Beuel riss sich die Skulptur unter den Nagel und vergrub sie in seinem Garten. Auch das Brückenweibchen entging der Zerstörung. Während des Umzugs 1949 zum 125. Jubiläum der Weiberfastnacht zeigten die „Leev Jecke" ihre Beutefigur zusammen mit dem weiblichen Pendent auf einem geschmückten Wagen in den Straßen von Beuel. Der Bonner Bildhauer Jacobus Lindner restaurierte die Figur und schrieb auf seine Rechnung *de Bröckemännsche de Botz jeflickt*". Die Rückgabe ihrer Figur honorierten die Bonner dadurch, dass sie den Hintern der Figur nun nicht mehr in Richtung Beuel, sondern nach Frankfurt hin ausrichteten, eine „dezente" Anspielung auf den gewonnenen Kampf mit der Rhein-Main-Metropole um den Sitz der Bundeshauptstadt. Doch am 18. März 1960 zerstörten Jugendliche die Figur auf der Bonner Seite mit Steinwürfen. Eine Rekonstruktion schwebt bis heute über einem Zwei-Personen-Tisch im Ristorante Rossi an der Ecke Oxford-/Wilhelmstraße.

Bonner Bürger spendierten der Brücke eine Kopie der alten Figur, die aber im Rahmen der Sanierung 2007 erneut „auswandern" musste - ins Lager des Stadtmuseums. Unter den Händen des Beueler Steinmetzes Michael Naundorf enstanden inzwischen neue Brückenmännchen und Brückenweibchen nach alten Originalfotos auf der Beueler Seite in Höhe der Fähre an der Hochwasserschutzwand. Das neue Brückenweibchen trägt die karnevalistische Unterschrift: *„De Welt es e Laake, dat selvs de Beueler net wäsche könne"*. Während der Karnevals-Session 2008 enthüllte die Beueler Wäscherprinzessin am 19. Januar feierlich auch das neue Brückenmännchen am Hans-Steger-Ufer, das nur vorläufig den Hintern nach Bonn zeigte.

Nach Beendigung der Brückensanierung nehmen beide Figuren ab Juli 2011 wieder ihre angestammten Plätze ein - links und rechts des Rhein.

Ein Bröckemännche für Persönlichkeiten, die „wider den Stachel löcken": Diesen Preis des Bonner Medienclubs BMC überreichte dessen Vorsitzender, der Journalist, Sprecher der Stadt Bonn a.D. und ZEIT REISE - Autor Werner D´hein, im Jnauar 2010 dem ehemaligen NRW-Ministerpräsident und Bundeswirtschaftsminister Wolfgang Clement (Foto). Zu den Geehrten zählen auch der ehemalige Kölner Regierungspräsident Franz-Josef Antwerpes (2000), Stadtdechant Wilfried Schumacher (2001), der Politiker Norbert Blüm (2003), der TV-Moderator Johannes B. Kerner (2005), die Unternehmer-Ikone Hans Riegel (2006) und die WDR-Intendantin Monika Piel (2009). 2011 ging das Bröckemännche an den Psychologen und Theologen Dr. Manfred Lütz.

Am Rhein, am Rhein - und nicht am Main

23. Mai 1949: Konrad Adenauer unterschreibt das Grundgesetz der Bundesrepublik Deutschland.

Konrad Adenauer wohnt in Rhöndorf, einem Stadtteil von Bad Honnef. Weinberge, Siebengebirge, der Rhein, eine herrliche Lage. Ist es ein Wunder, dass sich der frisch gewählte Bundeskanzler für das nahe Bonn engagiert? Sicher hatte der „Alte" die Hand im Spiel, aber: Mehrheit ist Mehrheit, und die kommt für Bonn zustande, als der

Gleich zwei Theater

Das alte Stadttheater war ebenso wie die Beethovenhalle den Bomben zum Opfer gefallen. Schon Ende 1949 gab es Ersatz, wenn auch unter eher provisorischen Bedingungen: Im Glanz von Bundespräsident Theodor Heuss wurde die neue Bühne im Haus des Bonner Bürgervereins an der Poppelsdorfer Allee eingeweiht. Die erste Premiere: der „Sommernachtstraum" von Shakespeare. Mit dessen „Hamlet" eröffnen engagierte Schauspieler im Mai 1950 in einem an der Meckenheimer Straße (wo heute das Stadthaus steht) das erste Privattheater, den „Contra-Kreis".

am 14. August 1949 gewählte Deutsche Bundestag am 3. November die Hauptstadtfrage entscheidet. 200 Abgeordnete für das kleine, jedes Größenwahns unverdächtige Bonn, 179 für den Konkurrenten Frankfurt, die wieder aufsteigende Finanzmetropole am Main. Vorangegangen waren leidenschaftliche Diskussionen, die sich - Gang der Geschichte - Jahrzehnte später in der Auseinandersetzung „Berlin oder Bonn" wiederholen sollten.
Es waren aufregende, turbulente Tage in den Wochen und Monaten der Gründung des neuen Staatswesens. Die Alliierten Hohen Kommissare, thronend auf dem Petersberg, begleiteten in ständigem Kontakt mit ihren Regierungen in Washington, London und Paris jeden Schritt dieses Prozesses. Mal argwöhnisch, mal wohlwollend, mal anerkennend. Ungewohnte schwarze Limousinen kurvten durch Bonn und Bad Godesberg, konzentrierten sich in der

Theodor Heuss hält nach seiner Wahl zum Bundespräsidenten auf der Rathaustreppe seine „Rede an das deutsche Volk".

Gronau, nunmehr Parlaments- und Regierungsviertel mit dem Herzstück „Bundeshaus": In Tag- und Nachtarbeit war die ehemalige Pädagogische Akademie zum Sitz von Bundestag und Bundesrat verwandelt worden. Polizisten mit den damals üblichen Tschakos auf dem Kopf

Was will der denn? Nicht jeder Abgeordnete reiste im Mercedes an.

hatten alle Mühe, Ordnung zu halten, „Sicherheit" war noch kein Thema. Improvisation war Trumpf. Als Theodor Heuss seine erste Rede „an das deutsche Volk" von der Treppe des Bonner Rathauses hielt, stand der erste Bundespräsident vor Baugerüsten und Abdeckplanen, kaschiert mit einer Riesen-Stadtfahne. Und als Konrad Adenauer das Grundgesetz unterschrieb, nutzte er das Schreibset aus dem schnell herbeigeschafften Kölner Ratssilber. Fix gedruckte Schilder wiesen den Weg zu den ersten Bundeseinrichtungen. Aus Kasernen wurden Ministerien, an der Rheindorfer Straße, in Duisdorf. Das Justizministerium zog in die Rosenburg am Venusberg. Die Ermekeilkaserne in der Südstadt belegte das nach seinem Chef bekannte „Amt Blank", Vorläufer des späteren Verteidigungsministeriums. Bis zu den ersten Neubauten - Auswärtiges Amt, Postministerium und Bundespresseamt an der Koblenzer Straße - sollte es noch bis Anfang der 50er-Jahre dauern.
Ein Boom ganz eigener Art setzte wenig später ein: Mit der Wahl Bonns zur Bundeshauptstadt wuchs der Bedarf an Wohn-

Mit großem Interesse verfolgten viele Bonner den Tag der Abstimmung über die „vorläufige" Bundeshauptstadt.

Damals durften Neugierige noch ganz nah dabei sein: Zuschauer bei der ersten Kanzlerwahl am Plenarsaal des Bundeshauses.

bauflächen extrem, viele Landwirte, die „Kappesbuure", die Kohlbauern, verkauften ihre Äcker als Bauland und verdienten nicht zu knapp daran, ob in Dottendorf, Kessenich, Endenich, Dransdorf, auf dem Venusberg oder im Tannenbusch. An der Reuterstraße entstand die erste Beamtensiedlung, kleine Reihenhäuser aus der Planungswerkstatt des Berliner Architekten Max Taut. Heute stehen sie unter Denkmalschutz.

Auf Augenhöhe mit Alliierten: Kanzler bricht Teppich-Tabu

Der Bund etabliert sich am Rhein. Theodor Heuss hat seinen provisorischen Amtssitz auf der Viktorshöhe verlassen, residiert seit Beginn des Jahres 1951 standesgemäß in der restaurierten Villa Hammerschmidt, die ihren Namen dem Geheimen Kommerzienrat Rudolf Hammerschmidt verdankt. Der Baumwoll-Millionär hatte 1899 die Immobilie vom Zuckerfabrikanten Leopold Koenig erworben, der Ende des 19. Jahrhunderts den russischen Markt beherrscht hatte. Bis 1949 war das Haus von der britischen Militärverwaltung beschlagnahmt. Nun defilieren hier zum ersten Mal Diplomaten, Politiker, Vertreter von Wissenschaft, Kultur, Kirche, Wirtschaft und Presse beim Neujahrsempfang des Bundespräsidenten. Sie staunen über die stolze „Weiße Haus" der Deutschen (West) und erfreuen sich an den prächtigen Bäumen im exotischen Park.

Konrad Adenauer kommt durch die Gartentür von nebenan. Der Kanzler regiert aus dem Palais Schaumburg, ungerührt von der skandalumwitterten Vergangenheit des Hauses: Sein Kabinett tagte im „Roten Salon", 1927 wo Viktoria von Schaumburg (62) den russischen Hochstapler Zoubkoff geheiratet hatte (Seite 108). Vorbei auch Adenauers Notbehelf im Direktorenzimmer des Museum Koenig. Sorgsam war das schmucke Palais für die Zwecke des Regierungschefs hergerichtet worden, Adenauer kümmerte sich hartnäckig um viele Details, brachte den Architekten nicht selten an den Rand der Verzweiflung. Und der Kostenvoranschlag wurde vierfach überzogen - Bonn hatte seinen ersten Bundesbauskandal.

Den Kanzler kümmerte es wohl wenig. Sein Interesse konzentrierte sich darauf, der jungen Bundesrepublik den Weg in die Souveränität zu ebnen. Diplomatisches Geschick, gepaart mit Selbstbewusstsein, Beharrlichkeit und Sturheit, führten zum Erfolg im harten Ringen mit den Alliierten und ihren Hohen Kommissaren, die mittlerweile die Militärgouverneure abgelöst hatten. Bezeichnend jene Szene, die in die Geschichte einging: Am 21. September 1949 soll Adenauer sein erstes Kabinett den Vertretern der drei Westmächte USA, Großbritannien und Frankreich auf dem Petersberg vorstellen. Die Hohen Kommissare John McCloy, Sir Brian Robertson und André François-Ponçet stehen auf einem großen Teppich am Ende der Halle, die Deutschen dürfen - so das alliierte Protokoll - diesen Teppich nicht betreten. Adenauer, der das ihn bewusst diskriminierende Symbol durchschaut hatte, stellte sich demonstrativ auf den Teppichrand. Hier bin ich, nun auf Augenhöhe mit Euch… Wenige Monate später ist mit dem „Petersberger Abkommen" der erste Schritt zu einem eigenständigen Staat im westeuropäischen Rahmen getan. Der Schlussstrich wird schließlich am 26. Mai 1952 gezogen, als Adenauer im Bonner Bundeshaus den „Deutschlandvertrag" zusammen mit den Außenministern Dean Acheson, Anthony Eden und Robert Schuman unterzeichnet: Die Besatzungszeit ist endgültig beendet, die Bundesrepublik Deutschland ist gleichberechtigt in der Völkerfamilie.

Unter vier Augen: Bundespräsident Theodor Heuss und Bundeskanzler Konrad Adenauer.

Konrad Adenauer zog als erster Kanzler ins Palais Schaumburg.

Villa Hammerschmidt - damals erster, heute zweiter Amtssitz des Bundespräsidenten.

Hotel Petersberg, Schauplatz historischer Ereignisse.

Tumult im Parlament: „Unerhört! Raus! Raus!"

Im „Petersberger Abkommen" wird die Demontage von Fabrikanlagen durch die Siegermächte eingestellt, allerdings für den Preis internationaler Kontrolle des Ruhrgebiets („Ruhrstatut"). Als SPD-Chef Dr. Kurt Schumacher Adenauer daraufhin im Bundestag als

Dr. Kurt Schumacher

„Bundeskanzler der Alliierten" bezeichnete, kam es im Parlament zum großen Tumult. Auszug aus der Niederschrift: Zwischenruf **Abg. Dr. Schumacher**: Der Bundeskanzler der Alliierten! **Präsident Dr. Köhler:** Herr Abgeordneter Schumacher, - *(Stürmische Protestrufe in der Mitte und rechts. Großer Lärm und Klappen mit den Pultdeckeln. - Abgeord-*

nete der SPD und der CDU/CSU erheben sich von den Plätzen und führen erregte Auseinandersetzungen. - Anhaltendes Glockenzeichen des Präsidenten. - Fortdauernder Lärm.)
Herr Abgeordneter Dr. Schumacher, -
(Anhaltender Lärm und fortgesetzte Pfuirufe und Rufe in der Mitte und rechts: Unerhört! Raus! Raus!)
Herr Abgeordneter Dr. Schumacher, -
(Andauernder Lärm. - Anhaltendes Glockenzeichen des Präsidenten. - Fortdauernder Lärm.)
Herr Abgeordneter Dr. Schumacher! Für diese Bezeichnung des Bundeskanzlers als „Bundeskanzler der Alliierten" rufe ich Sie zur Ordnung!
(Fortgesetzte Unruhe.)
Herr Bundeskanzler, fahren Sie bitte fort!
(Fortdauernder Lärm.)
Abg. Ollenhauer: Herr Adenauer hat ihn herausgefordert und niemand anders! - *Weitere erregte Zurufe und persönliche Auseinandersetzungen. Glocke des Präsidenten. - Andauernder Lärm. - Glocke des Präsidenten. Fortdauernde Unruhe und Zurufe.)*

Ehrenbürger „Connie" lässt Stadt aufblühen

Bonn hatte schnell begriffen, welchen Segen Konrad Adenauer (rechts) mit der Hauptstadt-Entscheidung gebracht hatte. Schon im zweiten Jahr seiner Kanzlerschaft trug der Bonner Stadtrat dem „Alten" die Ehrenbürgerschaft an. Der Regierungschef akzeptierte ohne Zögern und versprach beim Festakt im Rathaus: „Ich weiß, dass (die Hauptstadtrolle) manche Vorteile bringt, aber auch manche Nachteile, und ich bemühe mich jetzt, diese Nachteile wieder wettzumachen." Mit den Nachteilen, auf die der Kanzler anspielte, wussten die Bonner zu leben: Wohnungsengpässe, Demonstrationen, Straßensperrungen oder Dauerbaustellen gehörten zum Alltag am Rhein. Aber die Vorteile überwogen: Der Bund bescherte der Stadt nach und nach eine perfekte Infrastruktur in den Bereichen Verkehr, Schule und Kultur, die jede andere Stadt dieser Größenordnung neidisch machen sollte. Nicht zuletzt auch dank ihres mächtigen Wahlkreisabgeordneten und nunmehr Ehrenbürgers „Connie".

Ausgekungelt bei Doppelkopf und der Gräfin Elisabeth

Bundes-Bonn ist zunächst einmal eine Männergesellschaft. Nur vier Frauen gehörten zu den 65 Abgeordneten des Parlamentarischen Rates. Von den 410 Abgeordneten des 1. Bundestages sind nur 28 weiblich (2009 sind es immerhin 204 von 6222, also 33 Prozent). Die MdBs sind Singles, wenn sie in Bonn sind. Unter den höheren Chargen der Ministerien ist Frau Exotin, herrscht die Meinung „Damen gehören ins Schreibzimmer". Die Diplomatie füllt ein wenig die Lücke. Die Gattinnen der Botschafter, Gesandten und Botschaftsräte - Ende 1951 sind 35 Missionen in Bonn vertreten - sorgen für „Gesellschaft" im ansonsten so nüchternen Bundes-Bonn. Die Vertretungen zelebrieren wenigstens ihren Nationalfeiertag, die meisten (er)finden weitere Anlässe zum „Empfang".

Die Villa Dahm - das Haus der Deutschen Parlamentarischen Gesellschaft - kurz vor dem Abriss 2006.

Und fürs Wohlbefinden bei solchen Anlässen sind die Damen zuständig. Legendär werden schnell die Einladungen des französischen Botschafters in der fürstlich anmutenden Residenz Schloss Ernich, hoch über dem Rhein bei Remagen, wo Madame Hélène François-Ponçet mit sicherer Hand und wachen Augen Regie führt. In den Annalen der jungen Republik findet auch Elisabeth („Betta") Gräfin von Werthern einen respektablen Platz: Sie prägte den MdB-Club Deutsche Parlamentarische Gesellschaft in der Villa Dahm in der Dahlmannstraße, unweit des Bundeshauses. Die Gräfin verstand es, für die ungezwungen-vertrauliche Atmosphäre zu sorgen, in der so manche wichtige und weniger wichtige Weichenstellung ausgekungelt werden konnte - bei Wein, Bier, Skat und Doppelkopf.

„Imis" verzweifeln am „halven Hahn"

Der Bundestag in Aktion: Blick in den ersten Plenarsaal.

Keine deutsche Stadt ist in den ersten beiden Jahrzehnten nach dem Zweiten Weltkrieg schneller gewachsen als die Hauptstadtregion. Bonn hatte, als Parlament und Regierung ab 1949 einzogen, bereits 8.000 Flüchtlingen und Ausgebombten eine neue Heimat geboten, Bad Godesberg 5.000 und Beuel 4.000. Im Jahr 1950 wurden in den Gemeinden des heutigen Bonner Stadtgebietes 202.000 Einwohner gezählt. 1961 waren es bereits knapp 271.000 und 1969 erstaunliche 300.400 Männer, Frauen und Kinder. Bonn war damit zur Großstadt aufgestiegen, auch wenn die westdeutsche Machtzentrale lange Zeit als „Bundesdorf" verspottet wurde.

Zum rasanten Wachstum trugen in erster Linie die Beamten und Angestellten des Regierungsapparates bei. Bereits im Sommer 1950 arbeiteten 10.000 Bundesbedienstete in Bonn. Aus allen Ländern der jungen Republik, so wollte es der Ge-

setzgeber, kamen die höheren Ränge nach Bonn. Das Heer der Sekretärinnen und die Zuarbeiter der Amtmänner, Regierungsräte und Ministerialdirigenten wurden in Nordrhein-Westfalen und Rheinland-Pfalz rekrutiert.

Die ersten Wohnungen für Bundesbedienstete entstanden an der Reuterstraße. Rechts die ersten Büros im Bundeshaus: karg, aber zweckmäßig.

Gelassen reagierte die rheinische Altbevölkerung auf die Neulinge mit den seltsamen Sprachmelodien. Hanseatisches „s-pitz" statt rheinisches „sch-pitz", hart gerolltes sauerländisches „R" und gemütlich-pfälzlichen „Gebabbel". Am „a weng" war schnell der Franken identifiziert, am „jo mei" der Oberbayer, am „Fläschle" der Württemberger. Der Pils-Umsatz

Die Läden sind wieder voll: Winterschlussverkauf 1950 im Kaufhof. Der elektrische O-Bus (rechts) taucht als neues Verkehrsmittel in Bonn auf: Er verband den Hauptbahnhof mit dem Regierungsviertel.

stieg, während die Bonner bei ihrem geliebten „Kurfürsten-Kölsch" blieben und sich diebisch freuten, wenn die Zugezogenen beim Ober einen „halven Hahn" bestellten und der „Köbes" statt braun Gebrutzeltem ein paar Scheiben Holländer und zwei merkwürdig geformte Minibrote namens „Röggelche" mit viel Zwiebeln servierte.

Die schwerste Kost für die an den Rhein Verschlagenen war ohne Zweifel der Karneval. Schon 1948 hatte der britische Statthalter nach sicherlich höchstnotpeinlicher Prüfung die Wiederbewaffnung der „Bonner Stadtsoldaten" genehmigt. 1949 arbeitete sich zum ersten Mal nach dem Krieg wieder ein Rosenmontagszug durch die Stadt. So mancher Ministerialrat musste in den folgenden Jahren an

„Weiberfastnacht" Lehrgeld zahlen, wenn ausgelassene Vorzimmerdamen sich tatsächlich trauten, die Krawatte des Chefs brauchtumsgerecht zu ruinieren. „Wer nit richtich Blotwoosch saare kann, dat es ne Imi, ne Imi', ne imitierte Kölsche janz jewess." So sangen die Rheinländer, die „Eingeborenen von Trizonesien", fröhlich. Schnell hatten die Bundesleute ihren Spitznamen weg. Sie waren und blieben Jahrzehnte die „Imis".

Diplomaten-Rennbahn

Mehr Respekt als vor den im Regierungsviertel verschanzten Ministerialen hatten die Bonner vor den Diplomaten, die nach und nach akkreditiert wurden. Schwarze Limousinen mit „CD"-Kennzeichen gehörten bald zum Alltag. Die Stander an den Karossen der Missionschefs erregten gebührendes Aufsehen. Der Wettlauf der Exzellenzen um die schönsten Immobilien für ihre Repräsentationsbedürfnisse kam vor allem dem vornehmen Bad Godesberg zugute. Hier residierte, wer auf sich hielt und von seinem Entsenderstaat mit dem nötigen „Kleingeld" ausgestattet war. Mussten die Vertreter der fremden Nationen zum Bundespräsidenten, zum Bundeskanzler oder ins Auswärtige Amt, waren sie auf der Verbindungstraße zwischen Bad Godesberg und Bonn unterwegs, schnell von den Bonnern „Diplomaten-Rennbahn" getauft.

Schah steuert Sonderzug höchstpersönlich

Der Besucher hat Überraschendes im Gepäck: zwei Stoßzähne eines Elefanten, einen prächtig ziselierten Prunkschild und ein paar Jagdspeere dazu. Es sind die Gastgeschenke seiner Kaiserlichen Majestät Haile Selassie I., Herrscher über das ostafrikanische Äthiopien, der am 8. November 1954 seine Unterschrift im „Goldenen Buch" der Stadt Bonn hinterlässt. Die Ankunft des schwarzbraunen Potentaten versetzt die Stadt am Rhein in Begeisterungstaumel. Es ist der erste spektakuläre Staatsbesuch in Bonn, eine glanzvolle Visite, von Tausenden begleitet mit Neugier und Staunen. Der „Löwe von Juda", so einer seiner offiziellen Titel, kommt standesgemäß mit einem Salonzug auf dem damals nur dreigleisigen Bonner Hauptbahnhof an. Als sich der Qualm der Dampflok verzogen hat,

Militärische Ehren: Griechenlands König Paul schreitet mit Bundespräsident Heuss im September 1956 eine Paradeformation der 1955 gegründeten Bundeswehr ab.

klettert der Monarch in seiner Fantasie-Uniform auf den festlich geschmückten Bahnsteig 1, eine Polizeikapelle spielt. Bundespräsident Heuss und Bundeskanzler Adenauer begrüßen den ersten Staatsgast nach dem Krieg. Vor dem Bahnhof eine riesige Menschenmenge, Schulkinder mit schwarz-rot-goldenen Fähnchen, Jubel für jedes Winke-Winke des Kaisers. „Weiße Mäuse", protokollarisch vorgeschriebene elf Krad-Polizisten mit weißen Jacken und Handschuhen, eskortieren das Staatsoberhaupt auf seinen Wegen zum Bundespräsidenten, zum Bundeskanzler, zur Uni, die ihn zum Ehrendoktor der Landwirtschaft ernennt.

Und zum historischen Rathaus eben. Obligatorisch wurde von Anfang an der Besuch beim

Bonner Oberbürgermeister in die Staatsprogramme aufgenommen. Die fotogene Rokoko-Fassade des Rathauses lieferte willkommene Farbe für die in- und ausländischen Berichterstatter, ihr Bild ging immer wieder um die Welt, wenn gekrönte Häupter und zivile Staatsmänner die stolze Treppe emporstiegen und das stets zahlreich versammelte „Volk" unten auf dem Platz huldreich von oben grüßten. Kaiser Selassie folgte wenig später Persiens Schah Mohammed Reza Pahlewi mit seiner von Diamanten an Haupt und Robe geschmückten Kaiserin Soraya. Eisenbahnliebhaber Pahlewi hatte die Lok seines Sonderzuges höchst persönlich unterwegs ein Stück gesteuert. 15.000 Menschen umjubeln frenetisch das iranische Herrscherpaar, als die Beiden, begleitet von Bundespräsident Theodor Heuss und Bundeskanzler Konrad Adenauer, auf den Bahnhofsvorplatz schritten. Ob seine deutschstämmige Gattin die Chance hatte zu registrieren, dass in den Schaufenstern einiger Innenstadtläden Perlonstrümpfe Marke „Soraya" auslagen, ist nicht überliefert. Die Strumpffabrik Kuhnert jedenfalls hatte, clever, clever, aus diesem Anlass die Marke extra kreiert - aus rechtlichen Gründen mit leicht abgewandeltem Namen. Selassie und Pahlewi residierten mit ihrer Entourage wie die meisten Staatsgäste auf dem

Das persische Kaiserpaar vor dem Prachtgobelin im Rathaus.

Petersberg. Das exklusive Haus, bis 1952 Sitz der Hohen Kommissare der Alliierten, beherbergte in den 1950er- und 1960er-Jahren etwa das griechische Königspaar Paul und Frederike, die britische Queen Elisabeth II. mit Prinz Philip, die Könige von Thailand, Afghanistan, Jordanien, Nepal, Marokko und Malaysia. Ohne Krone kamen der legendäre Erzbischof Makarios von Zypern und Staatschefs aus aller Welt, von der Türkei bis Togo, von Birma bis Niger. 1967 war der persische Schah erneut dort Gast, diesmal mit seiner neuen Frau Farah Diba.

Nur die amerikanischen Präsidenten Dwight D. Eisenhower und John F. Kennedy zogen es auf Anraten ihrer Sicherheitschefs vor, in der Residenz ihres Botschafters zu wohnen und zu nächtigen.

Kaiser Selassie (Vierter von links) ist der erste Staatschef, der sich im „Goldenen Buch" der Stadt Bonn verewigt.

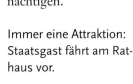

Immer eine Attraktion: Staatsgast fährt am Rathaus vor.

Dreigeteilt: Uni zwischen Bund und Bürgertum

Bonn spürt in den 1950er-Jahren eine spezielle Folge des Hauptstadtdaseins, die Drei-Teilung der Bevölkerung. „Die Politik" mit ihrem Tross von Diplomatie, Lobby und Presse lässt sich im historischen Stadtzentrum zwischen Münster und Markt kaum sehen. Sie führt in den Regie-

80-jährig besucht Urwaldarzt und Friedensnobelpreisträger Albert Schweitzer 1955 Bonn.

Festsaal der ehemaligen Sowjetischen Botschaft, heute Russisches Konsulat.

rungs- und Diplomatenvierteln ihr Eigenleben, die Bundesbeamten mit ihren Familien. Zusammen sind es Ende der 1950er bereits 40.000 Menschen, wohnen eher gettoartig in ihren neuen Siedlungen. Die Universität, vor dem Krieg integraler gesellschaftlicher Bestandteil, ja Markenzeichen der Stadt, gerät ins Abseits. Das bürgerliche Lager der Alt-

Das zerstörte Kaufhaus Blömer nach Kriegsende.

eingesessenen ist nun auf die Neuen vom Bund fixiert, die es zwar nicht unbedingt mag, aber schätzt, weil sich mit ihnen gutes Geld verdienen lässt…

Die Wunden des Krieges verheilen immer mehr. Am Markt eröffnet beispielsweise 1956 das beim großen Angriff Ende 1944 zerstörte Textilkaufhaus Blömer seinen Neubau. Die zerbombte Kreuzkirche, das zentrale Gotteshaus der mit den Neubürgern erheblich gewachsenen evangelischen Gemeinde steht wieder am Kaiserplatz. Die Traditionsgesellschaft „Lese" hat einen Neubau an der Koblenzer Straße bezogen. Die B 9 zwischen Bonn und Bad Godesberg, die „Diplomatenrennbahn", ist großzügig ausgebaut worden. Zu Hause hat man jetzt Waschmaschine und Kühlschrank, Zehnfach-Plattenspieler und Kofferradio. Die ersten Fernseh-Kommoden sind da. Nierentische sind in. Die Mädchen tragen Petticoats, die Jungs rauchen „Eckstein Nr.4". Die Jugend tanzt Rock'n'Roll im „Bunten Aquarium" und die Älteren vergnügten sich bei bayrischer Polka im „Edelweiß" am damaligen Rheinuferbahnhof.

Weiches Wasser: Wahn

Bonner schwören auf ihr Wasser. Sie trinken aus der Wahnbach-Talsperre, deren Schieber NRW-Ministerpräsident Fritz Steinhoff im April 1958 nach drei Jahren Bauzeit öffnete. Der 5,5 Kilometer lange Stausee nördlich von Siegburg kann bis zu 45 Millionen Kubikmeter speichern. Er versorgt die Stadt Bonn und weite Teile des Rhein-Sieg-Kreises mit Wasser, das wegen seiner extremen Weiche sehr geschätzt ist.

Keine Angst vor Strauß

Von Jahr zu Jahr wird es enger auf Bonns Straßen. Die Polizeibeamten, die in der Kanzel auf der großen Kreuzung gegenüber dem Palais Schaumburg die Autokarawanen von Hand dirigieren, geraten regelmäßig in Verzweiflung. Eines Morgens im April 1958: Der diensttuende Schupo stoppt die Fahrtrichtung, in der sich der Wagen des Verteidigungsministers Franz-Josef Strauß nähert. Das Auto hält kurz, fährt dann aber einfach weiter. Strauß, der Ungeduldige, hat Fahrer Leonard Kaiser aufgefordert, das eindeutige Haltesignal des Uniformträgers zu ignorieren. Ein Zug der Godesberger Straßenbahn muss plötzlich bremsen. Siegfried Hahlbohm, der Polizist mit der weißen Jacke und der weißen Mütze, schimpft, Strauß, der mächtige Minister, poltert zurück. Hahlbohm erstattet Anzeige gegen den Fahrer, Strauß verlangt über das NRW-Innenministerium, den Beamten zu versetzen. Hahlbohm wehrt sich presseöffentlich, Strauß hat die „Hahlbohm-Affäre", Fahrer Kaiser ist mit 100 Mark Strafe der Dumme - und der mutige Polizist der Held. Siegfried Hahlbohm (rechts) heute: *„Held? Ach was, ich habe den Vorfall ganz normal und vorschriftsmäßig behandelt."*

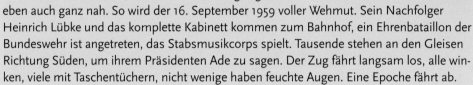

Nageln für die Beethovenhalle

Bundespräsident Theodor Heuss klatscht begeistert Beifall. Gerade hat das städtische Orchester unter Leitung des Generalmusikdirektors Volker Wangenheim „Die Weihe des Hauses" mit Bravour beendet. Der Dirigent und sein Ensemble sind aufgeregt. Kein Wunder. Sie wissen: Heute, am 8. September 1959, beginnt gerade für sie ein Stück Zukunft. Die aufgeführte Ouvertüre ist, natürlich, von Ludwig van Beethoven, dem großen Sohn der Stadt. Und nichts bietet sich an diesem Tag mehr an als diese Komposition: Das zu weihende Haus ist die neue Beethovenhalle.

Dass der Bundespräsident höchst persönlich an einem seiner letzten Amtstage zu diesem Ereignis kommt, ist nicht nur gewollte Verbeugung vor dem großen Meister der Töne.

Die Beethovenhalle

Siegfried Wolske

hat nationalen Rang, soll zum „internationalen Zentrum der Pflege Beethovenscher Musik" werden. So sitzt der scheidende Präsident mit seinem designierten Nachfolger Heinrich Lübke und Bundeswirtschaftsminister Ludwig Erhard in der ersten Reihe mit Oberbürgermeister Wilhelm Daniels. Die Deutsche Bundespost würdigte den Neubau mit ihrem ersten Sonderbriefmarken-Block. Der Staat gibt dem neuen Musentempel die Ehre, die Medien feiern das Denkmal, das der junge Berliner Architekt Siegfried Wolske in das Trümmerfeld der Altstadt gesetzt hat. Der Bund beteiligte sich, ebenso wie das Land NRW, mit einer Million D-Mark an den Baukosten, die sich auf 9,5 Millionen D-Mark summieren. Das meiste Geld aber brachten die Stadt, ihre Bürger und prominente Unterstützer aus der internationalen Musikszene auf. Schon 1950 hatten die ersten Aktionen für eine dritte Beethovenhalle begonnen. Die zweite nahe der Brückenrampe war im Krieg zerstört, die erste baufällig geworden. Auf dem Münsterplatz trieben auf Initiative

der „Bonner Rundschau" Bürger gegen Bares Nägel in ein hölzernes „Bröckemännche" (Seite 129). Ein Stifterverband trommelte fürs neue Haus. „Bausteine" wurden verkauft. Elly Ney, die ruhmreiche Pianistin, spielte zugunsten des Projektes im In- und Ausland. Ihr ungarischer Kollege Andor Foldes zelebrierte ein Sonderkonzert in der New Yorker Carnegie Hall - spektakulärer Höhepunkt der Benefizaktionen.

Die Beethovenhalle war von Anfang Konzerthaus und protokollarischer und gesellschaftlicher Mittelpunkt der Bundeshauptstadt zugleich. Seit 1959 trifft sich hier die musikalische Welt zum Beethovenfest. Hier dirigierten Leonard Bernstein und Herbert von Karajan, Lorin Maazel und Daniel Barenboim, Kurt Masur und Riccardo Chailly. Hier be-

Tränen für Papa Heuss

Ein Tag mit Tränen: Bonn verabschiedet Theodor Heuss, Papa Heuss (rechts auf der Rathaustreppe mit Oberbürgermeister Peter Busen). Der erste Bundespräsident ist in den Herzen der Bonnerinnen und Bonner. Sie haben ihn immer wieder erlebt, aus der Ferne, aber gelegentlich eben auch ganz nah. So wird der 16. September 1959 voller Wehmut. Sein Nachfolger Heinrich Lübke und das komplette Kabinett kommen zum Bahnhof, ein Ehrenbataillon der Bundeswehr ist angetreten, das Stabsmusikcorps spielt. Tausende stehen an den Gleisen Richtung Süden, um ihrem Präsidenten Ade zu sagen. Der Zug fährt langsam los, alle winken, viele mit Taschentüchern, nicht wenige haben feuchte Augen. Eine Epoche fährt ab.

geisterten Showgrößen von Udo Jürgens bis Milva. Viermal wählte die Bundesversammlung unter der Eierschalken-Decke den Bundespräsidenten: Walter Scheel 1974, Karl Carstens 1979 und Richard von Weizsäcker 1984 und 1989. Endlos ist die Liste der Festakte, der Bälle, der Partys und - wir sind im Rheinland - der Prinzenproklamationen und Karnevals-Prunksitzungen.

Festlich geschmückt: der Große Saal der Beethovenhalle.

Charles de Gaulle: „Ess läääbe Booonnn"

Mit Leiden-
schaft und
in Deutsch spricht de Gaulle zu Tausenden Bonnern auf dem Marktplatz.

Lob für Bonn: US-
Präsident John F.
Kennedy.

Der Bonner Marktplatz ist schwarz von Menschen und bunt von Fahnen und Fähnchen. Die Kinder haben schulfrei. Groß und Klein steht dicht an dicht. Dann plötzlich nähert sich Jubel vom Hofgarten her. Blaulicht, Polizisten auf Motorrädern, eine Kolonne schwarzer Limousinen rauscht heran. Aus dem Wagen mit den Standern steigt ein Hüne, betritt unter Ovationen die Rathaustreppe und ruft mit melodischem Akzent: *„Ess läbe Deutsch-laaand, ess läääbe Booonnn."*
Charles de Gaulle, Präsident des mächtigen Nachbarlandes, des Erbfeinds vergangener Jahrzehnte und Jahrhunderte, beschwört in einer leidenschaftlichen Rede in deutscher Sprache eine neue

Freundschaft. Der Franzose umarmt Konrad Adenauer, den deutschen Kanzler, den Partner. Die Begeisterung auf dem Marktplatz ist grenzenlos. Die Menschen spüren: Sie sind Zeugen eines historischen Ereignisses. De Gaulle strahlt, ist sichtlich gerührt über die Zustimmung, wirft alle Warnungen der Sicherheitsleute über den Haufen, steigt hinab auf den Markt,

mischt sich mit Konrad Adenauer unters Volk, schüttelt Hände noch und noch. Zwei Tage ist die Hauptstadtregion am 4. und 5. September 1962 im De-Gaulle-Rausch. Schon die Fahrt vom Flughafen zur Residenz des französischen Botschafters auf Schloss Ernich bei Remagen ist ein Triumphzug ohnegleichen. Stundenlang warten Tausende in den Straßen, an Fenstern und Balkonen, auf Dächern und Straßenlaternen, tauchen den Weg des Präsidenten in ein Meer von Blumen, Taschentüchern, Trikolore und Schwarz-Rot-Gold. Dann immer wieder der unbeschreibliche Jubel, die gereckten Hände für Charles und Ivonne de Gaulle, wenn der Konvoi vorbeifährt. Die Bilder gingen damals um die Welt. Die Bonner besiegelten stellvertretend die Versöhnung, das Werk von Adenauer und de Gaulle.
Neun Monate später gab es ähnliche Szenen in der kleinen Stadt am Rhein. John F. Kennedy kam zum „Arbeitsbesuch"; der

zweite US-Präsident setzte seinen Fuß auf Bonner Boden, nachdem sein Vorgänger Dwight D. Eisenhower bereits im August 1959 am Rhein empfangen worden war. Wieder jubelte eine unübersehbare Menge auf dem Markt und in den Straßen, die Kennedys Konvoi durchfuhr. Und die Bonner waren natürlich begeistert, als der sympathisch- jugendliche „Präsident der Hoffnung" ihre Stadt von der Rathaustreppe aus als „eines der großen Zentren der freien Welt" feierte. An den wenig später ermordeten Präsidenten erinnern heute die nach ihm benannte Rheinbrücke, eine Allee und eine Büste in Bad Godesberg.

Dwight D. Eisenhower besuchte Bonn im August 1959 - links Konrad Adenauer.

Des Kanzlers Bungalow

Im Park des Palais Schaumburg steht seit 1964 der Kanzlerbungalow. Unter Adenauers Nachfolger Ludwig Erhard entstand der Flachbau im Park des Palais Schaumburg als Wohnung für den Regierungschef. Architekt des sachlichen Baus ist der Münchner Sepp Ruf. Bundeskanzler Helmut Schmidt zog erst ein, als das Haus nach Vorstellungen seiner Frau Loki innen modernisiert war. Gerhard Schröder überließ den Bungalow noch einige Zeit seinem Vorgänger Helmut Kohl, nutzte die Immobilie bis zum endgültigen Umzug nach Berlin nur zeitweise. Nach sorgfältiger Renovierung unter Sponsorenschaft der Wüstenrot-Stiftung wurde das Gebäude 2009 dem Haus der Geschichte übergeben und kann besichtigt werden.

Multidisziplinär tätig für lokale, regionale und bundesweite Mandanten

Die Steuerberater- und Rechtsanwaltssozietät Vianden Keck geht zurück auf die Gründung der Steuerberatungspraxis Helmuth Vianden im Jahre 1963. Helmuth Vianden ist der Vater beziehungsweise Schwiegervater der heutigen persönlich haftenden Gesellschafter des multidisziplinär tätigen Beratungsunternehmens.

Rechtsanwalt Dirk Vianden, geboren 1962, und sein Schwager und Steuerberater Justus Keck, geboren 1963, beschäftigen in der Simrockstraße in bester Bonner Südstadtlage im Dreieck Museum Koenig, Villa Hammerschmidt und Palais Schaumburg Steuerberater und Rechtsanwälte, denen ein qualifiziertes Team von Fachwirten, Bilanzbuchhaltern und

Steuerfachangestellten zur Seite steht. Auf die jahrzehntelange Erfahrung ihres (Schwieger-)Vaters aufbauend, haben sich die beiden Freiberufler, die sich durch und durch als Unternehmer fühlen und betätigen, die rechtlich fundierte Steuerberatung und die steuerlich fundierte Rechtsberatung auf die Fahne geschrieben. Konsequenterweise bietet das Leistungsportfolio des Beratungsunternehmens Vianden Keck auch Hilfe und Unterstützung in jeder Lebenssituation eines Unternehmens oder eines Unternehmers an - von der Gründung

eines Betriebes, einer freiberuflichen Praxis (Existenzgründerberatung) über die Expansionsberatung bis zur Übergabe- und Nachfolgeplanung. Das Haus Vianden Keck genießt lokal, regional und bundesweit in seiner Mandantschaft, aber auch in den sich immer wieder treffenden Geschäftskreisen allerbesten Ruf.

Zu einem Unternehmen dieses Anspruchs und Zuschnitts zählt auch ein Sozialengagement der Inhaber in der Stadt und darüber hinaus. So versehen Dirk Vianden und Justus Keck zahlreiche Ehrenämter auch über Bonn hinaus, um ihre Fachkenntnis und ihren Rat pro bono auch in Kultur- und Sozialeinrichtungen einzubringen.

www.viandenkeck.de

Steuerberater Justus Keck

In der Simrockstraße residiert die Steuerberater- und Rechtsanwaltssozietät.

Rechtsanwalt Dirk Vianden

Rock-Mekka: Queen-Debüt in Muffendorfer Scheune

Als in Liverpool und später in Hamburg vier Pilzköpfe beginnen, ihr „musikalisches Unwesen" zu treiben, bleibt dies auch im fernen Bonn nicht ohne Konsequenzen. Beatmusik kommt Mitte der 1960er-Jahre nicht nur aus Radios und Musikboxen, überall in der Stadt sprießen Bands aus dem Boden, um es ihren großen Vorbildern, den Beatles, gleich zu tun. Equipment muss beschafft und dann steht an: proben und nochmals proben. Nicht selten werden Gesangsanlagen, Verstärker und Instrumente vom Taschengeld oder vom sauer verdienten Geld unzähliger Aushilfsjobs abbezahlt. Optisch meist auf dem Stand der Zeit, hapert es bei den Musikern zunächst bei den Klängen und Rhythmen, die sie ihren Instrumenten entlocken. Nach und nach werden die musikalischen Fertigkeiten besser, die Ergebnisse können sich schon bald nicht nur sehen sondern

Als Oberbürgermeisterkandidat veröffentlich Dr. Hans Daniels 1970 eine Single mit Bonner Beat Bands. Mit dabei „Goin' Sad", die damalige Band von Wolfgang Niedecken (später BAP).

zunehmend auch hören lassen. Bands der Beat-Ära, die durch Auftritte größere Fangemeinden in Bonn um sich scharen, sind Concentric Movement, Desperados, The Guards, The Shaggies und Take Five. Gespielt wird vor allem in Jugendklubs und kirchlichen Gemeindezentren - nur selten werden, vor allem bei größeren Veranstaltungen, die bekannten Säle der Stadt, wie Beethovenhalle und Godesberger Stadthalle, genutzt. Ende der 1960er-Jahre wird Bonn zum Mekka von Rockfans aus ganz Deutschland. In einer umgebauten Scheune im malerischen Stadtteil Muffendorf entsteht ein Rockclub, der erstklassige Live-Musik bietet: das „Underground". Obwohl die zugelassene Kapazität nur 360 Personen beträgt, spielen dort bekannte Bands wie Status Quo, Can, Nektar, Kraan, Birth Control oder Guru Guru, aber auch damals noch kaum bekannte Gruppen wie Uriah Heep und die Scorpions. Im Oktober 1973 absolviert Queen im „Underground" sogar ihr erstes

Nur mit langen Haaren und für Freunde des Rock: Im „Underground" (links) ging von 1969 bis 1975 die Post ab.

Deutschlandkonzert. Nach Anwohnerprotesten muss das Underground am 31. März 1975 seine Pforten für immer schließen.

Inspiriert durch den Flair der großen weiten Welt des „Undergrounds" gehen nun auch einige Bonner Bands dazu über, sich der „progressiven Rockmusik" zu verschreiben. Electric Sandwich, Clark Benson und Arktis sowie später Calyptus, Friends, Tai Pan und Max Bagger Ltd. lauten die Namen einiger Bands, die in den 1970er-Jahren auch in Bonn eine vitale Rockszene entstehen lassen. Allerdings gelingt es nur wenigen dieser Bands, sich mit einer Schallplatte oder einer CD bei einer größeren Company zu verewigen. Ausnahmen bilden hier zunächst Hairy Chapter (Label „Bacillus" der Bellaphon Records) und Electric Sandwich (Label „Brain" der Plattenfirma Metronome, Cover unten rechts) sowie später Calyp-

„Calyptus" 1998 vor dem Poppelsdorfer Schloss. Rechts ihre CD „manchmol".

tus (Label „Aris-Kysos" der Plattenfirma BMG). Stark gefördert wird die Bonner Musikszene auch von den beiden Musikmanagern Peter Pieck und Eberhard A. Breinlinger, indem sie im Rahmen der Veranstaltungsreihen „Connection" und „Rockforum" im Bonn-Center (im heutigen Pantheon) auch kleineren Bonner Bands die Möglichkeit geben, sich einem größeren Publikum zu präsentieren. Später kommen mit den Rheinterrassen (Rheindorf) und dem Nam Nam (Friesdorf) weitere Clubs hinzu, in denen vor allem bekanntere Bands auftreten. Auch hier sind Lärmbelästigungen Grund für deren Schließung. Mehr Erfolg ist der von Wolfgang („Kolli") Koll gemanagten Harmonie (Endenich) beschieden, die bis in die Gegenwart mit einem vielseitigen Programm aufwartet.

Die „Desperados", eine der ersten Bonner Beat-Bands. Von links: Marcel Becker, Hans Georg Rehse, George Krause-Wichmann, Jens Hoffmeister.

Fernsehgeschichte: „Schüsse auf den Computer" überflüssig - dank exakter Prognosen von infas

Zwei Jahre zuvor hatte das ZDF den Sendebetrieb aufgenommen, ein Jahr später sollte „Orion"-Commander Dietmar Schönherr in die Galaxis starten, als der WDR im September 1965 zur Bundestagswahl mit der ersten computergestützten TV-Hochrechnung Fernsehgeschichte schrieb und Herber Höfer (oben) aufgeregte Zuschauer bat: „Schießen Sie nicht auf den Computer". Doch die infas-„Elektronengehirne" hatten das unerwartete Ergebnis exakt prognostiziert. Collage unten: Peter von Zahn und Klaus Bölling im Wahlstudio mit „Hightech" von 1965, rechts eines der modernen Telefonstudios bei infas 45 Jahre später.

„Schießen Sie nicht auf den Computer", bittet ARD-Moderator Werner Höfer 1965 um 21:43 Uhr. Die erste Computer-Hochrechnung in der Geschichte der Wahlberichterstattung hatte gerade einen klaren Acht-Punkte-Vorsprung der CDU vorausgesagt. Zunächst will das kaum einer glauben, denn politische Experten hatten bei der damaligen Bundestagswahl eigentlich ein Kopf-an-Kopf-Rennen zwischen CDU und SPD erwartet. Gegen Ende der Sendung bewahrheitet sich die Prognose bei der Mandatsverteilung bis auf einen Sitz genau. Höfers Fernseh-Kollege Dieter Gütt erklärt erleichtert, nun habe sich der Computer auch bei denen durchgesetzt, die ihm zunächst nicht glauben wollten.

Die eindrucksvolle Hochrechnung war vom infas Institut für angewandte Sozialwissenschaft durchgeführt worden. Das 1959 in Bad Godesberg gegründete Institut forscht auf Basis von persönlich, schriftlich,

telefonisch oder online durchgeführten Befragungen. Von Beginn an war infas nicht nur in der Wahlforschung, sondern in Themenbereichen wie dem Arbeitsmarkt, Bildung, dem Wohnen und der Mobilität, dem Gesundheitswesen oder der sozialen Sicherung tätig. Die Auftraggeber sind sowohl Institutionen der öffentlichen Hand als auch Unternehmen der Privatwirtschaft. In seiner inzwischen mehr als 50-jährigen Geschichte hat sich infas erhebliches und beachtenswertes Grundlagenwissen geschaffen und Standards gesetzt. infas begleitet mit seiner Forschung die Gesellschaft, Bevölkerung, Organisationen und Verbände, analysiert Veränderungen und entwickelt Zukunftsprognosen.

Neben einer Vielzahl von Erhebungen im Bereich Sozialforschung zu bestimmten Fragestellungen spielen bei infas Evaluation eine wichtige Rolle. Bei diesen ist das Ziel, die Wirksamkeit von spezifischen

Maßnahmen anhand verlässlicher Daten zu überprüfen: „Erfüllen neue Sozialgesetzgebungen ihren Zweck? Wie gut ist die ältere Bevölkerung in Deutschland in die Gesellschaft integriert? Hilft eine Bildungsinitiative tatsächlich den Jugendlichen beim Einstieg in das Arbeitsleben?" Dies sind typische Fragestellungen der Evaluationsforschung. Für die Antworten bündelt infas sein gesamtes Know-how - je mehr Erfahrung und Wissen aus verschiedenen Forschungsbereichen eingebunden werden, umso exakter werden die Ergebnisse.

Die infas-Studie „man auf der Straße" aus dem Jahr 1961 beispielsweise beschreibt nicht nur die räumliche Verteilung des Verkehrs, also wer wann wohin unterwegs ist. Vielmehr ergänzte schon damals eine sozialwissenschaftliche Perspektive die Fragestellung und Erhebung und führte zu einem bemerkenswert hohen prognostischen Gehalt. Die zu erwartenden Effekte der zunehmenden Motorisierung wurden damals treffsicher beschrieben. Zu einer Zeit, als nur jeder 17. Bundesbürger ein Auto besaß (heute ist es jeder Zweite).

Im Bereich Regional- und Verkehrsforschung ermittelte infas mittels hunderttausenden Interviews, wie neue verkehrspolitische Maßnahmen wirken, wie etwa Bahncard, Jobticket und besondere Preissysteme angenommen werden oder welche Informationen Fahrgäste unterwegs benötigen. Schließlich wurden

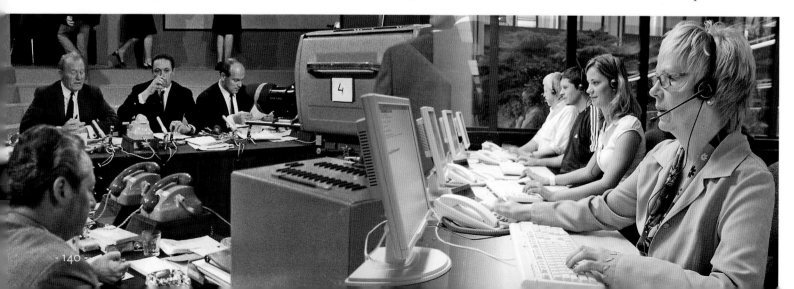

in der Studie „Mobilität in Deutschland" die vorhandenen Ansätze methodisch entscheidend weiterentwickelt. Die Resultate erlauben einen Blick auf die Zukunft der Mobilität. Der öffentliche Verkehr nimmt in den urbanen Bereichen an Bedeutung zu, während sich die Anteile des Autoverkehrs nach Jahren des ungebrochenen Wachstums nicht weiter erhöhen. Verbunden ist dies mit einer veränderten Wertvorstellungen in Sachen Automobil: Die CO_2-Reduzierung, also der Klimaschutz, wird stetig wichtiger.

infas zeigt, dass systematisch mit- und vorausdenkende Forschungsbegleitung Impulse setzen kann, wenn sie den Zusammenhang zwischen verschiedenen Fachgebieten im Fokus behält. Und das nicht nur bei den „großen Themen" der Republik, sondern auch im Detail. So misst infas immer wieder die Motivation von Mitarbeitern in einzelnen Unternehmen oder die Kundenzufriedenheit bei Gabelstaplern, Industriegasen oder chemischen Grundstoffen. Auch hier profitiert das Institut von seinen Erfahrun-

gen mit großen sozialwissenschaftlichen Untersuchungen. Entwickelt und gesteuert werden die Untersuchungen von infas von einem Pool von 75 Akademikern, die in der ehemaligen Kanadischen Botschaft zu Hause sind. Durchgeführt werden zahlreiche Studien im infas-Telefonstudio mit 170 Plätzen im Erich-Ollenhauer-Haus. Von hier aus telefoniert infas in die ganze Republik oder im Schichtbetrieb in alle Welt.

Wo Bonn der Schuh drückt...

Jüngst richtete sich der Forscherblick von infas direkt auf das eigene Umfeld: Bei einer Studie zum bundesweiten Tag der Marktforschung wurden die Bonner Bürgerinnen und Bürger zu ihrer eigenen Stadt befragt. Ergebnis: Am meisten stört Menschen die kritische kommunale Finanzlage und das Gerangel um das Konferenzzentrum. Weiter wünscht sich die Bevölkerung Verbesserungen im öffentlichen Nahverkehr und Straßenausbau, eine bürgernahe, offenere Politik. Sie hoffen, dass auf die Schließung von Freibädern verzichtet werden kann und auf ein besseres Angebot für Kinder und Jugend.

Seit über 50 Jahren ist es der Anspruch von infas, hochwertige, innovative und präzise Forschung zu bieten. Dafür steht das Institut seit jeher in engem Kontakt zur Wissenschaft und stellt sich strengen Qualitätsanforderungen. Diesem Anspruch fühlt sich infas auch künftig verpflichtet. Und: Dass die Glaubwürdigkeit von Prognosen heute hohe Wertschätzung genießt, daran hat infas einen bedeutenden Anteil: Niemand denkt heute auch nur daran, auf den Computer zu schießen.

Anlässlich des 50-jährigen Jubiläums des Instituts im Jahr 2009 wurde das Buch „Ein Hundert Prozent infas" vorgestellt. Auf rund 200 Seiten werden die verschiedenen Forschungsbereiche des Instituts ausführlich in Text und Bild dargestellt. Das Buch ist unterteilt in die Themenschwerpunkte „Arbeitsmarkt & Sozialstaat", „Familienwelten", „Bildung", „Gesundheit", „Marktentwicklung", „Altern", „Verkehr & Mobilität", „Betrieb & Gewerkschaft", „Politik" und „Wohnen & Raumordnung". Ein eigenes Kapitel ist dem Bereich „Methoden" gewidmet. „Ein Hundert Prozent infas" zeigt dabei sowohl die bisherige Entwicklung und wesentliche Studien als auch aktuelle Fragestellungen und die Perspektiven des Instituts auf. Das Buch ist ein Gemeinschaftswerk verschiedener infas-Mitarbeiter. Die Jubiläums-Publikation (ISBN 978-3-941991-00-2) kann direkt über infas oder den Buchhandel bezogen werden. Und die Studie über die Meinungen der Bonner Bevölkerung zu ihrer Stadt hält infas auf seiner Website zum Donwload bereit: www.infas.de

Konrad Adenauers letzte Reise

Konrad Adenauer ist tot, gestorben im 92. Jahr seines an Ereignissen so reichen Lebens. Jahrzehnte ist dieses Leben eng mit Bonn und seiner Region verbunden. Gründung der Bundesrepublik, Kanzlerschaft, schließlich der Rückzug ins Haus am Rhöndorfer Rebenhang. Als sich die Nachricht am 19. August 1967 verbreitet, kommt sie nicht unerwartet, aber die Menschen in der Region sind dennoch geschockt. Konrad Adenauer:

Adenauer wählt Adenauer: Mit einer Stimme Mehrheit - der eigenen also - wurde der CDU-Politiker Kanzler.

Längst nicht jeder hat ihn gemocht, aber geschätzt haben sie letztlich doch alle diesen knorrigen, unbeirrbaren Alten, der die letzten Kriegsgefangenen zu Tausenden aus Sibirien zurückholte, der die Bundesrepublik in das westliche Bündnis einbettete, zu einem angesehenen Partner Europas machte. Und so wird der Heimgang des Altkanzlers eine eindrucksvolle Demonstration für diese große Persönlichkeit. Eine unübersehbare Schlange bildete sich vor dem Palais Schaumburg, wo der Verstorbene aufgebahrt war. 14 Jahre hatte Adenau-

Um die Welt ging dieser Adenauer-Schnappschuss des Bonner Pressefotografen Georg Munker.

Nach dem Trauergottesdienst im Kölner Dom wird der Sarg von der Bundeswehr zum Schiff geleitet.

er von hier aus Nachkriegsdeutschland gelenkt. Nun hieß es Abschied nehmen. Die Kondolenzbücher füllen sich. Dann am 25. April Staatsakt im Bundeshaus, Überführung in den Kölner Dom, Kardinal Joseph Frings zelebriert ein feierliches Requiem, Charles de Gaulle, der Freund, verbirgt mühsam die Tränen, neben ihm US-Präsident Lyndon B. Johnson. Zahlreiche weitere Staatschefs und Außenminister aus der ganzen Welt sind angereist.
Nach dem Gottesdienst der wohl berührendste Teil dieses Tages: An Bord eines Schnellbootes der Bundeswehr kommt der Katafalk mit der schwarz-rot-goldenen Fahne rheinaufwärts zurück (unten).

Schweigend stehen die Menschen am Ufer. Auf dem Waldfriedhof in Rhöndorf findet der Kanzler seine letzte Ruhe.

Zum ersten Todestag Konrad Adenauers gab die Post eine Sondermarke heraus (oben links). Adenauers Grab auf dem Rhöndorfer Waldfriedhof - auch heute noch viel besucht. Hubertus Pilgrim schuf das Adenauer-Denkmal am Kanzlerplatz (rechts).

Paradies für Bummler

Bonn ist Pionier für Fußgängerzonen. 1967 wurde die Wenzelgasse autofrei, eine der ersten Straßen in Deutschland, die nunmehr nur noch dem Schaufensterbummler und Käufer gehörte. Eine Tafel erinnert an diese kommunale Tat, der schnell weitere folgten: Remigiusstraße, Poststraße, Sternstraße, Vivatsgasse, Am Dreieck, Bonngasse, Markt und Münsterplatz. 1977 konnte sich die Bundeshauptstadt rühmen, in ihrem Zentrum die größte zusammenhängende Fußgängerzone der Republik zu haben. Für die Autos der City-Besucher wurde mit einem Ring von Tiefgaragen Platz geschaffen.

Allee, Brücke und Fähre

18 Jahre vertrat Konrad Adenauer den Wahlkreis Bonn im Deutschen Bundestag, niemand konnte ihm hier das Mandat streitig machen. Als die Bonner ihren Prachtboulevard, die Koblenzer Straße, in Adenauerallee umbenannten, wussten sie, was sie ihrem verstorbenen Ehrenbürger zu verdanken hatten. Ohne Adenauer wäre Bonn nie Bundeshauptstadt geworden. Der Wiederaufbau ging schneller voran als anderswo, das Wirtschaftswunder blühte gerade hier so früh. Neue Nord-Süd-Achse, Wahnbach-Trinkwassertalsperre, Beethovenhalle, ein dichtes Netz von Schulen und Sportstätten: Adenauer hatte stets ein offenes Ohr für Belange der Region, nutzte seinen Einfluss,

wenn es um die Weiterentwicklung Bonns ging. Zum Dank tragen heute auch die dritte Rheinbrücke und der Flughafen Adenauers Namen - und die Fähre (links), mit der er an jedem Arbeitstag von Königswinter nach Bonn übersetzte.

Langer Eugen: Hauptstadt-Boom beginnt

Der Posttower ist heute das Symbol für das neue Bonn. Die elegante, 162 Meter hohe Bürosäule des gelben Konzerns hat einem anderen Himmelsstürmer den Rang abgelaufen, der Jahrzehnte symbolisch für Bundes-Bonn stand: das 120 Meter hohe Abgeordneten-Hochhaus „Langer Eugen". Lästerlich sei der Name, sagen manche. Meinen, der Volksmund habe das Gebäude so getauft, weil der damalige Bundestagspräsident Eugen Gerstenmeier, Motor des für Bonner Verhältnisse höchst ehrgeizigen Projekts, nicht gerade ein Riese war. Nein, respektlos wollten die spontanen Namensgeber wohl nicht sein: Stolz waren die Bonner

Das erste Bonner Hochhaus entsteht: „Langer Eugen" im Bau.

auf die 30 Stockwerke, „lang", hoch war bisher nicht ihre Dimension, der gefeierte Neubau des Architekten Egon Eiermann war das erste Hochhaus der Bundeshauptstadt, ein Solitär sollte der Turm mit den Büros der MdBs und den Sitzungssälen der Bundestagsausschüsse werden. So war es gewollt.

Nach zweieinhalb Jahren Bauzeit wurde der „Lange Eugen" im Februar 1969 bezogen. Lange Diskussionen waren vorausgegangen: Sollte sich „der Bund" mit neuen Gebäuden auf Dauer in Bonn einrichten - trotz der Hoffnung auf Wiedervereinigung und mit Rücksicht auf Berlin, die Metropole im Wartestand? Die Bonn-Fraktion setzte sich schließlich ab Mitte der 1960er-Jahre nach und

Verzicht aufs „Provisorium Bonn": Willy Brandt.

nach durch. Der „Bonn-Vertrag" von 1970 sicherte der Region dauerhafte finanzielle Unterstützung des Bundes zu. Bundeskanzler Willy Brandt sprach im Januar 1973 in einer Regierungserklärung erstmals von der „Hauptstadt Bonn" ohne den bis dahin offiziell üblichen Zusatz „provisorisch". Die Folge waren die „Kreuzbauten" im neuen „Regierungsviertel Nord" zwischen dem alten Bonn und Bad Godesberg, neue Häuser und Aus für die Barackenzeit in den Ministeriumskomplexen Duisdorf, Rheindorfer Straße und Hardthöhe. Die Bundesländer zogen mit repräsentativen Vertretungen nach, CDU und SPD mit Parteizentralen.

Schillers neue Mitte

Auch privates Kapital beteiligte sich am Bonner Bauboom. Ein besonders sichtbares Zeugnis: das Bonn-Center (links) keine 500 Meter entfernt vom Bundeshaus, mit 18 Etagen erkennbar niedriger als der „Lange Eugen". Der damalige Bundeswirtschaftsminister Karl Schiller adelte den Komplex bei der Grundsteinlegung vollmundig zur „neuen Mitte von Bonn". Der Steigenberger-Konzern betrieb bis 1990 auf sechs Etagen ein Hotel mit Nobel-Restaurant, in dem so manche Spesen-Mark von Lobbyisten und Journalisten bei verschwiegenem Mahl mit Bundesleuten umgesetzt wurde...

Heute von der UNO genutzt: „Langer Eugen".

Vertraulich „Unter Drei"

Ein neues Büroquartier entstand ab 1967 nach Plänen des Düsseldorfer Architekten Professor Hanns Dustmann im früher gärtnerisch genutzten „Tulpenfeld" (oben). Bauherr war der Allianz-Konzern, einer der Nutzer das Bonner Pressecorps, das bis dahin zu großen Teilen noch immer in zweistöckigen Baracken gegenüber dem Bundeshaus logiert hatte. Nun freuten sich Journalisten über moderne Büros im neuen Umfeld und über ihr komfortables Kommunikationszentrum, den Saal der Bundespressekonferenz. Bis zum Berlin-Umzug erschienen fast jeden Tag die Mitschnitte aus diesem Raum im Fernsehen. Zutritt hatten nur die akkreditierten Journalisten und ihre jeweiligen Gäste, meist aus allen Bereichen der Politik, seltener aus Wirtschaft, Wissenschaft oder Kultur. Strenge Regeln entschieden, was direkt oder unter Bedingungen zur Veröffentlichung frei und was vertraulich zu behandeln war, nach dem Satzungsparagrafen „Unter Drei" genannt. Dieses Reglement gilt heute in Berlin weiter.

Verdoppelte Bevölkerung

Was eigentlich kaum jemand geglaubt hatte: Nach langen, langen Jahren heftigster Diskussionen und Besitzstandskämpfe mit immer neuen Gutachten, Plänen und Tonnen von Broschüren und Flugblättern kommt es 1969 endlich zu

Beuel, Bad Godesberg und weitere Gemeinde-Namen verschwanden auf dem Schildern - und kehrten als „Stadtbezirke" wieder.

einer Änderung der kommunalen Grenzen in der engen Hauptstadtregion. Bis hin zum Landesverfassungsgericht hatten die Kontroversen ihren Lauf genommen. Das alte Bonn bringt 139.000 Einwohner in die neue Stadt ein, Bad Godesberg 74.000, Beuel 38.000. Die bislang selbstständigen Randgemeinden Buschdorf, Lessenich, Duisdorf, Lengsdorf, Röttgen, Ippendorf, Oberkassel und Holzlar komplettieren das neue Gefüge auf insgesamt 275.000 Männer, Frauen und Kinder, die exterritorialen 10.000 Diplomaten nicht mitgerechnet. „Eingemeindung" schimpfen die neuen Zwangsbonner den Vorgang, „Raumordnung" reden es die Befürworter schön.
In der Nachbarschaft spielt sich Vergleichbares ab. Wie eine Halskrause umschlingt der neue Rhein-Sieg-Kreis die neue Bundeshauptstadt, gebildet aus dem alten rechtsrheinischen Siegkreis und den Resten des linksrheinischen Landkreises Bonn.
Die kleinen Gemeinden des Großkreises werden zu 19 Großgemeinden von Alfter bis Windeck zusammengelegt.

Weil mit dem Inkrafttreten des Raumordnungsgesetzes am 1. August 1969 alle kommunalen Würdenträger automatisch ihre Ämter verlieren, passiert Ungewöhnliches: Die NRW-Landesregierung setzt mit dem ehemaligen Ministerpräsidenten Franz Meyers einen Staatskommissar als Regenten für Bonn ein. Meyers regiert mit nahezu absolutistischen Vollmachten, bis ein neuer Stadtrat gewählt ist, der wiederum Oberbürgermeister und Oberstadtdirektor von Groß-Bonn bestimmt. Nach vier Monaten ist dieser Zeitpunkt erreicht: Neuer Oberbürgermeister wird

Weiter mit dem Löwen: Das neue Stadtwappen (links außen), daneben das alte.

Peter Kraemer (CDU), Oberstadtdirektor Wolfgang Hesse, der dieses Amt des Verwaltungschefs nach damaliger NRW-Kommunalverfassung schon für das alte Bonn verwaltet hatte.

Ein nagelneues Theater (heute Opernhaus) direkt am Rhein brachte Bonn mit in die Raumordnungsehe.

Kastanien zu Gummibärchen

Wenn Kastanien und Eicheln reifen, passiert Erstaunliches in und um Bonn. Zu Tausenden sammeln Jungen und Mädchen, Väter und Mütter, Opas und Omas die braunen Naturprodukte, werfen Stöcke in die Bäume, helfen mit Stangen nach. Wer das tut, weiß genau, warum: An einem jährlich wechselndem Tag im Herbst tauscht Hans Riegels Gummibärchen-Fabrik kiloweise Süßes gegen Säcke voller Kastanien und Eicheln. Weshalb macht Haribo auf diese Weise „Kinder froh - und Erwachsene ebenso"?
Der Herr über den Weltkonzern braucht, wie einfach, die Waldfrüchte für das Wild in seinem privaten Gehege.

Wolfgang Hesse, hoch verdienter Oberstadtdirektor im alten und im neuen Bonn.

Brücken und Fähren

Der Rhein, so schön er auch ist, er trennt. Schon die Römer bauten vor 2.000 Jahren in Bonn eine Brücke. In den 1960er-Jahren reicht eine nicht mehr. Die Kennedy-Brücke im Zentrum erhält 1967 Gesellschaft im Norden (Foto im Hintergrund), benannt nach dem ersten Reichstagspräsidenten der Weimarer Republik, Friedrich Ebert (SPD). 1972 schließlich weiht Verkehrsminister Lauritz Lauritzen die dritte Brücke im Bonner Süden auf den Namen Konrad Adenauer. Trotz dieser drei Übergänge haben bis heute drei Autofähren mit Anlegern am linksrheinischen Bonner Ufer und im rechtsrheinischen Rhein-Sieg-Kreis dankbare Kunden: sie sparen Umwege und Staus.

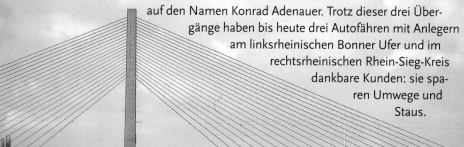

Sportlich stark, doch Kassen klamm: Kommerzialisierung fordert Tribut

In Zeiten zunehmender Professionalisierung benötigt erfolgreicher Sport finanzielle Unterstützung. In den Fokus rücken Sportarten, die großes Publikumsinteresse wecken und medial zu vermarkten sind. Spätestens in den 1970er-Jahren zeichnete sich ab, dass dies auch beim Bonner Sport nicht ohne Folgen bleibt. Fußball, Volleyball, Schwimmen und Ringen (Seite 125) - diese Disziplinen stehen in Bonn für den Tribut der Kommerzialisierung: Hochklassiger Sport gerät angesichts finanzieller Engpässe für längere Zeit in arge Bedrängnis.

Besonders leidvoll erfährt dies in den 1970er-Jahren der Bonner SC. Nach der Fusion der Vorgängervereine setzt sich das Auf und Ab fort. Zur Saison 1968/69 hatte der BSC mit dem 49-fachen uruguayischen Nationalspieler Horacio Troche einen spektakulären Transfer vermeldet und im Sommer 1970 den neuen Sportpark Nord bezogen. Obwohl mit Hannes Bongartz eines der größten Talente Bonns debütiert, endet die Saison mit dem Abstieg und dem Verkauf des später vierfachen Nationalspielers. 1971 fällt die Entscheidung beim BSC, eine konkurrenzfähige Frauenmannschaft aufzubauen. Nach dem Scheitern im Halbfinale 1974 folgt ein Jahr später der Einzug ins Finale. Am 15. Juni 1975 steht der BSC den Spielerinnen des FC Bayern München gegenüber. Vor 2.500 begeisterten Zuschauern endet das Spiel im Sportpark Pennenfeld in Bad Godesberg mit 4:2. Der BSC ist Deutscher Meister im Frauenfußball. Zwei Jahre später fällt das Team auseinander. Entscheidende Leistungsträgerinnen wechseln den Verein, spielstarker

Nachwuchs ist nicht in Sicht. Nur zehn Jahre nach der Gründung wird die Damenabteilung aufgelöst.

Nach fünf erfolglosen Jahren steigen die BSC-Herren am Ende der Saison 1975/76 in die ein Jahr zuvor neu etablierte Nordstaffel der zweigeteilten 2. Bundesliga auf. Zum Abschluss der Zweitligasaison steht der BSC - von außen betrachtet - prima da: sportlich gerettet und bei den Heimspielen mit meist mehr als 10.000 Zuschauern im Stadion. Aber die sehr hohen Schulden führen zum Lizenzentzug durch den Deutschen Fußballbund und zum Abstieg in die Oberliga. Von diesem Debakel erholt sich der Verein nicht. In den Folgejahren pendelt der BSC zwischen dritter, vierter und fünfter Liga, am Leben gehalten vom Unternehmer Hans Viol.

Am 8. Juli 1990 soll einem Bonner Fußballer gelingen, was vor ihm noch keiner geschafft hat: Der aus Duisdorf stammende Torwart Bodo Illgner (1. FC Köln) wird in Rom mit der Nationalmannschaft Fußballweltmeister. Bonn hat sein Gegenstück zum Düsseldorfer Toni Turek, der für die „Helden von Bern" im Tor stand … Bis in die Gegenwart sind die „Schwimm- und Sportfreunde Bonn 1905 e. V." der erfolgreichste deutsche Schwimmverein. Insgesamt stehen 153 Meisterschaften auf Bundesebenen für die SSF zu Buche, darüber hinaus zahlreiche Medaillen bei Welt- und Europamei-

Die „Schwimm- und Sportfreunde Bonn 1905 e. V." feiern einen ihrer vielen Siege.

sterschaften sowie Olympischen Spielen. Diese Ausnahmestellung als Schwimm-Hochburg erreicht der Verein, inzwischen einer der mitgliederstärksten Sportvereine Deutschlands, insbesondere in den 1970er-Jahren. Einerseits werden die SSF von 1968 bis 1975 von Cheftrainer Gerhard Hetz trainiert, andererseits nutzt der Verein seit 1970 im Sportpark Nord eine eigene Schwimmhalle mit 50-Meter-Becken. Zahlreiche deutsche Spitzenschwimmer erkennen in dieser Zeit die Gunst der Stunde und wechseln zu den SSF. Als sich der Hauptsponsor zurückzieht, lassen die sportlichen Erfolge nach.

Auch beim Volleyball sorgen finanzielle Engpässe für den Niedergang einer in Bonn erfolgreichen Sportart. 1972 wechselt die Abteilung Volleyball des „KTV Südstern Bonn" (1970 und 1972 Meisterschaftsdritter und Vizemeister) zu den SSF Bonn. 1974 und 1981 können die SSF die Deutsche Meisterschaft erringen. Ende der 1970er-Jahre wächst dann mit dem Herrenteam der „Turn- und Sportvereinigung Bonn rechtsrheinisch 1897/07 e. V." ein gleichwertiger Konkurrent heran, der 1978 in die 1. Bundesliga aufsteigt. Schon ein Jahr später beschließt der TSV-Vorstand angesichts finanzieller Probleme, die Volleyballabteilung an den „SC Fortuna Bonn 1904/50 e. V." abzugeben. Während 1987 die SSF Deutscher Vizemeister werden, gelingt es der Fortuna, den Pokalsieg nach Bonn zu holen. Durch den Rückzug der Hauptsponsoren steigen zunächst die SSF, später die Fortuna aus der 1. Bundesliga ab. Seit 2003 existiert eine Spielgemeinschaft beider Vereine, die „SSF Fortuna Bonn", die inzwischen als „SG Alfterer SC/SSF Fortuna" in der Regionalliga West startet. Auch das Frauenteam des TSV kann 1973 in die 1. Bundesliga aufsteigen und sorgt dort einige Jahre für Aufsehen.

Deutscher Meister 1975: die Fußballerinnen des BSC.

Breschnew, Benz: Sowjet-Führer demoliert Staatsgeschenk

Petersberg Gästehaus

1978 kaufte die Bundesregierung nach langen Verhandlungen und Planungen für 18,5 Millionen DM den gesamten Petersberg und baute das Hotel (links) für 137 Millionen DM großzügig zum „Gästehaus der Verfassungsorgane der Bundesrepublik Deutschland" aus und um, teilweise unter Entkernung des Altbaus. Besonderer Vorzug des Quartiers neben seiner herrlichen Aussicht: der gesamte Berg ist optimal abzusichern, ein „deutsches Camp David" wird gerne gesagt und geschrieben. 1990, nach langer Bauzeit, stand endlich die Eröffnung des luxuriösen Gästetempels an. Nicéphore Soglo, Premierminister von Benin, war der erste Genießer der außergewöhnlichen Herberge.

Das Petersberg-Hotel schreibt rote Zahlen, der Eigentümer und Kölner Duftfabrikant Mülhens („4711") schließt den Betrieb: 1969 schreckte diese Negativbotschaft Bonn. Wohin mit den Staatsgästen? Schloss Gymnich im Erftkreis wird schließlich eilends als Ausweichquartier hergerichtet, eigens eine Autobahnauffahrt auf dem Weg von Bonn dorthin gebaut.

Bundeskanzler Willy Brandt empfängt KP-Chef Leonid Breschnew.

Dann 1973 die spektakuläre Unterbrechung des Dornröschen-Schlafs. KPdSU-Generalsekretär Leonid Breschnew hat sich angesagt, soll aus Sicherheitsgründen auf dem aufgeweckten Petersberg logieren. Viel Improvisation ist nötig, aber es klappt - bis auf eine medienträchtige Episode. Der Sowjetchef, dessen Autoliebhaberei bekannt ist, nimmt von den kapitalistischen Gastgebern ein Mercedes-Coupé 450 SLC als Begrüßungsgeschenk an, probiert den Benz auf der Serpentinenstraße zum Berg aus - und demoliert prompt die Ölwanne der Luxuskarosse. Breschnew bedauert - und nimmt ein neues Fahrzeug gleichen Typs mit (Fotos des Sowjetführers mit der Luxuskarosse werden den Medien im gesamten Ostblock vorenthalten).

Was es heißt, wenn Großbritanniens Königspaar einschwebt, hatte die Bundeshauptstadt im Frühling 1965 gelernt. Sechs Tonnen Tafelsilber und Porzellane aus dem Buckingham Palace schaffte die Royal Air Force von der Themse an den Rhein und weiter auf den Petersberg. Dort wird es für ein Galaessen benutzt, zu dem Queen Elisabeth und Prinzgemahl Philip einladen. Sogar heimisches Trinkwasser bringen die Briten mit - man kann ja nie wissen… Da dachte Konrad

Königlicher Besuch im Rathaus: Oberbürgermeister Hans Daniels empfängt Queen Elisabeth.

Betend verharrt der Papst auf dem Platz vor der Münsterbasilika. Mutter Theresa besuchte Bonn im Jahr 1986.

Adenauer besser übers Bonner Nass. Er ließ sich Wahnbachwasser kanisterweise in seinen italienischen Urlaubsort Cadennabia nachbringen.

Ganz ohne Luxusattribute kommt Papst Johannes Paul II. 1980 an den Rhein. Die Bonner erleben im Jet-Zeitalter noch einmal einen Staatsgast, der mit dem Zug von Köln auf dem Bonner Bahnhof einfährt. 20.000 Menschen begrüßen das Kirchenoberhaupt emphatisch auf dem Münsterplatz, beten mit ihm angesichts der Reliquien der Stadtpatrone Cassius und Florentius. Das Münster, so der Papst, „diese frühe Gedächtnisstätte des Christentums,

erinnert Euch stets an die christliche Wurzel Eurer Stadt und Eurer Kultur". In nachhaltiger Erinnerung bleibt den Bonnern auch ein „Staatsbesuch" ganz anderer Art: 1986 kommt Friedensnobelpreisträgerin Mutter Theresa an den Rhein und ins Rathaus, ganz ohne jeden Pomp. Eine bewegende Visite einer großen Frau…

Chaoten stürmen Rathaus

Rathausstürme kannten die Bonner bislang nur beim Karneval. Nun aber wird der Rokoko-Bau im April 1973 tatsächlich Tatort. Vermummte Demonstranten dringen gewaltsam über Treppe und Hintereingänge ein, demolieren Teile der Inneneinrichtung und halten Mitarbeiter gefangen, bis die Polizei den Spuk beendet. Anlass waren Proteste gegen den Staatsbesuch des südvietnamesischen Präsidenten Van Thieu.

Bottermellechbunnezupp

„Das habe ich zum letzten Mal vor vierzig Jahren bei meiner Großmutter gegessen". Das hörten die Bonner Slowfoodies mehr als einmal, als sie dieses rheinische Gericht vor einigen Jahren bei einer öffentlichen Veranstaltung anboten. Wegen der grünen Bohnen und des leicht säuerlichen Geschmacks ist es ein typisches Sommergericht. Das Rezept hat Slow Food Bonn mithilfe des Rheinischen Amtes für Landeskunde zusammengestellt; es versteht sich, dass einst jede Familie ihre eigene Variante kannte.

Zutaten für vier Personen:
Je 500 g grüne Bohnen und mehlige Kartoffeln, 2 Zwiebeln, Bohnenkraut, ¼ l Gemüsebrühe, ca. ½ l Buttermilch, ca. ½ l Vollmilch, 1 Becher saure Sahne, 100 g Mehl, 50 g Butter, Salz und Pfeffer, evt. 150 g Mett

Bohnen klein schneiden und mit dem Bohnenkraut in Gemüsebrühe garen, abgießen.
100 g der Kartoffeln schälen, würfeln und in Salzwasser kochen, abgießen. Etwas Buttermilch mit dem Mehl verrühren. 400 g Kartoffeln schälen, würfeln und mit den grob gehackten Zwiebeln in Salzwasser kochen. Abgießen und mit Vollmilch und Butter stampfen.
Die Buttermilch, die Buttermilch-Mehl-Mischung und die saure Sahne zugießen und weiterrühren. Es sollte eine sämige, fast püreeartige Suppe entstehen. Nun die grünen Bohnen und gewürfelten Kartoffeln zugeben. Mit Salz und Pfeffer abschmecken.
Dazu passt Schweinemett, das in einer Pfanne krümelig gebraten wird.

Gemeinsames Kochen gehört für die Bonner Slowfoodies ebenso dazu wie das Treffen auf der ehemaligen Wasserburg Lede in Vilich (rechts) alle zwei Monate.

Essen, was man erhalten will:
Das Slow-Food-Convivium Bonn

Man stelle sich vor, alle Genießer, die sich am guten Geschmack sorgfältig erzeugter Lebensmittel freuen, schlössen sich zusammen, um dem Industrie-Essen und der „Geiz-ist-geil-Mentalität" beim Lebensmittelkauf die Stirn zu bieten. Ein Traum? Nein. Denn es gibt mit Slow Food seit 25 Jahren eine weltweite Vereinigung von mündigen Konsumenten, mit mehr als 80.000 Mitgliedern in mehr als 100 Ländern. Slow Food hat es sich zur Aufgabe gemacht, die Kultur des Essens und Trinkens zu pflegen und lebendig zu halten. Der Verein fördert eine verantwortliche Landwirtschaft und Fischerei, eine artgerechte Viehzucht, das traditionelle Lebensmittelhandwerk und die Bewahrung der regionalen Geschmacksvielfalt.
Gut - sauber - fair: Das sind die Grundgedanken von Slow Food, wie Carlo Petrini, Gründer von Slow Food und Präsident der internationalen Vereinigung sie formuliert hat. Was wir essen, soll gut schmecken. Es soll so erzeugt werden, dass weder die Umwelt noch die Kreatur noch unsere Gesundheit belastet wird, also „sauber". Und der Produzent soll von seinen Erzeugnissen leben können.

Seit dem 20. März 2002 gibt es Slow Food auch in Bonn. Die mehr als 200 Mitglieder haben mit der ehemaligen Wasserburg Lede in Bonn-Vilich einen „Stammsitz", in dem sie sich alle zwei Monate treffen. In den anderen Monaten besuchen sie die Gastronomie der Region. Bei der monatlichen Tafelrunde treffen sich Mitglieder und Gäste, genießen zusammen einen Imbiss und guten Wein, machen Verkostungen von Tomaten, Whisky oder Schokolade, hören Vorträge rings um die Themen Essen und Trinken.
Wie viele andere Convivien in aller Welt hat auch Bonn Passiere in die „Arche des Geschmacks" geschickt. In dieses „virtuelle Rettungsschiff" nimmt Slow Food Nutzpflanzen, Nutztiere, Lebensmittelprodukte und Speisen auf, die vom Aussterben bedroht sind - ein wichtiger Beitrag zur Erhaltung der Artenvielfalt und damit auch der Geschmacksvielfalt. Bonns Beitrag zur „Arche" ist zum einen der Blaue Frühburgunder von der Ahr, zum anderen der Maiwirsing „Bonner Advent", den Bonn gemeinsam mit Köln betreut und den nur noch drei Erzeuger im Köln-Bonner Raum anbauen.

Rheinischer Sauerbraten

Die bekannteste Spezialität des Rheinlands ist zweifellos der Sauerbraten mit seiner leicht süßlichen Sauce. Früher machte man ihn aus Pferdefleisch, aber seit das kaum noch erhältlich ist, bringt ein Stück Braten von einem Rind, das möglichst in der Region artgerecht aufgezogen wurde, ein ebenso leckeres Ergebnis. Der Rheinische Sauerbraten ist auch etwas für Ungeübte, weil er dank des tagelangen Marinierens eigentlich immer gelingt. Hier ist das Rezept aus dem Bonner Café im Kunstmuseum, dessen Chef Michael Klevenhaus ganz im Sinn von Slow Food regionale Speisen, zubereitet mit saisonalen Produkten, auf den Tisch bringt:

Zutaten:
1,5 kg Rinderbraten, 2 Zwiebeln, 2 Möhren, 1 Lauchstange, Wacholderbeeren, je 8-10 Piment- und Pfefferkörner, 3 Lorbeerblätter, 5 Gewürznelken, Zucker, Rotweinessig; außerdem Pfeffer, Salz, Rübenkraut, Pumpernickel, evtl. Rosinen

1 l Wasser mit Essig, dem geputzten und geschnittenen Gemüse, den Gewürzen und dem Zucker aufkochen. Das Fleisch wird in die abgekühlte Marinade gelegt und muss komplett davon bedeckt sein. Anschließend dunkel und kühl 3-5 Tage ruhen lassen und 1 x täglich wenden.
Dann in einem Bräter Butterschmalz erhitzen und das gesalzene und gepfefferte Fleisch von allen Seiten anbraten. Das abgeseite Gemüse mit in den Topf geben und mitschmoren. Etwas Marinade zugeben und das Fleisch im Backofen bei 200 Grad 2-2,5h schmoren lassen. Nach einer Stunde Pumpernickel und Rübenkraut nach Geschmack dazugeben. Immer wieder kontrollieren und Marinade nachgießen, damit das Fleisch nicht trocken wird.
Anschließend das Fleisch aus dem Topf nehmen. Die Sauce im Topf möglicherweise etwas einkochen lassen, damit sie sämig wird, vielleicht auch noch Pumpernickel zugeben. Die Sauce durch ein Sieb geben oder das Gemüse in der Sauce pürieren. Wer mag, kann Rosinen dazugeben.
Fleisch aufschneiden, Sauce darübergießen und mit Kartoffelklößen und Endiviensalat servieren.

Guillaume und die „Stasi-Romeos"

Als die Meldung zum ersten Mal über den Sender geht, ist es kurz nach Mitternacht. Die meisten Deutschen schlafen längst. Diejenigen, die noch auf sind und die Null-Uhr-Nachrichten des NDR hören, können es kaum fassen: Willy Brandt ist zurückgetreten!

Am nächsten Morgen - es ist der 7. Mai 1974 - gibt es kaum ein anders Thema in Bonn. Bundeskanzler Willy Brandt ist beliebt wie eh und je. Für viele gilt er als Hoffnungsträger. Überall wird er als Architekt der neuen Ostpolitik gefeiert. Und nun soll alles vorbei sein?

Aber genau so ist es. Ein DDR- Agent bringt den Kanzler der Bundesrepublik Deutschland zu Fall. Das Rücktrittsschreiben, datiert auf den 6. Mai, vertraut Willy Brandt um 23.35 Uhr dem Chef des Kanzleramtes an, der es unverzüglich dem Bundespräsidenten überbringt. Kurz nach Mitternacht erfährt es die Öffentlichkeit. Die Entscheidung des Kanzlers ist unumstößlich: Er übernimmt die Verantwortung für die Fahrlässigkeiten in der Guillaume-Affäre. Ein Kanzler, so sagt Brandt, dürfe nicht erpressbar sein.

Immer ganz nah beim Bundeskanzler: Top-Spion Günter Guillaume bei einer Wahlkampfreise mit Willy Brandt.

Der DDR-Spion Günter Guillaume sorgte wochenlang für Schlagzeilen. Mit seiner Enttarnung kam der größte Spionagefall der Bundesrepublik ans Licht. Denn Guillaume war kein normaler Spitzel - Guillaume saß an der Quelle. Seit 1972 war er persönlicher Referent von Willy Brandt, also einer seiner engsten Mitarbeiter.

Seit gut einem Jahr machten in Bonn immer wieder Gerüchte die Runde. Der aus der DDR zugereiste Günter Guillaume war vielen suspekt. Möglicherweise ein Agent? Ehemalige DDR-Bürgern gerieten damals in der Bundesrepublik schnell in diesen Verdacht. Willy Brandt aber wollte davon nicht wissen und der Kanzler-Spion schickte weiter seine Dossiers nach Ost-Berlin.

Heute bezweifeln Historiker, dass die Guillaume-Affäre der alleinige Grund für den Kanzlerrücktritt war. Bis heute unklar: Welche Rolle spielte Herbert Wehner? Manche meinen, dass die Ölkrise und der damit verbundene Abschwung der Wirtschaft sowie die von der Gewerkschaft ÖTV erzwungenen ungewöhnlich hohen Tarifabschlüsse eine Rolle spielten. Beides, so glauben viele, habe den Spielraum für angestrebte Reformen stark eingeengt und den Kanzler auch seelisch belastet.

Der Name Guillaume steht für den größten, aber längst nicht den einzigen Spionagefall in Bonn. Im Auftrag der DDR-Staatssicherheit tummelten sich Jahrzehnte lang große und kleine Agenten in der Bundeshauptstadt. Ihre häufigen Ziele: alleinstehende Sekretärinnen, die aus Liebe geheime Unterlagen an die „Romeos der Stasi" verrieten.

Ein ganzes Heer von Agenten arbeitete in Bonn für Markus Wolf, den legendären Spionage-Chef der DDR.

Ganz anders gelagert war die Karriere von Rudolf Maerker. Der Mann mit der Baskenmütze wurde oft verdächtigt, aber zu Lebzeiten nie enttarnt. Rudi, wie ihn die Genossen nannten, war von 1967 bis zu seinem Tod 1987 Vorsitzender des SPD-Unterbezirks Bonn und hatte glänzende Kontakte zu Spitzenpolitikern wie Hans-Jürgen Wischnewski und Horst Ehmke. Rudi Maerker war Überzeugungstäter. Er galt bei den Genossen als „Linksaußen", aber niemand zweifelte an seiner Redlichkeit. Erst nach dem Fall der Mauer bestätigten sich die Verdachtsmomente: Als „IM Max" hatte der rote Rudi seit 1968 für Spionagechef Markus Wolf in Ost-Berlin gearbeitet. Dumm gelaufen ist die Sache mit der Parteizentrale in Poppelsdorf. Die hieß von Anfang an „Rudolf-Maerker-Haus". Lange taten sich die Genossen schwer, aber inzwischen hat man sich stillschweigend auf die neue Sprachregelung „Haus der Bonner SPD" geeinigt...

Als erstes Kanzleramt der Bundesrepublik diente das Palais Schaumburg. 1974 begannen man jedoch mit dem Bau eines neuen Dienstgebäudes für den Regierungschef. 1976 wurde es fertig, doch da war Willy Brandt bereits zurückgetreten. Sein Nachfolger Helmut Schmidt (rechts im Gespräch mit Brandt) liebte den Neubau nicht sonderlich. Er sprach von „Sparkassenarchitektur", ließ aber den weiten Vorplatz mit der Skulptur „Large Two Forms" von Henry Moore aufwerten.

Todsünde: der Koloss am Cityrand

Kein anderes Bonner Nachkriegsbauwerk hat die Gemüter so erregt - bis heute - wie das neue Stadthaus. Als die Bagger Mitte der 1970er-Jahre anrückten und Teile der heruntergekommenen Nordstadtbebauung am Rand der City niederrissen, waren heftige kontroverse Diskussionen um das zukünftige Verwaltungszentrum der Bundeshauptstadt vorangegangen. Nur in einem war man sich einig: Das mit der Raumordnung 1969 um mehr als das Doppelte gewachsene Bonn braucht dringend Platz für seine auf das Alte Stadthaus am Bottlerplatz und viele zusätzliche Quartiere verteilten Behörden.

Strittig aber das Wie: in der Innenstadt oder peripher, hoch hinaus oder eher in den drei-und vierstöckigen Dimensionen des alten Bonn? Schließlich sprach sich der Rat mit Mehrheit für eine Hochhauslösung gegenüber dem Alten Friedhof nach dem Entwurf des renommierten Stuttgarter Architekten Professor Erwin Heinle aus. Im Mai 1978 war der Neubau fertig. Ein gewaltiger Koloss im Stil der 70er-Jahre dominiert seitdem das Stadtbild im alten Bonn, für viele Bonner eine Todsünde aus heutiger Sicht.

Wiederholen würde auch niemand einen zweiten Frevel an der gewachsenen Stadt aus den 1970er-Jahren. Im Zuge des U-Bahn-Baus wurden die komplette rheinseitige Bahnhofsstraße, Teile von Post- und Münsterstraße und die „Kaiserhalle" geopfert. Stattdessen entstanden eine Betonburg („Cassiusbastei"), ein Stahl-Glas-Fremdkörper („Südüberbauung"), ein als Provisorium gedachter, aber immer noch existenter Busbahnhof und eine Parkplatz-Brache. Das größte Ärgernis aus diesem Projekt ist die künstliche Senke zur unterirdischen Nahverkehrsstation, das „Bonner Loch". Regale füllen mittlerweile die Gutachten und Wettbewerbsergebnisse zur Sanierung der städtebaulichen Misere im Bahnhofsbereich - geschehen ist all die Jahre jedoch nichts. Ein Trost bleibt: Die U-Bahn, deren erster Abschnitt 1975 in Betrieb ging, und das damit verbundene moderne Stadtbahnnetz sind eine verkehrspolitische Großtat, ohne die heute der öffentliche

Städtebauliche Todsünde: Stadthausgebirge hinter den alten Nordstadt-Fassaden.

Nahverkehr in der 310.000-Einwohner-Stadt und ihrer Umgebung längst zusammengebrochen wäre.

Bis 1978 tagte der Bonner Stadtrat im festlichen, aber engen Saal im Alten Stadthaus am Bottlerplatz, benannt nach Fritz Bottler, Oberbürgermeister von 1920 bis 1922.

Beten, kaufen, forschen

Drei Bauten ganz unterschiedlicher Zweckbestimmung stehen stellvertretend für das Baugeschehen der 1970er-Jahre.

• In Beuel-Süd wurde die Kirche Agias Trias fertig. Sie ist das zentrale Gotteshaus der Griechisch-Orthodoxen Metropolie in Deutschland, die bis heute in Bonn ihren Sitz hat. 2.000 Gläubige aus der Bundesrepublik kamen im Juni 1978 zur feierlichen Eröffnungszeremonie mit Metropolit Meliton, Exarch des Patriarchen von Konstantinopel.

• Zwischen Martinsplatz und Kaiserplatz schuf der Investor Bernd Domscheit mit dem Architekten Dietmar Klose aus einer vergessenen Hinterhoflage die „Kaiser-Passagen", eine Oase der Ruhe unter einer riesigen Glaskuppel, ein Einkaufs- und Wohlfühl-

Paradies, das in den 1990er-Jahren um eine weitere Galerie erweitert wurde.

• An der Ahrstraße in Bad Godesberg wuchsen die Bauten des Wissenschaftszentrums empor. Bundespräsident Walter Scheel beehrte die Eröffnungsfeier im Mai 1976. Der später erweiterte Gebäudekomplex - Bauherr ist der Stifterverband der Deutschen Wissenschaft - beherbergt die zentralen Organisationen der Forschungsförderung.

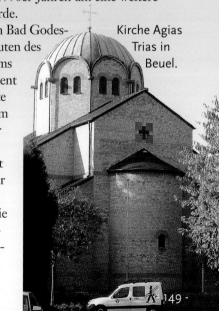

Kirche Agias Trias in Beuel.

Viele Einzelne für ein besseres Ganzes: Chance auf selbstbestimmtes Leben

Wo die neurologische oder neurochirurgische Akutbehandlung endet, beginnt die Rehabilitation - also die Behandlung von Krankheitsfolgen. Sie verfolgt das Ziel, dem Patienten wieder ein selbstbestimmtes Leben zu ermöglichen. Im Neurologischen Rehabilitationszentrum Godeshöhe setzt sich ein hoch qualifiziertes interdisziplinäres Team aus Ärzten, Therapeuten und Pflegekräften unter ärztlichem Management rund um die Uhr dafür ein, dass Patienten dieses Ziel erreichen können. Kern des Konzepts: „Viele einzelne Teile ergeben ein besseres Ganzes". Seit 1979 genießt die Godeshöhe weit über Deutschlands Grenzen hinaus hohes Ansehen. Ihr ganzheitliches rehabilitatives Behandlungskonzept beruht auf den Erkenntnissen der sich schnell entwickelnden Hirnforschung, wonach Training über den gesamten Tagesablauf die sensorische Aufnahme so verändern kann, dass neue motorische Fähigkeiten entstehen.

Das Leistungsspektrum der Godeshöhe umfasst Behandlungen der gesamten Bandbreite der Erkrankungen und Ver-

www.godeshoehe.de

letzungen des zentralen und peripheren Nervensystems. Vor allem Patienten nach Schlaganfall, Hirnblutungen oder Schädel-Hirn-Verletzungen werden hier kompetent versorgt. Aber auch bei der Nachsorge nach Hirnoperationen, bei Polyneuropathien oder entzündlichen Erkrankungen wie Multiple Sklerose sind Patienten hier in guten Händen. Denn im Ärzte-Team arbeiten Fachärzte für Neurologie, Psychiatrie, Physikalische und Rehabilitative Medizin eng zusammen. Aber auch Zusatzqualifikationen aus Spezieller Neurologischer Intensivmedizin, Psychotherapie und Rehabilitationswesen tragen zur optimalen Rundum-Versorgung der Patienten bei. In allen genannten Fachrichtungen erfolgt auch die Aus- und Weiterbildung der Assistenzärzte. Seit 2007 betreibt die Reha-Klinik das 25. Deutsche Querschnittszentrum. Als weiterem Schwerpunkt widmen sich Spezialisten des Hauses degenerativen Erkrankungen wie Morbus Parkinson.

Die Parkinson-Krankheit ist eine Erkrankung des Gehirns, die auch eine zunehmende Störung der Beweglichkeit

verursacht. Rund 250.000 Menschen sind in Deutschland daran erkrankt - die meisten älter als 50 Jahre. In schweren Fällen lässt sich mit einer Operation („Tiefe Hirnstimulation") helfen. Einen solchen Eingriff übernehmen spezialisierte Neurologen der Klinik in Kooperation mit den Neurochirurgischen Teams der Universitätskliniken Köln und Bonn.

Um eine integrierte Versorgung zu sichern, betreibt das Reha-Zentrum gemeinsam mit dem Universitätsklinikum Bonn eine Abteilung für rehabilitative Intensivmedizin. Bereits in Zusammenarbeit mit Intensivmedizinern des Universitätsklinikums und den Experten der Reha-Klinik soll den überwiegend noch beatmeten Patienten eine Frühmobilisation helfen, möglichst rasch in die Früh-Rehabilitation überwechseln zu können.

Das eng verzahnte Mitarbeiter-Team der Godeshöhe schöpft stets alle Möglichkeiten aus, um neue Technologien und Behandlungsansätze für Therapien und neue Lebenshilfen zu nutzen. Hierfür bilden hohe Qualitätsstandards in der Ausbildung des gesamten Personals sowie in der diagnostischen und therapeutischen Ausstattung die wesentliche Basis. Hierzu tragen auch die regelmäßigen internen Fortbildungen bei.

Ein neu gestalteter moderner Eingangsbereich ergänzt den Bau aus den 1970er-Jahren.

Das Neurologische Rehabilitationszentrum Godeshöhe entstand an einem Ort mit bewegter Geschichte: Im Zweiten Weltkrieg wurde das hier existierende als Sanatorium und Kinderkrankenhaus genutzte Gebäude in ein Lazarett verwandelt. Bei den schweren Angriffen durch die amerikanische Luftwaffe auf Schweinheim am 18. Oktober 1944 trafen Bomben das Hauptgebäude, obwohl dessen Dach ein deutlich sichtbares rotes Kreuz kennzeichnete. Die genaue Zahl der bei der Zerstörung des Lazarettes im Bombenhagel Getöteten ließ sich nicht feststellen. Aber mindestens vier Krankenschwestern sowie 46 dort behandelte Soldaten kamen in den Trümmern ums Leben. Drei der Schwestern wurden im Keller verschüttet. Berichten von Zeitzeugen zufolge machten sie noch drei Tage lang durch Klopfzeichen

auf sich aufmerksam. Sie konnten später jedoch nur noch tot geborgen werden. Nach dem Krieg blieb das Hauptgebäude lange in Trümmern liegen. Erst 1954 folgte nach Wiederaufbau und Ergänzung um einen Neubau erneut die Nutzung als Kinderkrankenhaus. Es schloss 1976. Bereits seit 1970 hatte sich ein Trägerverein für die Gründung eines neurologischen Rehabilitationszentrums auf der Godeshöhe eingesetzt. Am 12. Juni 1976 konnte schließlich mit den Bauarbeiten

Viele Zimmer der Klinik und Dachterrassen bieten einen wunderschönen Blick auf Rheintal und Siebengebirge. Patienten können in der Cafeteria mit Außenterrasse entspannen, die idyllische Umgebung beim Spaziergang im Park oder dem nahen Kottenforst genießen. Zahlreiche Veranstaltungen und kulturelle Highlights ergänzen das Spektrum.

für das Reha-Zentrum begonnen werden. Bis zur Einweihung der neuen Godeshöhe dauerte es rund zwei Jahre. Die Klinik ermöglicht ambulante, stationäre und teilstationäre Behandlungen. Stationäre Patienten verbringen ihren Aufenthalt in Ein- oder Zweibettzimmern mit Nasszelle, Telefon und Satellitenfernsehen. Die Bettenkapazität beträgt 320 Betten, davon 30 Betten für Früh-Rehabilitation mit 16 Beatmungsplätzen. Das Team gestaltet individuelle Behandlungspläne für jeden Patienten. Je nach Bedarf umfassen diese Sprach-, Physio-, Ergo- oder Physikalische Therapie, aber auch Sporttherapie, Psychologie, Frührehabilitation und Berufstherapie. Grundlegend innerhalb

des Therapiekonzepts: die therapeutische Pflege. Sie sichert die medizinische Basisversorgung rund um die Uhr. Das 24-stündige Pflegemanagement leistet entscheidende Unterstützung für den Erfolg der therapeutischen Maßnahmen.

Auch die Angehörigen werden in den Rehabilitationsprozess integriert. Von Vollwert- über Diabetikerkost bis zu speziellen Diätkostformen deckt die Küche ein reichhaltiges Angebot ab. Ein großer Freizeitbereich mit Schwimmbädern, Sporthalle, Patientenbibliothek, idyllischem Park und Cafeterien sowie ein wechselndes Angebot an Aktivitäten ergänzt die Servicepalette.

Im Jahr 2007 entstand das 25. Deutsche Querschnittszentrum als Modelleinrichtung, gefördert von der Bundesregierung.

Häuptling Hunt schnitzt Totempfahl

Die Idee war Spitze: Bundesgarten- schau 1979 in der Bundeshaupt- stadt - da könnten doch befreun- dete Nationen den Bonnern stellvertretend für Deutschland mit einem passenden Geschenk eine Freude machen. Fragen darf man ja wohl mal. Zum Beispiel die Regierung im fernen Japan. Tokio sagte tatsächlich Ja, be- auftragte seinen renommiertes- ten Landschaftsgestalter Akira Sato, in Bonn einen japanischen Garten anzulegen. Es entstand ein beeindruckendes Zeugnis fernöstlicher Lebenskunst, dessen Faszination bis heute ungebrochen ist. Natürlichkeit und Harmonie prägen die Gesamtkomposition, zu der neben den charakteristi- schen kleinen Bäumen zwei Wasserfälle, ein Mini- See und eine klassisch 13-stufige Pagode ge- hören. Ehrensache für die Spender: sämtliches Material, lebendes

Häuptling Hunt aus Kanada schnitzte den Totem- pfahl.

Von Tokio geschenkt: Japanischer Garten

Bundespräsident Walter Scheel eröffnete mit Oberbürgermeister Hans Daniels die Bundesgarten- schau 1979.

und totes, brachten Satos Leute aus der Heimat mit. Andere Länder folgten dem Beispiel, wenn auch keines so aufwen- dig wie Nippon. Kanada schenkte einen originalen Totempfahl. Der indianische Häuptling Tony Hunt schnitzte das Kunst- werk vor Ort in viermonatiger Arbeit, die Besucher der Gartenschau konnten ihn dabei beobachten. Die USA schickten eine mächtige Baumscheibe an den Rhein, an deren Ringen abgelesen werden kann, dass sie genau so alt ist wie die Stadt Bonn - 2.000 Jahre.
Der Bundesgartenschau 1979 verdankt Bonn einen wunderbaren Park im geografischen Herzen der neuen Stadt, zwischen den gewachsenen Zentren Alt-Bonn und Bad Godesberg. Aus einer landwirtschaftlichen Flachbrache in der Aue links des Rheins und einem klei- neren Areal am rechten Ufer wurde ein Erholungsge- lände erster Güte. Mit einer Fläche von 160 Hektar ist der Park fast so groß wie die Bonner City. 45 Kilome- tern Fuß- und Radwege erschließen das Gelände. Einer der Hauptanziehungspunkte ist der 15 Hektar große See mit sechs Pontonbrücken und einer Vogelschutzinsel, der zum vergnüglichen Bootfahren einlädt. Beliebt auch

Ein Jahrhundertwerk ist der Rheinauenpark.

der exquisite Rosengarten, der hilfreiche Blindengarten mit seinem Elefanten, die Aus- sichtshügel, die Bienenstation, der Lehrpfad der Jahresbäume und die beiden attraktiven Spielanlagen für die Kids. Über eine Kaskade stürzen die Wassermassen mehrere Meter tief in den Rheinauensee. Ihre äußere Gestaltung entspricht dem um die Jahrhundertwende in Bonn und Bad Godesberg üblichen Baustil. Oberhalb der Kaskade: die Römische Straße mit 26 Abgüssen von antiken Grabsteinen und Altären aus dem Rheinland.

Weit über Bonn ge- schätzt: Flohmarkt in der Rheinaue.

Pop und Feuerwerk

Mit der willkommenen Ruhe im Rheinauenpark Park ist es nur dann vorbei, wenn - stets eintrittsfreie - Großver- anstaltungen angesagt sind. Der monatliche Flohmarkt im Sommer, einer der größten in Deutschland, das Rock-Pop-Festival R(h)einkultur, Oldie Night oder die Bierbörse. Absoluter Höhepunkt ist das alljährliche Feuerwerksspektakel „Rhein in Flammen" mit Open- Air-Konzert am ersten Samstag im Mai mit 200.000 Besuchern in der Rheinaue. 1986, beim Neustart dieses traditi- onellen Events, gab es bun- desweite Schlagzeilen, weil just am gleichen Abend minimal radioaktiver „Tschernobyl-Regen" über Bonn niederging. In tatsächlicher Gefahr war aber kein Besucher, stellte die Staatsanwalt- schaft nach Vorermitt- lungen gegen die Verantwort- lichen der Stadt Bonn fest.

EN LAND – UND DER HEISST: DEUTS

500.000 bei der größten Demo

Aus Angst vor Krawallen verbarrikadierte Geschäfte im Oktober 1981.

Entspannt und bunt: Demonstranten in Bonn.

Gegen die Stationierung von Pershing-II-Raketen richteten sich die Proteste.

D ie Angst geht um in Bonn. Zu Tausenden haben sich Demonstranten angesagt. Für den Frieden wollen sie marschieren, aber die Bonner fürchten Krieg. Gespenstisches „Tock, tock, tock" hallt am Vorabend des 10. Oktober 1981 durch die City. Die Geschäftsleute vernageln ihre Schaufenster mit Spanplatten. Eine Stadt fühlt sich im Belagerungszustand. Noch haben die Menschen die Krawalle, die Straßenschlachten mit der Polizei, die Rathausbesetzung durch „Chaoten" in den frühen 1970er-Jahren vor Augen. Verletzte, zertrümmerte Schaufenster, brennende Mülltonnen: „Das ist Anarchie", titelte die Bonner Rundschau damals.
Doch diesmal kam alles anders. Die erste große „Friedensdemonstration", ausgelöst durch gegenseitiges Atom-Wettrüsten in Ost und West, wurde zu einem

gewaltigen Bekenntnis zu den demokratischen Regeln der Bundesrepublik. Über als 300.000 Menschen jeden Alters zogen in drei Marschsäulen durch die Stadt, versammelten sich schließlich zur Kundgebung im Hofgarten und benachbarten Straßen. Und das Unerwartete geschah: Keine Krawalle, allenfalls hier und da ein wenig Gerangel mit Ordnungshütern. Keine Sachschäden, die Schaufenster umsonst verbarrikadiert. Manfred Stenner, die lokale „Friedensbewegung" in Person, und seine Leute behielten die Veranstaltung im Griff. Die von der Bonner Polizei eingeübte und nun eindrucksvoll praktizierte Taktik der Deeskalation ging auf, Gulaschkanone statt Wasserwerfer wirkte. Auch die Stadt spielte mit: Hostessen verteilten an die Marschierer Begrüßungszettel mit der freundlichen Bitte, die „Stadt so zu verlassen, wie Sie diese bei der Ankunft vorgefunden haben". Befürchtungen, beim NATO-Gipfeltreffen im Juni 1982 würde es dramatischer zugehen, bestätigen sich nicht. Auch diesmal blieb es friedlich in Bonn, obwohl nunmehr geschätzte 400.000 Menschen gegen den Beschluss der Allianz protestierten, auf die gegen den Westen gerichteten sowjetischen SS-20-Waffen mit der Stationierung von Pershing-II-Raketen in Europa zu antworten. Und die bis 1983 folgenden weiteren großen Demos lieferten die gleichen entspannten Bilder, was auch Heinrich Böll sichtlich freute, als er im Oktober 1983 mit nunmehr vermuteten 500.000 bei der absolut größten Bonner Demo

mitmarschierte. Bonn war in seiner Zeit als Bundeshauptstadt ein wichtiger Ort des politischen und sozialen Straßenprotests. Von 1949 bis zum 1. Juli 1999, dem Tag der ersten und der letzten Bonner Bundestagssitzung, fanden hier etwa 7.000 angemeldete Straßenaktionen mit etwa 1,3 Millionen Teilnehmern statt - Aufmärsche, Kundgebungen, Sternfahrten und Mahnwachen. Im Hofgarten, auf dem Markt, dem Münster- und dem Friedensplatz, vor Ministerien und Botschaften protestierten kleine Gruppen, aber auch Zehntausende. Krawalle gab es erst wieder 1985 beim Bonner Weltwirtschaftsgipfel.

Der Sonderzug der Amerikaner

Gleis 38 auf dem kleinen Bahnhof in Bonn-Mehlem: Hier geschah Jahrzehnte lang Mysteriöses. An der Rampe hielt und parkte der Salonzug der US-Armee. Die Fahrzeuge, je nach Verwendungsjahr mit den klingenden Namen „Blauer Blitz", „Eierkopf" und „Der General", standen seit Gründung der Bundesrepublik 1949 dem amerikanischen Botschafter für Fahrten durch Westdeutschland und nach Berlin exklusiv zur Verfügung. Ab 1963 musste sich der Chef-Diplomat den Schienenkomfort mit Generälen teilen: Brauchte der Missionschef den Zug, kam er vom US-Hauptquartier in Heidelberg nach Mehlem, zum letzten Mal 1990.

Der US-Salonzug läuft ein auf Gleis 38.

Parlament im Wasserwerk

Das dürfte einmalig in der Welt des Parlamentarismus sein: Im September 1986 zog der Deutsche Bundestag in die Maschinenhalle eines ehemaligen Wasserwerks um - und die Abgeordneten fühlten sich wohl in der Enge des für sie umgemodelten Jugendstil-Gebäudes. Nach jahrelangen Diskussionen hatte sich die westdeutsche Volksvertretung auf einen Neubau des Plenarsaals an alter Stelle geeinigt.

Planungen, den bisherigen Tagungsort zu sanieren und modernisieren, fanden keine Mehrheit, das Thema „Wiedervereinigung" wurde als nicht aktuell, ja realitätsfremd abgetan.

Sechs Jahre fungierte der ausgediente Industriebau am Rhein dem Hohen Haus als Ausweichquartier. Während dieser Zeit wurde das neue Parlamentsgebäude nach den Plänen des 2010 verstorbenen Stuttgarter Architekten Günther Behnisch errichtet. Es mutet im Nachhinein als Treppenwitz der Geschichte sein, dass der ausgerechnet in dieser Zeit die innerdeutsche Grenze fiel, alle Beschlüsse zur Wiedervereinigung in der Wasserwerk-Idylle getroffen wurden, auch die für Bonn so schicksalhafte Hauptstadt-Entscheidung pro Berlin am 20. Juni 1991 (Seite 159). Ab Oktober 1992 tagte das Parlament nach allerhand technischen Anlaufprob-

lemen, vor allem mit der Beschallung, im neuen Haus - bis zur letzten Sitzung 1999. Eng verbunden mit dem Projekt des neuen Plenarsaals ist der für Büros der Abgeordneten gedachte Neubau am Fuß des „Langen Eugen" nach Plänen des Kölner Architekten Joachim Schürmann. Die Arbeiten hatten Anfang 1989 begonnen, also nur wenige Monate vor dem unvorhersehbaren Mauerfall.

Als der Bonn-Berlin-Beschluss fällt, ist der Rohbau teilweise fertig - und nun? Weitermachen, für was auch immer, heißt zunächst einmal die Parole - bis der Rhein an Weihnachten 1993 jäh dazwischenkommt: Hochwasser dringt durch eine Lücke in der Betonwand in das Unterge-

Nach langen Diskussionen wird der „Schürmannbau" (links) für die Deutsche Welle hochgezogen.

schoss, der Baukörper senkt sich ungleichmäßig, verkantet sich stellenweise bis zu 70 Zentimetern. Entsetzen und Ratlosigkeit. Abriss oder Sanierung und erneut Weiterbau, aber wenn für wen? Dreieinhalb Jahre braucht der Bauherr Bund für eine Entscheidung. Sie fällt zugunsten des Auslandssenders Deutsche Welle, der seine Studios in Köln wegen Asbestbefall räumen muss. Schürmann plant um, aus dem Abgeordnetenhaus wird ein Funkhaus. Im Juni 2002 können die 1.300 Mitarbeiter der DW einziehen.

Der wohl ungewöhnlichste Platz für ein Parlament: das Wasserwerk.

Ohrfeige vom GMD

Das wird das verehrte Publikum so leicht nicht vergessen. Vor versammeltem Kulturausschuss, Zuhörern und Presse verpasst Bonns Generalmusikdirektor Gustav Kuhn

Streithähne: Riber (links) und Kuhn.

dem Generalintendanten Jean Claude Riber eine saftige Ohrfeige. „Weil das die einzige Sprache ist, die Sie verstehen", raunzt Kuhn. Riber verschlägt es vorübergehend Selbige. Der Opernchef hatte Kuhn, ohne ihn zu informieren, das Dirigat für den „Fliegenden Holländer" entzogen, Höhepunkt einer eskalierenden Krise zwischen den beiden Kultur-Diven. Nach den Watschen setzte Kuhn noch einen drauf. „Bonn", so sagte er dem „Spiegel" und meinte Riber, engagiere für viel Geld Sänger aus aller Welt, und „glaubt dann allen Ernstes, man habe das Format und das Gewicht von Londons Covent Garden. Das ist kindisch." Fristlos entlässt das gescholtene Bonn nach so viel starkem Tobak den General der Musik. Vor dem Landesarbeitsgericht sehen sich die Parteien wieder. 143.000 Mark Trennungsentschädigung bringt Kuhn dort ein Vergleich. Immerhin...

Erschossen in Ippendorf: Gerold von Braunmühl.

Der Tatort an der Buchholzstraße in Ippendorf. Eine Tafel erinnert an den ermordeten Diplomaten.

HIER STARB AM 10.10.1986 DR. GEROLD V. BRAUNMÜHL. POLITISCHER DIREKTOR DES AUSWÄRTIGEN AMTES. ER WURDE VON TERRORISTEN ERMORDET.

„Wer gibt Euch das Recht zu morden?"

Blaulicht zuckt über den Nachthimmel, Sirenen heulen und Scheinwerfer tauchen Straßenzüge in grelles Licht. Polizeibeamte riegeln die Zufahrten nach Ippendorf hermetisch ab. Das sonst so ruhige Wohnviertel rund um die Buchholzstraße gleicht einem Heerlager. Zwischen den hektisch agierenden Polizisten steht einsam ein Mann und kämpft mit den Tränen: Bundesaußenminister Hans-Dietrich Genscher. Vor ihm auf dem Pflaster liegt in ein weißes Tuch gehüllt Gerold von Braunmühl. Er war einer seiner engsten Mitarbeiter. Jetzt ist er tot. Ermordet von Terroristen.

Die Polizei wird später den Ablauf der Ereignisse an diesem 10. Oktober 1986 exakt rekonstruieren. Staatssekretär von Braunmühl verlässt gegen 21 Uhr sein Büro und fährt mit einem Taxi nach Hause. Dort hat er den Chauffeur bezahlt und ist gerade ausgestiegen, als plötzlich ein Maskierter aus dem Nichts auftaucht und sofort schießt. Schwer getroffen bricht Gerold von Braunmühl zusammen, schleppt sich aber noch bis an den Bordstein, wo ein zweiter Vermummter ihm aus nächster Nähe in den Kopf schießt. Die Attentäter reißen die Aktentasche des Diplomaten an sich und flüchten mit einem bereitstehenden Auto.

Für die Beamten an Tatort gibt es keinen Zweifel: Das ist die Handschrift der „Roten Armee Fraktion". Tatsächlich finden die Ermittler später ein siebenseitiges Schreiben, in den sich ein „Kommando Ingrid Schubert" zu dem Anschlag bekennt.

Die Bonner sind geschockt. Jetzt hat der Terror auch die friedliche Bundeshauptstadt erreicht. Mit großer Betroffenheit nehmen die Bevölkerung und das politische Bonn bei der Trauerfeier in der Beethovenhalle Abschied von dem ermordeten Diplomaten. Anschließend wird Gerold von Braunmühl auf dem Poppelsdorfer Friedhof beigesetzt.

Nach dem Mord an dem 51 Jahre alten Diplomaten, der im Auswärtigen Amt die Politische Abteilung geleitet hatte, mobilisierte der Staat alle Kräfte, um den skrupellosen RAF-Terroristen das Handwerk zu legen. Vergeblich. Die Ringfahndung verläuft ergebnislos, die Täter werden nie gefasst.

Vier Wochen nach der Bluttat schreiben die Brüder des Ermordeten einen offenen Brief an die Terroristen, den eine Berliner Zeitung veröffentlicht. *„Wer"*, so fragen sie, *„gibt Euch das Recht zu morden? Einer menschenwürdigen Welt werdet Ihr uns dadurch kein Stück näher bringen."*

Mit der Mordtat von Ippendorf hat der Terror noch lange kein Ende, obwohl die linksextreme Stadtguerilla bereits in die Jahre gekommen ist. Die Mitglieder der ersten Generation - damals „Baader/ Meinhof-Bande" genannt, die seit 1970 in der Bundesrepublik Angst und Schrecken

verbreitete, sind inhaftiert oder tot. Auch die zweite Generation, die unter anderem den Generalbundesanwalt Siegfried Buback, den Bankier Jürgen Ponto und Arbeitgeberpräsident Hans Martin Schleyer auf dem Gewissen hat, ist weitgehend kaltgestellt. Mehrere Aussteiger können sich bis zur Wende 1989 in der DDR verstecken.

Über die dritte Generation ist bis heute wenig bekannt. Der harte Kern umfasste nach Informationen des Verfassungsschutzes 15 bis 20 Personen und war bis in die 90er-Jahre aktiv. Auch auf sein Konto gehen noch mehrere Morde und blutige Anschläge. Aber die Unterstützung fehlt jetzt, die Ulrike Meinhof und Andreas Baader zunächst in Teilen der Bevölkerung gefunden hatten. Am 20. April 1998 geht bei der Presseagentur Reuters in Köln ein Schreiben ein, in dem die RAF ihre Selbstauflösung bekannt gibt.

Ein internationales Fahndungsplakat von 1986 (rechts): Vier Millionen Mark Belohnung sind für die Ergreifung der Terroristen ausgesetzt.

- 155 -

Attentate auf Politiker, US-Botschaft im Kugelhagel

Hans im Glück: Die Munition durchschlug den ungepanzerten Dienst-Mercedes Tietmeyers nicht.

Unter Schock: Hans Neusel (im Vordergrund) kurz nach dem Anschlag neben seinem demolierten Fahrzeug.

Zwei Jahre nach dem Mord an Gerold von Braunmühl: Angst und Anspannung der Bonner Bürger vor der „Roten Armee Fraktion" (RAF) sind gewichen. In der Bundeshauptstadt ist Normalität eingekehrt, die starke Polizeipräsenz ist allerdings geblieben. Der begegnen die Menschen aber mit rheinischer Gelassenheit.

Bis zum Morgen des 20. September 1988. Zwei Unbekannte schießen mindestens dreimal auf das Fahrzeug des Staatssekretärs im Bundesfinanzministerium, Hans Tietmeyer - 50 Meter von dessen Wohnung in Bad Godesberg entfernt. Tietmeyer und sein Fahrer haben Glück: Die Munition durchschlägt den ungepanzerten Dienst-Mercedes nicht. Einen Tag später bekennt sich ein „Kommando Khaled Aker" der RAF und der italienischen „Roten Brigaden" zu dem Anschlag.

Am Folgetag geht ein weiteres Bekennerschreiben bei Presseagenturen ein: „Wir haben das Ziel des Angriffs, Tietmeyer zu erschießen, nicht erreicht." Grund des Scheiterns: „Die Maschinenpistole war verklemmt." Später wird RAF-Mitglied Birgit Hogefeld unter anderem für diese Tat verurteilt.

Birgit Hogefeld 1994 vor Gericht. Sie wurde unter anderem für den Anschlag auf Hans Tietmeyer verurteilt.

Mit dem Anschlag auf Tietmeyer ist in Bonn die Angst vor Terror zurückgekehrt. Sie ist spür- und sichtbar. Die Polizei stockt die Zahl ihrer Beamten im Objekt- und Personenschutz auf, Straßenkontrollen sind an der Tagesordnung, Sicherheitsexperten überprüfen erneut die Gefährdungsstufen für Politiker und andere hochrangige Persönlichkeiten. Die Gefahr durch die RAF ist längst nicht gebannt. Das wird den Bonnern zwei Jahre später drastisch vor Augen geführt: Der Staatssekretär im Bundesinnenministerium, Hans Neusel, ist am Morgen des 27. Juli 1990 auf dem Weg zum Dienst. Sein Fahrer ist in Urlaub, Neusel steuert den ungepanzerten BMW selbst. Wohl sein Glück: An der Abfahrt Auerberg, nur wenige Hundert Meter vom Innenministerium entfernt, detoniert eine Bombe. Neusel stoppt das schleudernde Auto in der Abfahrt. Die Beifahrerseite ist demoliert. Die Detonation hat ein Loch in die Lärmschutzwand gerissen, im keine 100 Meter entfernten Betriebshof der Stadtwerke sind Scheiben geborsten. Während Polizisten ein Bekennerschreiben der RAF finden und Polizeipräsident Michael Kniesel Parallelen zum Attentat auf den Deutsche-Bank-Manager Alfred Herrhausen 1989 in Bad Homburg sieht - dieser Sprengsatz wurde mit einer Lichtschranke gezündet - sagt Neusel bereits wenige Stunden nach der Tat bei der Bundespressekonferenz im Tulpenfeld: *Ich habe mit Hans Tietmeyer telefoniert. Wir sitzen jetzt gewissermaßen im selben Boot."*

Neusel wird nicht ständig geschützt. Er wolle seine Begleiter nicht gefährden und „weiterhin am Wochenende im Siebengebirge spazieren gehen. Ich möchte Mensch bleiben." Zu dieser Zeit wird in Bonn eine „dreistellige Zahl" von Personen geschützt, sagt Horst Köhler, Vizepräsident des Bundeskriminalamtes (BKA).

Schutz durch Streifenwagen, Hubschrauber und Boote erhält auch die US-Botschaft in Mehlem. Am 13. Februar 1991 gelingt es einem RAF-Kommando unter dem Namen „Vincenzo Spano" dennoch, 250 Schüsse von der gegenüberliegenden Rheinseite auf die Botschaft abzufeuern. Zum Glück wird niemand verletzt, obwohl noch zwei Kilometer hinter der Botschaft in Privathäusern Einschläge der Geschosse zu finden sind. Für ihre Untersuchungen sperrt die Polizei Straßen und stoppt sogar den Straßenbahnverkehr. Die Schutzmaßnahmen werden intensiviert, Kontrollstellen rund um die US-Siedlung aufgebaut. Erst Wochen und Monate später fährt die Polizei ihre Maßnahmen gegen den Terror in Bonn nach und nach zurück.

250 Schüsse feuerte das RAF-Kommando „Vincenzo Spano" auf die US-Botschaft in Mehlem ab.

Auf dem Weg - zu Freunden in aller Welt

Bonn-Woche in Oxford: Gäste und Gastgeber beim gemeinsamen Umzug vor der Townhall.

Ein freundlicher Wintermorgen in Potsdam. Im Schloss Cecilienhof, wo 1945 die Siegermächte über das Schicksal Deutschlands verhandelten, wartet ungeduldig eine Delegation aus Bonn auf Potsdams Bürgermeister. Doch der lässt sich Zeit. Viel Zeit. Auch die übrige Stadtspitze glänzt durch Abwesenheit. Langsam werden die Bonner nervös. Am Tag zuvor, es war der 26. Januar 1988, ist die Städteehe zwischen der Bundeshauptstadt und Potsdam besiegelt worden und schon droht der erste Hauskrach. Gerüchte schwirren durch die Gänge, Halbwahrheiten machen die Runde. Was war geschehen? Nachdem die DDR-Staatsführung Potsdam als Partnerstadt für Bonn ausgesucht und die Bundesregierung dies „beratend" akzeptiert hatte, hatten Delegationen lange Vorgespräche geführt, mal am Rhein, mal an der Havel. Peu à peu kam man sich näher. Endlich die feierliche Vertragsunterzeichnung mit

großem Bahnhof im Neuen Palais von Sanssouci.

Das DDR-Fernsehen ist immer dabei, aber - darauf hatte Bonn bestanden - auch ARD und ZDF. Und dann der Eklat: Vor laufenden Kameras fordert OB Dr. Hans Daniels seinen Potsdamer Kollegen Hans Seidel auf, sich für Studenten und Bürgerrechtler einzusetzen, die kurz zuvor in Ost-Berlin verhaftet worden sind. Die SED-Spitze ist stocksauer.

Am nächsten Morgen im Cecilienhof: Allmählich verdichten sich die Gerüchte und gegen Mittag erfährt es die Bonner Delegation ganz offiziell: Potsdam sagt alle weiteren Programmpunkte des Treffens ab und will die Partnerschaft platzen lassen. Jetzt jagt eine Krisensitzung die andere. Vier-Augen-Gespräche, politische Winkelzüge... Schließlich die Nachricht: Die Bonner können ihr restliches Besuchsprogramm erledigen, aber die vereinbarten Begegnungen werden auf kleinstem Niveau gehalten. Zu wirklichem Leben kommt die Partnerschaft erst nach der Wende.

So schwierig wie mit Potsdam war der Umgang mit anderen nicht. Und Bonn hat viele Freunde, denn nach der Raumordnung 1969 brachte jeder Ortsteil seine Partner ein. Bad

Godesberg steht an der Spitze mit St. Cloud, Maidenhead, Frascati und Kortrijk - dazu Freundschaften mit Steglitz, Rhodos und Yalova. Hardtberg pflegt Kontakte zu Villemomble, Beuel zu Mirecourt. Bonn hat außerdem Freunde in Tel Aviv, Minsk, Budafok und La Paz; dazu - vom Landkreis Bonn übernommen - Partner in Oppeln und Stolp.

Einen besonderen Stellenwert hat die Partnerschaft mit Oxford. Die Idee entstand bereits wenige Monate nach Kriegsende. 1947 gab dann der Britische Stadtkommandant, Oberst Edward Brown, gegenüber dem Bonner OB Eduard Spoelgen grünes Licht. So entstand eine der ersten Partnerschaften zwischen einer deutschen und einer englischen Stadt. Besonders eng sind die Bande zwischen Frankreich und Beuel. Deren Geschichte beginnt in den 50er-Jahren. Jean Noel ist Pfarrer in der Vogesenstadt Mirecourt. Eines Tages klettert er auf seinen Kirchturm und entdeckt auf einer Glocke das Wort *Schwarzrheindorf*. 1957 fährt er nach Beuel und erzählt seinem Schwarzrheindorfer Amtsbruder Karl Müller davon. Gemeinsam finden sie heraus, dass die

Erster Potsdam-Besuch: Die Bonner Delegation mit OB Hans Daniels (vorne links) und Oberstadtdirektor Dieter Diekmann (rechts) am Grab des in Bonn geborenen Gartenarchitekten Peter Joseph Lenné.

Glocke vor mehr als 150 Jahren von den Soldaten Napoleons nach Frankreich verschleppet wurde. Für beide steht fest: Die Glocke muss zurück. Zurück in die weltberühmte Doppelkirche.

Ihre Bemühungen haben Erfolg, weil das Land NRW Mirecourt eine neue Glocke schenkt. Die alte kehrt zurück und erklingt am 27. März 1965 erstmals wieder von ihrem angestammten Platz in Beuel. Damit ist der Grundstein für die Partnerschaft gelegt. 1969 wird sie besiegelt.

Im Cecilienhof erlebte die Beziehung zu Potsdam ihre erste Krise. Die Glocke der Schwarzrheindorfer Kirche (links) begründete die Partnerschaft zwischen Beuel und Mirecourt.

Gorbis Finale stand nicht auf dem Plan

2.000 Jahre Bonn: 1989, das Stadtjubiläum, mehr als 300 Veranstaltungen und 30 Ausstellungen. Römerlöwe „Leo" begleitete ein Stadtfest voller Ereignisse. „Ein Jahr, wie keines war" ist der Tenor der vielen positiven Reaktionen auf die Zweitausendjahrfeier - aber was ist geblieben? 300 nationale und internationale Medien von Hamburg bis Passau, von Südkorea bis Argentinien beschäftigten sich in Tausenden von Beiträgen mit mehr als 50 Millionen Auflage mit dem Phänomen Bonn. Die Botschaft der Stadt kam über: Bonn ist tatsächlich mehr als Politik. Die Medien vermittelten das Bild einer Stadt mit Geschichte und Tradition, einer Stadt der Kultur und der Wissenschaften (der Zufall kam mit dem Nobelpreis für den Bonner Physiker Wolfgang Paul ausgerechnet im Feier-Jahr zu Hilfe), einer Stadt der Wirtschaft, des Sports und insbesondere einer Stadt rheinischer Lebensfreude. Dies allein war schon ein unschätzbarer Gewinn für das Image dieser einst als verschlafenes Provinznest gescholtenen Stadt. Von ebenso großer Bedeutung war jedoch der Entwicklungsschub. Wie schon die Bundesgartenschau 1979 verursachte auch das Stadtjubiläum 1989 spürbaren Investitionsschwung. Baubeginn für Kunstmuseum, Bundeskunsthalle und Haus der Geschichte der Bundesrepublik Deutschland, neues Maritim-Kongresshotel, Sanierung des Universitätsschlosses, Einrichtung des Beueler Brückenforums, Umgestaltung des Friedensplatzes mit Tiefgarage: Es tat sich viel im Jubiläumsjahr.

Willi Sauerborn, der Festmanager, hatte alles im Griff - bis auf das Unvorhergesehene. Und das sollte dramatisch werden. Es begann mit dem plötzlichen Besuch von Michael Gorbatschow, dem Generalsekretär der KPdSU, im Juni. Als der mächtigste Mann im Kreml, Herr der Perestroika, des Umbaus, der Umgestaltung auf die Rathaustreppe kommt, spüren die Menschen auf dem Marktplatz, dass sie hier wieder ein Stück Geschichte erleben. Die „Gorbi, Gorbi, Gorbi"-Rufe wollen kein Ende nehmen. Die Massen unterstützen diesen Mann, der es offenbar ernst meint mit einer Annäherung von Ost und West. Mutter Schilling reicht ihren kleinen Heinrich Sebastian nach oben zu Raissa Gorbatschow, der Russe nimmt den Jungen mit dem Blumensträußchen auf den Arm, das Bild geht um die Welt. Der Kreml-Chef, ein Mensch wie Du und Ich, das gibt Hoffnung - „Gorbi, Gorbi" ohne Ende. Und dann zum Abschluss des Bonn-Besuchs der Satz, der den Globus aufhorchen lässt: *„Die Mauer kann wieder verschwinden, wenn die Voraussetzungen entfallen, die sie hervorgebracht haben."* Was der Satz tatsächlich bedeuten würde, ahnt zu diesem Zeitpunkt noch niemand wirklich, wird aber jedem am späten Abend des 9. Novem-

Zur 2.000-Jahr-Feier erschien diese Sonderbriefmarke der Bundespost.

Bundepräsident Richard von Weizsäcker unterschreibt den Einigungsvertrag in der Villa Hammerschmidt.

ber klar. Nach 28 Jahren öffnet sich die Mauer in Berlin, die Menschen aus Ost und West fallen sich unter Tränen in die Arme. In Deutschland beginnt eine neue Zeit. Und die soll für Bonn erhebliche Konsequenzen haben. Doch an die denkt in diesem Augenblick wohl kaum jemand. Die Bundeshauptstadt jubelt mit, ist „aus dem Häuschen", wie es der Rheinländer sagt. Wenige Tage später tuckern die ersten Trabis durch Bonn. „Ossis" holen sich in der Tourist-Info ihr „Begrüßungsgeld" ab. Die Wiedervereinigung hat sich auf den Weg gemacht. „Bonn" ist nun Teil eines in der Geschichte bislang einmaligen Prozesses, der mit dem Beitritt der DDR zur Bundesrepublik Deutschland (West) am 3. Oktober 1990 seinen staatsrechtlichen Schlusspunkt findet. Und die 2.000-Jahr-Feier hat ein Finale, das keiner hatte voraussehen können…

Die Stadt jubelt: Einheitsfeier am 3. Oktober 1990 auf dem Bonner Markt.

„Gorbi" und das Kind - dieses Bild ging um die Welt.

Eine kostbare Vase schenkte Michael Gorbatschow Bonns OB Hans Daniels.

Schockiert und wie gelähmt starren die Menschen zur Großbildwand, als Rita Süßmuth die Entscheidung gegen Bonn verkündet.

Ungewöhnliches auf dem Bonner Immobilienmarkt nach dem Umzugsbeschluss: ehemalige Syrische Botschaft.

Bundesstadt **Bonn** Stadtbezirk Beuel

Der Titel „Bundesstadt" wurde Bonn per Gesetz zugestanden.

21.49 Uhr: Lähmendes Entsetzen

20. Juni 1991. Auf dem Marktplatz ist schon seit Mittag Unterhaltung und Information angesagt. Es gibt Kölsch, Frikadellen und Fritten. Auf einer Großbildleinwand wird ein Geschehen übertragen, das sich einige Kilometer südlich im alten Wasserwerk in der Gronau abspielt. Der Deutsche Bundestag diskutiert dort ein Thema, das zwei Städte ganz besonders bewegt: Bonn und Berlin. Welche der beiden Kommunen soll in Zukunft Sitz von Parlament und Regierung sein? Die Debatte wird mit größter Leidenschaft quer durch die Fraktionen geführt. NRW-Ministerpräsident Johannes Rau plädiert für Bonn, Arbeitsminister Norbert Blüm ebenso. Bundeskanzler Helmut Kohl schlägt sich auf die Berliner Seite, dann Innenminister Wolfgang Schäuble mit größter Eindringlichkeit auch. Auf der Zuhörertribüne sitzen Oberbürgermeister Hans Daniels und

Oberstadtdirektor Dieter Diekmann. Sie zittern, als Schäuble spricht. Dreht sich die Stimmung im letzten Augenblick zugunsten der alten Reichshauptstadt? Ist der Sieg, der so sicher schien, verspielt? Auf dem Marktplatz steigt währenddessen eher die gute Laune. Eine Jazzband spielt Flottes. Wird schon klappen, hat noch immer gut gegangen hier im Rheinland.
21.49 Uhr. Bundestagspräsidentin Rita Süßmuth verkündet das Abstimmungsergebnis. Es ist knapp, aber schockierend. 338 für Berlin, 320 für Bonn. Lähmendes

Nach wie vor eine Bundeszone: Regierungsviertel Nord. In der Bildmitte quer liegend das Maritim-Kongresshotel.

Entsetzen auf dem Marktplatz. Totenstille minutenlang. *Das kann doch nicht wahr sein!?* Pressechef Werner D'hein greift zum Mikrofon. Noch nie hat er es so ungern getan, ist den Tränen nah. „*Nun ja, es ist entschieden*", sagt er hilflos, „*wir müssen es nehmen, wie es ist.*" Im Rathaus stehen die Bläck Fööss für ihren Auftritt bei der geplanten und nun versalzenen Siegesfeier bereit. Sie sollten die Überraschung für das nach Tausenden zählende Publikum in dieser Minute sein. Der Pressechef lässt die fröhlichen Mundart-Sänger, wo sie sind, fragt die Menge: „*Was sollen wir tun? Einen Blues spielen?*" Das Publikum klatscht, irgendwie befreiend. Die Jazzband spielt spontan leise Getragenes von Louis „Satchmo" Armstrong. Die Leute holen die Taschentücher heraus. Am nächsten Morgen tagt die Stadtspitze. Wunden lecken war gestern. Der Oberstadtdirektor zaubert einen „Fünf-Säulen-Plan" aus der Schublade. Die Bundeshauptstadt auf Abruf rich-

tet sich ein auf die Zeit danach. Die Säulen entsprechen ziemlich genau den Komponenten, die zur 2000-Jahr-Feier 1989 transportiert worden waren, hellseherisch im Nachhinein. Bonn ist weiter Politik, ist aber mehr als das, ist Wirtschaft, Wissenschaft und Forschung, internationales Zentrum und Kulturregion. Und, oh Wunder, das Konzept sollte tatsächlich tragen …

Umzug: die Fakten

Der Hauptstadt-Entscheidung mit der dort festgelegten „fairen Arbeitsteilung" folgen mit dem Berlin-Bonn-Gesetz vom 26. April 1994 die Details. Das Parlament zieht geschlossen in die „Bundeshauptstadt Berlin" um, die Ministerien bleiben zum Teil in der „Bundesstadt Bonn", 20 zentrale Bundesbehörden aus Berlin und Frankfurt werden an den Rhein verlegt, vom Bundeskartellamt über die Bundesnetzagentur bis zum Bundesrechnungshof. Der Bund verpflichtet sich, für die Ansiedlung internationaler Institutionen (Seite 176) zu sorgen. In einem zusätzlichen Vertrag werden Bonn knapp 1,44 Milliarden Euro für Strukturmaßnahmen zugestanden. Parlament und Teile der Regierung nehmen 1999 ihre Arbeit in Berlin auf.

Tradition und Modernität: Gelungene Symbiose

Weniger Politik, mehr Forschung: Die Ansiedlungen „neuer Funktionen und Institutionen von nationaler und internationaler Bedeutung im wissenschaftlichen Bereich" verspricht der Bonn-Berlin-Beschluss des Deutschen Bundestages vom 20. Juni 1991 der Universitätsstadt am Rhein. Es blieb nicht bei Worten. An die 900 Millionen Euro Ausgleichsmittel flossen in zukunftsträchtige Projekte.

Das Forschungszentrum CAESAR (für „center of advanced european studies and research") ist das Highlight unter den Neuen. Mit modernsten Methoden wird in dem Institut am Rand der Rheinaue auf dem Gebiet der Hirn-Wissenschaften getüftelt. „LIFE & BRAIN" führt auf dem Venusberg Genomforschung, Stammzelltechnologie und Kognitive Neuro-Forschung zusammen. Im benachbarten Deutschen Demenzzentrum (DZNE) werden 300 Experten nach Ursachen und Therapien für die Gehirnerkrankungen, die vorwiegend ältere Menschen befallen, suchen. Die mit Ausgleichsmitteln gegründete (Fach-)Hochschule Bonn-Rhein-Sieg mit ihren Standorten Sankt Augustin und Rheinbach sieht Schwerpunkte in Wirtschaftswissenschaften, Informatik, Elektrotechnik, Maschinenbau, Angewandten Naturwissenschaften, aber auch in neuen Felder wie Technikjournalismus oder Sozialversicherung.

Gewiss, es gibt ältere Universitätsstädte in Deutschland. Erst vor 200 Jahren wurde das Streben nach höherer Bildung in Bonn institutionell etabliert - zunächst mit der kurfürstlichen Akademie, dann nach dem von Napoleon erzwungenen Rückzug des letzten barocken Kurfürsten Max Franz an der neugegründeten preußischen Rheinuniversität, getauft auf den Namen des Königs Friedrich Wilhelm III. Heute ist die traditionsreiche Hochschule der Motor des beständig wachsenden Wissenschaftsstandorts. Und wenn einmal im Jahr die jungen Absolventen alle zusammen in ihren geleasten Talaren vor der Regina-Pacis-Statue am Hofgarten feiern und die Barette auf Kommando gen Himmel werfen, ist das ein Ereignis der besonderen Art hier am Rhein: Überkommenes und Modernes in gelungener Symbiose, ideologiefrei und fröhlich, rheinisch, eben bönnsch.

Tradition und Modernität sind in Bonn nicht kontrovers: Hinter vielen historischen Fassaden, barock und klassizistisch, verbirgt sich eine aktuelle Forschungsuniversität mit internationaler Ausrichtung. So wird zum Beispiel im Poppelsdorfer Schloss, einst prachtvolle Sommervilla der Kölner Kurfürsten, eine neue Generation von Lebenswissenschaftlern ausgebildet. Nur rund 30 neue Studenten werden hier jedes Jahr nach einem harten Auswahlverfahren zum Studiengang Molekulare Biomedizin zugelassen. Ihr Studium ist geprägt von anspruchsvollem Unterricht, früher Beteiligung an Forschungsprojekten und einer intensiven Betreuung durch ausgewiesene Wissenschaftler.

Zu den international anerkannten Forschungsschwerpunkten der Bonner Universität gehören Mathematik, Ökonomie, Physik/Astronomie, Biowissenschaften, Genetische Medizin, Neurowissenschaften und Philosophie/Ethik. Hinzu kommen national herausragende Forschungsbereiche wie Geographie und Rechtswissenschaft. Mit rund 6.500 Mitarbeitern ist die Alma Mater einer der größten Arbeitgeber der Region.

Uni Bonn - führend in den technischen Disziplinen.

Alle Jahre wieder: Absolventen feiern im Hofgarten.

Im ehemaligen kurfürstlichen Schloss residieren Rektor und mehrere Fakultäten der Universität.

Wissenschaft und Internationalität gehen in Bonn Hand in Hand. Die Bundesstadt ist Sitz eines Vizerektorats der Universität der Vereinten Nationen (UNU). Hier am Rhein ist das UNU-Programm für Umwelt und menschliche Sicherheit zu Hause. Die UNO-Universität kooperiert eng mit der Bonner Alma Mater und ihrem aus Ausgleichsmitteln initiierten Zentrum für Entwicklungsforschung (ZEF). Das internationale Flair der Bundesstadt prägt nun neben den in Bonn ansässigen UNO-Einrichtungen und internationalen Organisationen auch in direkter Weise die Uni Bonn. Rund 4.000 der 27.000 Studenten kommen aus dem Ausland. Die Hochschule pflegt intensive bilaterale Partnerschaften mit 56 Universitäten auf fünf Kontinenten und zählt in Deutschland zu den beliebtesten Zielen für internationale Gastwissenschaftler. Die Rheinische Friedrich-Wilhelms-Universität ist Teil des „EUROPAEUM"-Verbundes europäischer Spitzenhochschulen, dem auch so Renommierte wie Oxford und Paris-Sorbonne angehören.

Unter den Top 100

Darauf darf die Bonner Universität ruhig stolz sein: Als einzige Hochschule in Nordrhein-Westfalen wird sie im „Academic Ranking of World Universities" unter den Top 100 gelistet. Im deutschlandweiten Vergleich kommt Bonn auf einen hervorragenden sechsten Platz. Eigentlich ist die angesehene Rangliste, die von der Universität Shanghai aufgestellt wird, fest in nordamerikanischer Hand: Allein unter den Top 20 finden sich 17 Hochschulen aus den USA. 500 Lehranstalten weltweit haben die Experten von Shanghai unter die Lupe genommen. Die Uni Bonn belegt in diesem Feld Rang 99. Unter Europas Spitzenuniversitäten kam sie auf Rang 33. Zu den Kriterien zählte dabei unter anderem, wie häufig Wissenschaftler der getesteten Einrichtungen in renommierten Fachzeitschriften zitiert wurden und wie viele Beiträge sie in hochrangigen Publikationsorganen veröffentlicht hatten. Daneben ging auch die Zahl der Nobelpreisträger der jeweiligen Alma Mater in die Wertung ein. Auch das wurde in der Hauptstadtdiskussion mit dem Bund und den für Wissenschaft und Kultur zuständigen Ländern festgeklopft: Bonn ist und bleibt Sitz der Mittler- und Förderorganisationen der deutschen Wissenschaft. Im und rund um das Wissenschaftszentrum an der Ahrstraße in Bad Godesberg residieren Einrichtungen wie die Helmholtz-Gemeinschaft Deutscher Forschungszentren (HGF) und der Wissenschaftsgemeinschaft Gottfried Wilhelm Leibniz (WGL), die Deutsche Forschungsgemeinschaft (DFG), der Deutsche Akademische Austauschdienst (DAAD), die Alexander-von-Humboldt-Stiftung und die Studienstiftung des deutschen Volkes. Die Hochschulrektorenkonferenz arbeitet hier ebenso wie die Gemeinsame Wissenschaftskonferenz (GWK) von Bund und Ländern und das Sekretariat der Ständigen Konferenz der Kultusminister der Länder.

Dank des Berlin-Bonn-Gesetzes wurde das Bundesinstitut für Arzneimittel und Medizinprodukte von Berlin nach Bonn verlegt. Der unter anderem für die Zulassung von Medikamenten zuständige „Pillen-TÜV" mit immerhin 1.000 Mitarbeitern - Mediziner, Pharmazeuten, Chemiker, Biologen, technische Assistenten und Verwaltungsangestellte - kam in den Genuss eines respektablen Neubaus im Regierungsviertel Nord. Das Bundesinstitut für Berufsbildung und das Deutsche Institut für Erwachsenenbildung zogen hierher. Und nicht zuletzt: das Bundesministerium für Bildung und Forschung (BMBF) hat seinen ersten Dienstsitz in Bonn weiter in einem der gerade mit hohem Aufwand sanierten „Kreuzbauten". Ob auf ewig, sei in diesem konkreten Fall dahingestellt...

Wichtige Einrichtungen der Forschungsförderung residieren im Wissenschaftszentrum.

Die Welle: Neubau für das Forschungszentrum am Rheinauenpark.

Eine der größten Neueinrichtungen in Bonn ist das Bundesinstitut für Arzneimittel und Medizinprodukte im Regierungsviertel Nord.

Tragödien, Trauer, schwarze Kassen

Tragödie eines Politiker-Paares, Trauer nach einem brutalen Mord an einem Polizeibeamten und die Spendengeld-Affäre um einen Bundesminister: Polizei, Justiz und Gerichte in Bonn müssen sich immer wieder mit spektakulären Kriminalfällen beschäftigen:

Rot-weißes Absperrband flattert am Abend des 19. Oktober 1992 um das Reihenhaus in der Swinemünder Straße in Tannenbusch. Polizisten in weißen Anzügen auf Spurensuche. Im ersten Stock

zwei Leichen: die Grünen-Politiker Petra Kelly und Gert Bastian. Die Obduktion ergibt: Der 69-jährige General a.D. hat seine im Bett liegende Lebensgefährtin (44) mit einem aufgesetzten Schuss und anschließend sich selbst getötet - vermutlich bereits am 1. Oktober. Einen Abschiedsbrief findet man nicht. Vor allem die Boulevardmedien spekulieren: Was hat die Ikonen der Grünen in den Tod getrieben? Hat Kelly die Tat gewollt? Warum Mord und Selbstmord? Eine Antwort gibt es nicht - bis heute.

Die Frage nach dem Warum stellen sich auch im Sommer 2002 viele Menschen in Bonn. Am 28. Juli endet für die Polizeikommissare Gerd Höllige (40) und einen gleichaltrigen Kollege ein Routineeinsatz in einer Tragödie. Die Beamten werden

Trauermarsch der Polizei in Gedenken an den verstorbenen Kollegen.

zu einem Einbruch nach Bad Godesberg geschickt. Sie stellen den Täter, einen 46-Jährigen aus Italien. Im Handgemenge reißt der Mann dem Kollegen Hölliges die Dienstwaffe aus dem Holster und drückt sofort ab. Drei Mal. Zwei Kugeln treffen Höllige in der Brust. Er hat keine Chance, stirbt im Krankenhaus. Sein Kollege, von einer Kugel Unterleib getroffen, überlebt schwer verletzt. Das Bonner

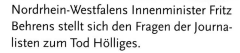

Nordrhein-Westfalens Innenminister Fritz Behrens stellt sich den Fragen der Journalisten zum Tod Hölliges.

Schwurgericht bescheinigt dem Italiener später eine schwere psychische Erkrankung. Damit ist er schuldunfähig.

Kollegen von Gerd Höllige legen Blumen am Tatort nieder.

Bundeswirtschaftsminister Otto Graf Lambsdorff musste aufgrund der „Flick-Affäre" seinen Posten im Juni 1984 räumen und wurde 1987 wegen Steuerhinterziehung in Bonn verurteilt.

Vor dem Bonner Landgericht endet am 16. Februar 1987 nach eineinhalb Jahren der Prozess um verdeckte Parteispenden des Flick-Konzerns. Im Zuge des politischen Skandals hatte der Bundestag auf Ersuchen der Bonner Staatsanwaltschaft im Dezember 1983 die Immunität des amtierenden Bundeswirtschaftsministers Otto Graf Lambsdorff aufgehoben. Als die Anklage zugelassen wird, tritt Lambsdorff im Juni 1984 zurück. Gemeinsam mit dem Flick-Manager Eberhard von Brauchitsch sowie dem früheren Bundeswirtschaftsminister Hans Friderichs wird Lambsdorff wegen Steuerhinterziehung rechtskräftig verurteilt - und zu einer Geldstrafe in Höhe von 180.000 DMark. Vom Vorwurf der Bestechung oder der Bestechlichkeit spricht das Gericht die Angeklagten mangels Beweisen frei.

Eberhard von Brauchitsch (links) und Hans Friderichs stolperten über den Spendengeld-Skandal um den Flick-Konzern.

Märchenerzähler aus dem Rotlicht-Milieu

Die Bonner Polizei spricht von einem „Mysterium" und „Märchenerzähler aus 1001 Nacht". Derweil verspottet ein flüchtiger Gewaltverbrecher die deutschen Sicherheitsbehörden aus sicherer Entfernung: Der Fall eines V-Mannes, der die Duisburger Polizei mit Informationen aus dem Rotlichtmilieu versorgt, verfolgt die Bonner Beamten jahrelang und lässt sie in keinem guten Licht dastehen - bis heute.

Es ist kein Aprilscherz, als am 1. April 1998 eine dubiose Odyssee beginnt: Nach der Festnahme des Türken Mehmet Kösürenbars (28) wegen versuchter Vergewaltigung, einer Nacht im Polizeigewahrsam in Bonn und der Verkündung eines Haftbefehls hält der gefesselte Verdächtige im Streifenwagen plötzlich einen großkalibrigen Revolver an den Kopf eines Beamten und flüchtet. Auf der Bundesstraße 9 stoppt er einen Autofahrer und zwingt ihn zur Fahrt nach Meckenheim. Die Polizisten wissen, dass der Mann im Streifenwagen ein V-Mann der Duisburger Kollegen ist. Bonns Behördenleiter Dierk Henning Schnitzler dagegen erfährt erst später, dass ein Spitzel entwischt ist. Ein Jahr zuvor hat das Landgericht Bonn Kösürenbars wegen

Beihilfe zum erpresserischen Menschenraub, gefährlicher Körperverletzung und Freiheitsberaubung zu drei Jahren und vier Monaten Haft verurteilt, ihn aber haftverschont. Weil er V-Mann ist. Eine nächtliche Großfahndung nach Kösürenbars in einer Obstplantage bleibt ergebnislos. Unter dubiosen und bis heute nicht geklärten Umständen flüchtet er in die Türkei. Dort erzählt er, ein Beamter habe ihm die Waffe gegeben: „Ich habe ihn in der Hand gehabt. Er hat mit Zuhältern gearbeitet und mitkassiert." Das weist die Behördenleitung in Bonn als „ungeheuerlich" zurück. Wie ist der V-Mann und Schwerverbrecher an die Waffe gekommen? Für die Polizei ein „Mysterium". Als Konsequenz aus der Panne bei der Flucht und Schlampereien bei der Information des Behördenleiters wird Bonns ranghöchster Kripobeamter in eine andere Behörde versetzt. Kösürenbars aber bleibt spurlos verschwunden - bis das WDR-Fernsehen ihn in Istanbul aufspürt: Vor seinem angeblichen Schmuckgeschäft posiert er auf der Kühlerhaube einer Nobelkarosse. Wie sich

Mehmet Kösürenbars

herausstellt, gehört das Cabrio einem Türken aus Istanbuls Rotlichtmilieu. Die Bonner Polizei schäumt vor Wut. Die Versuche der deutschen Justiz, den Mann nach Deutschland zu holen, bleiben fruchtlos.

So wird es ruhig um Kösürenbars. Erst im Februar 2004 taucht er wieder in den Schlagzeilen auf. Die holländische Polizei hat ihn festgenommen. Ein vereinfachtes Auslieferungsverfahren scheitert am Einverständnis des Verbrechers. Als er mehr als die Hälfte seiner Strafe verbüßt hat, entlässt ihn die holländische Justiz aus der Auslieferungshaft. Er fährt nach Großbritannien zu seinem Bruder, der in London ein Schmuckgeschäft betreibt. Immer mal wieder reist er auch in die Niederlande.

Ein Fehler: Im März 2010 geht Kösürenbars der dortigen Polizei aufgrund des immer noch geltenden Haftbefehls wegen der Geiselnahme in Bonn erneut ins Netz und sitzt seitdem im Gefängnis, zumal auch die niederländische Justiz gegen ihn ermittelt: wegen des Verstoßes gegen das Betäubungsmittelgesetz. Nun droht Kösürenbars ein Gerichtsverfahren in Bonn - irgendwann. Und dann klärt sich das „Mysterium", wie er an den Revolver im Streifenwagen gekommen ist, vielleicht doch noch...

Eintritt frei, gesetzlich garantiert: Haus der Geschichte der Bundesrepublik Deutschland.

Erkennungszeichen für die Bundeskunsthalle: die Turmaufsätze.

Museumsmeile: Angebot der Superlative

K ulturmeile? Museumskette? Straße der Museen? Die städtischen PR-Leute entschieden sich für „Museumsmeile". Mit Erfolg, die Marke hat sich durchgesetzt. Bundeskunsthalle, Kunstmuseum Bonn, Haus der Geschichte der Bundesrepublik Deutschland, Museum Koenig und Deutsches Museum Bonn firmieren gemeinsam unter der Bonner Meile. Sie repräsentieren ein in Deutschland zu den Spitzenangeboten zählendes kulturelles Ensemble. Die Besucher kommen in Scharen nach Bonn. Herausragende Zugpferde der Museumsmeile sind die beiden staatlichen Institute. Helmut Kohl verdanken es die Bonner, dass Haus der Geschichte und Kunst- und Ausstellunghalle des Bundes hier stehen. Der Kanzler interessierte und engagierte sich im Detail für beide Vorhaben. Und er ließ keinen Zweifel am Weiterbau, als die Projekte bei der beginnenden Berlin-Bonn-Diskussion gerade erst angefangen worden waren. Nahezu eine Million Menschen aller Altersgruppen - vom Schüler bis zum Senior - arbeiten sich pro Jahr durch die Stationen der deutschen Nachkriegshistorie. Ebenso viele lockt die Kunsthalle zu exquisiten Ausstellungen von Malerei bis Völkerkunde. Da können die übrigen Häuser zwar nicht mithalten, aber sie sind ebenso bedeutende Säulen der Meile.

Adenauers Mercedes und Loriot

7.000 Exponate auf 4.000 Quadratmetern umfasst die Dauerausstellung im 1994 eröffneten Haus der Geschichte. Da steht der erste Adenauer-Dienst-Mercedes, da darf im Originalmobiliar des ersten Deutschen Bundestages Platz genommen werden, da ist die erste Greencard für ausländische Arbeitnehmer zu studieren.

Das Spektrum umfasst deutsche Politik-, Wirtschafts-, Kultur- und Alltagsgeschichte vom Ende des Zweiten Weltkriegs bis in die Gegenwart. 2010 stand die zweite Aktualisierung der Dauerschau an. Diverse Wechselausstellungen - auch im Internet - ergänzen die Schau mit politisch- oder kulturhistorischen Präsentationen. Da gab es Themen wie „Bilder, die lügen" „Damals in der DDR" oder auch „Lili Marleen" und eine viel beachtete Hommage an Loriot. Die Arbeit des Museums wurde mehrfach national und international mit Preisen ausgezeichnet, darunter 1995 der Museumspreis des Europarats. Eine Besonderheit: der Eintritt ist frei, gesetzlich festgelegt.

Flanieren auf dem Dach

Die Bundeskunsthalle bietet seit 1992 ein abwechslungsreiches Programm von internationaler Bedeutung. Bis 2010 wurden auf den 5.600 Quadratmetern über 170 Ausstellungen aus den Bereichen Kunst und Kulturgeschichte, Wissenschaft und Technik präsentiert. „Eine Ausstellung über Byzanz hat hier ebenso ihren Platz wie eine Gillick-Retrospektive; Ausstellungen über Architektur, Design und Fotografie werden genauso angeboten wie Präsentationen zu Themen wie den Unterwasserfunden von Alexandrien", beschreibt das Haus sein Programm. Zielgruppen sind auch hier Erwachsene gleichwohl wie Jugendliche und Kinder.
Eine besondere Attraktion des gefeierten Bauwerks des Wiener Architekten Gustav Peichl ist der Dachgarten, auf dem Skulpturenausstellungen gezeigt werden können. Er lädt zum Erholen und Flanieren ein; im Sommer können sich die Gäste auch in einem Biergarten erfrischen und dazu Jazz-Musik genießen. 16 Stahlsäulen aus dunkel patiniertem Metall entlang der Fassade an der Friedrich-Ebert-Allee symbolisieren die deutschen Bundesländer. Zusammen mit den drei

Konrad Adenauers erster Dienst-Mercedes - viel bewundert im Bonner Haus der Geschichte.

Auf die Museumsmeile weisen Schilder an der Autobahn hin.

markanten Lichttürmen auf dem Dach verleihen sie dem Haus seine Unverwechselbarkeit und machen es zu einem Blickfang zwischen den Bürogebäuden des Bundesviertels.

Macke und die Moderne

Wer vor dem Kunstmuseum Bonn steht und dabei an das Kanzleramt in Berlin erinnert wird, täuscht sich nicht. Axel Schultes ist der Architekt beider herausragenden Bauwerke, der Stil vor allem der freitragenden Dächer und massiven Säulen ist unverkennbar. Mit einer der international wichtigsten Sammlungen zur deutschen Kunst verfügt das Museum über ein bundesweit einmaliges Sammlungsprofil mit dem Schwerpunkt August Macke. „Es gehört dabei zu den Spezifika der Bonner Sammlungspolitik, deutsche Kunst nicht in enzyklopädischer Breite dokumentieren zu wollen, sondern sich auf eine überschaubare Gruppe herausragender Künstler und Künstlerinnen zu konzentrieren, von denen jeweils ganze Werkgruppen und Ensembles erworben werden", erklärt Muse-

Die Treppe im Kunstmuseum - ein ästhetischer Genuss. Rechts: Weltweiter Umweltschutz ist heute das Thema im altehrwürdigen Zoologischen Museum Koenig.

umschef Professor Stephan Berg am Fuß der faszinierenden zentralen Innentreppe. Das 1992 eröffnete Haus gehört zu den wichtigsten Museumsneubauten der Nachkriegszeit in Deutschland.

Stars und Eisbahn

Eine besondere Attraktion, vor allem für jüngeres Publikum, sind die Open-Air-Konzerte unter dem Zeltdach zwischen Kunsthalle und Kunstmuseum. Solisten und Gruppen der nationalen und internationalen aktuellen Szene begeistern hier ihr Publikum. Und zur Weihnachtszeit tummeln sich Schlittschuhläufer auf einer Eisbahn in ungewöhnlicher Location.

Bewundert auch wegen seiner Architektur: Kunstmuseum Bonn.

Natur mit allen Sinnen erfassen

War das Zoologische Museum Koenig lange Zeit ein wenig verstaubt, ist es seit dem 2003 vollendeten Umbau seiner Dauerausstellung ein Leuchtpunkt auf der Museumsmeile. „Unser blauer Planet - Leben im Netzwerk" heißt nun das Gezeigte. Inszenierte Lebensräume bieten, aufgehängt an der Tierwelt, den Besuchern ein unmittelbares und mit allen Sinnen erfahrbares Naturerlebnis. Ökologische Wechselwirkungen innerhalb und zwischen den wichtigsten Ökosystemen unserer Erde werden so auf anschauliche Weise dargestellt. Eine spannende Entdeckungstour führt durch die Themenbereiche Savanne, Arktis/Antarktis, Wüste und Mitteleuropa. In Planung ist eine Abteilung „Regenwald". Die schier unerschöpfli-

Hier sind die Tiere Afrikas zu Hause.

che Welt der Vögel und Insekten und ein Vivarium ergänzen das Schau-Erlebnis. Integriert sind große denkmalgeschützte Dioramen, die noch aus der Gründungszeit des Hauses durch den Zoologen Alexander Koenig in den frühen 1930er-Jahren stammen und sorgsam originalgetreu restauriert wurden.

Legostein und Dübel

Vom Legostein zum Transrapid, vom Pentacon Super zur Ionen-Falle, vom Fischer-Dübel zur Aufdampfanlage A 11: Wer in die spannende Welt der Technik seit 1845 eindringen will, ist im Deutschen Museum Bonn richtig. 100 zeitgenössische Meisterwerke aus Naturwissenschaft und Technik sind hier zu studieren, winzige und schwergewichtige. Die Objekte, darunter auch viele nobelpreisgekrönte Forschungsergebnisse, stellen exemplarisch wesentliche Zweige der naturwissenschaftlich-technischen Entwicklung der letzten sechs Jahrzehnte vor. Das Haus an der Ahrstraße ist die einzige Zweigstelle des weltberühmten Deutschen Museums außerhalb Münchens.

Kompetente Einkaufsberater für Unternehmen in aller Welt

Seit ihrer Gründung 1995 in Bonn verfolgt BrainNet systematisch das strategische Ziel, die international führende Marke für Supply Chain Management Consulting zu werden. Im deutschsprachigen Raum realisierte das Unternehmen dieses Ziel bereits vor Jahren, gemäß der renommierten Studie „Hidden Champions des Beratungsmarktes" der Wissenschaftlichen Gesellschaft für Management und Beratung (WGMB). „BrainNet ist zusammen mit Roland Berger der einzige Beratungsspezialist, der sich erfolgreich in allen SCM-Kategorien - Einkauf (Platz eins*), Logistik (Platz vier*), Prozesse und Lieferketten (Platz fünf*) - in den Top-Fünf-Rankings etablieren konnte", bilanziert Professor Dr. Dietmar Fink, Leiter der Studie, die 249 Top-Entscheider detailliert befragte. „Die Teilnehmer der Studie attestieren Brain-Net ein sehr hohes Fachwissen (Platz drei*) und ein gutes Preis-Leistungs-Verhältnis (Platz zwei*)." Darüber hinaus führt die Lünendonk-Liste der 25 größten Beratungsunternehmen in Deutschland

BrainNet als einzige Spezialberatung für Einkauf. Die mehr als 240 Mitarbeiter erwirtschaften weltweit einen Umsatz von mehr als 50 Millionen Schweizer Franken. BrainNet entwickelt und verwirklicht maßgeschneiderte Lösungen für rund 90 der Global Fortune-500 Unternehmen, 300 wachstumsstarke Mittelständler sowie internationale Finanzinvestoren als auch für zahlreiche öffentliche Organisationen. Trotz der Verlegung des Hauptsitzes nach St. Gallen 2008 blieb Bonn der Standort mit den meisten Angestellten. Neben diesen beiden Büros unterhält BrainNet weitere Niederlassungen in Budapest, London, Mumbai, München, Pittsburg, Sao Paulo, Shanghai, Stockholm, Wrocław und Wien. Dadurch ist das Unternehmen seit Jahren in den wichtigsten Beschaffungs- und Beratungsmärkten der Welt vertreten. Da rund 75 Prozent der im DAX gelisteten Unternehmen zu ihrem Kundenstamm zählen, steuert BrainNet über deren Einkaufsvolumen wesentliche Teile des Bruttosozialprodukts.

(* Anmerkung der Redaktion)

BrainNet ist regelmäßig weltweit als Sprecher auf Top-Kongressen und Veranstaltungen des Bereichs Supply Chain Management vertreten.

BrainNet ist Veranstalter von exklusiven und hochkarätigen Veranstaltungen wie beispielsweise einem exklusiven Kocherlebnis mit Alfons Schuhbeck in der Siemens Cooking Lounge der Allianz Arena (oben) oder einem Roundtable in der Stromburg bei Johann Lafer (rechts).

BrainNet-Klienten gewinnen seit Jahren Preise in Einkaufs- und SCM-Projekten.

www.brainnet.com

Im Bonner Büro ist die Mehrzahl der Mitarbeiter des Unternehmens angestellt.

BrainNet engagiert sich aktiv bei Projekten der Wissensfabrik - Unternehmen für Deutschland e.V., unter anderem als Mentor für den Gründerwettbewerb Weconomy.

Fünf Bonner Unternehmen spielen in der Oberliga

Es sollte eine Jahrhundert-Entscheidung für den Strukturwandel in der ausgedienten Bundeshauptstadt werden. Als die Bundesregierung festlegt, die Nachfolgekonzerne der früheren Staatspost am Rhein und nicht an der Spree anzusiedeln, konnte noch niemand so richtig die Dimension dieses Beschlusses ermessen. Deutsche Telekom, Deutsche Post: Riesen erwuchsen aus den Anfängen, die sich in den 1990er-Jahren noch bescheiden mit den neuen Unternehmenslogos an angemieteten Immobilien manifestieren.

Doch dann gemeinsame Bemühungen der Stadtplaner und der Konzernspitzen: Wenn schon Bonn, dann auch richtig. So räumen die Verantwortlichen auf beiden Seiten die vielen Hindernisse auf dem Weg zur deutschen Kommunikations-Metropole hinweg. Die Platzbedürfnisse der neuen Unternehmen sprengen den städtebaulichen Rahmen in der 300.000-Einwohner-Stadt. Tausende neue Arbeitsplätze, und die konzentriert in Gebäuden, die den repräsentativen Ansprüchen weltweit operierenden Unternehmen gerecht werden - das war die Herausforderung. Die Post will sichtbar hoch hinaus, mit einem Wolkenkratzer ihre Landmarke setzen. Die Telekom will in der Fläche Masse zeigen.

Vor allem das Hochhaus-Projekt der Post, der „Leuchtturm des gelben Riesen" (Süddeutsche Zeitung), stieß anfangs auf erheblichen Widerstand in konservativen Kreisen der Bonner Bevölkerung. 162 Meter in der Gronau,

am Rand der Rheinaue, da kam so manchen das Grausen. Doch Rat und Stadtverwaltung blieben stark - und heute sind die Bonner unisono stolz auf ihren Post Tower, den gläsernen Solitär aus der Werkstatt des Chicagoer Hochhaus-Papstes Helmut Jahn - fünf Meter höher als der Kölner Dom, das Wahrzeichen des gewandelten Bonn. Telekom-City, das Konkurrenz-Projekt des zweiten Mammuts, machte sich an der B 9 mächtig breit. Rechts und links der Allee wuchsen die Bauten der Konzernzentrale, verbunden durch eine Brücke über Bonns meist befahrene Straße und mit eigener Stadtbahn-Station mittendrin. Wer die Bundesstadt in Nord-Süd-Richtung oder umgekehrt durchquert, er muss am Magenta-T vorbei. Ein zweites Standbein schuf der Konzern mit dem gewichtigen T-Mobile-Komplex auf der anderen Rheinseite.

Elegant im Land: der Post Tower des Chicagoer Architekten-Stars Helmut Jahn.

Der Götterbote von der Post

Vor dem Post Tower steht eine Großplastik von internationalem Rang: die Skulptur „Mercurius" von Markus Lüpertz. Der Götterbote Mercurius gilt in der Mythologie als Überbringer wichtiger Nachrichten und zugleich als Gott des Handels und Schutzpatron der Kaufleute, die sich im alten Rom mercuriales nannten. Die Plastik ist somit ein Symbol für die weltweiten Aktivitäten des Bonner Großkonzerns. Im Post Tower arbeiten 2.000 Menschen aus 40 Ländern. Der Bildhauer und Maler Markus Lüpertz gilt als einer der wichtigsten Vertreter der neoexpressionistischen Stilrichtung.

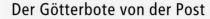

Lange im DAX der 30 Größten, ist die Bonner Postbank 2009 ganz knapp in den MDAX der Mittelgroßen abgestiegen. Hier trifft das große Geldinstitut auf die IVG Immobilien, einer der Marktführer dieses Segments in Europa. Im TecDax komplettiert die SolarWorld AG das Bonner Quintett in der Oberliga der börsengehandelten Unternehmen.

Rund 20.000 Beschäftigte zählen die beiden Großkonzerne und die Postbank in ihren Bonner Zentralen. Weltweit hat die Post 456.000, die Telekom 258.000 Menschen im Brot. Sie alle werden von Bonn aus geführt, kaum zu glauben für die Alteingesessenen am Rhein.

Telekom-Zentrale an der B 9: Von hier wird ein Weltkonzern regiert.

Nur noch im MDAX: die Postbank.

Solartechnik an der Seidenstraße

Solaranlage auf dem Dach der „Schule Nr. 5".

Gut ausgebildet gleich in zwei Berufen - als Gas-, Wasser-, Heizungs- sowie Elektroinstallateur - absolviert Markus Schumacher auch die Meisterprüfung an der Handwerkskammer Köln im Bereich Sanitär- und Heizung. Nur zwei Jahre später erfüllt er sich seinen Traum und gründet am 1. Februar 1996 sein eigenes Unternehmen - „Heizung, Sanitär, Klima- und Anlagentechnik Markus Schumacher". Seither bieten der Ramersdorfer und seine Mitarbeiter unter ihrem Leitmotiv „Lust auf Komfort" den kompletten Service von den Beratung über Planung und Montage bis hin zur Betreuung in diesem Fachbereich (www.lust-auf-komfort.de). Einen Schwerpunkt bilden dabei alternative Energien. Darüber hinaus machte

sich der mittlerweile zum renommierten Familienunternehmen avancierte Handwerksbetrieb weit über den Großraum Bonn hinaus einen Namen als Experte für Solartechnik. Ein Erfolg, für den Markus Schumacher 2000 mit dem Erwerb des Zertifikats „Europäischer Solartechniker" die Basis schuf. Als Fachmann erarbeitet er Konzepte für Solaranlagen zur Warmwasserbereitung und zur Gewinnung von Elektrizität. Für seine Kunden entwickelte Schumacher als besonders sparsame und umweltfreundliche Lösung eine CO_2-neutrale Kombination aus Luftwärmepumpe mit solarer Heizungsunterstützung sowie Photovoltaik-Stromanlage und in den Kreislauf eingebundenem Pelletkaminofen. Bereits nach einer Amortisationszeit von etwa 12,4 Jahren entstehen dem Nutzer keine Heizkosten mehr.

Von den Fachkenntnissen des Unternehmers und seiner Mitarbeiter, die sich stetig durch Schulungen weiterbilden, profitieren nicht nur Kunden im Großraum Bonn. Sogar in Usbekistan war bereits das Können der Experten gefragt. Der Kontakt entstand bei dem Besuch einer usbekischen Delegation in Bonn, die sich an der Emilie-Heyermann-Schule von den

Bucharas Altstadt zählt zum Weltkulturerbe.

Vorteilen der schuleigenen Photovoltaik-Anlage überzeugte. Im Rahmen des EU-geförderten SPICE-Projekts (Schools Partnership to Improve the Conversation of Energy) gegen Energieverschwendung und zur Förderung erneuerbarer Energien arbeitet die Bonner Schule mit der „Schule Nr. 5" in Buchara zusammen. Dort realisierte der Familienbetrieb auf dem Schuldach eine Solaranlage, die auch den von Europa abweichenden Extremtemperaturen Zentralasiens gewachsen ist. Wegen heißer Sommer und Minusgraden von 35 Grad Celisus im Winter keine leichte Aufgabe. Mit sinkender Temperatur steigt zudem die Spannung in den Modulen. Also galt es kurzfristig vor Baubeginn, noch die komplette Anlage durch veränderte Schaltpläne und Verkabelung den Anforderungen anzupassen. Aber auch der Mangel an adäquatem Werkzeug vor Ort erschwerte die Arbeitsbedingungen.

Schulleitung und die Bonner Experten freuen sich über die Anlage.

Dennoch ließ sich der geplante Zeitrahmen einhalten. Schüler und Lehrer freuen sich nun über solare Gratisenergie und ihren Beitrag zum Weltklima. „Für uns war es ein Privileg, das äußerst gastfreundliche land Usbekistan mit seiner geschichtsträchtigen Stadt Buchara sowie der weltweit bekannten Seidenstraße kennenzulernen. Das große Interesse an umweltfreundlichen Versorgungslösungen hat uns mehr als überrascht und nachhaltig beeindruckt", so Schumacher.

Einblicke in das Sortiment in einem usbekischen „Baumarkt".

Vorhandene Arbeitsmittel

Schüler der usbekischen Schule

Markus Schumacher (links) und Team

Buhrufe für Schröder: Kanzler beleidigt Bonn

Nicht lange hatten die Abgeordneten Spaß am neuen gläsernen Parlamentsgebäude.

Für Konferenzen wie hier der UN wird der ehemalige Plenarsaal genutzt.

Sie nennen es ein „Fest für Bonn". Im Garten des Bundeshauskomplexes versammelt sich die Spitze der Politik zur Abschiedsfete für die Bundeshauptstadt a.D. Es ist ein traurig-nostalgischer Nachmittag. Plötzlich Bewegung, Pfiffe, Buhs. Der Regierungschef kommt. Es ist der Gerhard Schröder, der vor Jahren, als Helmut Kohl regierte, am Gitter des Kanzleramtes rüttelte: „Ich will hier rein." Jetzt ist er in die Berliner Staatskanzlei eingezogen. Und hat die Rheinländer gerade in einem Interview beleidigt: „Ich werde Bonn nicht vermissen."

Nein, das ist kein schöner Tag, jener 1. Juli 1999. Zum letzten Mal treten Bundestag und Bundesrat im Plenarsaal zusammen. Noch einmal richten sich die Kameras auf Bonn, als mit Johannes Rau ein neues Staatsoberhaupt vereidigt wird. Ausgerechnet Rau, der Wuppertaler, der Kämpfer für Bonn, zieht nun ins Schloss Bellevue an die Spree, die Villa Hammerschmidt am Rhein ist nur noch „Zweiter Dienstsitz des Bundespräsidenten".

Aber auch, wenn wenige Wochen später eine Sonnenfinsternis das Land überzieht: In Bonn bleiben die Lichter

„Ich werde Bonn nicht vermissen": Gerhard Schröder. Rechts: Letzte Parlamentssitzung in Bonn: Bundespräsident Johannes Rau wird vereidigt.

an. Längst ist 1999 der „Strukturwandel" im Gange. Die „Bundesstadt" ist wacker auf dem Weg von der Behördenmetropole zu einem boomenden Zentrum privater Dienstleistungen. Kommunikation, Logistik, Unternehmensberatung sind die neuen, kräftigen Standbeine. Die Bevölkerung wächst, Büropaläste schießen aus dem Boden. Und Botschaftervillen sind gefragte Objekte bei Edelmakler R. Dieter Limbach und seinen Kollegen.

Bleibt in Bonn: Großplastik „Der Erleuchtete" am Bundeshaus.

Ohne Pathos und Protzerei

Lob für Bonn: Wolfgang Thierse.

„Zum letzten Mal... - dies gilt heute offiziell für uns Abgeordnete, aber auch für viele Bonnerinnen und Bonner. Die Politik, das Parlament verlässt Bonn ausgerechnet zu einem der glücklichsten Zeitpunkte deutscher Geschichte: Wir blicken zurück auf 50 Jahre Bundesrepublik Deutschland auf dem Fundament einer stabilen Verfassung, dem Bonner Grundgesetz, auf 50 Jahre Frieden in Deutschland, auf zehn Jahre Mauerfall und neun Jahre deutsche Einheit. Diese Entwicklung Deutschlands nach dem Zweiten Weltkrieg bleibt ohne jeden Zweifel mit dem Namen dieser Stadt verbunden. Bonn war überschaubar, freundlich und verzichtete gelassen auf grandiose Gesten und Kulissen, auf Pathos und Protzerei. Nach der Nazi-Diktatur hat diese Stadt geholfen, das Vertrauen in deutsche Politik im In- und Ausland wiederherzustellen. Sie war bescheiden und ruhig; sie war ein Ort, um sich auf den richtigen Weg zu besinnen, geschichtlich unbelastet, kulturell und wissenschaftlich pluralistisch..." Bundestagspräsident Wolfgang Thierse bei der letzten Sitzung des Deutschen Bundestages in Bonn am 1. Juli 1999.

Wo er auftritt, ist gelegentlich der Fettnapf nicht fern: Unvergessen Gerhard Schröder in der TV-„Elefantenrunde" 2005; er hatte gerade das Kanzleramt an Angela Merkel verloren. „Suboptimal" sollte Schröder seine Live-Show später nennen. „Bonn nicht vermissen" gehört vermutlich in diese Kategorie. Denn wie war das damals in der Bonner „Provinz", jener legendären Kneipe gegenüber dem Kanzleramt? Von hier ist Jung-Schröder (links, bereits mit Schlips) losgezogen, um an Kanzlers Gitter zu rütteln, was er 2003 in einem Interview mit Günter Gaus (endlich mal) bestätigt hat. Und hier entwarf er zusammen mit Joschka Fischer sein Kabinett der Zukunft - auf Bierdeckeln: Schröder (na klar) Kanzler, Fischer Außen-, Schily Justizminister, wie sich „Provinz"-Wirtin Heike Stollwerk erinnert. Bonn nicht vermissen? Auch nicht die „Provinz"? Ein schönes Beispiel, dass der Bürger auch Ex-Politikern nun nicht jedes Wort glauben muss... ast

Ulrich Kilp (rechts) mit Vorgänger Peter Antweiler.

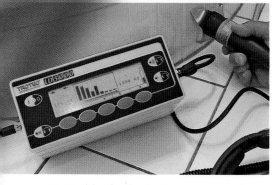

Die Fachkräfte der Isotherm verwenden professionelle Mess- und Ortungstechnik der neuen Generation: Ultraschall (oben), Thermographie, Feuchtigkeitsmessung und Druckprüfung (Fotos unten von links) entsprechen dem hohen Standard.

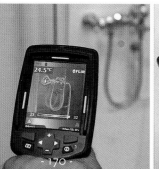

Die Handwerker sind fort, die Möbel aufgestellt. Küche und Sanitärbereiche: blitzblank, funktionsbereit. Die Freude über das neue Heim, das neue Büro kennt keine Grenzen. Wer denkt in solch einer Situation schon daran, welche verborgenen, tückischen Risiken hinter frisch verputzen Wänden lauern können?

Ulrich Kilp denkt daran. Der freie Sachverständige für Bauwesen und Bauschäden hat sich mit seinem Unternehmen Isotherm an der Pützchens Chaussee 60 auf professionelle Hilfe spezialisiert, wenn Wasser in Bauwerken zerstörerische Kräfte entfaltet. Isotherm als kompetenter Partner, unter anderem für Trocknungstechnik, ist 24 Stunden täglich zur Stelle, wenn es gilt, Probleme am Baukörper zu beseitigen: Ortung von Leckagen in Leitungen, schnelle Beseitigung von Wasserschäden, nachhaltige Austrocknung, Beheizung und letztendlich die Versiegelung von Bauwerken. 1999 übernahm Kilp das am Markt eingeführte Unternehmen Isotherm GmbH, welches Peter Antweiler, ebenfalls freier Sachverständiger im Bereich

Hightech und Know how contra Wasserschäden

Bauwesen, bereits 1974 gegründet hatte. Bautrocknung für Privat, Gewerbe und Industrie: Das erfordert stets aktuelles Know-how in der verwirrenden Welt chemischer Substanzen und Produkte, verbunden mit ausgefeilter Technik zur Diagnose und Problembeseitigung. Vor allem sind hier fundierte Erfahrungswerte erforderlich: Ulrich Kilp weiß sie als freier Sachverständiger zu nutzen, wenn es um die neutrale Schadens-Analyse geht.

Ein Leck in der Badewanne ist schon höchst ärgerlich. Doch können Wasserschäden schnell Millionenhöhe erreichen, wenn sie Großprojekte betreffen. Beispiel Schürmann-Bau am Rheinufer: Als der Rohbau in den Fluten des Rheinhochwassers versank und später für die Deutsche Welle wieder aufgebaut wurde, war es die Firma Isotherm, die für die Austrocknung der Tiefgaragenebene verantwortlich zeichnete, ebenso für die Trocknung umfangreicher Flächen diverser Telekom-Bauten sowie große Flächen der Postbank Bonn. Doch auch nach Wolfsburg wurden

die Profis der Bonner Isotherm gerufen, um den Rohbau des neuen VW-Schulungszentrums zu trocknen.

Ist der Wasserschaden gebannt, kann Isotherm noch mehr: Neben der Trocknungstechnik hat sich das Isotherm-Team (Foto oben) auch auf Fugenabdichtungen und -versieglungen spezialisiert. Wie seine Unternehmens-Philosophie zeigt, setzt Ulrich Kilp dabei ausschließlich auf qualitativ beste Materialien namhafter deutscher Hersteller. So enthalten alle verarbeiteten Dichtmassen beispielsweise fungizide Zusatzstoffe, die Schimmelpilz auch nachhaltig den Geraus bescheren. Diese anspruchsvollen Qualitätsarbeiten wurden von der Isotherm in zahlreichen Großprojekten, wie beispielsweise dem Terminal 2 des Köln/Bonner Flughafens, den neuen Messehallen Köln, den U-Bahnhöfen in Köln sowie in den Häusern der Deutschen Welle Bonn ausgeführt.

Ergo: Wer den Schaden hat, ist gut beraten, wenn Isotherm für ihn sorgt: Mit Wissen, Manpower und neuester Technik gegen die Zerstörungskraft des Wassers.

Sieben auf einen Streich: Bonns Bundeskanzler

Von bisher acht Bundeskanzlern führten von 1949 bis 1999 sieben ihre Geschäfte zumindest einen Teil ihrer Regierungszeit von Bonn aus. Lediglich die Nummer acht, Deutschlands erste Bundeskanzlerin Angela Merkel, ist seit 2005 ausschließlich in Berlin aktiv.

Konrad Hermann Joseph Adenauer (* 5. Januar 1876 in Köln; † 19. April 1967 in Rhöndorf) war von 1949 bis 1963 erster Bundeskanzler der Bundesrepublik Deutschland sowie von 1951 bis 1955 zugleich Bundesminister des Auswärtigen. Der studierte Jurist hatte bereits im Kaiserreich und in der Weimarer Republik eine politische Karriere absolviert. Adenauer zählte zu den Begründern der CDU und war Parteichef von der Gründung 1945 bis 1966.

Ludwig Wilhelm Erhard (* 4. Februar 1897 in Fürth; † 5. Mai 1977 in Bonn) führte die Amtsgeschäfte als Bundeskanzler von 1963 bis 1966. Von 1949 bis 1963 hatte sich Erhard als Bundesminister für Wirtschaft den Titel „Vater des Wirtschaftswunders" erarbeitet. Seine vierjährige Amtszeit als Bundeskanzler war von weniger Erfolg gekrönt. Einer seiner schärfsten Kritiker: Parteigenosse und Vorgänger Adenauer. Ab 1967 war Erhard Ehrenvorsitzender der CDU.

Kurt Georg Kiesinger (* 6. April 1904 in Ebingen; † 9. März 1988 in Tübingen) fungierte von 1958 bis 1966 als Ministerpräsident von Baden-Württemberg und regierte von 1966 bis 1969 als dritter Bundeskanzler die Bundesrepublik Deutschland. Trotz interner Reibereien mit Koalitionspartner SPD konnte die CDU unter Kiesinger fast alle angekündigten Wahlvorhaben umsetzen, darunter so strittige Themem wie die Notstandsgesetze. Von 1967 bis 1971 stand er als Bundesvorsitzender seiner Partei vor.

Willy Brandt (* 18. Dezember 1913 in Lübeck als Herbert Ernst Karl Frahm; † 8. Oktober 1992 in Unkel) regierte von 1969 bis 1974 als vierter Bundeskanzler. Davor amtierte er von 1957 bis 1966 als Regierender Bürgermeister von Berlin und von 1966 bis 1969 als Bundesaußenminister. Brandts Amtszeit als Bundeskanzler ist eng verknüpft mit dem Motto „Wir wollen mehr Demokratie wagen" und mit dem Stichwort „Neue Ostpolitik", die den Kalten Krieg abmildern sollte. Die Affäre um Günter Guillaume, DDR-Spion und enger Vertrauter Brandts, sorgte für den Rücktritt des ersten SPD-Bundeskanzlers.

Helmut Heinrich Waldemar Schmidt (* 23. Dezember 1918 in Hamburg) war von 1974 bis 1982 fünfter Bundeskanzler der Bundesrepublik Deutschland. Als Senator der Polizeibehörde in Hamburg erlangte er während der katastrophalen Sturmflut von 1962 als Krisenmanager Popularität. Weitere Stationen: 1967 bis 1969 Vorsitzender der SPD-Bundestagsfraktion, 1969 bis 1972 Bundesminister der Verteidigung, 1972 Bundesminister für Wirtschaft und Finanzen und 1972 bis 1974 Bundesminister der Finanzen. Am 1. Oktober 1982 wurde durch ein konstruktives Misstrauensvotum Helmut Kohl (CDU) zu seinem Nachfolger gewählt.

Helmut Josef Michael Kohl (* 3. April 1930 in Ludwigshafen am Rhein) amtierte von 1969 bis 1976 als Ministerpräsident des Landes Rheinland-Pfalz und von 1982 bis 1998 als sechster Bundeskanzler der Bundesrepublik. Kohl, dessen Amtszeit von 16 Jahren bis heute ein Rekord ist, gestaltete den Prozess der deutschen Wiedervereinigung mit und trug maßgeblich zum europäischen Einigungsprozess bei, sodass er auch als „Kanzler der Einheit" bezeichnet wird. Gemeinsam mit Außenminister Hans-Dietrich Genscher (FDP) erreichte Kohl in den Zwei-plus-Vier-Gesprächen mit den Siegermächten des Zweiten Weltkriegs deren Zustimmung zur Wiedervereinigung und die Einbindung des wiedervereinigten Deutschlands in die NATO.

Gerhard Fritz Kurt Schröder (* 7. April 1944 in Mossenberg) leitete von 1990 bis 1998 als Ministerpräsident die Geschicke des Landes Niedersachsen und amtierte von 1998 bis 2005 als siebter Bundeskanzler - ein Jahr davon in Bonn. Unter ihm regierte erstmals eine rot-grüne Koalition die Bundesrepublik. Schröder machte nach seiner Wahl als bislang einziger deutscher Bundeskanzler von der Möglichkeit Gebrauch, den Eid auf das Grundgesetz ohne religiöse Beteuerung zu leisten. Seine Amtszeit endete mit einer gescheiterten Vertrauensfrage im Juli 2005, die vorgezogene Neuwahlen erforderte.

Weltzeit

1952
Elizabeth II. wird Königin von England.

1959
Fidel Castro übernimmt die Macht auf Kuba.

1961
Juri Gagarin fliegt als erster Mensch in den Weltraum.

1963
John F. Kennedy wird in Dallas erschossen.

1969
Apollo 11 landet als erste bemannte Mission auf dem Mond.

1970
Kniefall: Willy Brandt bittet in Warschau Polen um Vergebung für deutsche Verbrechen.

1974
Richard Nixon stolpert über die Watergate-Affäre.

1976
Beginn der PC-Revolution mit der Gründung von „Apple".

1983
Das Magazin „Stern" veröffentlicht gefälschte Hitler-Tagebücher.

1986
Der Atomreaktor in Tschernobyl explodiert.

1993
Auf das World Trade Center wird ein erster Terroranschlag verübt.

1994
Nelson Mandela wird zum ersten schwarzen Präsidenten Südafrikas gewählt.

1999
NATO-Einsatz gegen Jugoslawien.

Links: Schulungen der Mitarbeiter bilden ein wichtiges Fundament des Erfolgs.
Rechts: Torsten Preiß (Gesamtprokura). Mitte: Beate Effelsberg (Leiterin Kundenmanagement und Prokuristin). Ganz rechts: Unternehmensgründer und Geschäftsführer Amir Shafaghi.

Erfolgsfaktoren: Hohe Motivation, exzellentes Fachwissen und Freundlichkeit

„Wir sind erfolgreich - und den Erfolg teilen wir stets mit dem gesamten Team. 2011 feiern wir unser zehnjähriges Bestehen - unter anderem mit einem großen Fest mit allen Mitarbeitern und deren Familien", erklärt Amir Shafaghi, Geschäftsführer der Prodi@log Telemarketing GmbH. Seit den Anfängen mit vier Mitarbeitern avancierte das von Shafaghi im Juni 2001 in Bad Godesberg gegründete Unternehmen zum Marktführer im Dialogmarketing - mit mehr als 200 gut ausgebildeten, hoch motivierten Voll- und Teilzeitkräften. „Unsere Mitarbeiter tragen eine große Verantwortung beim Umgang mit den Kunden unserer Partner. Seitens unserer Auftraggeber - alles Global Player - bedeutet dies einen immensen Vertrauensvorschuss." Als Mitglied des DDV Deutschen Dialogmarketing Verbands e. V. setzt Prodi@alog den Ehrenkodex des Verbands konsequent um. Dieser bildet eine wichtige Norm, um die Qualität des Unternehmens transparent zu gestalten. „Auch wenn uns dadurch ein wirtschaftlicher Nachteil entsteht - nur ethisch-moralisches Handeln

sorgt langfristig für einen guten Ruf. Erst wenn unseriöse Unternehmen, die aufdringliche Werbeanrufe tätigen, permanent vom Markt geschafft werden, kann Ruhe in der Branche herrschen." Prodi@log betreibt keine „Kalt-Akquisition" - die Angerufenen haben zuvor ihre Einwilligung erteilt. Auch zählt die Akquisition für Lotto, Finanzdienstleistungen und Zeitschriftenabonnements nicht zum Portfolio. Wesentliche Faktoren für den Erfolg im Outbound-Segment sind ausgezeichnete Arbeit, exzellentes Fachwissen und Freundlichkeit. Das Unternehmen setzt in allen Bereichen seiner Arbeit hohe Standards. Dies zeigt sich bereits bei der Schulung der Mitarbeiter: Vor dem ersten Kundenkontakt steht ein intensives Trainingsprogramm für alle Einsteiger. Und auch wer eine Führungsposition anstrebt, muss die Kommunikation beherrschen. Dazu Ausbildungsleiterin Beate Effelsberg, Mitglied im IHK-Prüfungsausschuss: „Jedem neuen Mitarbeiter wird ein Pate an die Seite gestellt. Die Patenschaft bleibt über die Einarbeitungszeit, in deren Rahmen der Neueinsteiger

immer mehr Kompetenzen erhält, hinaus bestehen. Erst das ‚Go-Coaching' als Gütesiegel gibt grünes Licht für Kundentelefonate." Mit Schulungen, Kommunikationstraining und individueller Förderung etwa durch Stimmbildner investiert Prodi@log in sein höchstes Gut - die Mitarbeiter. Zudem bildet das Unternehmen seit 2006 Servicekräfte und Kaufleute für Dialogmarketing aus. Verbesserungsvorschläge kommunikativer Art belohnt die Geschäftsführung mit dem „Sales Pro Award". Auch soziales Engagement hat einen hohen Stellenwert: Ob Sportnachwuchsarbeit, Spenden für Menschen mit Mukoviszidose, für Kinderheime, Nachhilfe für Schüler - Vorschläge für Aktionen oder Bedarf stammen aus den Reihen des Teams - ohne jede politische Relevanz.

Gegenseitiger Respekt, eine flache Hierarchie, familienfreundliche Arbeitszeiten und ein gutes Betriebsklima zeichnen Prodi@log aus.

www.prodialog.de

Zu Gast in Tentens Speisezimmer

Alles neu im Rheinischen Landesmuseum. Im November 2003 wurde das traditionsreiche Haus in der Bonner Weststadt nach einer gründlichen Neugestaltung innen und außen wieder eröffnet. Jahrelange Planungen waren vorhergegangen. Die Sammlungen, bislang chronologisch aufgebaut, wurden nun nach Themen geordnet. Die Objekte aus verschiedenen Zeitstufen treten in einen spannenden Dialog miteinander, so wollte es die Museumsleitung - zunächst einmal gewöhnungsbedürftig für die Besucher. Religion, Umwelt, Technik, Luxus sind einige der Aspekte, unter denen das Leben

Glas und Holz: die Fassade des Landesmuseums. Rechts die Schädel-Kalotte des „Neandertalers".

der Menschen im Rheinland dargestellt wird. Star des Hauses ist der „Neandertaler". 1856 wurden die Schädel-Kalotte und weitere Skelett-Teile bei Steinbrucharbeiten im Neandertal bei Düsseldorf entdeckt. Die 42.000 Jahre alten 16 Knochen wurden weltweit als die ersten fossilen Reste einer ausgestorbenen Menschenform erkannt.

Die Bonner City-Museen wollen nicht mit dem Angebot der „Museumsmeile" (Seiten 164 und 165) konkurrieren. Das hat Beethovens Geburtshaus in der Fußgängerzone auch am wenigsten nötig. Kein Tag vergeht, an dem nicht Menschen aus allen Erdteilen, vor allem aus dem Musik liebenden fernen Osten, bewundernd und neugierig vor der Bonngasse 20 stehen und fotografieren. Hier tat Ludwig im Dezember 1770 in einem winzigen Dachkämmerchen seinen ersten Schrei - zur großen Freude seiner Mutter Maria Magdalena und ihres Mannes, dem kurfürstliche Hofsänger Johann van Beethoven. Das Geburtsdatum ist nicht bekannt, wohl aber der Tauftag, der 17. Dezember. Das von einem privaten Verein getragene Beethoven-Haus zeigt eine Fülle von Erinnerungen an den großen Meister der Noten, bringt interessante Wechselausstellungen und ist mit einem virtuellen Angebot auf der Höhe des elektronischen Zeitalters. Ein Blick in einen großbürgerlichen Bonner Salon um 1900? Oder in einen Kolo-

Alles dreht sich um den großen Meister im Beethoven-Haus.

nialwarenladen oder einen Friseursalon oder ein Fotoatelier aus der gleichen Zeit? Bitte sehr, das Stadtmuseum in der Franziskanerstraße macht's möglich. Von den Römern bis zur Neuzeit wird hier Ortsgeschichte geboten. Das 1998 nach viel zu langen Diskussionen eröffnete Haus sieht seine Schwerpunkte im 18. bis 20. Jahrhundert. Der Besucher sieht, wie barocke Kurfürsten lebten, wie man vor 100 Jahren in der Unternehmerfamilie Tenten speiste und wie der Zweite Weltkrieg eine Stadt zerbombte.

Das Akademische Kunstmuseum in der früheren Kinkelschen Anatomie am Hofgarten präsentiert eine der größten und ältesten antiken Abguss-Sammlungen, das Arithmeum ganz in der Nähe eine einzig-

Historische und noch funktionsfähige Rechenmaschinen zeigt das Arithmeum.

Interieur eines Friseursalons um 1900 im Stadtmuseum Bonn.

artige Sammlung historischer und noch funktionsfähiger Rechenmaschinen. Spektakulär auch das Frauenmuseum in der Nordstadt, das erste seiner Art in Europa.

C, D und U ins Museum

Parteigeschichte wurde im Konrad-Adenauer-Haus an der B 9 geschrieben. Von 1972 bis 2000 arbeitete hier die CDU-Zentrale, Ende 2003 kam der Abrissbagger. Der zehnstöckige Bau stand ebenso wie die benachbarte ehemalige Britische Botschaft und die DRK-Zentrale Neubauten der Telekom im Wege. Jahrzehnte leuchteten die riesigen roten Buchstaben C, D und U auf dem Dach des hohen Hauses, sie wanderten in den Fundus des Hauses der Geschichte.

Trotz der Neubauten bleibt noch viel Grün in der Ärztestadt.

Transparenz zeichnet viele Gebäude aus.

Auch „Kunst am Bau" kommt im Klinikum nicht zu kurz.

Ungewohnte Architektur für ein Krankenhaus.

Klinikstadt wächst auf dem Venusberg

Eine Stadt über der Stadt: das Klinikum der Bonner Universität auf dem Venusberg, heute eine der renommiertesten medizinischen Großeinrichtungen der Bundesrepublik. Jahr für Jahr drehen sich die Kräne auf dem weiträumigen Gelände. Es wird neu gebaut, saniert und modernisiert. Das Klinikum wächst und wächst. 1950, als hier die ersten Ärzte, Schwestern und Pfleger aus der Innenstadt in die ehemalige Flak-Kaserne zogen, hätte niemand eine solche Entwicklung erwartet. Bereits im 19. Jahrhundert war der Venusberg dank seiner guten Luft und der schönen Aussicht auf das Siebengebirge ein beliebtes Ausflugsziel der Bonner. Nach dem Deutsch-Französischen Krieg 1870/71 entstand auf dem späteren Klinikgelände ein Exerzierplatz. Zwar gab es in Bonn davon schon einige, doch auf dem Venusberg nun erstmals auch

Der Flak-Turm (im Hintergrund) erinnert noch an die militärische Vergangenheit des Klinikums.

einen Schießstand. 1936, im Jahr, als die Wehrmacht das von Frankreich verwaltete Rheinland besetzte, entstand auf dem Platz eine „Flak"-Kaserne. Der Turm und die alte Umfassungsmauer erinnern noch heute an den ursprünglichen Zweck der Anlage. Das markanteste Gebäude der damaligen Zeit ist heute Sitz der Verwaltung. Besonders beeindruckend: das wuchtige Treppenhaus im Turm aus schwarzem, unverwüstlichem Granit, das noch im ursprünglichen Zustand erhalten ist.

Die anhaltende bauliche und infrastrukturelle Entwicklung des Bonner Behandlungs- und Forschungszentrums regelt ein millionenschwerer Masterplan, in dem die Neu- und Umbaumaßnahmen bis Jahr 2020 dargestellt

Die erste Lebertransplantation

Es war eine medizinische Sensation: Professor Alfred Gütgemann (rechts), dem Direktor der Chirurgischen Klinik seit 1954, gelang am 19. Juni 1969 auf dem Venusberg die erste Lebertransplantation. Der Patient, ein 30-Jähriger mit Leberzellkarzinom im Endstadium, erhielt das gesunde Organ eines kurz zuvor an einem Hirnschlag gestorbenen gleichaltrigen Mannes. Der Transplantatempfänger lebte sieben Monate weiter. Was heute fast klinischer Alltag ist, ließ Gütgemann in die Medizin-Geschichte eingehen. Der Chirurg starb 1985 in Bonn.

sind. Der drittgrößte Bonner Arbeitgeber will durch Ausbau und Modernisierung den Venusbergcampus als zentralen Standort stärken. So sollen Einrichtungen wie die Medizinische Klinik III an der Wilhelmstraße am Rand der Bonner City nach und nach auf dem Venusberg angesiedelt werden - ebenso wie die Kinderklinik an der Adenauerallee, die an ihrem neuen Standort auf dem Berg mit einem Eltern-Kind-Zentrum und einem großen Zentralkrankenhaus verbunden werden soll.

Weitere Projekte auf dem Venusberg-Areal sind beispielsweise eine Zentralsterilisation und ein zweites Biomedizinisches Zentrum. Hinzu kommt ein Neubau des Deutschen Zentrums für neurodegenerative Erkrankungen (DZNE), dessen Bauherr die Helmholtz-Gemeinschaft Deutscher Forschungszentren ist. In unmittelbarer Nähe und inhaltlicher Verknüpfung entsteht der Neubau für Neurologie, Neurochirurgie und Psychiatrie. Ein Dutzend Kliniken mit 1.250 Betten stehen der Bonner Universität heute für die Versorgung ihrer Patienten aus dem In- und Ausland zur Verfügung. Und zwei Dutzend Institute stehen für eine international beachtete und geschätzte Forschungskapazität. 4.500 Menschen sind im Klinikum beschäftigt.

Moderne Bauformen im Venusberg-Areal.

Weltjugendtag: Nur fröhliche Gesichter

Eine Stimmung voller Harmonie, ein schönes Bild: Tausende junge Menschen schlendern durch die Stadt. Babylonisches Sprachgewirr, Mädchen und Jungen, Frauen und Männer aller Hautfarben, fröhlich, singend, Hand in Hand. Eine mitreißende Demonstration von Frieden und Einheit. Weltjugendtag in Bonn, ein Ereignis der Superlative, ein katholisches Ereignis, katholisch ganz anders.

Im August 2005 standen Köln, Bonn und Düsseldorf im Zeichen des katholischen Weltjugendtags. Mehr als 100.000 Europäer, Nord- und Südamerikaner, Afrikaner, Asiaten, Australier, Ozeanier kamen in die Bundesstadt. Der zentrale Gottesdienst im Hofgarten war der größte, den Bonn je erlebt hat. Bonns damalige OB Bärbel Dieckmann bilanzierte nach der Veranstaltung: *„Die jungen Menschen und die Stimmung in der Stadt werden uns fehlen. Wir werden so etwas nie wieder erleben."* In der Tat: So ein Fest, weit wegen von jedweder Frömmlerei, ist ein unwiederbringliches Jahrhundertereignis. Fünf Tage waren die jungen Leute bei den Bonnern zu Hause. 20.000 Männer und Frauen haben das Ereignis ehrenamtlich aktiv unterstützt, darunter rund 2.000 registrierte Helfer aller Altersstufen in Pfarrgemeinden, Verpflegungszentren und Gemeinschaftsunterkünften, 2.500 private Quartiergeber, 3.000 Kuchenbäckerinnen und -verteiler und 10.000 Gästelotsen. *„Für mich ist diese Erinnerung an den Weltjugendtag eine der schönsten"*, sagt heute Stadtdechant Monsignore Wilfried Schumacher. *„Ein solches freiwilliges Engagement hatte es noch nie in unserer Stadt gegeben."* Gerne erinnern sich die Bonner an ihre Gäste, die alle mit ihrer Fröhlichkeit ansteckten. Unvergessen sind der Eröffnungsabend mit Feuerwerk im Hofgarten, der Gottesdienst mit dem Osnabrücker Bischof Franz-Josef Bode und das anschließende Fest, die Katechesen, die Glaubensgespräche in den Kirchen, die vielen Fahnen überall in der Stadt, das von Bänken leer geräumte Münster und das Taizé-Gebet dort mit den auf dem Boden im Kerzenlicht Singenden... 5.000 erwartungsvolle Menschen säumten den Anfahrtsweg zur Villa Hammer-

Festlicher Gottesdienst im Hofgarten: Der Altar ist vor dem Akademischen Kunstmuseum aufgebaut.

schmidt, als Papst Benedikt zum Besuch bei Bundespräsident Horst Köhler vorfuhr. Bedauert wurde, dass dem Kirchenoberhaupt keine Gelegenheit geboten wurde, seine alte Universität zu besuchen. *„Er wäre gerne in die Innenstadt gekommen"*, weiß Schumacher. Benedikt hat in Bonn studiert.

Papst Benedikt bedankt sich bei Stadtdechant Monsignore Wilfried Schumacher für die aktive Mitarbeit beim Weltjugendtag im Beisein des Kölner Kardinals Josef Meißner (rechts) und des für Bonn zuständigen Weihbischofs Heiner Koch (im Hintergrund Mitte). Zum Taizé-Gebet bei Kerzenschein (links) trafen sich Tausende junge Menschen im abendlichen Münster.

Adelheids Brünnchen

Die heilige Adelheid von Vilich (rechts) ist nach einer Entscheidung des Vatikans nunmehr zusätzliche Bonner Stadtpatronin und rückt damit zu den römischen Märtyrer-Soldaten Cassius und Florentius auf. Noch an ihrem Sterbebett hatte Erzbischof Heribert 1015 die Vilicher Äbtissin Adelheid mit dem Rang der Heiligkeit ausgestattet. Die neue Bonner Stadtpatronin prägte das Leben im Kloster vor allem durch praktische Nächstenliebe. Das Haus wurde unter Adelheid zur Zuflucht für unzählige leidgeprüfte Menschen. Als die Bauern in einer Dürrezeit ihr letztes ausgezehrtes Vieh zum Flussbett von Rhein und Sieg trieben und auch dort nicht mehr genug Wasser fanden, stieß die Adelheid ihren Äbtissinnenstab in die ausgemergelte Erde. Und siehe da: Munter sprudelte eine Quelle aus der ausgedörrten Erde. So weit die Legende. Das Brünnchen, das dem Dorf Pützchen den Namen gab, hat die Jahrhunderte unversehrt überstanden und wird als Ursprung der Wallfahrt (und der heutigen Großkirmes „Pützchens Markt") gesehen (Seiten 30 und 31).

Unter der Flagge der Vereinten Nationen

Angela Merkel lässt keinen Zweifel: *„Wann immer sich die Gelegenheit bietet, werden wir als Bundesregierung alles dafür tun, dass Bonn als UN-Stadt gestärkt wird"*, sagt die Bundeskanzlerin. Und SPD-Chef Sigmar Gabriel assistiert: *„Bonn hat in den Vereinten Nationen einen exzellenten Ruf. Den wollen wir noch ausbauen."* Tatsächlich wächst das junge Standbein „UN City" kontinuierlich: immer noch klein, aber fein. 900 Experten aus allen Erdteilen.

Das Schloss Carstanjen wurde zuerst von der UN bezogen.

Man spricht international. Man trägt den Diplomaten-Pass. Man ist exterritorial. Die Flagge der Vereinten Nationen weht am einstigen Abgeordneten-Hochhaus „Langer Eugen" in der Gronau und am Schloss Carstanjen am Bad Godesberger Rheinufer. Weitere Teile des Bundeshaus-Komplexes werden seit 2010 für UN-Zwecke umgebaut. Kofi Anan lobt Bonn und seine Bürger. *„Hier fühlen wir uns wohl"*, sagte der UN-Generalsekretär, als er den für 55 Millionen sanierten „Langen Eugen" 2006 von Kanzlerin Merkel übernahm. Im Erdgeschoss des Gebäudes wurde auf Wunsch der UNO der ungefähr 30 Quadratmeter große, schallgeschützte Meditationsraum in Richtung Mekka ausgerichtet.

Die Reihe der UN-Sekretariate in Bonn begann mit der Freiwilligen-Organisation der Vereinten Nationen. Die größte und bedeutendste Bonner Einrichtung ist das Weltklima-Sekretariat mit 230 Mitarbeitern. „Dass gerade der Klimaschutz in Bonn ansässig ist, zeigt, welchen Stellenwert die UN unserem Land beimessen", erklärt Kanzlerin Merkel. Weitere Organisationen beschäftigen sich mit der Bekämpfung der Wüstenbildung, der Erhaltung der wandernden wild lebenden Tierarten, der Berufsbildung, der Weltgesundheit oder der Katastrophenvorsorge und dem Aufbau des Tsunamiwarnsystems für den Nordost-Atlantik, Mittelmeer und benachbarte Meeresge-

biete. Alle eint im weitesten Sinne die Umwelt-Thematik.

Der UN Campus bietet ideale Arbeitsbedingungen und ein synergienreiches Umfeld. Besondere Vorteile liegen in der direkten Nachbarschaft zum Konferenzzentrum (ehemaliger Plenarsaal und Wasserwerk), dessen Erweiterungsbau nach der Verzögerung durch das Finanzierungsdebakel allerdings immer noch auf seine Fertigstellung wartet. Günstig ist aber auch die Nähe zu den Bonner Ministerien, Bundesbehörden sowie rund 150 Nichtregierungsorganisationen und Wissenschaftseinrichtungen, die sich mit Umweltproblematiken beschäftigen.

Die Vereinten Nationen sind jetzt im Bundeshaus-Komplex zuhause.

Exklusiver Bogen

Der „Bonner Bogen" - das Filet-Areal für Investoren auf der rechten Rheinseite. Auf dem Gelände einer stillgelegten Zementfabrik ist ein Ensemble von Bürobauten von hohem architektonischem Anspruch und exquisiter Ausstattung entstanden (siehe auch Zeit Reise Spezial Seite 188 bis 191). Hauptinvestor ist der Mitbegründer des Software-Hauses GWI, Dr. Jörg Haas, die Gesamtplanung stammt von Karl-Heinz Schommer (links). Dem Investor und dem renommierten Architekten

ist es nicht nur gelungen, elegantes Neues zu schaffen, sondern auch historische Teile der Fabrik - Rohmühle und Direktorenvilla - überzeugend zu integrieren.

In Deutschland an vierter Stelle

Der Köln Bonn Airport, seit 1994 nach Konrad Adenauer benannt, ist der viertgrößte Flughafen in Deutschland - im Frachtbereich rangiert er an zweiter Stelle, bei den Passagierzahlen an sechster. 10,4 Millionen Fluggäste checkten 2007 ein und aus. Neben Leipzig/Halle und Hahn zählt er als ehemaliger Regierungsflughafen und wegen der Einrich-

tungen der Luftwaffe zu den wenigen deutschen Flughäfen ohne Nachtflugverbot. Im Ersten Weltkrieg errichtete das Militär auf dem Gebiet des heutigen Flughafens einen Truppenübungsplatz. 1938 baute die Luftwaffe eine erste Startbahn, nach 1945 erweiterte die British Air Force den Airport. 1957 übegaben die Briten ihn einer zivilen Verwaltung.

Engagement für Recht und Gesellschaft

Von links:
Hamid Mehrpuyan,
Arnd Heidtmann, Wolfgang Bramer,
Arian Mehrpuyan und Norbert Küster.

„Das natürliche Recht aber ist die Freiheit, und die weitere Bestimmung derselben ist die Gleichheit in den Rechten vor dem Gesetz", so der Philosoph Georg Wilhelm Friedrich Hegel (1770 bis 1831). Und dieses Recht zu erhalten, dafür engagiert sich auch der seit 1983 in Bonn als Rechtsanwalt tätige Norbert Küster - zunächst neben einer Verbandstätigkeit, ab 1994 hauptberuflich in einer der ältesten Sozietäten der Stadt bis zu deren Auflösung Ende 2007. Zum 1. Januar 2008 gründete Küster die Bürogemeinschaft „Rechtsanwälte Küster - Bramer - Sprenger - Mehrpuyan" in der Oxfordstraße 10 im Bonner Zentrum. Bereits seit mehreren Generationen ist die Familie des Rechtsanwalts in Bonn verwurzelt. 1916 erhielt der Großvater, der aus Güsten bei Jülich stammt, eine Anstellung als Lehrer an der Michaelschule in Bonn-Kessenich; später wechselte er an die Volksschule in Poppelsdorf. Weil er weder sich noch seine beiden Söhne in die Strukturen des nationalsozialistischen Regimes einbinden ließ, musste der ältere Sohn und spätere Vater von Norbert Küster das Bonner Beethovengymnasium in der Oberstufe verlassen und das Abitur in Brühl ablegen. Der Großvater aber wurde eben wegen seiner konsequent demokratischen und antitotalitären Haltung nach dem Zweiten Weltkrieg im Oktober 1946 zum Rektor der zentralen Bonner Münsterschule ernannt.

Kanzlei-Gründer Rechtsanwalt Norbert Küster

Den Vater von Rechtsanwalt Küster führte der Berufsweg als Geodät (Vermessungsingenieur) nach dem Studium in andere Städte. Küster selbst kehrte zum Studium in seine Heimat Bonn, wo er 1952 geboren worden war, zurück. Denn auch während seiner Jugend- und Schuljahre in fernen Orten war die Stadt stets sein familiärer und persönlicher Bezugspunkt, zumal auch viele Verwandte mütterlicherseits, deren Familie aus Westfalen stammt, hier studierten, lebten und Familien gründeten. Noch während des Studiums begann Norbert Küsters politisches Engagement - zunächst in der Hochschulpolitik. Die Schnittstelle zur Staatskunst blieb bestimmend: Nach dem 2. juristischen Staatsexamen wurde er zum Alleingeschäftsführer - später Hauptgeschäftsführer - des Bundesverbandes Deutscher Unternehmensberater BDU e.V. berufen. Diese Funktion übte er von Juni 1982 bis Juni 1994 aus. Besonderer juristischer Erfolg in dieser Zeit: Beseitigung des Vermittlungsmonopols der Bundesanstalt für Arbeit. Seither verfügen nicht nur die Personalberater über eine sichere Rechtsgrundlage. Vielmehr haben sich seither völlig neue Vermittlungsstrukturen entwickelt, wie sie in anderen Ländern längst existierten.

Obwohl Küster seit 1. Juli 1994 hauptberuflich als Anwalt arbeitet, blieb er der Verbandstätigkeit weiterhin verbunden. So berät er etliche namhafte Wirtschafts- und Berufsverbände nicht nur in vereinsrechtlichen Fragen, sondern vertritt diese gegenüber Behörden, Ministerien und der Politik auch in legislativen Fragen des jeweiligen Wirtschaftsgebietes.

Drei Schwerpunkte der anwaltlichen Tätigkeit haben sich herausgebildet: Wirtschaftsrecht im Allgemeinen, Immaterialgüterrecht (Urheber-, Marken und Sortenschutzrecht) sowie Brandschutz- und Bauproduktenrecht. Im Brandschutz setzt sich Rechtsanwalt Küster seit vielen Jahren bundesweit - und bisher mit Erfolg in neun Bundesländern - für die Einführung einer gesetzlichen Pflicht zur Ausstattung von Wohnräumen mit Rauchwarnmeldern ein, um die Zahl der Brandtoten und Brandverletzten deutlich zu senken.

Der Bürogemeinschaft Küster gehören auch die Kollegen Wolfgang Bramer und Jörg Sprenger, Hamid und Arian Mehrpuyan an. Rechtsanwalt Bramer ist zugleich Fachanwalt für Steuerrecht und Fachanwalt für Familienrecht, Hamid Mehrpuyan zugleich Fachanwalt für Verkehrsrecht. Seit 1. Juni 2011 ergänzt Arnd Heidtmann mit den Schwerpunkten Arbeitsrecht sowie Verkehrs- und Strafrecht das Team. „Küster Rechtsanwälte - Fachanwälte in Bürogemeinschaft" bearbeitet heute ein breites Spektrum an Rechtsgebieten, die für Unternehmen, Unternehmer und Privatleute von Interesse sind: Familien- und Eherecht, Erb-, und Erbschaftssteuerrecht, Miet- und Arbeitsrecht, Sozialrecht, Vertrags- und Reiserecht, Verkehrs- und Strafrecht, IT-Recht, Urheber-, Marken- und Sortenrecht, Bau-, Brandschutz- und Bauproduktenrecht. Neben seinem Beruf ist Norbert Küster nach wie vor politisch und in Verbänden aktiv: als langjähriger stellvertretender Vorsitzender der CDU LiKüRa sowie seit Jahren auch im Wirtschaftspolitischen Club Deutschland (WPCD, www.wpcd.de) - hier seit März 2011 als einer der Vizepräsidenten. Küster engagiert sich vor allem im Bereich Innere Sicherheit, Zivil- und Katastrophenschutz. www.ra-kuester.de

Markenzeichen Magenta -
Erfolge unterm Korb und auf der Straße

Der Regierungs-Umzug nach Berlin hatte die Rahmenbedingungen für den Bonner Sport spürbar verändert. Als Bundesstadt Bonn nun Standort von verlagerten Bundesbehörden und privatisierten Bundeseinrichtungen, engagiert sich die Deutsche Telekom für den Bonner Sport: Die Farbe Magenta der Radfahrer vom „Team Telekom" (später Team T-Mobile) und der Basketballer der „Telekom Baskets Bonn" wird zum Markenzeichen des Erfolgs. Große Tage im Sommer 2008: die Baskets wechseln von ihrer bisherigen Spielstätte, der Hardtberghalle, in die erste Halle Deutschlands, die nur dem Basketball vorbehalten ist. Mit dem Telekom Dome sind die Baskets erster Verein im deutschen Profibasketball, der eine eigene Halle besitzt.

Im April 1995 als „Telekom Baskets Bonn" gegründet, erreichen die Profis bereits 1996 das Ziel des Bundesliga-Aufstiegs. Seitdem zählen die Baskets zu den erfolgreichsten Basketball-Vereinen in Deutschland. Zwar noch ohne Titel, können sie inzwischen auf fünf Vizemeisterschaften (1997, 1999, 2001, 2008 und 2009) zurückblicken. Basketball hat in Bonn eine Euphorie ausgelöst.

Seit der Aufstiegssaison 1996/97 starteten - dank tatkräftiger Unterstützung von Verein, Fanclub und Sponsors - sieben Sonderzüge zu Auswärtsspielen der Baskets. Fast neun Jahre lang halten die Baskets den Halleneuroparekord für die größte Zuschauerkulisse bei einem regulären Punktspiel. Am 7. April 2000 kommen zu einem nach Köln in die Kölnarena verlegten Spiel gegen Alba Berlin 18.605 Zuschauer. Und im Sommer 2008 treten die Baskets zum ersten Mal in ihrem Telekom Dome an.

Neben den Baskets hat sich mit der „BG Rentrop Bonn" ein Damen-Basketballverein etabliert, der erstklassige Ergebnisse einfährt. Höhepunkt in der Geschichte der BG ist der Gewinn der Deutschen Vizemeisterschaft in der Saison 2001/02. In der Saison 2004/05 steigt die BG aus der 1. Bundesliga ab, spielt dann einige Jahre in der 2. Liga, um dann in der sportlichen Versenkung zu verschwinden. Erfolgreichstes Basketballteam Bonns überhaupt ist der „Allgemeine Sportverein Bonn". Unter dem Kürzel „ASV Bonn" gewinnt die Sportgemeinschaft für Behinderte und Nichtbehinderte im Rollstuhlbasketball in den Jahren 1999, 2000 und 2001 die Deutsche Meisterschaft sowie in den Jahren 1998, 1999, 2000 und 2001 den Deutschen Pokal.

Nachdem der Radsport bereits in der Nachkriegszeit in Bonn für Furore gesorgt hatte, geht ab 1991 mit dem in Bonn ansässigen „Team Telekom" ein Radteam an den Start, das mehrere Jahre lang zu den weltbesten Mannschaften des Radsports zählt. Die größten Erfolge: die Tour de France-Siege von Bjarne Riis (1996) und Jan Ullrich (1997) sowie der sechsmalige Gewinn des Grünen Trikots als bester Sprinter durch Erik Zabel. Auf die sportlichen Erfolge fällt jedoch schon bald ein Schatten. 2007 gestehen mehrere Fahrer des Teams systematisches Doping, worauf hin die Deutsche Telekom Ende des Jahres ihr Radsport-Engagement beendet.

Infiziert mit dem Basketball-Virus: Seit Jahren hoffen und bangen die Fans mit den Telekom Baskets Bonn.

Einlauf der „Gladiatoren"

Beim Public Viewing auf der Museumsmeile hoffen die Fans am 25. Juli 2009 auf einen Bonner Sieg im entscheidenden fünften Finalspiel bei den EWE Baskets Oldenburg. Doch am Ende der Schock (unten): Je'Kel Foster trifft vier Sekunden vor dem Ende. Oldenburg ist Meister, Bonn zum fünften Mal „nur" Vize.

Erst relativ kurze Zeit wird in Bonn auch erfolgreich Baseball gespielt. Im Jahr 1994 steigt der von Studenten fünf Jahre zuvor gegründete „1. Baseballverein Bonn Capitals e. V." in die 1. Bundesliga auf und kann sich dort bis in die Gegenwart behaupten.

Klaus Reichert

Im Gegensatz zum Baseball zählt das Fechten zu den „Dauerbrennern" im Bonner Sport. Am 12. Januar 1949 formiert sich der „Olympische Fechtclub Bonn e. V.", dessen Fechterinnen und Fechter ihn zu einem der erfolgreichsten Fechtvereine Deutschlands machen. Seine Mitglieder holen zahlreiche Medaillen bei Olympischen Spielen, Welt- und Europameisterschaften sowie Deutschen Meisterschaften: Jürgen und Gudrun Theuerkauff (Olympia-Bronze 1960 und 1964), Friedrich Wessel (Doppel-WM-Gold 1970 und 1971), Klaus Reichert (Olympia-Gold 1976 und WM-Gold 1977), Ute Wessel (Olympia-Gold 1984) und Benjamin Kleibrink (Olympia-Gold 2008). In der Nähe des Sportparks Nord betreibt der Deutsche Fechter-Bund seine Zentrale mit angeschlossenem Internat zur Förderung der Nachwuchs-Fechtelite Deutschlands.

Ute Wessel

Bundesweite Aufmerksamkeit im Fußball erregt der Bonner SC in der Saison 1999/2000 mit der Verpflichtung der kompletten Nationalmannschaft von Kuba. Wegen fehlender Spielberechtigungen bleibt der Coup jedoch erfolglos. Am Saisonende heißt es für den BSC wieder: Abstieg. Im Sommer 2010 wird bekannt, dass sich beim BSC Schulden in Höhe von mehr als sieben Millionen Euro angehäuft haben. Daraufhin entscheidet der DFB am 4. Juni 2010, dem BSC für die Regionalligaspielzeit 2010/11 keine Lizenz zu erteilen. Am 21. Juli 2010 wird das Insolvenzverfahren vor dem Amtsgericht Bonn eröffnet, woraufhin der Verein bekannt gibt, dass die Erste

Mannschaft nicht am Spielbetrieb teilnimmt. Ob dies das Ende eines traditionsreichen Vereins ist? Darüber lässt sich nur spekulieren. Was neben der Meisterschaft der Damen bleibt, ist ein anderer Titel: Bonn ist die größte Stadt Deutschlands, die noch nie mit einem Verein in der Ersten Fußball-Bundesliga vertreten war. Dabei wird es vorerst auch bleiben.

Zählte in den Anfängen des Badminton-Sports in Bonn der 1. DBC Bonn, der 1976 in die SSF Bonn überführt wird, zu den erfolgreichsten deutschen Vereinen dieser Sportart, übernimmt diese führende Rolle später der „1. Badminton Club Beuel 1955 e. V.". Zu den größten Erfolgen der Vereinsgeschichte zählt in den Jahren 1981, 1982 und 2005 der Gewinn der Deutschen Mannschaftsmeisterschaft. Hinzu kommen aus beiden Vereinen zahlreiche Aktive, die nationale und internationale Titel erringen. Herausragende Spielerinnen und Spieler des 1. DBC Bonn sind Irmgard Gerlatzka-Latz (geb. Latz) und Wolfgang Bochow sowie des 1. BC Beuel Marieluise Zizmann (geb. Wackerow) und Roland Maywald. Dafür, dass Bonn auch weiterhin den Ruf einer Badminton-Hochburg in Deutschland genießt, sorgt auch der Beueler Marc

Wenn der „Telekom-Zug" das Tempo forcierte, hatten die Gegner häufig das Nachsehen.

Zwiebler, einziger derzeit auf der Weltrangliste geführter Badmintonspieler Deutschlands.

Die 1973 innerhalb der SSF Bonn erfolgte Gründung der Abteilung Moderner Fünfkampf trägt inzwischen ihre sportlichen Früchte. Elena Reiche und Lena Schöneborn sichern sich 2005 in Warschau gemeinsam mit der Berlinerin Kim Raisner den Titel des Staffelweltmeisters. Zwei Jahre später gewinnt Lena Schöneborn bei den Olympischen Spielen in Peking (2008) die Goldmedaille.

Bundespräsident schickt 11.167 Läufer los

In Bonn steht nicht nur der Spitzensport im Fokus, auch im Breitensport hat die Stadt viel zu bieten. Rund ein Viertel der Bevölkerung hält sich in fast 400 Vereinen und insgesamt mehr als 70 Sportarten fit. Eine beliebte Verbindung von Breite und Spitze stellt der jährliche Deutsche-Post-Marathon dar, der erstmals 2001 ausgetragen wurde. Die Veranstaltung zählt zu den zehn größten Lauf-Events in Deutschland: 2011 nahmen insgesamt 11.167 Läufer, Inlineskater und Handbiker an Marathon und Halbmarathon teil - angefeuert von mehr als 200.000 Zuschauern. Bundespräsident Christian Wulff hatte das Starterfeld auf die 42,195 Kilometer lange Strecke geschickt.

Aus luftiger Höhe gesehen wirkt der Neubau-Komplex fertig.

Der frühere Plenarsaal wird heute als Konferenzort genutzt und gehört zum Ensemble des „WCCB".

WCCB: Hoffnung auf ein Happy End

Die Hoffnung stirbt nie. Und so hofft Bonns Oberbürgermeister Jürgen Nimptsch, irgendwann gegen Ende des Jahres 2013 ein Konferenzzentrum eröffnen zu können, um dessen Bau die größte Skandalgeschichte der Bonner Nachkriegszeit spielt. Das noch unvollendete Drehbuch beginnt mit Sekt und Hurra in einer Welt des internationalen Kapitals, die sich dann als nur noch virtuell herausstellt. Schließlich betreten der Insolvenzverwalter und obendrein der Staatsanwalt die Bühne. Am Finale des Dramas wird Tag für Tag, Woche für Woche, Monat für Monat und nun seit Jahren geschrieben: Happy End erwünscht, aber nicht garantiert.

2003 beschließt die Stadt, die Tagungsmöglichkeiten im bisherigen Bundeshaus-Komplex um eine Großhalle mit Luxushotel zu arrondieren. Weil die UNO bald nebenan mit ihren Sekretariaten residieren und viel Platz benötigen wird und weil es sich so gut anhört, wird das Projekt zum „World Conference Center Bonn", kurz WCCB, hochgeredet. Der damaligen Oberbürgermeisterin Bärbel Dieckmann (SPD) und ihrem selten so einigen Stadtrat scheint der Investor vom Himmel geschickt zu sein. SMI Hyundai nennt er sich, klingt gut, wer kennt nicht die Autos des zweiten Namensteils. Doktor ist der Chef des

„amerikanisch-koreanischen Konsortiums" auch noch. Man-Ki Kim heißt er, ist sehr nett, verkündet lächelnd, wie er sehr dieses ihm bis dahin unbekannte Bonn mag. Und bringt (angeblich) so viel Geld mit, dass die Sache eigentlich die Stadt nichts, oder jedenfalls nicht viel kostet. Wer würde da nicht zugreifen. Bei Redaktionsschluss dieses Buches sitzt Dr. Kim in Untersuchungshaft. Millionenbetrügereien wirft der Staatsanwalt ihm und anderen vor. Mit dem Verdacht der Untreue, fahrlässig sorglosem Umgang mit Steuergeldern sind die ehemalige Oberbürgermeisterin und andere konfrontiert. Das Prestige-Projekt ist vor die Wand gefahren. Zwar ist der Bau zu gut 70 Prozent fertig, aber mit Kim und Konsorten sind die Millionen für die Fertigstellung verschwunden. Aus der Traum vom Schnäppchen in der Gronau, jetzt muss die Stadt in eine Menge saurer Äpfel beißen, will sie den Tagungspalast mit seiner Hochhaus-Herberge vollenden. Wenigstens 75, wenn nicht bis zu 200 Millionen Euro muss die Stadt nachschießen. Als das Magazin „Haus & Grund aktuell" im November 2007 zuerst von „Sorgen" um das WCCB wegen Finanzproblemen des Investors und Bauverzögerungen schrieb, wurde der Bericht von der Stadt und vom „Investor" Kim vehement zurückgewiesen. Es gelang den Verantwortlichen, das sich anbahnende Debakel noch fast zwei Jahre unter der Decke zu halten, bis der Bonner General-An-

zeiger unter dem Titel „Die Millionenfalle" groß einstieg. Aus dem einen Artikel wurde inzwischen eine Serie mit nahezu in jeder Woche einem neuen, meist ganzseitigen Beitrag. Drei renommierte Journalistenpreise belohnen das GA-Team mittlerweile für seine Hartnäckigkeit in diesem peinlichen Fiasko.

Oberbürgermeister Jürgen Nimptsch, der als kommunalpolitischer Neuling eher ahnungslos in das Debakel schlitterte, erklärte im Mai 2011 zur Anklageerhebung gegen vier Personen im Zusammenhang mit dem WCCB: *Die Ermittlungen der Staatsanwaltschaft zeigen, mit welch hoher krimineller Energie Rat und Verwaltung getäuscht wurden. Ein Täuschunsmanöver diesen Ausmaßes hat sich sicher niemand vorstellen können. Ich begrüße, dass jetzt erste Schritte zur gerichtlichen Bewertung getan worden sind und Licht in die Vorgänge kommt.*

Rechts: Wie geht es wann endlich weiter? OB Jürgen Nimptsch (rechts) auf der WCCB-Baustelle.

Eines der von Hucko Immobilien betreuten Objekte: das Carre im Johanniterviertel, Menuhinstraße 6
www.hucko.de

Bettina Hucko

„Immobilien bewegen" - kompetent und seriös

Bettina Hucko hat sich seit 1990 in der Bonner Immobilienszene einen guten Ruf erarbeitet. Nach ihrem Jurastudium ließ sie sich zur Immobilienkauffrau ausbilden. Mittlerweile bildet Bettina Hucko selbst Nachwuchs aus. 2009 eröffnete die Maklerin ihr eigenes Büro in der

Friedrichstraße 32, die sich von einer unbedeutenden Nebenstraße zu einer prachtvollen Einkaufsstraße entwickelt hat. Bereits acht Jahre zuvor hatte Frau Hucko während der ersten Krisenzeit auf dem Bonner Immobiliensektor nach dem Regierungsumzug gemeinsam mit einem Partner den Schritt in die Selbstständigkeit gewagt. Bestand das Leistungsportfolio vor der Neugründung fast ausschließlich aus dem Vertrieb von Gewerbeimmobilien, so erweiterte

sie nun die Angebotspalette um Privatimmobilien. Dabei steht der Wunsch des Kunden im Mittelpunkt. Ob große oder kleine Fläche: Wenn ein Neugründer ein kleines Büro sucht, dann wird er genauso engagiert bedient, wie ein Unternehmen mit größerem Flächenbedarf.

Das Credo von Bettina Hucko: „Makler und Politiker haben eines gemeinsam, ihr Ruf ist nicht der beste. Unsere Ge-

sellschaft benötigt sie dennoch beide - aber nur die seriösen. Diese Eigenschaft symbolisiert deshalb für mein berufliches Bemühen den höchsten Wert. Lieber auf ein Geschäft verzichten, als diesem Wert etwas schuldig bleiben. Ebenso wichtig wie Seriosität ist aber auch Professionalität - Merkmale, nach denen mein Team aus vier ausgebildeten Immobilienkaufleuten ebenfalls handelt."

Ehemalige japanische Botschaft in der Godesberger Allee 102-104
Rechts: Villa in der Adenauerallee 136

Blüm bis Westerwelle: Berlin? Nein Danke.
Polit-Profis halten Bonn die Treue

Er ist Kabarettist und Obrist, Autor und Professor - und, ach ja, Staatsmann ist er auch. Norbert Blüm, der Wirbelwind, der Alleskönner, überall und schon wieder weg. Nur wenige Politiker haben die Deutschen so plastisch vor Augen wie den Nobbi mit den flotten Sprüchen. Kostprobe: *„Ein frommer Muslim in der Moschee ist mir lieber als ein besoffener Atheist im Freudenhaus."* Oder: *„Wer Sehnsucht nach Harmonie hat, muss in einen Gesangsverein gehen. Aber nicht in die Politik."* In Bonn gehört Norbert Sebastian Blüm quasi zum guten Ton. Hier lebt der geborene Rüsselsheimer in der Südstadt in einem Gründerzeit-Haus, von hier *„melde ich mich auch in Zukunft mehr zu Wort, als es manchem lieb ist"*. Mit der malenden Ehefrau Marita zieht der CDU-Mann über den Obst- und Gemüse-Markt, lässt sich mal im

„Herzensbonner"
Rainer Barzel

„Sudhaus" sehen, wibbelt zu Karneval als Ehrenoffizier auf der Bühne des Bonner Stadtsoldaten-Corps „Stippeföttche". Wenn es um Fastelovend geht, hält auch so manch anderer Polit-Profi mit, der in der Bonner Region heimisch geworden ist. Hans-Dietrich Genscher, der Außenminister der Wiedervereinigung, wohnt seit Jahrzehnten in der Randgemeinde Wachtberg, ist auch „Obrist". Er trägt, wenn's denn sein muss, die Narrenkappe wie auch Wolfgang Clement, Superminister für Wirtschaft und Arbeit unter Gerhard Schröder bis 2005, der mit Ehefrau Karin in Bonn zu Hause ist und gegenüber der Universität ein Beratungsbüro unterhält. Einen Ehrenplatz in Clements Haus hat das „Bröckemännche", mit dem der Bonner Medienclub den beherzten Nonkonformisten dekorierte (Seite 129).

Als Bonner fühlt sich auch Genschers Nachfolger als Außenminister und Vizekanzler, der

Peer Steinbrück lebt in Bad Godesberg-Plittersdorf.

Klaus Kinkel (rechts) unterwegs in Bonn mit dem Bonner SPD-Abgeordneten und Fraktionsvize Ulrich Kelber.

Liberale Klaus Kinkel. Der Weitgereiste ist in der Nachbarstadt Sankt Augustin heimisch. Kinkels Außenamtsnachfolger Guido Westerwelle wiederum, geboren in Bad Honnef, war Anwalt in seiner Kanzlei in Königswinter, bevor er in Berlin Minister wurde. 2010 besiegelte er seine Partnerschaft mit Michael Mronz im Bonner Standesamt: OB Jürgen Nimptsch diente höchstpersönlich als Standesbeamter, nachdem er zuvor die dazu nötige Qualifikation im Schnellgang erworben hatte.

Zur Bonner Riege zählt Ex-Finanzminister Peer Steinbrück. Mit seiner Frau Gertrud, promovierte Studienrätin am Bad Godesberger Amos-Comenius-Gymnasium, lebt er in Bad Godesberg-Plittersdorf. Und der aktuelle Umweltminister Norbert Röttgen schläft in seinem Haus in Königswinter, wenn er mal Zeit für die Heimat hat… Als *„Herzensbonner"* bezeichnete sich Rainer

Barzel. Bis kurz vor seinem Tod war ein Reihenbungalow am Rand des Regierungsviertels Nord („Kreuzbauten") ständiger Wohnsitz des CDU-Politikers, der in Bonn als Minister, Partei- und Fraktionsvorsitzender und zuletzt Bundestagspräsident Höhen und Tiefen deutscher Politik durchstand und Schicksalsschläge in der Familie verkraften musste. In Erinnerung bleibt die traurig-rührende Geschichte des Wahlbonners Franz Müntefering. Als 2006 der Krebs bei seiner Frau Ankepetra wieder ausbrach, zog das Ehepaar von Berlin zurück nach Bonn, ein Jahr später gab „Münte" sein Vizekanzleramt auf, wollte an der Seite seiner Frau sein, bis sie im Juli 2008 in seinen Armen starb.

Guido Westerwelle besiegelte seine Partnerschaft mit Michael Mronz im Bonner Standesamt.

Freund flotter Sprüche und Wahl-Bonner: Norbert Blüm.

Solidarität, Hilfe - aber auch Kritik

Mehr als 2.000 Menschen haben sich am Bonner Loch vor dem Hauptbahnhof versammelt. Für einige Minuten ist es totenstill. Kerzen brennen. Es ist der 15. März 2011. Vier Tage nach dem schweren Erdbeben in Japan, dem verheerenden Tsunami und dem Beginn der Kernkraft-Katastrophe in Fukushima (im Hintergrund das zerstörte AKW). Bonn gedenkt der vielen Opfer. Aus dem seit November regelmäßigen Anti-Atom-Spaziergang der Initiative „AntiAtomBonn" ist an diesem Abend erst eine Demonstration, dann eine Mahnwache geworden. Lauten Forderungen nach dem Ausstieg aus der Atomenergie folgt langes Schweigen. Bonn ist solidarisch. Deutsche und japanische Studenten der Friedrich-Wilhelm-Universität sind in der Innenstadt unterwegs. Ihr Motto: „1.000 Kraniche

Anti-Atom-Demonstration vor dem Bonner Hauptbahnhof.

In den Tagen nach dem schweren Erdbeben und der nuklearen Katastrophe im AKW Fukushima erläutert der Meteorologe Dr. Karsten Brandt täglich beim Bonner TV-Sender Phoenix die Wetterprognose und den Weg der radioaktiven Wolke über Japan und dem Pazifik.

für Japan". Die Studenten verschenken kleine Origami-Kraniche und bitten um Spenden. Auch Professoren machen mit, sammeln Geld für das Rote Kreuz im Land der aufgehenden Sonne - und fühlen sich dadurch nicht mehr ganz so hilflos. Eine Japanologie-Studentin sagt: „Es war, als wenn die Katastrophe direkt vor meiner Haustür passiert wäre. Ich habe sehr viele Freunde in Japan." Direkt betroffen ist eine japanische Psychologie-Studentin. Sie hat einen Freund in der Heimat verloren und zitiert ein japanisches Sprichwort: „Anteilnahme ist zunächst nicht für die anderen, sondern für sich selbst."
Bonn hilft. Das Technische Hilfswerk (THW) in Lengsdorf schickt im Auftrag der Bundesregierung zunächst 40 Helfer der Schnell-Einsatz-Einheit „Bergung Ausland" nach Japan. Zudem unterstützen vier Retter die Deutsche Botschaft in Tokio bei der Erkundung weiterer Hilfsmaßnahmen. Vor dem Hintergrund der prekären Lage in japanischen Atomkraftwerken steht allerdings die Sicherheit der Einsatzkräfte an erster Stelle. THW-Präsident Albrecht Broemme hat schon

vor dem Abflug gesagt: „Wir werden nicht in Gebieten tätig, in denen Gefahr durch radioaktive Strahlung zu befürchten ist." Ein THW-Experte für ABC-Lagen ist als Fachberater an der deutschen Botschaft tätig. Unterdessen suchen Erdbebenspezialisten des Bonner Hilfswerks mit moderner Technik und Spürhunden im Norden Japans nach Überlebenden. Am 15. März, mehr als 100 Stunden nach der Katastrophe, ist der Einsatz der Spezialisten beendet. Broemme sagt in Bonn: „Eine realistische Chance auf Rettung besteht nicht mehr." Vier Tage später

THW-Experten der Schnell-Einsatz-Einheit „Bergung Ausland" reisen nach Japan.

kehrt die Schnelleinsatz-Truppe nach Deutschland zurück. Kollegen bleiben allerdings noch vor Ort. Sie unterstützen deutsche Staatsbürger und Menschen anderer Nationalitäten bei der Ausreise aus Japan.
Bonn kritisiert. Professor Reinhard Zöllner, Japanologe an der Bonner Uni, spricht von nachhaltigen Störungen der deutsch-japanischen Beziehungen. Im April war er von einem mehrmonatigen Forschungsaufenthalt aus Tokio zurückgekehrt. Der Besuch von Außenminister Guido Westerwelle in Japan am 2. April sei dort ganz und gar nicht als Solidaritätsakt aufgenommen worden. Nach Zöllners Worten haben japanische Medien heftig kritisiert, dass Westerwelle gegenüber seinem Amtskollegen Takeaki Matsumoto die Informationspolitik im Zusammenhang mit der Katastrophe beanstandet habe. In Japan sei zudem irritiert zur Kenntnis genommen worden, dass die Bundesrepublik als einziges EU-Land ihre Botschaft in Tokio geschlossen hätte. „Dafür bestand objektiv überhaupt kein Anlass", so der Bonner Professor.

Japanische Soldaten zwischen den Trümmern der Stadt Minamisanriku.

Bernd Stelter

Vom „Underground" auf die ganz große Bühne

Was in den 1960er-Jahren mit großer Energie und noch größeren Ambitionen mit Beat-Bands und der Rock-Szene im „Underground" (Seite 139) begann, hat sich bis heute zu einer Melange unterschiedlicher Musikstile entwickelt.

Vor allem die Größe der Veranstaltungen nahm in den 50 Jahren seit den Anfängen zu: Als Mega-Event wird 1983 das jährliche eintägige Musik-festival „Rheinkultur" in der Bonner Rheinaue etabliert. Bei freiem Eintritt - je nach Wetter - kommen bis zu 200.000 Gäste an den Fluss.

Neben der Rockmusik begeistern zwei weitere Stilrichtungen seit Mitte der 1970er-Jahre: einerseits die Folk- und Liedermacherszene mit Ernst Scholl, Jean Faure, Gisbert Haefs oder Tom Kann-

2005 erscheint das von Rope Schmitz verfasste „Bonner Rock Lexikon", in dem die Rockgeschichte von 1965 bis 2005 nachgezeichnet wird.

macher, die sich vor allem im damaligen Bonn-Center (heute: Pantheon) und im City Bonn-Bons unter dem Motto „Folk Blues Live" trifft. Anderseits ist die Jazzszene mit „Doktor Jazz Ambulance", der „Pinte Jazz Gang" und der „Happy Jazz Company" vor allem in den Bonner Clubs „Session", „Pinte", „Jazz Galerie" und „Club Popolaire" zu Hause. Schon lange ist der Hype um diese Musikrichtungen vorbei, lediglich „Sonjas Kneipe" bietet die Möglichkeit, regelmäßig Live-Jazz zu erleben.

Neben den Bands setzen einzelne Instrumentalisten über die Grenzen Bonns hinaus musikalische Akzente: Rolf „Rocco" Klein (Gitarre), der lange Klaus Lage begleitet und mit „1000 und 1 Nacht" (1984) einen Hit landet, oder Harry Alfter (Gitarre) und Norbert Blüms Sohn Christian (Schlagzeug), die maßgeblich am Erfolg der Kölschrocker von „Brings" beteiligt sind.

Seit 1997 entwickelt sich der Museumsplatz zum bedeutenden Forum für Konzerte und Events aller Art. Das abwechslungsreiche Open-Air-Programm ist in Deutschland einzigartig. Von Mai bis September verwandelt sich der weit-

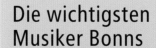

Links: Bruce Kapusta, einer der bekanntesten Bonner Musiker.

läufige Platz zu einer stimmungsvollen Freilichtbühne. Mehr als 30 Konzerte mit internationalen Stars aus Rock, Pop, Jazz, Weltmusik und Chanson locken jedes Jahr insgesamt bis zu 180.000 Gäste auf den Museumsmeilenplatz, der etwa 8.000 Personen Raum bietet. Organisierte zunächst die Kunst- und Ausstellungshalle der Bundesrepublik Deutschland die Veranstaltungen, werden diese seit 2008 von der KultEvent GmbH gemanagt. Seit dem Einstieg des Hauptsponsors Solar-World AG heißt die Bühne „Solarworld Summer Stage".

Im Sommer 2010 ermittelte eine Leser-Umfrage des Bonner „Express" die wichtigsten Musiker Bonns: Neben den Klassikern (Ludwig van Beethoven sowie Robert und Clara Schumann) wählten die Leser mit den „Sunny Skies" und „Still Collins" Coverbands, die mittlerweile europaweit zu den Besten ihres Genres zählen. Künstler aus dem Karneval dürfen natürlich

nicht fehlen: Bernd Stelter, Bruce Kapusta und Jot Drop. Daneben sind auf der Liste der auch international bekannte Trompeter Till Brönner vertreten sowie der 1978 in Bonn geborene und in Berlin aufgewachsene Rapper Anis Mohamed Youssef Ferchichi, besser bekannt unter seinem Künstlernamen Bushido. Überraschend: Die in Bonn gegründete Musikgruppe „Cascada", bei der die Bonnerin Natalie Horler singt und tanzt, ist trotz ihres Welthits „Evacuate the Dancefloor" nicht unter den Top Ten der Leser zu finden…

Bushido

Die wichtigsten Musiker Bonns

1.	Ludwig van Beethoven
2.	Still Collins
3.	Bernd Stelter
4.	Till Brönner
5.	Bushido
6.	Bruce Kapusta
7.	Robert Schumann
8.	Sunny Skies
9.	Clara Schumann
10.	Jot drop

„Freu dich Deutschland"

Bonn feiert und Deutschland ist eingeladen: Vom 1. bis 3. Oktober 2011 richtet die Stadt den Tag der Deutschen Einheit und den NRW-Tag aus und erwartet weit mehr Gäste, als sie Einwohner hat. Eine Festparade, ein Ökumenischer Festgottesdienst und Konzerthighlights stehen auf dem Programm.

Bundespräsident Christian Wulff lädt am 2. und 3. Oktober zu einem Familienfest und dem Weltkindertag in den Park der Villa Hammerschmidt ein und wird das Fest gemeinsam mit seiner Familie an beiden Tagen besuchen.

Zu den protokollarischen Höhepunkten zählen ein Ökumenischer Festgottesdienst in der Evangelischen Kreuzkirche, an dem Bundespräsident, Bundestagspräsident, Bundeskanzlerin und Bundesratspräsidentin sowie ein Vertreter des Bundesverfassungsgerichts teilnehmen, nachdem sie alle sich im Goldenen Buch der Stadt verewigt haben. Schließlich empfängt Bundespräsident Christian Wulff nach einem Festakt im ehemaligen Plenarsaal geladene Gäste.

Eine Festparade unter dem Motto „Freu dich Deutschland", die den Bahnhof, die Innenstadt und die Adenauerallee passiert und Konzerthighlights beispielsweise mit Wolfgang Niedecken werden in der City für Party-Stimmung sorgen.

Die Höhepunkte klassischer Musik: Auftritte des Irakischen Jugendorchesters sowie des Dohnányi-Orchesters Budafok aus Budapest. Gleichzeitig feiert die Stadt das renommierte Beethovenfest.

Das große Veranstaltungsgelände, das sich von der Innenstadt über das Rheinufer und die Museumsmeile bis ins Bundesviertel erstreckt, unterteilt sich in thematisch geordnete Bereiche wie beispielsweise die Ländermeile oder die Blaulichtmeile. Unternehmen und wissenschaftliche Einrichtungen stellen zudem innovative Projekte vor. Es präsentieren sich sowohl Bundesorgane und Bundesländer, NRW-Ministerien, internationale Organisationen und Kulturhäuser, als auch Bundeswehr, Polizei, Feuerwehr, Zivil- und Katastrophenschutzorganisationen. In der Innenstadt wird „Das Beste aus Nordrhein-Westfalen und Bonn" zu sehen sein.

Bundespräsident Christian Wulff lädt zum Weltkindertag in den Park der Villa Hammerschmidt (unten)ein.

FreiheitEinheitFreude
Tag der Deutschen Einheit.Nordrhein-Westfalen-Tag.

Wir feiern gemeinsam.
Bonn 1.–3. Oktober 2011

Die Solarzellen werden einzeln vermessen und nach Leistung und optischen Kriterien sortiert und verpackt.

Stromproduktion mit Sand und Sonne - für eine bessere, solare Welt

Die SolarWorld AG ist ein weltweit führender Markenanbieter hochwertiger kristalliner Solarstromtechnologie. An seinen 13 Standorten beschäftigt der voll integrierte Konzern rund 3.600 Menschen, die sich gemeinsam für den Aufbau einer dezentralen, verlässlichen, umweltfreundlichen und ungefährlichen Energieversorgung rund um den Globus einsetzen. Das Unternehmen versteht Solarenergie als Schlüssel für Ressourcen- und Klimaschutz, der durch eine wachsende Unabhängigkeit von fossilen

Vollautomatisch werden Solarzellen zu Modulen zusammengefügt, gerahmt und wetterfest verkapselt.

Ressourcen auch zur Vermeidung militärischer Konflikte beiträgt. 1998 mit der Überzeugung gegründet, dass Solarstrom Hauptpfeiler der zukünftigen Energieversorgung ist, entwickelte sich der reine Solartechnologiekonzern innerhalb einer Dekade zu einem Globalplayer der Photovoltaikbranche. Der Konzern vereint alle Produktionsstufen der solaren Wertschöpfungskette: vom Rohstoff Silizium, über Wafer, Zelle, Modul, solares System bis zum Recycling. Produziert wird an Standorten in Deutschland, USA und Südkorea. SolarWorld liefert unter anderem leistungsstarke Module und Bausätze an den Fachhandel und versorgt die internationale Solarzellenindustrie mit kristallinen Wafern.

Um Solarstrom wettbewerbsfähig zu machen, ist SolarWorld in allen wichtigen solaren Wachstumsmärkten präsent. Die kurzen Wege ermöglichen eine kosteneffiziente Produktion, ohne auf deutsche Standards verzichten zu müssen. Die hohen Qualitäts-, Umwelt- und Sozialstandards werden durch die lückenlose Prozess- und Materialüberwachung in voll automatisierten Fertigungsanlagen und einem einheitlichen Qualitätsmanagementsystem gesichert. Das Forschungszentrum am Hauptproduktionsstandort Freiberg/Deutschland sichert eine produktionsnahe Forschung und Entwicklung, von welcher der Konzern weltweit profitiert. Ziel der SolarWorld ist Kosteneffizienz sowie Technologie- und Qualitätsführerschaft in einem schnell wachsenden internationalen Photovoltaik-Markt. Dass Qualität in allen Produktionsstufen an oberster Stelle steht, verdeutlicht nicht nur die innovative lineare Leistungsgarantie, die der Konzern seit Beginn 2010 auf seine Solarstrommodule gewährt, sondern beweisen auch die Langzeittests 2008 und 2009 des unabhängigen Photon-Prüflabors. Mit Mehrerträgen von bis zu zwölf Prozent

www.solarworld.de

Firmensitz im ehemaligen Plittersdorfer Wasserwerk in Bonn. Der Bonner Rat stimmte Anfang 2011 einem Neubau neben dem Gebäude zu, da die Räumlichkeiten für die gestiegene Mitarbeiterzahl nicht mehr genügend Platz boten.

Visionär und Firmengründer Frank Asbeck leitet einen der erfolgreichsten Solartechnologiekonzerne der Welt.

sind Solarstrommodule von SolarWorld wiederholt Testsieger.

Am 26. März 1999 erfolgte die Eintragung der SolarWorld AG in das Handelsregister Bonn. Mit dem Börsengang 1999 begann die rasante Firmenentwicklung, die das Unternehmen zu einem der größten internationalen solaren Technologiekonzerne aufsteigen ließ. Es folgten Gründungen von Tochtergesellschaften, welche den Weg zur voll integrierten Struktur ermöglichten. Eine strategische Weichenstellung war der Einstieg in die Waferproduktion über die Akquisition von 82 Prozent der damaligen Bayer Solar GmbH im sächsischen Freiberg. Der Standort wurde Keimzelle für eine der modernsten voll integrierten Produktionsstandorte und ist heute das Herzstück der SolarWorld AG. 2003 konnte das Unternehmen die weltweit einzigartige vollautomatisierte Modulherstellung starten. Im selben Jahr noch wurde die weltweit erste Recycling-Pilotanlage in Betrieb genommen, um dem Ziel einer 100 Prozent nachhaltigen Produktion näher zu kommen. Gleichzeitig erfolgte damit der Einstieg des Konzerns in die Rückgewinnung der Rohstoffquelle Silizium. 2006 gelang der SolarWorld AG eine der wichtigsten Übernahmen in der Unternehmensgeschichte. Der Kauf der kristallinen Solaraktivitäten der Shell-Gruppe führte zu einer weltweiten Expansion. Mit den zusätzlichen Kapazitäten stieg die SolarWorld AG zum größten Produzenten von Solarstromtechnologien in den USA auf. Die Herstellung eines Solarstrommoduls erfolgt in mehreren Schritten, beginnend mit der Siliziumproduktion. Aus Sand gewonnen, benötigt das Herstellungsverfahren einen hohen Energieaufwand, was dem umweltfreundlichen Bewusstsein der SolarWorld AG widerspricht. Von dem Wunsch angetrieben, mit wenig Energieeinsatz Viel zu erreichen, entwickelte SolarWorld zusammen mit dem Chemiekonzern Degussa ein neues Verfahren. Hierbei sind 90 Prozent weniger Energie-

einsatz erforderlich als früher. Auch in den folgenden Schritten der Produktion steht der Gedanke der Nachhaltigkeit im Vordergrund. Angefangen bei der Planung, über die Installation bis zur Überwachung des fertigen Photovoltaiksystems, stellt die SolarWorld alles Nötige zusammen, um den Umgang mit der Anlage so leicht und effizient wie möglich zu gestalten. Um die Qualitätsprodukte fachgerecht zu montieren, werden Installateure regelmäßig geschult und mit aktuellen Entwicklungen vertraut gemacht. Das Produktangebot wird mit einer Software abgerundet, was eine Kontrolle der Photovoltaikanlage rund um die Uhr ermöglicht.

Als globales Unternehmen fühlt sich die SolarWorld AG dazu verpflichtet, energiearm und nachhaltig zu produzieren. Unter anderem wurde der Konzern für die nachhaltigste Produktion ausgezeichnet. Darüber hinaus setzt sich SolarWorld für eine weltweit saubere und faire Energieversorgung ein. Forschung und Entwicklung, Nachwuchsförderung und soziales Engagement gehören zum Unternehmensalltag. Unter dem

Namen Solar2World fördert der Konzern Hilfsprojekte in Schwellen- und Entwicklungsländern. Netzunabhängige Systeme erzeugen in ärmeren Regionen der Welt Strom und ermöglichen beispielsweise die Kühlung von Medikamenten in abgelegenen Dörfern. Der Schwerpunkt der Aktivitäten liegt auf Afrika. Der Nachhaltigkeitsgedanke des Unternehmens wird weiterhin durch das Engagement auf gesellschaftspolitischer Ebene vorangetrieben. Gleichzeitig wird das Bewusstsein für den Ressourcen- und Klimaschutz gefördert. Ein handfester Beweis für dieses Engagement ist die jährliche Verleihung des SolarWorld Einstein-Awards für Persönlichkeiten, die sich in besonderer Weise mit der Nutzung der Solarenergie beschäftigt und sich derer Optimierung hingegeben haben. Ein einschneidendes Zeichen setzte Papst Benedikt XVI. mit der Installation einer Solar-World Solarstromanlage auf dem Dach der Audienzhalle direkt am Petersdom (Foto).

Die Anlage war eine SolarWorld Schenkung an Papst Benedikt XVI. zum Dreikönigsfest und vereint moderne Energie mit hohen architektonischen und ästhetischen Ansprüchen. Seit 2008 versorgt die rund 222 Kilowatt leistungsstarke Photovoltaikanlage den Vatikanstaat mit sauberem Solarstrom.

Bogen in die Zukunft -
und das nicht erst seit heute.

1856 startete Dr. Hermann Bleibtreu
auf dem Areal am rechten Rheinufer
zwischen Beuel und Oberkassel
mit der Produktion von Portland-Zement.
Erst 1987 stellte der letzte Besitzer die Herstellung ein.

Heute erstrahlt das
Industriegebiet von einst in neuem Glanz.
Saniert, umgestaltet und neu gebaut
bilden die Gebäudekomplexe
ein stimmiges Ensemble.

ZEIT REISE Spezial erkundet eines der
innovativsten Areale der Bundesstadt -
den Bonner Bogen.

Aus Visio(n) zum Modell für morgen

Der Bonner Bogen hat sich in kurzer Zeit zu einem Erfolgsmodell entwickelt. Mehr als 2.600 Menschen arbeiten hier in rund 40 Firmen. Innerhalb von neun Jahren hat der Investor BonnVisio zusammen mit Partnern rund 35.000 Quadratmeter moderne Büroräume, 21.000 Quadratmeter Hotelflächen, 500 Quadratmeter Gastronomieflächen in der Rohmühle und rund 750 Tiefgaragenplätze auf dem zwölf Hektar großen Areal der ehemaligen Portlandzementfabrik geschaffen.

Frühe Ansicht der ehemaligen Zementfabrik am heutigen Bonner Bogen.
Unten: Historische Bauteile einiger Bauwerke integrierten die Architekten in die modernen Gebäudestrukturen.

Die Fabrik hatte eineinhalb Jahrhunderte zuvor ihre Produktion aufgenommen. Am 12. Juni 1856 gründete der Chemiker Dr. Hermann Bleibtreu die „Cementfabrik bei Obercassel bei Bonn". Entscheidend für die Standortwahl: der Rhein als natürlicher und gut erschlossener Transportweg. Ende des 19. Jahrhunderts wurde das Fabrikgelände erweitert. Während der Baumaßnahmen entstand auch der Wasserturm, bis heute und morgen eines der Wahrzeichen des Areals. Die Firma Dyckerhoff, die sich 1927 in die Zementfabrik einkaufte und diese 1985 komplett übernahm, stellte 1986 die Produktion ein und schloss den Betrieb ein Jahr später. 1988 wurden die Gebäude abgerissen - bis auf die als Denkmäler geschützte Direktorenvilla, die Rohmühle und den Wasserturm.

Sechs Jahre später kauft der Bund im Rahmen des Berlin/Bonn-Gesetzes das Gelände für die Stadt Bonn, um eine optimale Nutzung sicherzustellen. Die Umsetzung dieses Vorhabens beginnt 2001 mit dem Ausbau der Rheinuferpromenade. Im Jahr darauf wird die BonnVisio Real Estate GmbH & Co.KG gegründet, die einen Teil des Geländes kauft. Zusammen mit der Stadt Bonn plant sie die Umgestaltung des Areals.

Mit einer langfristigen Anlagestrategie und der Freude am Besonderen realisiert die BonnVisio-Gruppe herausragende Immobilienprojekte und entwickelt neue Standorte nachhaltig - dank ihrer Kernkompetenz der Verbindung historischer Gebäudeelemente mit eigenständiger Neubauarchitektur. Zur Gruppe zählen die BonnVisio Real Estate mit einem Immobilienvermögen von rund 300 Millionen Euro. Entwicklungsaufgaben sowie die Immobilienverwaltung übernimmt die ImmoVisio Real Estate. Für die technischen Dienstleistungen inklusive der Umsetzung regenerativer Energiekonzepte zeichnet die EcoVisio GmbH verantwortlich. Entwicklungspartner und zuständig für die Vermietung ist die RENUM Projektgruppe.

Das städtebauliche Konzept des Bonner Bogen hatte die BonnVisio in einem Architekturwettbewerb entwickelt, den der Bonner Architekt Karl-Heinz Schommer für sich entscheiden konnte. In der Folge konnte der gesamte Bonner Bogen mit dem Architekturbüro Schommer geplant und errichtet werden. Der Startschuss für den Bau erfolgte 2003 mit der Errichtung des ersten Büroneubaus und der Sanierung der Direktorenvilla. Im darauffolgenden Jahr mietet

die GWI, heute Agfa HealthCare, das erste Gebäudeensemble. In der Folgezeit wächst das Areal schnell: 2005 Fertigstellung von Rheinwerk 1 und Eröffnung des Restaurants Rohmühle, 2006 Fertigstellung des Gebäudes Rohmühle, 2007 Umbenennung des Standortes in „Bonner Bogen - ein Ort für gute Ideen", 2008 Fertigstellung und Bezug von Rheinwerk 2, 2009 Eröffnung des „Kameha Grand Bonn" (Mitglied in Leading Hotel of the World, Hotel des Jahres 2011), dessen herausragende Architektur 2010 mit Auszeichnungen wie dem Mipim Award (Oscar der Immobilienbranche oder dem Propertie Award gewürdigt wurde. 2011 wird der Büro Campus Rheinwerk 3 fertiggestellt. Darüber hinaus baut die Developvisio ein weiteres Unternehmen der BonnVisio-Gruppe, ein Parkhaus mit 518 großflächigen Stellplätzen sowie ein „Haus der freien Berufe".

Neben seiner auffälligen Architektur überzeugt das Areal auch durch seine nachhaltige Bauweise. Eine moderne Geothermie-Anlage versorgt den Bonner Bogen mit Kälte und Wärme - in ihrer Größe, Betriebsform und Effizienz einzigartig in Europa. Ausgelegt für bis zu 150.000 Quadratmeter Geschossfläche hilft sie, 1.700 Megawattstunden Primärenergie und 400 Tonnen CO_2 zu sparen.

Nördlich vom aktuellen Areal (oben) entsteht mit dem Rheinwerk 3 ein weiterer Gebäudekomplex mit gläsernen Fronten.

www.bonnvisio.com

Architektonische Gegensätze: die Integration der Front der historischen Rohmühle in die moderne Glasfassade.

Hightech-Innovationen an historischem Standort

An einem Standort, bereits Mitte des 19. Jahrhunderts Geburtsstätte für moderne Technologie, entstehen rund 150 Jahre später neue Innovationen, die sich mithilfe der HW Partners AG zu führenden Technologien entwickeln. Das Beteiligungsunternehmen hat sich auf mittelständische Unternehmen aus den Sektoren IT/Technologie und Life Science spezialisiert. Die Partner der HW Partners AG arbeiten mit operativer Verantwortung in den Beteiligungsunternehmen und verfolgen das Ziel, die Unternehmenswerte langfristig zu steigern. Drei Firmen im Bonner Bogen können bereits auf eine eigene Erfolgsstory zurückblicken. www.hwpartners-ag.com

Scopevisio entwickelt Unternehmenssoftware, die sie als SaaS (Software as a Service) über das Internet vermarktet, bereitstellt und betreut. Anwender profitieren via moderner Cloud-Technologie von niedrigen Einstiegskosten, einfacher Handhabung, großer Skalierbarkeit und mobilem Zugriff. Scopevisio bietet ein integriertes und umfassendes ERP-System für kleine und mittelständische Unternehmen an, das bereits 2010 mit dem renommierten Award zum ERP-System des Jahres ausgezeichnet wurde. www.scopevisio.com

Die Fonium Deutschland GmbH entwickelt stationär und mobil nutzbare Hausnotruf- und Telecarelösungen. Ihre innovativen Konzepte ermöglichen Kunden eine sichere Mobilität im Alltag sowie ein selbstbestimmtes Leben im gewohnten Umfeld. Alleinlebende, chronisch Kranke, Sehbehinderte, Rollstuhlfahrer und schutzbedürftige Patienten nach Operationen und Unfällen können mit einer modernen Komplettlösung des Unternehmens per Knopfdruck schnelle Hilfe herbeirufen oder einfach nur telefonieren. Die innovative Lösung wurde bereits mehrfach prämiert und ausgezeichnet. Durch die hohen Sicherheits- und Qualitätsstandards sowie die Bedinerfreundlichkeit der Geräte hat sich Fonium Deutschland GmbH in diesem Segment zum Marktführer entwickelt. www.fonium.de

Die 1994 gegründete Bodymed AG hat sich im Bereich ärztlich betreuter Gesundheitskonzepte mit den Schwerpunkten Ernährungs- und Vitalstoffberatung sowie Anti-Aging profiliert. Führende Ernährungsexperten empfehlen das wissenschaftlich entwickelte Konzept. Nutzte die Bodymed AG vor dem Einstieg der HW Partners AG einen traditionellen Vertriebskanal mit mehr als 500 Bodymed-Centern in Deutschland und mehr als 50 Centern in Österreich, so startete sie 2011 ein Online-Portal für Ernährungsberatung, hochwertige Nahrungsergänzungsmittel sowie ernährungsmedizinische Spezialprodukte. Durch die Integration von Ernährungsdiagnostik, Ernährungskonzept, hochwertigen Spezialprodukten und individueller Dokumentation erzielt sie eine Alleinstellung. www.bodymed.de

Das Areal am Bonner Bogen bietet attraktive Rahmenbedingungen für die Ansiedlung moderner Unternehmen.

Partner mit Know-how im Public Sector und der Finanzbranche

Die European IT Consultancy EITCO GmbH managt und begleitet als Beratungs- und IT-Partner mit branchenspezifischem Know-how im Public Sector und in der Finanzbranche große IT-Projekte für Bundes- und Landesbehörden, Sozialversicherungsträger, Kommunen, Stiftungen, Kulturbetriebe und Finanzdienstleister. Dabei bietet das Unternehmen seinen Kunden einen Komplett-Service von der Organisations- und Prozessberatung über Konzeption, Implementierung und Integration, bis zu Betrieb und Managed Services. Die umfangreiche und auf langjähriger Erfahrung basierende Beratungskompetenz erstreckt sich über die Bereiche IT-Management, Anforderungsmanagement, IT-Architekturen/E-Government-Lösungen, Output- und Dokumentenmanagement, Application Development und Business Intelligence.

100 Mitarbeiter arbeiten an zwei Standorten, die unterschiedlicher kaum sein könnten: Auf der einen Seite der Hauptsitz in Berlin mit seinem pulsierenden Leben rund um den Potsdamer Platz, auf der anderen Seite die Zweigstelle mit ihrer romantischen Lage im Bonner Bogen am Rhein. Geplant sind weitere Standorte in Frankfurt/Main und München. Die mittelständische Größe zählt zu den wesentlichen Stärken des Unternehmens. Sie bietet die Möglichkeit, im Sinne der Kunden schnell, flexibel und mit flachen Hierarchien sowie gleichbleibenden Ansprechpartnern reagieren zu können.

Harald Picard
Director
Sales

Reinhard Kille
Chief Executive
Officer

Siegfried Klein
Director
Operations

Um mit ihren Kernkompetenzen die öffentliche Verwaltung stärker in den Mittelpunkt rücken zu können, hat sich EITCO 2006 aus dem Mutterkonzern PSI AG herausgelöst und in 2008 im Sinne einer stetigen Entwicklung die Bonner Niederlassung eröffnet. Als herstellerunabhängiger Systemintegrator bietet das Unternehmen langjährige Erfahrungen im Projekt- und Qualitätsmanagement, marktgängige Standardsoftwareprodukte sowie die Entwicklung eigener Softwarekomponenten nach individuellen Kunden-Bedürfnissen. Als ein führender Anbieter für DMS/VBS (Dokumentenmanagement und Vorgangsbearbeitung) für die öffentliche Verwaltung in Deutschland erbringt EITCO Beratungs-, Realisierungs- und Einführungsleistungen in diesem Themenumfeld. Mit dem eigenen Produkt ProSuite, einer auf Open Source Produkten basierenden Software-Plattform, entwickelt das Unternehmen zudem passgenaue Fachanwendungen für seine Kunden. Die Plattform avancierte zu einer etablierten E-Government-Lösung für Fachanwendungen. Die Konzeption und Entwicklung wurde mit der jahrelangen Kompetenz aus einer Vielzahl von IT-Projekten und modernem Technologie-Know-how kombiniert.

www.eitco.de

Zukunft mit Kommunikation und Innovation

Der Bundespräsident macht Mut. „Meisterhaft" hat Bonn den Strukturwandel bewältigt, lobt und freut sich Christian Wulff. Bei seinem Antrittsbesuch in der Bundesstadt im Spätsommer 2010 spricht das Staatsoberhaupt von der „Bonner Demokratie", von der Rolle der Stadt in der „erfolgreichsten Phase in der deutschen Geschichte". Nun gelte es, mahnt der Bundespräsident, das Bonn-Berlin-Gesetz „aktiv zu leben und mit Leben zu erfüllen".

Das Berlin-Bonn-Gesetz: Ist es eine verlässliche Basis für Bonn 2020? Ja und nein. Einerseits ja, denn der Staat wird auch im kommenden Jahrzehnt zentrale Verwaltungsfunktionen von hier ausüben. Andererseits nein, denn die Ministerien dünnen nach und nach ihre hochkarätigen Bonner Dienstsitze aus; die Stadt verliert auf Dauer die im Gesetz zugesicherten „echten" Regierungsfunktionen, aber zum Ausgleich werden aus Teilen der verlagerten Ministerien neue Staatsämter in Bonn etabliert. „Bundesstadt" behält Inhalt. „Aber wir werden kämpfen müssen", prophezeit Oberbürgermeister Jürgen Nimptsch. „Wir müssen immer wieder nachdrücklich und unerbittlich unser hochwertiges Angebot einbringen." Damit meint der Rathauschef vor allem diejenigen Einrichtungen, die sich im weitesten Sinne mit den Bonn-spezifischen Zukunftsthemen Umwelt/Nachhaltigkeit und Innovation/Hightech beschäftigen. Bonn ist also auch 2020 eine wichtige deutsche Beamtenstadt. Regierungsdirektoren und Oberamtsräte benötigen weiter Wohnraum, stellen auch dann einen Wirtschaftsfaktor dar. Aber Bonns Chancen liegen nicht mehr allein beim Kraken-Apparat der Bürokratie. Telekom und Post sind die neuen Tonangeber in Bonn. „Telekom" ist heute und erst recht morgen weit mehr als telefonieren. Ist Innovation und Hochtechnologie im Kommunikationsgeschehen, ob von Mensch zu Mensch, von Mensch zu Maschine oder von Maschine zu Maschine. „Post" ist weit mehr als Brief und Paket. Ist Transport-Logistik in Technik und Organisation, von Lagerhaltung bis Versand, im ständig wachsenden Sinne.

Rund um den Globus beschäftigen beide Konzerne über 700.000 Menschen in 220 Ländern. In den Bonner Zentralen sind es Arbeitsplätze in der Größenordnung 20.000. Damit nicht genug: Dank des Synergieeffekts siedeln zunehmend mittelständische Zulieferer und Entwickler an den Rhein. OB Nimptsch nennt beispielhaft die noch junge Geoinformationsbranche: „Keine andere Region in Deutschland versammelt so viel Knowhow aus diesem neuen Wirtschaftssektor, als Unternehmer, als Wissenschaftler und als professionelle Nutzer." So etwas macht Mut für die Perspektive 2020.

Die neue Mitte

47.000 Menschen arbeiteten 2010 im ehemaligen Regierungsviertel in der Gronau und gegenüber auf der anderen Rheinseite im „Rheinbogen". Bei den Großkonzernen, bei der Postbank, bei der Deutschen Welle, bei den UN, bei der Bundesnetzagentur, beim Bundeskartellamt, bei den anderen Bonner Staatsbehörden, bei den Luxusherbergen, bei den großen Museen. Das sind erstaunliche 15.000 mehr als zum Ende der Hauptstadtzeit. 2020, so hoffen die Planer und stützen sich auf zahlreiche Interessenbekundungen von Investoren, sollen es mindestens weitere Zehntausend sein. Das Gebiet zwischen dem alten Bonn und Bad Godesberg und rechtsrheinisch zwischen Beuel und Oberkassel ist die Neue Mitte der Stadt. Die Boom-Mitte. Mittendrin in der Mitte: der Rhein. Und obendrüber das Siebengebirge. Die perfekte Stadtlandschaft. Das muss einfach Zukunft haben.

Symbole für die Nach-Hauptstadtzeit: UN-Hochhaus, Deutsche Welle und Post Tower.

Wachstum gegen den Trend

Kaum eine deutsche Stadt wächst derzeit, Bonn ausgenommen. 292.000 Einwohner waren es 1989 beim Mauerfall, 320.000 im Jahr 2010, für 2020 prognostiziert das NRW-Statistikamt 338.000 und für 2030 gar 354.000 Bonnerinnen und Bonner. Die Zahl der Beschäftigten kletterte zwischen 1990 und 2010 um 17.000 auf 151.000, eine Zunahme von stolzen 12,3 Prozent. Darunter sind eine Menge Hochqualifizierte: 20,2 Prozent der in Bonn Beschäftigten hatten 2010 einen Universitäts- oder Fachhochschulabschluss, doppelt so viele wie im NRW-Durchschnitt.

Die Stadt der Jungen

Bonn hat eine verhältnismäßig junge Bevölkerung. Die Stadt verzeichnet 2010 drei Prozent Geburtenüberschuss, eine Seltenheit im heutigen Deutschland. Das Durchschnittsalter wird hier deshalb deutlich weniger stark ansteigen als anderswo, nämlich von 41,8 in 2008 auf 44,7 im Jahr 2030. Bonn gehört damit mit Köln und Düsseldorf langfristig zu den „jüngsten" Städten in Nordrhein-Westfalen.

Bonns Zukunft liegt in erster Linie im Dienstleistungssektor. Aber Forschung, Entwicklung und Innovation sind eine weitere tragende Säule. Neben der hiesigen „Perle auf der Landkarte deutscher Universitäten" (Bundespräsident Wulff) mit ihren fast 9.000 Beschäftigten, jährlich 3.100 Absolventen und den beiden Nobelpreisträgern Wolfgang Paul (Physik, 1989) und Reinhard Selten (Wirtschaft, 1994) sind es zahlreiche hochgradige Forschungszentren von den Caesar bis Max Planck und Fraunhofer, aber auch die Institutionen im Wissenschaftszentrum. Es sind die weit über Bonn hinaus bekannten staatlichen und privaten Spezialkliniken. Auch hier schlummert noch allerhand Entwicklungspotenzial.

Nicht zuletzt setzt Bonn auf die Vereinten Nationen. Die UN-Experten mit ihren Themen des Umweltschutzes und der Nachhaltigkeit bietet die Stadt ein ideales Netzwerk. Querverbindungen zu Bundesbehörden, Entwick-

...und der große Meister schaut von oben zu, griesgrämig und skeptisch, wie immer.

„Meisterhafter Strukturwandel": Bundespräsident Christian Wulff trägt sich ins Goldene Buch ein, OB Jürgen Nimptsch freut sich.

lungsdiensten, Nichtregierungsorganisationen, einschlägigen Unternehmen und passenden Wissenschaftsdisziplinen erweisen sich als wichtig für die internationale Arbeit. Die ersten UN-Leute kamen nur ungern nach Bonn (zu viel Provinz, nichts los?). Nun sind die meisten begeistert von Rhein und Siebengebirge, vom breiten Kulturangebot in den Region Bonn, Köln und Düsseldorf, von Beethovenfest und Open Air in der Rheinaue, von den Kirchen und Schlössern und - zumindest partiell - auch vom fröhlichen Rheinländer.

OB Jürgen Nimptsch verspricht nicht nur den UNO's das Festspielhaus. Das Projekt wurde 2010 zwar aufgeschoben, steht aber weiterhin auf der Bonner Agenda, „eine der Herausforderung im kommenden Jahrzehnt" für den Oberbürgermeister. „Das Fenster bleibt offen", bekräftigt Nimptsch. Und das

entspreche auch den Vereinbarungen mit Post, Telekom und Postbank, die den Bau zu finanzieren versprochen haben. „Bonn bleibt eine Stadt mit großer Zukunft", spricht der Bundespräsident. „Bonn ist heute Zukunftswerkstatt für unser Land - als Bundesstadt, UNO-Stadt, Wissenschafts- und Wirtschaftszentrum und als Beethovenstadt", spricht die Bundeskanzlerin. „Bonn ist eine kluge Stadt. Bonn ist eine lebenswerte Stadt", spricht der Oberbürgermeister.

Was ist dem noch hinzuzufügen?

Nobelpreisträger Wolfgang Paul (oben) und Reinhard Selten.

Das Beethovenfest wird im nächsten Jahrzehnt an Gewicht gewinnen.

Backstage und - zum 25. Mal: Danke!

Nach gut zwei Jahren ist unsere mittlerweile 25. REISE durch die ZEITen in Bonn (vorerst) beendet. Und an dieser Stelle möchten wir allen, die uns begleitet haben, ganz herzlich danken. An erster Stelle steht dabei Dr. Monika Hörig. Die Pressesprecherin der Stadt Bonn (auf unserem Foto unten links zusammen mit OB Jürgen Nimptsch beim Fototermin mit Barbara Frommann für das ZEIT REISE - Intro des Oberbürgermeisters) ist uns nach anfänglicher Skepsis (kann ja nicht schaden!) eine engagiert-kritische Begleiterin gewesen und hat nicht nur den Beitrag über das Slow-Food -Convivium Bonn beigesteuert, sondern auch viele gute Ratschläge. Dr. Norbert Schloßmacher, personifiziertes „Gedächtnis der Stadt", schulden wir ebenfalls Dank: Für die zahlreichen schönen Funde im Stadtarchiv, die nun unsere Biografie der Stadt Bonn illustrieren. Inge und Dieter Jäger haben uns mit vielen tollen Geschichten versorgt wie auch Ulrich Kilp und die Brüder Manfred und Albert Dung: Wir haben gern zugehört.

Die Crew der „Zeitmaschine" bei ASTtext+bild dankt ganz herzlich den Autorinnen und Autoren dieses Buchs - für das Feuerwerk der Themen, das wir in diesem Buch gezündet haben; daher sei ihnen der Bild-Hintergrund dieser Seite gewidmet: Rhein in Flammen 2011. Feuer und Flamme für die ZEIT REISE hat auch die Portraits vieler Unternehmen und Organisationen beflügelt - wir danken herzlich!

Unsere Stadtbiografie lebt von Geschichte und Geschichten; und viele „Backstage-Storys" bleiben unerzählt. Eine Ausnahme: Zu unserem Beitrag über die Meinungsforscher von infas erreichte uns eine Erinnerung des SPD-Politikers Dr. Hans-Jochen Vogel (Foto links). Das Institut hatte ihn bereits 1959 bei seinem Oberbürgermeister-Wahlkampf in München begleitet und damals von seinem Porträt auf Wahlplakaten abgeraten. Seine „Jugendlichkeit" (Vogel war damals 33) könne die Wähler schockieren. Vogel: „Unser Plakat mit einem Foto von mir erschreckte die Wähler aber nicht - ganz im Gegenteil." Weitere Prognosen allerdings trafen ins Schwarze: „Während meiner Amtszeit als Münchner Oberbürgermeister von 1960 bis 1972 lieferte infas belastbare Einschätzungen. So gab es für mich eine ganz konkrete Beziehung zu Bonn schon lange, bevor ich dort als Bundesminister amtierte, schließlich bis 1993 dort auch wohnte, und deshalb an der Zeitreise der Stadt ein wenig teilnahm."

Unsere ZEIT REISE in Bonn ist mit diesem Buch an einem Zwischenstopp angelangt. Jetzt freuen wir uns auf den Dialog mit unseren Leserinnen und Lesern, auf Anregungen und auch auf Kritik. Denn nach zahlreichen Zweit-Auflagen und Neuerscheinungen unserer Edition sind wir sicher: Bonn, wir sehen uns wieder!

Und darauf freut sich

Ihr ZEIT REISE - Team

ZEIT REISE
2000 Jahre Leben in Bonn

herausgegeben von
Andreas Stephainski

Verlag: ASTtext+bild MEDIEN Gesellschaft mbH / Edition ZEIT REISE
Redaktionsleitung / Artwork: Andreas Stephainski (as@ast-medien.de)
Verlags-Koordination: Roland Ermrich, Sabine Kilp.
Gastautoren: Dr. Karsten Brandt, Martin A. Heide, Dr. Monika Hörig.
Autoren: Werner D'hein, Prof. Dr. Karl-Heinz Erdmann, Dagmar Gerhards,
Marcus Leifeld, Dr. Dr. Michael Schwibbe, Rolf Tanski, Stefan Wunsch.
Titel-Illustrationen: Barbara Frommann
Redaktion: Kathrin Dukic, Lars Fischer, Rüdiger Franke (red@ast-medien.de)
Layout: Kathrin Dukic, Gaby Berger, Rüdiger Franke, Lars Fischer.
Lektorat: Vera Schulze
Produktion: ASTtext+bild MEDIEN GmbH
Produktionsleitung: Lars Fischer (tec@ast-medien.de)
Verlag, Marketing, Vertrieb: Doris Ullrich (info@ast-medien.de)
Druck: Media Print Group GmbH, Eggertstraße 30, 33100 Paderborn

Edition ZEIT REISE™ Copyright© 2011
Dieses Buch wurde auf chlor- und säurefreiem Papier gedruckt.
Alle Rechte einschließlich desjenigen des auszugsweisen Abdrucks
sowie der fotomechanischen und elektronischen Wiedergabe vorbehalten.
www.zeit-reise.de
ISBN: 978-3-9814391-0-6

Bildnachweise:
Beethoven-Haus Bonn, Bundesamt für Bauwesen, Bundesarchiv, Bundespresseamt, Büro Schommer, Caesar, Werner D'hein, Karl-Heinz Erdmann, Manfred Esser, Familienstiftung Pies-Archiv (Forschungszentrum Vorderhunsrück), Festausschuss Bonner Karneval e. V., Rüdiger Franke, Barbara Frommann, Friedrich Gier, Haribo, Detlef Hipp (Ideal Werbeagentur Bonn), infas, Katholische Kirche Bonn, Landeshauptarchiv Düsseldorf, Marcus Leifeld, Library of Congress, Museum Koenig, Martina Nolte, G. Oleschinski (Institut für Paläontologie, Uni Bonn), Presseamt der Stadt Bonn, Reiss-Museum, Rheinisches Amt für Denkmalpflege, Rheinisches Landesmuseum, Sammlung RheinRomantik Bonn, Hans Peter Schaefer, Gabriel Scherm, SPD Berlin, Raimond Spekking, Spendenparlament, Stadtarchiv Bonn, Stadt Bonn (Michael Sondermann), Stadtdekanat Bonn, Städtisches Kunstmuseum Bonn, Stadtmuseum Bonn, Steigenberger Hotelgroup, Andreas Stephainski, Volkard Stern, Stiftung Haus der Geschichte der Bundesrepublik (Erna Wagner-Hehmke/Hehmke-Winterer, Düsseldorf), Aloys Synal, Rolf Tanski, Technisches Hilfswerk (THW), Telekom Baskets Bonn, UniKlinikum (Johann Saba), Universität Bonn (Mauersberg/Klopp/Lannert), Universitäts- und Stadtbibliothek Köln, Hans Weingartz, Westdeutscher Rundfunk, Wissenschaftliche Stadtbibliothek Bonn, Andreas Wolter, Wüstenrot-Stiftung